BIBLIOTECA ÁUREA HISPÁNICA BÁH

Universidad de Navarra | Editorial Iberoamericana / Vervuert

Dirección de Ignacio Arellano,
con la colaboración de Christoph Strosetzki y Marc Vitse.

Secretario ejecutivo: Juan Manuel Escudero.

Biblioteca Áurea Hispánica, 55

HACIA LA TRAGEDIA ÁUREA
LECTURAS PARA UN NUEVO MILENIO

FREDERICK A. DE ARMAS,
LUCIANO GARCÍA LORENZO,
ENRIQUE GARCÍA SANTO-TOMÁS (EDS.)

Universidad de Navarra • Iberoamericana • Vervuert • 2008

Bibliographic information published by Die Deutsche Nationalbibliothek
Die Deutsche Nationalbibliothek lists this publication in the Deutsche
Nationalbibliografie;detailed bibliographic data are available on the Internet
at http://dnb.ddb.de.

Agradecemos al Grupo de Investigación Siglo de Oro (Griso) de la Universidad de
Navarra, bajo el auspicio de la Fundación Universitaria de Navarra, la ayuda que po-
sibilitó la publicación de este libro.

Agradecemos al Consulado de España en Chicago, al Center for Latin American
Studies de la Universidad de Chicago y a la University of Michigan la ayuda para la
edición de este libro.

© Iberoamericana, 2008
Amor de Dios, 1 – E-28014 Madrid
Tel.: +34 91 429 35 22
Fax: +34 91 429 53 97
info@iberoamericanalibros.com
www.ibero-americana.net

© Vervuert, 2008
Elisabethenstr. 3-9 – D-60594 Frankfurt
Tel.: +49 69 597 46 17
Fax: +49 69 597 87 43
info@iberoamericanalibros.com
www.ibero-americana.net

ISBN 978-84-8489-429-2 (Iberoamericana)
ISBN 978-3-86527-451-9 (Vervuert)

Depósito Legal: S. 1.872-2008

Cubierta: Cruz Larrañeta

Impreso en España por Gráficas Varona, S.A.
Este libro está impreso íntegramente en papel ecológico sin cloro.

ÍNDICE

PRELIMINARES

Uno de los problemas más discutidos desde hace décadas entre los críticos dedicados al teatro español del siglo XVII ha sido la existencia o no de una práctica trágica. Aunque nosotros estimamos que también desde hace tiempo el mundo académico e investigador se ha decantado abiertamente por afirmar que, por supuesto, la tragedia está presente en nuestro teatro español clásico, no estaba de más plantearse de nuevo el tema y hacerlo a partir de las no pocas aportaciones que han enriquecido considerablemente la bibliografía sobre los textos —y las puestas en escena, que todo ha ayudado— de Lope, Tirso o Calderón, pero también de Rojas Zorrilla, Moreto, Mira de Amescua... Este volumen a ello quiere contribuir y lo hace como fruto del Congreso que tuvo lugar en Chicago, en noviembre de 2007.

El origen de este Congreso está en otra reunión que un año antes, en el otoño de 2006, había tenido lugar en el Instituto Cervantes de Chicago y dedicada en ese caso a la puesta en escena de los autores clásicos. Allí se suscitaron no pocas interrogantes y una de ellas fue precisamente la recepción por parte de los espectadores de diferentes países de cierto tipo de obras y, especialmente, de las consideradas «trágicas», volviendo de nuevo a las discusiones Aristóteles y los preceptistas españoles de los siglos XVI y XVII, la ausencia de los escenarios de los trágicos del XVI, las dramaturgias aplicadas en muy distintos lugares a ciertas obras como *Fuenteovejuna* o la trilogía calderoniana con la venganza y el honor por medio, a la práctica de autores como Rojas

Zorrilla, sin faltar, no podía ser de otra manera, la *Numancia* cervantina y la vuelta con ella a los autores grecolatinos.

Esa preocupación, esas preguntas que se escucharon en el fructífero Congreso de 2006 fueron determinantes para convocar la reunión de los especialistas que figuran en este volumen. En él se publican las ponencias que, venidos de Europa y de las dos Américas, leyeron reconocidos profesores e investigadores, autores de estudios de excepcional importancia para entender nuestro teatro clásico. La segunda parte del libro ofrece las comunicaciones que presentaron profesores —algunos con reconocida trayectoria investigadora, otros más jóvenes— en su mayor parte del ámbito universitario norteamericano.

Este Congreso se celebró en dos lugares —la University of Chicago y el Instituto Cervantes de esa ciudad— y fue posible gracias a la ayuda prestada por el Center for Latin American Studies de la Universidad, la Embajada de España en Washington, la Dirección General del Libro, Archivos y Bibliotecas del Ministerio de Cultura de España, el Instituto Cervantes de Chicago y el Departament of Romance Languages de la University of Chicago. Pero, como siempre, tras la nomenclatura los nombres: Dain Borges, Josh Beck y Christelle Marpaud, Juan Carlos Vidal, Rogelio Blanco...

La publicación de estas Actas no hubiera sido posible sin la generosa contribución del Ministerio español de Asuntos exteriores a través de su Consulado en Chicago, del Center for Latin American Studies ya citado y de la University of Michigan. Muy especialmente queremos agradecer al Embajador don Javier Rupérez, Cónsul de España en Chicago, el interés que mostró por nuestro trabajo asistiendo al Congreso y por su empeño para que estas Actas llegaran a los especialistas y a los interesados en nuestro teatro clásico. Por último, quisiéramos agradecer a Ignacio Arellano el apoyo a este proyecto desde el principio; a Juan Manuel Escudero, responsable directo de la colección.

Frederick A. de Armas
Luciano García Lorenzo
Enrique García Santo-Tomás

I

PONENCIAS

LA PRESENCIA DE LA DINÁMICA TRÁGICA EN EL TEATRO DEL SIGLO XVI

Alfredo Hermenegildo
Université de Montréal

La obra principal del que fue primer gran autor del teatro renacentista español, Juan del Encina, termina introduciendo un final feliz en el desarrollo de una fábula que estaba abocada a una catástrofe final[1]. Me refiero a la *Égloga de Plácida y Victoriano*, en que la intervención última de dos divinidades evita el cierre luctuoso. Cuando Victoriano, arrastrado por el destino incontrolable, decide quitarse la vida, es la diosa Venus quien detiene su mano. Y la intervención decisiva de Mercurio resucita a Plácida, la amada muerta, rompiendo la trágica serie de «situaciones» que habían provocado la muerte de la muchacha. Juan del Encina ha llevado la historia de los amantes hasta el borde del abismo, pero en el último momento ha evitado la tragedia. Señalaba Ruiz Ramón cómo «esta no voluntad de final trágico, que aquí inaugura Encina, volverá a repetirse innumerable veces, con distintos personajes y situaciones, en el teatro español del Siglo de Oro [...] Encina es el precursor de tal actitud. Esta obra es casi un testamento que Encina deja al teatro español. Testamento que se preferirá

---

[1] Dejo de lado ahora el caso de las tragedias con final feliz previsto en la preceptiva clásica.

al de Fernando de Rojas»[2]. Recordemos que, de todos modos, *La Celestina* es identificada en las diversas ediciones como *comedia* o como *tragicomedia*. Tal vez el carácter paródico que ciertos críticos[3] le atribuyen tenga algo que ver con la denominación genérica que precede al título.

La *Himenea* de Torres Naharro es otra de las piezas claves del panteón dramático renacentista. Y en ella aparece la heroína, Febea, enfrentada con la muerte en cumplimiento de los designios superiores marcados por un destino implacable. Febea acepta el terrible final («Pus, Muerte, ven quandoquiera, / que yo te quiero atender / con rostro alegre y jocundo; / qu'el morir d'esta manera / a mí me debe placer / y pesar a todo el mundo»[4]). La inevitable decisión del Marqués, que, obligado por los códigos sociales, debe matar a su hermana, se ve neutralizada en el último momento. Febea no morirá y su boda con Himeneo será la salida honrosa que deja de lado la solución trágica de una muerte impuesta por el consenso social. Otra vez, como en el caso de la égloga de Encina, la dinámica trágica ha quedado en entredicho, ha resultado dramáticamente ineficaz.

No cabe duda de que en el primer teatro religioso castellano aparecen momentos de gran tensión trágica. Las dos piezas tituladas *Auto de la Pasión*, de Lucas Fernández y Alonso del Campo, respectivamente, abren una vía por la que circulan vientos de tragedia, pero que no llegan a cuajar como tales, debido, creemos, al concepto dramático mismo que subyace en una y otra pieza

El *Auto de la Pasión*, de Fernández, es la narración de cómo reacciona un personaje en el momento de modificar radicalmente su vida y proclamar su adhesión a la figura y a la doctrina de Jesús de Nazaret. Dionisio, el sabio griego del Areópago ateniense, se enfrenta con el hecho fundamental del drama del Calvario: la muerte de un inocente, Jesús, libremente aceptada por el héroe, pero marcada por un destino inevitable, el que impone la redención del pecado original. Pero estos condicionamientos de la muerte de Cristo, que estarían en la base de cualquier tragedia, son neutralizados desde el momento en que se

---

[2] Ruiz Ramón, 1971, p. 45.

[3] Deyermond, 1971; Fernando de Rojas, 2002.

[4] *Teatro español del siglo XVI. Lucas Fernández. Cervantes, Torres Naharro. Gil Vicente*, 1982, p. 105.

predica la resurrección de Jesús y en que se canta la conversión de Dionisio. Los elementos básicos de la tragedia —pecado, destino, muerte— quedan desarticulados y remplazados por otros característicos de la fe cristiana. Esta última reflexión puede aplicarse también en el caso del *Auto de la Pasión*, de Alonso del Campo. Hay que señalar que en dicho texto, anterior en el tiempo al de Lucas Fernández, es todavía menor la tensión dramática, o trágica, ya que abunda más en él la simple narración de momentos vividos, muchas veces inconexos y simplemente yuxtapuestos. La estructura dramática capaz de organizarlos y de estructurarlos no está en el texto de Alonso del Campo. Está fuera de él. Queda localizada en el relato evangélico, que, cual hipertexto creador, soporta y articula las diversas tensiones dramáticas y las narraciones de sucesos no representados. A la neutralización de lo trágico inherente a toda dramatización de la Pasión de Cristo, se une en la obra de del Campo el problema de la presencia todopoderosa del hipertexto como elemento básico. En buena parte, el *Auto* de Lucas Fernández depende también del hipertexto citado, el relato evangélico. No olvidemos tampoco que ninguno de los dos autos queda identificado con el apelativo de «tragedia».

Pero a pesar de las varias constataciones que acabamos de hacer en torno a la precariedad de la presencia de lo trágico en esos primeros compases del teatro español, hemos de tomar en cuenta los extremos siguientes.

Hay, ya en pleno siglo XVI, unos modelos teatrales seguidos por una considerable serie de escritores. Algunos de ellos, varios y dispersos por la geografía peninsular, actúan movidos por una preocupación común, la de situarse frente al género trágico tal como quedaba definido en sus variantes aristotélica y senequiana. Si sumamos las experiencias dramáticas del teatro universitario y colegial, ciertas obras surgidas en el ejercicio catequístico y compiladas en colecciones como el *Códice de autos viejos*, la *Tragedia de los amores de Eneas y de la reina Dido*, la *Tragedia de la castidad de* Lucrecia, la *Farsa a manera de tragedia* y algunas otras piezas más, así como el conjunto de textos dramáticos que constituyen lo que llamé «tragedia del horror»[5], el hecho es que hay en la España «renacentista» —tomado el adjetivo en sentido am-

---

[5] Hermenegildo, 1961, y la segunda versión del mismo trabajo, 1973.

plio— un intento de construir un teatro y, por vía de consecuencia, una nueva tragedia.

Toda la aventura teatral del siglo XVI español se lleva a cabo tomando como objetivo, consciente o inconscientemente, la formación de un público. El teatro renacentista español puede definirse como la acumulación de experiencias, varias y diferenciadas, tendentes a la construcción y al descubrimiento del espectador en el sentido moderno del término. Esos asistentes al espectáculo, a los que catalogué recurriendo a las nociones de «público cautivo, cerrado, selecto» y de «público abierto»[6], van condicionando con su presencia en las representaciones las diferentes clases de tragedias que surgen en el Quinientos. El público cerrado, cautivo —el cortesano, el universitario, el colegial, el catequizable en la plaza o en la iglesia— tiene un rol relativamente ritualizado dentro del marco que condiciona su inserción social. El mensaje le llega marcado por una finalidad predeterminada —didáctica, moralizante, proselitista, etc. Al espectador cautivo no se le permite la desviación ideológica. El público abierto surge con el teatro profesional, el de los corrales. Es un destinatario de la comunicación teatral que no está definido *a priori* más que por su condición de imprevisible. El espectador cautivo no ofrece una resistencia deliberada a la recepción de los mensajes moralizadores, catequísticos o pedagógicos. El público abierto es un punto indefinido, un destinatario nebuloso al que hay que atraer, un temible y temido adversario con el que el escritor, los actores, la compañía teatral, deben enzarzarse en una lucha dialéctica.

A lo largo del siglo XVI español va apareciendo una serie de obras dramáticas calificadas de un modo u otro como tragedias. Y no hay que ver en dicha serie la implantación de un modelo único. Se trata más bien de una sucesión de experiencias que, con fines muy distintos y ante públicos muy variados, pueblan los escenarios peninsulares de las universidades, los colegios, los palacios reales o nobles, los centros eruditos de encuentro y, por fin, los corrales. Esa larga serie de experiencias se llevan a cabo ante públicos muy bien diferenciados, pero que pueden reducirse a dos categorías, ya indicadas líneas arriba, el público abierto y el público cautivo. Qué duda cabe de que una

---

[6] Hermenegildo, 1994.

u otra condición del espectador marca las formas de construir las diversas experiencias trágicas.

Teniendo en cuenta lo ya dicho, resulta incuestionable la presencia en el teatro peninsular del siglo XVI de un corpus trágico de contenido, forma y sentido no siempre coincidentes. Y toda esa producción puede quedar ordenada en cuatro categorías principales. En primer lugar, la tragedia clasicista vigente en las traducciones y adaptaciones de textos greco-latinos hechas en las universidades (Fernán Pérez de Oliva, Palmireno y otros). Hay que considerar, en un segundo tiempo, la tragedia construida con una finalidad didáctica, pedagógica o catequística (el *Auto de Caín y Abel*, del maestro Ferruz, o la *Tragedia de san Hermenegildo*). Una tercera categoría aparece en la tragedia inscrita en la tradición del teatro cortesano (la *Farsa a manera de tragedia*). En último lugar, la «tragedia del horror», es decir, la producción teatral de Jerónimo Bermúdez, Andrés Rey de Artieda, Lupercio Leonardo de Argensola, Cristóbal de Virués, Juan de la Cueva, Diego López de Castro, Miguel de Cervantes y Gabriel Lobo Lasso de la Vega. Este último grupo de autores escribe, con la excepción de Bermúdez, pensando en las tablas del corral y en el público abierto que asistía a las representaciones comerciales.

En consecuencia, toda la utilización de los modelos antiguos y de sus versiones italianas, toda la tradición salida de la *Poética* aristotélica o de la práctica senequiana, todo el ejercicio erudito, escolar y catequístico, se convierten en juego escénico ante públicos diversos y produce ciertos tipos de obras en los que la presencia de la dinámica trágica se hace realidad. Nuestro trabajo tratará de identificar esa dinámica de lo trágico y sus consecuencias en la organización de unas cuantas piezas dramáticas, cuya «vida escénica» fue corta y, a veces, inexistente.

¿Cómo organiza los textos dramáticos la práctica del siglo XVI, cuando se pretende hacer tragedias? La respuesta es, por supuesto, varia. La producción de Pérez de Oliva[7], el rector de la Universidad de Salamanca, incluye dos tragedias: *La venganza de Agamenón*, que viene a ser una traducción libre de la *Electra* de Sófocles, y *Hécuba triste*, una versión no literal de la *Hécuba* de Eurípides. Hay en estas obras, escritas en prosa, una intención capital: la de defender el uso de la lengua castellana para asuntos calificados de respetables, defensa que se hacía

---

[7] Pérez de Oliva, *Teatro*, 1976.

siguiendo los mismos criterios que justificaron el uso del griego o del latín por los autores clásicos para construir sus propias obras. El empleo de la lengua castellana se convierte en un objetivo capital de aquel teatro universitario, cargado, sin duda alguna, de condicionamientos pedagógicos y educativos amparados en la tradición greco-latina. Lo cual no es obstáculo para que Pérez de Oliva elabore sus tragedias distanciándose de los modelos clásicos. Con tal alejamiento, busca una nueva libertad escénica, abandona el verso, usa exclusivamente la prosa y quita importancia a los coros, que ven disminuida así su implicación en la elaboración de la dinámica trágica.

Donde tal vez innova más Pérez de Oliva es en la neutralización semántica de la religiosidad griega propia del teatro clásico y su substitución por valores más próximos al espectador culturalmente cristiano. La tensión interior de los enfrentamientos con el destino llevados a cabo dentro del marco religioso-cultural griego, es remplazada por una especie de ambiente moral, con reflexiones de sabor cristiano diseminadas por todas las escenas. Y aquí se plantea el problema de la tragedia cristiana, transformada siempre por la esperanza puesta en un más allá posterior a la muerte, por muy terrible que esta puede aparecer ante los ojos del espectador. De todos modos, el gusto por el género trágico clásico quedaba encerrado entre los muros universitarios y no llegó a formar el gusto del grueso de los espectadores. La experiencia trágica de las instituciones queda reducida a ser un vehículo educativo. Incluso en la organización formal de las tragedias, la experiencia universitaria no comparte los varios modelos que circularon por la península en otros ámbitos.

Pero vengamos, tras este pequeño paréntesis que supone la tragedia universitaria como práctica ajena a la construcción de un teatro trágico español, a definir los elementos que constituyen la dinámica trágica. Hay, evidentemente y con todas las diferencias necesarias, una manera de hacer tragedia al modo de los grandes escritores griegos, Esquilo, Sófocles y Eurípides, y codificada en la *Poética* de Aristóteles, y otra que modifica profundamente la tradición, la que siguen Séneca y su teatro. El ser humano, por una u otra vía, está enfrentado al pecado, sea este heredado, personal o político, al castigo y a la muerte. El hombre, o la mujer, choca con los dioses y con el castigo divino. El hombre, o la mujer, trata de neutralizar la presión del destino marcado por los dioses —también los dioses están sometidos al mismo destino— y recibe la condenación fatal, la de la muerte irremediable. Y ahí surge el problema de la difícil vigencia de la tragedia cristiana. Incluso tras la muerte, la esperanza en un más allá triunfante rompe la dimensión fatal del castigo. Tras la muerte del vencido por el destino imparable, se alza la vía salvífica del cristianismo como solución antitrágica. Y no olvidemos, por otra parte, que la espiral de la violencia que explica la evolución de los enfrentamientos entre las personas humanas, queda rota desde el momento en que aparece la víctima final, la víctima inocente y propiciatoria, la víctima que no exige la venganza y la continuación de la violencia institucionalizada. La víctima es el crucificado, es el Cristo muerto —y resucitado— para cerrar la infernal cadena de enfrentamientos. Las reflexiones luminosas de René Girard[8] abonan la casi imposibilidad de construir una tragedia cristiana. A menos que el pecado general del hombre, personal o heredado, sea remplazado por un pecado más preciso, el pecado político. Y aquí se manifiesta un tipo de tragedia que se extiende por el mundo cristiano occidental y, en concreto, por la práctica teatral del Renacimiento español. Si hemos dejado de lado el *Auto de la Pasión* de Alonso del Campo o el de Lucas Fernández, por ver en ellos la imposibilidad de hacer tragedia dentro del marco cristiano, y si dejamos de lado el teatro universitario por no haber salido más allá de los umbrales del saber, tenemos que enfrentarnos ahora al teatro de colegio, a la tragedia cortesana y a la tragedia del horror, y tratar de descubrir las líneas maestras que configuran todas esas producciones culturales.

El teatro de colegio, principalmente el que se practica en las instituciones escolares de la Compañía de Jesús, fue un instrumento privilegiado para la educación de niños y adolescentes. La empresa teatral jesuítica no sólo busca la formación moral, científica y religiosa de los alumnos, sino que intenta también establecer un contacto rentable con el tejido social del que salen sus estudiantes. Hay, a diferencia de lo que se practicó en el teatro universitario, una gran preocupación por la instrucción religiosa, cristiana, evidentemente, y por crear unos contactos sólidos con el medio social en que vivía la institución escolar, sobre todo con los grupos sociales poderosos e influyentes en la vida pública. En consecuencia, el teatro colegial altera la función primera

[8] Girard, 1972, y 1978.

del acontecimiento escénico, para convertirlo en un instrumento educativo o propagandístico. Qué duda cabe de que ciertas piezas del teatro jesuítico están marcadas por una intencionalidad política. Se abre así un resquicio útil para la escenificación de alguna tragedia cristiana, de difícil aceptación como tal tragedia, siguiendo la tradición clásica y el concepto mismo de tragedia, pero marcada por un probable, aunque sinuoso y subterráneo, contenido político.

Las tragedias del ejercicio escolar son numerosas, pero destaca entre todas ellas, como pieza paradigmática, la *Tragedia de san Hermenegildo*[9], de Hernando de Ávila. El martirio del príncipe Hermenegildo, hijo del rey visigodo Leovigildo, entra dentro de la tradición propia de la tragedia cristiana. Un héroe, víctima del destino, pierde la vida por seguir fielmente los dictados de sus convicciones religiosas. Muere asesinado por orden real, al negarse a recibir la comunión de manos de un obispo arriano. Pero al otro lado de la frontera marcada por la muerte surge la esperanza en la existencia de otra vida, en la que el premio neutraliza el peso trágico de la hazaña del protagonista. La tragedia dejaría de serlo en el sentido más clásico del término. Por otra parte, en la oposición dialéctica [verosimilitud / inverosimilitud] que fija los límites de la tragedia clasicista, la *Tragedia de san Hermenegildo* se sitúa más allá de los límites de lo verosímil utilizando las figuras morales ajenas a la tradición grecolatina.

Pero si estas características desarticulan la condición trágica de la pieza, hay sin embargo en el entorno de ella un elemento clave que abre las puertas a su consideración como tragedia política. Fue representada en Sevilla el 10 de septiembre de 1580 con motivo de la inauguración del colegio jesuítico del mismo nombre. El espectáculo es un acontecimiento social al que asisten invitados el Arzobispo, las autoridades del Cabildo, de la Audiencia, de la Inquisición, del Tribunal de Contratación, así como miembros de la nobleza y de los otros grupos dominantes en la sociedad sevillana. En un momento de profundas convulsiones sociales y, sobre todo, políticas que agitan la España filipina, surge nuestra tragedia como un estandarte de la Andalucía de la época. No es muy arriesgado adelantar la sospecha de que, al ser Hermenegildo una figura que luchó contra el centralismo toledano practicado por su padre, el rey Leovigildo, fuera utilizado como ex-

---

[9] *La* Tragedia de San Hermenegildo *y otras obras del teatro español de colegio*, 1995.

presión de un cierto nacionalismo andaluz surgido en la tirantez existente entre la España periférica y la política absolutista de Felipe II. Juan de la Cueva, por aquellas fechas, lleva a escena alguna obra en que se pone en tela de juicio la invasión de Portugal por las tropas de Felipe II[10]. Todo ello invita a pensar en los condicionamientos políticos de la *Tragedia de san Hermenegildo* y, en consecuencia, en la dimensión trágica que, al margen de su base ideológica de matiz profundamente cristiano, surge del fracasado intento político de hacer frente al poder central toledano. De ahí la indudable garra trágica de esta pieza, garra trágica que surgirá más tarde, o casi al mismo tiempo, entre las obras de los que trazaron las líneas de la «tragedia del horror». De todos ellos trataremos más adelante. La tensión política existente en la España de fines del Quinientos actúa como discurso envolvente que abre vías de lectura más profundas que la anécdota puesta en escena. Se trata de un hiperdiscurso, vigente en el medio social y político sevillano, que encuentra su expresión en la «piadosa y ejemplar» muerte del héroe cristiano. De ahí la condición de tragedia política que descubrimos en la pieza de Hernando de Ávila.

Dentro de lo que se identifica como teatro de los espacios cortesano y urbano, aparte de una mayoría de obras donde se ha prescindido de la connotación trágica, hay alguna pieza en que tal connotación organiza el desarrollo de la anécdota dramática. Tres piezas destacan por su interés para nuestra reflexión: la *Farsa a manera de tragedia*, la *Farsa o tragedia de la castidad de Lucrecia* y la *Tragedia de los amores de Eneas y de la reina Dido*. El título de las dos primeras ya introduce esa preocupación por la identificación de lo trágico en su contenido anecdótico. Hay elementos en ellas que chocan frontalmente con la tradición trágica. Tal es el caso de la *Farsa a manera de tragedia*[11], en que aparece un *bobo* salido de la manera dramática puesta en boga por Torres Naharro. La presencia de tal personaje es un signo contrario a la dinámica trágica, pero hay que considerar la voluntad del autor al afirmar que su obra merece «que la llamemos tragedia, / porque en dos muertes fenece». Pero más allá del gusto personal del escritor, hay que tener en cuenta lo patético de las situaciones y la potencia de los sentimientos. El escritor puso en escena dos seres que, en marcha ha-

---

[10] Watson, 1971.
[11] «Farça a manera de tragedia», 1911, pp. 283-316.

cia la más insaciable de las pasiones, llevan sobre sus hombros una fatalidad que los aplastará en el momento decisivo. Surgen así rasgos que acercan la obra —y otros, ya señalados, que la alejan— a los terrenos vecinos a aquellos en que el destino espera, a la manera clásica greco-latina, la aparición del héroe para provocar su destrucción. Y esto es ya un elemento puramente trágico.

La segunda pieza, la *Farsa o tragedia de la castidad de Lucrecia*, de un ignoto Juan Pastor[12], lleva en sus pliegues la doble condición de farsa y de tragedia. O tal vez la inseguridad en que vive el escritor a la hora de clasificar el producto de su esfuerzo creador. En todo caso, se trata de una muestra más de cómo la dinámica trágica se manifiesta de modo incierto en esta parte del siglo XVI. La desgraciada historia de la romana Lucrecia, que provoca con su suicidio la eliminación del poder de los Tarquinos en la Roma clásica, va mezclada con elementos propios de la farsa, signos que entran en contradicción con la esencia dramática misma de la protagonista. La figura de Lucrecia, diseñada con los rasgos de una heroína trágica, pierde la altura y la lógica interna cuando en algunas ocasiones cambia su propio registro y utiliza el lenguaje impertinente del Bobo.

Un tercer ejemplo de la inseguridad vigente en la construcción de la dinámica trágica aparece en la *Tragedia de los amores de Eneas y de la reina Dido*[13], obra escrita en castellano probablemente por el portugués Juan Cirne. En ella abundan los lusismos fonológicos, fonéticos, morfosintácticos, léxicos y ortográficos. La tragedia dramatiza, a partir del libro IV de la *Eneida*, la historia de los amores de Dido y Eneas, historia que termina con el suicidio de la heroína tras la ruptura de las relaciones entre una y otro. Pero la indudable tensión trágica existente en la obra queda neutralizada en parte por el desajuste del tono solemne característico del género. Dido utiliza un lenguaje impropio del decoro exigido a una figura real. Dido insulta a Eneas y echa mano de ciertos términos marcados por la práctica lingüística vulgar o por la paremiología popular. La caída del nivel trágico provocada por el lenguaje de la Reina es una marca evidente de la tradición teatral naharresca. La obra carece de madurez trágica. Los elementos genéricos salidos de la tradición greco-latina pierden eficacia

---

[12] «*Farsa de Lucrecia*». *Tragedia de la castidad de Lucrecia*, 1912, pp. 437-454.
[13] *Tragedia de los amores de Eneas y de la reyna Dido*, 1931, pp. 353-431.

desde el momento en que se mezclan con otros más propios de la farsa o la comedia.

Cuando se plantea de verdad el problema de la construcción de un género trágico en la práctica dramática del siglo XVI es a partir del último tercio del siglo. Una serie de autores de indudable importancia en la historia del teatro español y, sobre todo, a la hora de definir un modelo de tragedia elaborado a partir de los modelos greco-latinos e italo-renacentistas, es la que abarca los nombre de Jerónimo Bermúdez, Andrés Rey de Artieda, Lupercio Leonardo de Argensola, Juan de la Cueva, Cristóbal de Virués, Gabriel Lobo Lasso de la Vega y algunos otros. No hay que ver en dicha serie una escuela ni una aventura concertada. Hay, sí, una convergencia de criterios y de modos de escritura que acaban definiendo lo que sería un fracaso escénico, pero una aventura de matiz político extremadamente interesante. La tragedia de fin de siglo, o tragedia del horror, surge como experiencia dramática que será definida *a posteriori* y cuyas coordenadas fundamentales quedarán fijadas por algunos preceptistas. De ello trataremos a continuación. Lo que resulta más original y significativo es la transmisión, a través de estos textos, de un discurso político que se enfrenta de modo radical con el que subyacía en la opinión más arraigada durante los años del gobierno de Felipe II. En el fondo, la tragedia del horror vive a remolque de los modelos clásicos e italiano, pero al mismo tiempo se distancia de dichos modelos. Su originalidad estará condicionada por un discurso político de una indudable trascendencia, aunque de poca eficacia a la hora de crear un estado de opinión crítica frente a los modos de gobernar vigentes en la España de la época. La tragedia del horror fue un ejercicio fallido, porque no logró llegar de modo habitual a los tablados de los corrales. Sí lo logró Juan de la Cueva, pero fue la excepción. De los otros autores sólo conservamos los textos, pero no hay ninguna noticia, al menos yo no la conozco, de que sus tragedias aparecieran en los escenarios comerciales de España.

Así como la producción trágica anterior a la del grupo que nos ocupa ahora no está condicionada por unos criterios estéticos bien definidos —excepción hecha de la herencia naharresca en algunos casos—, la tragedia del horror surge en el cruce de unas coordenadas bien precisas. No puede decirse que la preceptiva general fuera el marco dentro del que se creara dicho corpus. Al contrario, es la práctica ya puesta en marcha la que será resumida y esquematizada en las diversas reflexiones teóricas que ciertos escritores dejaron impresas.

La descripción de los principios teóricos que gobiernan nuestras tragedias se manifiesta dentro de algunos prólogos o epílogos de las obras dramáticas mismas. Pero también se encuentra en obras más teóricas, principalmente en la *Filosofía antigua poética*, de Alonso López Pinciano, en las *Tablas poéticas*, de Francisco de Cascales, y en la *Nueva idea de la tragedia antigua o ilustración última al libro singular de Poética de Aristóteles Stagirita*, de Iusepe Antonio González de Salas, entre otras.

Como si se tratara de un axioma, el final del siglo XVI rechaza, en nombre de la modernidad, los modelos trágicos descritos por Aristóteles, Horacio o Séneca. El tiempo actual justifica las necesarias evolución y ruptura. La tragedia española de fines del siglo XVI es una sucesión de proyectos y experiencias que se llevan a cabo diacrónicamente a partir de la dialéctica que opone el modelo de la *tragedia clásica* a lo que nuestros autores consideran simplemente como *tragedia*. Es curioso señalar que los trágicos grecolatinos son una referencia constante, pero referencia constante como término *a quo*, como pretexto para la realización de un ejercicio de modernidad condicionado en sus bases por la negación del modelo inicial. O de varios de los elementos constituyentes de dicho modelo, que resulta abandonado total o parcialmente. El caso de la intervención primera de la Fama, en la *Isabela* argensoliana, es un ejemplo clave de lo que venimos afirmando, ya que se defiende allí la violación de las leyes de la tragedia para que esta puede aparecer en un teatro público, y a continuación se congratula con el auditorio por preferir las tragedias llenas de una piedad acompañada de la correspondiente lección moral.

Veamos a continuación algunas de las características más significativas de la tragedia finisecular. La descripción de tales características tiene en cuenta las «normas vigentes» en las reflexiones teóricas y en las preceptivas ya mencionadas, o, más bien, las constataciones de hechos estéticos ya ocurridos.

Pinciano identifica dos órdenes de tragedia, la «patética» y la «morata». La primera está ligada a la tradición aristotélica; la segunda a la senequiana. En principio, hay que afirmar rotundamente que es el modelo subyacente en la tragedia morata el que surge como guía para la construcción de la tragedia finisecular. Según Pinciano, la tragedia «es imitación activa de acción grave, hecha para limpiar los ánimos de

perturbaciones por medio de misericordia y miedo»[14]. Y algunos de
nuestros tragediógrafos intentan limpiar los ánimos recurriendo a la
inscripción de una moral determinada, que se enfrenta de modo radical con las prácticas vigentes en la época, prácticas claramente identi-
ficadas en la vida política del período histórico en que las tragedias se
escriben. Los autores, para provocar la limpieza de los ánimos, buscan
menos el efecto estético, propio de «la tragedia patética» característica
de la tradición aristotélica, que la corrección moral, propia de la tradición senequiana e inscrita en lo que Pinciano define como «tragedia
morata». Por eso se instala en el modo de dramatización la necesidad
de conmover el ánimo de los espectadores por medio de acciones brutales y sangrientas, de muertes en escena, de gestos espectaculares, de
situaciones que dejan de lado toda verosimilitud con tal de llegar a
conmover y corregir las prácticas vitales del espectador, del ciudadano,
del gobernante. En este sentido, la tragedia senequiana, y no la aristotélica, sirve de base teórica para la elaboración de las tragedias que
analizamos.

Partiendo de esta condición básica y teniendo en cuenta la preocupación que tienen los autores por adaptar el modelo trágico tradicional a los gustos del espectador «contemporáneo», los autores finiseculares echan mano de una serie de criterios, fórmulas y recursos que
alejan sus producciones trágicas de las sendas por las que discurrieron
las prácticas griega y romana. Y no olvidemos tampoco la manera de
hacer tragedia propia del Renacimiento italiano, que tanto influyó en
algunos de nuestros autores —Lupercio Leonardo de Argensola, por
ejemplo. En general, puede afirmarse que estos trágicos se alejan del
modelo griego y, aceptando el canon romano e italo-renacentista, pero
de modo parcial, tienden a alejarse de uno y otro en mayor o menor
grado. Así, los escritores de tragedias del último tercio del siglo XVI
buscan otra tradición dramática para alejarse de los caminos clásicos,
sin abandonarlos completamente. Por eso sitúan al frente de sus obras
trágicas los introitos, prólogos, loas y argumentos propios de la tradición renacentista española. Ciertas maneras de Torres Naharro están
muy presentes en obras de Virués y de Argensola. Y dichos segmentos textuales, a menudo representables, son importantísimos para conocer las soluciones que sus autores pretender dar a los arduos proble-

---

[14] López Pinciano, 1953, vol. II, p. 307.

mas que les plantea la escritura trágica. En los epílogos de las obras también se recogen y describen los efectos que la acción dramática ha tenido o tiene que producir en el público espectador.

A título de ejemplo, recordemos los casos de *Atila furioso*[15], de Virués, en cuyo prólogo el autor hace gala de anticlasicismo al atacar, menospreciar e insultar las sagradas instituciones de la mitología greco-romana (Marte, Venus, etc.). En *Isabela*, de Argensola[16], hay un prólogo puesto en boca de la Fama en el que el autor hace una extensa presentación de su conocimiento de la cultura clásica. En la *Alejandra* es la Tragedia quien dice la loa, auténtico cauce de expresión de las ideas del autor sobre la tragedia.

Otro ejemplo muy significativo es el de Gabriel Lobo Lasso de la Vega. En su *Tragedia de la honra de Dido restaurada*[17] hay un prólogo en que se expone el argumento de la obra y la motivación apologética de la misma. El autor se sirve del introito para pedir perdón por sus faltas.

La ruptura de la tradición antigua es mucho más emblemática en la *Tragedia de la destrucción de Constantinopla*[18], donde Lasso presenta, a través del prólogo, la historia de la ciudad desde su fundación hasta su caída en manos de los turcos. Y sobre todo, la gran quiebra de la línea tradicional surge en el introito, donde se relata la fábula del vizcaíno invitado por un castellano a comer pavo. La lengua cómica utilizada por el personaje es la mejor prueba de que, en manos del autor, se están mezclando los elementos cómico y trágico propios de la «comedia nueva» y de la «comedia barroca», es decir, de la «comedia» en el sentido que se le da a la obra teatral durante el siglo XVII.

La renovación técnica lleva a los autores a dividir las obras en segmentos, identificados como partes, jornadas y auctos o actos. Se mantiene el número tradicional de cinco en Bermúdez[19] o en la *Elisa Dido*[20] viruesina; se reduce a cuatro en Rey de Artieda[21] y Juan de la

---

[15] Hermenegildo, 2002.
[16] *Obras sueltas de Lupercio y Bartolomé Leonardo de Argensola*, 1889, vol. I.
[17] Lobo Lasso de la Vega, 1986.
[18] Lobo Lasso de la Vega, 1983.
[19] *El tirano en escena. Tragedias del siglo XVI*, 2002.
[20] Virués, 2003.
[21] Rey de Artieda, 1908.

Cueva[22], a tres en Argensola y en las cuatro tragedias restantes de Virués. La evolución del modelo seguido por nuestros trágicos va en dirección de la práctica adoptada en la «comedia nueva».

Uno de los elementos más característicos de la tradición clásica fue el coro. Pero en el corpus que nos interesa ha desaparecido completamente, si exceptuamos la *Nise lastimosa* y la *Nise laureada*, de Jerónimo Bermúdez, y la *Elisa Dido, de Virués*. De todos modos se conservan algunos rastros de las intervenciones corales en la presencia de ciertos personajes secundarios que, interviniendo más o menos al unísono, recuerdan ciertas funciones típicas de los coros, tales como la de ser confidente, consejero o consolador del héroe.

La barrera que separa de modo más considerable la práctica antigua de la finisecular, es el no respeto a la norma de las tres unidades. El modelo greco-latino daba una importancia primordial al acatamiento de la regla de las unidades de tiempo, lugar y acción. Esta última se mantiene hasta cierto punto. Las otras dos son evitadas prácticamente siempre. Hay un pasaje de *La gran Semíramis* viruesina donde queda planteado el problema e inscrita la solución que el autor le da. Dice así el Prólogo:

> Y solamente, porque importa, advierto
> que esta tragedia, con estilo nuevo
> que ella introduce, viene en tres jornadas
> que suceden en tiempos diferentes:
> en el sitio de Batra la primera,
> en Nínive famosa la segunda,
> la tercera y final en Babilonia,
> formando en cada cual una tragedia,
> con que podrá toda la de hoy tenerse
> por tres tragedias, no sin arte escritas[23]

Es decir, en el fondo del pensamiento viruesino sobre el arte trágico corre la convicción de que una obra dramática debe respetar las unidades de acción, tiempo y lugar. Y al no someterse a la norma tradicional, acaba diciendo que se trata de tres tragedias, «no sin arte escritas». Pero todo ello es considerado dentro del discurso que pre-

---

[22] *Comedias y tragedias, de Juan de la Cueva*, 1917.
[23] Virués, 2003, pp. 101-102.

vé la trasgresión radical de la práctica clásica. Si la norma está viva en cada una de las jornadas, considerada como «una tragedia», queda definitivamente arrinconada cuando se contempla el todo textual como un conjunto único. Por ello afirmábamos la voluntad de nuestros trágicos de romper con la línea tradicional y, al mismo tiempo, la convicción de estar sometidos a una presión de la que no resultaba fácil liberarse. Y el camino fue avanzando, poco a poco, hacia la «comedia nueva». Como prueba de lo que decimos aparecen los ejemplos de Lasso de la Vega y Cueva (*Los siete infantes de Lara*), que prescinden de la unidad de tiempo y de lugar; el mismo Cueva (*Ayax Telamón* y la *Tragedia del príncipe tirano*) abandona la unidad de tiempo; la *Nise lastimosa*, de Bermúdez prescinde de la de lugar; Virués, en su *Atila furioso*, olvida la de acción; *La gran Semíramis*, del mismo Virués, abandona las tres, como ya hemos señalado; Argensola, en su *Isabela*, observa la unidad de tiempo, pero no la de lugar ni, en parte, la de acción.

La búsqueda constante del espectador que exige en escena signos de su propia modernidad, llevó a los trágicos por ciertos caminos de renovación (empleo de la polimetría, mezcla de versos cortos —romance, generalmente— con insufribles e interminables versos largos, etc.). Pero todo ello no impidió la aparición de un estilo de gran complejidad, de una retórica ampulosa más cercana frecuentemente al discurso estrictamente literario que al del artificio teatral.

Por otra parte, los trágicos finiseculares construyen unos personajes dotados frecuentemente de una dramaticidad no marcada por la naturalidad ni por la verosimilitud. Su arquitectura interior entra a veces en contradicción con un lenguaje bajo, bien alejado del que debieran tener las «figuras elevadas» según la tradición aristotélica. Son los casos de Atila, del príncipe tirano de Cueva, de Semíramis, etc. Hay determinadas escenas en las que los autores han olvidado la altura estética del personaje y ponen en su boca expresiones desajustadas e inapropiadas para quien debe expresarse según registros más selectos. Algunos personajes principales de estas obras actúan con la liviandad, la grosería o la viveza más características de una figura dramática plebeya, rompiendo así la verosimilitud necesaria a su condición trágica. Puede afirmarse, sin lugar a dudas, que el culto de lo inverosímil se convierte en un instrumento de construcción de las tragedias que no respeta la tradición clásica, aunque hay excepciones como el caso de la viruesina *Elisa Dido*.

Una vez definida la línea general que, desde el punto de vista formal y estético, siguen nuestras tragedias, bueno es constatar que se trata de un conjunto de experiencias dramáticas dispersas por toda la geografía española. Al mismo tiempo, no tenemos ningún dato positivo que confirme la presencia de ninguna de ellas en los tablados de los corrales, excepción hecha, como ya decíamos, de las comedias y tragedias de Juan de la Cueva. Sobre las otras tragedias hay ciertas afirmaciones de que se representaron, pero no tenemos ninguna prueba fehaciente de que así fuera. El poco éxito de público que estas tragedias cosecharon habla de una falta de contacto entre el discurso dramático que las alimenta y el que vive en la visión popular del mundo, de la sociedad y de la estructuración política del estado. Ese contacto sí existió cuando contemplamos el mundo que emerge y se dramatiza en la «comedia nueva».

Los trágicos finiseculares se dividen en dos grupos irreconciliables desde el punto de vista ideológico. Por una parte Lasso de la Vega, que en su *Tragedia de la honra de Dido restaurada* ofrece la imagen de un rey, de una reina en este caso, convertido en la encarnación de las virtudes máximas, de las virtudes divinas. Ese discurso coincidía con el que flotaba en la sociedad española y con el que propagaba un número considerable de obras teatrales surgidas a partir de Lope de Vega. Discurso que es el que triunfó en las comedias de los corrales. Recordemos, como caso emblemático del modelo propagado por la opinión oficial y por el teatro lopesco —con las debidas excepciones, que las hay— la comedia *El mejor alcalde el rey*[24]. En ella se atribuye al monarca uno de los rasgos más específicos atribuidos a Dios por la tradición bíblica. El misterio insondable de Dios se manifiesta sobre todo en la imposibilidad de definirlo. Y lo que es más, la imposibilidad de definirse a sí mismo que Dios tiene, ya que, en su infinitud, su propia definición alcanzaría el grado de persona divina. Por eso los textos sagrados judíos muestran a Dios autopresentándose y autoidentificándose como «yo», como «el que soy», que es la expresión misma de la inefabilidad divina. En la citada comedia lopesca, el propio rey se identifica como «yo», y añade no tener otro nombre. Es decir, hay un modelo teatral en el que la figura del rey aparece con todo el esplendor que caracteriza su «divinidad». El caso de la *Tragedia de la*

---

[24] Lope de Vega, *Comedias, I*, 1960.

honra de Dido restaurada, de Lasso, llega a afirmar la divinización de la soberana, como personaje capaz de defender a su pueblo, el que vive en la recién fundada Cartago, de dar su vida por él y de asegurar la perpetuación de la sociedad creada por ella misma. Lasso está muy cerca, desde el punto de vista ideológico, y también desde la perspectiva de la construcción teatral, de la práctica puesta en marcha por Lope en la «comedia nueva».

Por otra parte, Bermúdez, Virués, Cueva, y Argensola adoptan una actitud crítica y denuncian la presencia de una autoridad política mal ejercida, de un monarca convertido en sangriento tirano, de un rey arrastrado por pasiones irreprimibles capaces de acabar con el orden social establecido y, en consecuencia, de la existencia de una corte real donde la traición, la ambición y el crimen son la auténtica marca de comercio. Si esas obras fueron, desde el punto de vista escénico, un fracaso, desde el punto de vista de la sociología literaria aparecen como documentos de extraordinaria significación para explicar un momento histórico: la España de Felipe II. No olvidemos ciertos movimientos de intelectuales— fray Luis de León, entre otros —que no dudaron en criticar actitudes de gobierno poco consonantes con la noción de igualdad y de equilibrio social entre los vasallos. Uno tiene derecho a preguntarse si este fracaso de las tragedias no es una muestra de su oposición larvada contra quien invadía Portugal, contra quien reprimía los tumultos de Aragón o la revuelta de las Alpujarras, etc., etc.

Añadamos una constatación de hechos y una reflexión más. Bermúdez, Virués, Cueva y Argensola nacen en los reinos pertenecientes a la periferia peninsular, Galicia, Valencia, Andalucía y Aragón, respectivamente, regiones que tuvieron serios enfrentamientos con la política centralista del tercero de los Austrias. Y es significativo que en sus tragedias se ponga en tela de juicio la eficacia política de una manera de gobernar lindante con la tiranía y la crueldad o abiertamente relacionadas con ella. Por otra parte, un autor muy identificado con Madrid, con la corte madrileña y con la figura real, a quien servía como miembro de su guardia, Lasso de la Vega, no duda en glorificar y deificar el modo de gobierno, heroico, mesiánico y redentor, que exhibe la heroína de la *Tragedia de la honra de Dido restaurada.*

Observando la tendencia dominante entre los trágicos finiseculares, no sería de extrañar que las palabras de Lope de Vega en su *Arte nue-*

vo de hacer comedias, fueran algo más que una afirmación sobre los gustos caprichosos de Felipe II en lo que se refería a ciertas comedias donde la figura real era un personaje central. Recordemos el pasaje lopesco:

> Elíjase el sujeto y no se mire
> —perdonen los preceptos— si es de reyes,
> aunque por esto entiendo que el prudente
> Filipo, rey de España y señor nuestro,
> en viendo un rey en ellas se enfadaba,
> o fuese el ver que al arte contradice,
> o que la autoridad real no debe
> andar fingida entre la humilde plebe[25]

El enfado filipino se debe, según el texto de Lope, o a la supuesta preocupación real por una hipotética alteración de la preceptiva clásica en lo que se refiere a la presencia de los reyes en escena, o bien a una utilización «fingida» de la figura soberana que podía causar un menoscabo de su autoridad en la vida cotidiana. Me resulta difícil aceptar una hipotética preocupación de Felipe II por la trasgresión de las normas literarias. Más bien hay que pensar que su enfado es el reflejo de un claro enfrentamiento entre la visión que de la monarquía tenía el soberano y, con las precauciones necesarias, la que proyectaban ciertos pasajes de determinadas obras teatrales en las que la figura del rey era empleada como signo teatral, cargado de notas negativas y de rasgos claramente críticos. Todo ello sin inscribir, en ningún momento, marcas que pudieran fijar abiertamente la relación entre la ficción y la realidad.

Frente al general, aunque no universal, compromiso vigente en las relaciones [poder / teatro] de la España barroca, se alza la separación, la oposición existente entre el discurso político dominante en la segunda mitad del siglo XVI y el que organiza la tragedia del horror, la tragedia de la España filipina, manifestación de una serie de intelectuales que parecen expresar muchas reticencias sobre la manera de ejercer el poder político. La tragedia del horror fue un ejercicio de minorías que no consiguió establecer un contacto eficaz con la con-

---

[25] Lope de Vega, *El arte nuevo de hacer comedias en este tiempo*, 1971, p. 291.

ciencia colectiva, dominada y controlada por el poder. Por eso fracasó. Esta es la desdicha de la tragedia del horror. Los esfuerzos «técnicos» hechos por sus autores —y hemos señalado algunos que buscaban la «modernidad» de las obras—, no dieron los resultados buscados, la catarsis no llegó a producirse y el ejercicio teatral fue un palo de ciego que no logró establecer contacto con el público, cuyo código ideológico era radicalmente distinto del que vivía subyacía en las tragedias.

BIBLIOGRAFÍA

ARGENSOLA, L. y B. LEONARDO, *Obras sueltas de Lupercio y Bartolomé Leonardo de Argensola*, ed. del conde de la Viñaza, Madrid, s. e., 1889, vol. I.

CUEVA, J. de la, *Comedias y tragedias, de Juan de la Cueva*, Francisco A. de Icaza, Madrid, 1917, 2 vols.

DEYERMOND, A., *History of Spain: The Middle Ages*, Londres/Nueva York, Barnes & Noble, 1971.

«*Farça a manera de tragedia*», ed. A. Rennert, *Revue Hispanique*, 25, 1911, pp. 283-316.

«*Farsa de Lucrecia. Tragedia de la castidad de Lucrecia.* Agora nuevamente compuesta por Juan Pastor de la villa de Morata», ed. A. Bonilla San Martín (en *Cinco obras dramáticas anteriores a Lope de Vega*, *Revue Hispanique*, 27, 1912, pp. 437-454).

GIRARD, R., *La violence et le sacré*, París, Grasset, 1972.

— *Des choses cachées depuis la fondation du monde*, París, Grasset, 1978.

HERMENEGILDO, A., *Los trágicos españoles del siglo XVI*, Madrid, Fundación Universitaria Española, 1961.

— *La tragedia en el Renacimiento español*, Barcelona, Planeta, 1973.

— *Teatro español del siglo XVI. Lucas Fernández. Cervantes. Torres Naharro. Gil Vicente*, Madrid, SGEL, 1982.

— *El teatro del siglo XVI*, Madrid, Júcar, 1994.

— *El tirano en escena. Tragedias del siglo XVI*, Madrid, Biblioteca Nueva, 2002.

— *La Tragedia de San Hermenegildo y otras obras del teatro español de colegio*, ed. J. A. Asenjo, Sevilla, UNED, Universidad de Sevilla, Universitat de València, 1995, 2 vols.

LOBO LASSO DE LA VEGA, G., *Tragedia de la honra de Dido restaurada*, ed. A. Hermenegildo, Kassel, Reichenberger, 1986.

— *Tragedia de la destruyción de Constantinopla*, ed. A. Hermenegildo, Kassel, Reichenberger, 1983.

LÓPEZ PINCIANO, A., *Philosophía antigua poética*, ed. A. Carvallo Picazo, Madrid, CSIC, 1953, vol. II.

PÉREZ DE OLIVA, F., *Teatro*, ed. G. C. Peale, Córdoba, Real Academia de Córdoba de Ciencias, Bellas Letras y Nobles Artes, 1976.

REY DE ARTIEDA, A., *Los amantes*, ed. F. Martí Grajales y F. Carreres y Valle, Valencia, 1908.

ROJAS, F. de, *La Celestina*, ed. D. S. Severin y M. Cabello, Madrid, Cátedra, 2002.

RUIZ RAMÓN, F., *Historia del teatro español, 1*, Madrid, Alianza Editorial, 1971.

VEGA, L. de *Comedias, I*, ed. J. Gómez Ocerín y R. M. Tenreiro, Madrid, Espasa Calpe, 1960.

— *Arte nuevo de hacer comedias en este tiempo*, ed. J. de José Prades, Madrid, CSIC, 1971.

VIRUÉS, C. de, *La gran Semíramis. Elisa Dido*, ed. A. Hermenegildo, Madrid, Cátedra, 2003, pp. 101-102.

Tragedia de los amores de Eneas y de la reyna Dido, ed. J. E. Gillet y E. B. Williams, *Publications of Modern Languages Association*, XLVI, 1931, pp. 353-431.

WATSON, A., *Juan de la Cueva and the Portuguese Succession*, Londres, Tamesis, 1971.

VIRUÉS, NUESTRO CONTEMPORÁNEO

Enrique García Santo-Tomás
University of Michigan, Ann Arbor

A Alfredo Hermenegildo

1. TRÁGICOS EN UN ENTORNO BÉLICO

El presente artículo formula y renueva una serie de preguntas en torno al sentido y significado contemporáneo de un género como el de la tragedia aurisecular, en una época en que su recepción académica parece poco a poco deslizarla hacia un canon secundario como preludio a lo que, quizá en un futuro no muy lejano, pueda convertirse en un injustificado olvido historiográfico[1]. Una mirada rápida sobre lo que ha sido la producción crítica y la cartelera teatral de la última década arroja un saldo muy poco favorecedor para el legado de

---

[1] Excepción a la regla son un reducido número de estudios de esencial importancia en esta última década, como por ejemplo el de Álvarez Sellers, 1997. Trabajos de consulta necesaria siguen siendo los de Hermenegildo, 1973; y, del mismo autor, las útiles síntesis en 1994, pp. 199-269, y en 1998, pp. 71-94; Sirera, 1981; y Weiger, 1978. El estudioso de hoy cuenta con una reciente edición de Ferrer Valls, 1997.

nuestros trágicos, cuyas piezas mayores no han gozado recientemente de la misma atención y aprecio que las de otros subgéneros como la comedia urbana o la de temática amerindia[2]. Tal fenómeno, sin embargo, no resulta un caso aislado ni tampoco se trata exclusivamente de una cuestión de gusto: uno se pregunta, de hecho, si la necesidad de un conocimiento sólido de la historia nacional, de la mitología o de clásicos como Séneca[3] ha evitado que el teatro de ambientación histórica, de reescritura mitológica o de corte trágico, respectivamente, sea estudiado a fondo por nuevas hornadas de investigadores que parecen sentirse hoy en día más seducidos por otros códigos dramáticos quizá menos necesitados de un conocimiento exhaustivo de la tradición con la cual se dialoga. Quizá pudiera ser, por otra parte, que la grandilocuencia en la presentación del meollo dramático no resulte atractiva para el espectador o lector presente, quien suele encontrar estos textos —al menos así lo atestigua la experiencia docente de quien escribe estas páginas— obsoletos y anacrónicos. Y lo cierto es que, aunque algunas de las mejores páginas sobre la tragedia en los siglos XVI y XVII han sido escritas ya por críticos presentes en este volumen— Melchora Romanos, Margaret Greer o Alfredo Hermenegildo han dado cuenta en excelentes estudios de la comedia histórica de Lope, del teatro mitológico de Calderón, o de la *Numancia* cervantina, por dar tan sólo tres paradigmas de erudición intelectual y acierto crítico— pienso que todavía queda por hacer en este campo, como pienso igualmente que los desplazamientos canónicos que se dan en determinadas comunidades interpretativas no responden nunca a un único condicionante.

No es mi propósito en este ensayo el indagar sobre las coordenadas de tal o cual olvido, sino más bien proponer soluciones al problema, ir hacia adelante en vez de volver la vista atrás. Antes de avanzar nuevas aproximaciones metodológicas o fórmulas interpretativas para el estudio de la tragedia cabría preguntarse, sin embargo, qué avenidas críticas, si las hay, pueden lograr el objetivo doble de dar con

---

[2] Tal parece ser el fenómeno concerniente a la crítica anglosajona, en cuyas revistas especializadas más significativas —*Bulletin of the Comediantes, Gestos, Theatre Research International, Comedia Performance*— los estudios dedicados a este subgénero han sido muy escasos.

[3] Sobre la influencia del clásico cordobés en el teatro medieval y áureo, ver Blüher, 1983.

algo verdaderamente novedoso consiguiendo al mismo tiempo dotar a estas obras maestras de una cierta dosis de relevancia en nuestro presente; cómo hacer, en otras palabras, que este género dramático ofrezca una forma de lectura que resulte necesaria para comprender más a fondo el pasado, tanto como a quien dialoga con él desde el presente. Para ello habría que comenzar por preguntarse qué es lo que nos puede aportar la tragedia frente (o junto) a otros géneros del drama aurisecular, o qué podemos hoy en día aprender de ella. Creo, huelga decirlo, que se pueden rescatar elementos verdaderamente actuales en estos textos a partir no tanto ya de su diálogo interno con los clásicos o de su adaptación de tal o cual modelo, sino —por ejemplo— desde lo que los dramaturgos volcaron de su experiencia personal sobre moldes heredados, desde lo que resultó en una inquietud universal a partir de la experiencia personal; es decir, qué ha palpitado de genuino interés para generaciones de lectores y audiencias a lo largo de los siglos más allá del homenaje erudito o la escenificación de motivos y conflictos heredados.

Quisiera por tanto cuestionar esta inercia crítica aparentemente negativa que parece estar sufriendo el género afirmando que toda posible anacronía puede leerse también como un problema actual e incluso necesario, que de toda desventaja se puede sacar siempre provecho. Si algo ha definido los compases iniciales de este nuevo siglo que vivimos ha sido quizá la radicalización del presente en sus estructuras más elementales, derivando, como resultado, en un maniqueísmo no exento de tintes siniestros cuyas expresiones visuales han forzado nuestro nivel de tolerancia hasta límites anteriormente insospechados. En la que quizá sea su mejor definición reciente, Rita Felski ha escrito que la tragedia

> undermines the sovereignty of selfhood and modern dreams of progress and perfectibility, as exemplified in the belief that human beings can orchestrate their own happiness. In confronting the role of the incalculable and unforeseeable in human affairs, it forces us to recognize that individuals may act against their own interests and that the consequences of their actions may deviate disastrously from what they expected and hoped for. Exposing the limits of reason, the fragility of human endeavor, the clash of irreconcilable desires or incommensurable worlds, the inescapability of suffering and loss, tragedy underscores the hopelessness of our attempt to master the self and the world (p. 11)

Vivimos, en este sentido, *momentos trágicos*, no tanto en el agónico sentido trágico de la vida unamuniano, sino acaso más bien en la continua fragilidad de un punto medio, en la virulencia dogmática de un avatar que parece ya escrito. Acostumbrados cada vez más a convivir con verdaderas catástrofes que antaño nos resultarían simplemente inimaginables, uno se pregunta qué impacto estético y emocional, si todavía lo tienen, pueden lograr hoy en día las escenificaciones de nuestros más ilustres trágicos españoles, de cuya rentabilidad visual —y, en ocasiones, impacto verbal— tanto dependió y depende su éxito y supervivencia; cómo mantener viva, en síntesis, eso que la crítica moderna ha llamado *identificación*[4]. Habiendo caído igualmente tantos tabúes —siendo acaso el incesto el único que aún retiene la misma fuerza que hace cuatrocientos años, cualquiera que sea el formato artístico en que se reinvente— esta búsqueda de lo actual se antoja incluso más difícil de alcanzar con el paso del tiempo.

En este sentido, creo que tiene mucho que decir la propia estética imaginada por nuestros más excelsos dramaturgos, de cuyas recetas teatrales podrían extrapolarse elementos constitutivos tales como la violencia cruenta que impera en casi todas estas piezas, tanto literal como simbólica, tanto encarnada en el acto físico como en la maquinación del parlamento. Por estudiosos de la famosa Estética de la recepción alemana como Hans Robert Jauss sabemos que lo que resulta catártico para algunos puede dar en irrisorio para otros, y que el componente trágico de una escena o de un actor o de un simple monólogo puede parecer ridículo si no se enuncia correctamente —por algo la palabra *patético* ha derivado en un término hoy en día claramente peyorativo[5]. La buena tragedia esconde, en su propia configuración, el mismo frágil equilibrio que mantendría la comedia a la hora de administrar sus elementos «ligeros», y es en este presente en el que nada parece causarnos extrañeza en donde el género que aquí nos ocupa encuentra más retos para poder definirse como tal y para poder ser efectivo. Así, el planteamiento grandilocuente, el presagio sugerido por los coros —incluyendo los famosos «signos teatrales del

---

[4] Ver Jauss, [1989] 1992, especialmente las pp. 241-291.
[5] Ver Jauss, [1989] 1992 y Abdullah, 1985.

horror» de la «gramática escénica» que tan magistralmente ha estudiado Hermenegildo[6]— la consecución de un clímax anunciado... la conducta extrema, en otras palabras, del héroe o la heroína aprisionada y condenada por sus propias pasiones, ¿qué nos plantea de actual en este nuevo siglo? ¿Por qué volver de nuevo a la tragedia, si lo que parece reinar en este momento presente es la ironía?

Quisiera comenzar mi recorrido indicando que la afirmación del propio título bien podría leerse también como pregunta, ya que son precisamente preguntas y no una conclusión cerrada lo que destila de la lectura final de este ensayo[7]. De Virués quiero rescatar en estas páginas su ya sabida condición de militar, y construir a partir de aquí un recorrido que trace en qué medida la experiencia personal del soldado hace de sus tragedias testimonios de relevancia presente[8]. No quisiera leer, sin embargo, su *Dido* o su *Semíramis* como expresiones puramente autobiográficas ni como formas de testimonio personal, sino, por el contrario, comentar una serie de pasajes desde los que elaborar una modesta poética que pueda aproximar al capitán valenciano a nuestra sensibilidad moderna. Sabemos, gracias a toda una tradición crítica que va desde Cecilia V. Sargent a Alfredo Hermenegildo, pasando por Josep Lluís Sirera, Rina Walthaus o John Weiger, de su condición dual de hombre de armas y letras[9]. Un recuento a vuelapluma nos revela, de hecho, el enorme capital social y literario de nuestro

---

[6] Ver, a este respecto, «Cristóbal de Virués y los signos teatrales del horror», 1983; en una línea de estudio semejante, la acuñación de «gramática escénica» (desde la que aborda aspectos seminales de la técnica dramática del valenciano) ha sido desarrollada en su más reciente estudio del 2001, p. 370.

[7] De hecho, ha llamado la atención de los críticos algo muy poco «moderno» como es la marcada misoginia del valenciano, sobre la cual ha vuelto Caparrós Escalante, 1986. En torno a la conducta femenina de las heroínas del capitán valenciano se centran también los estudios de González-Quevedo Alonso, 1982; y Ferrer Valls, 2005, pp. 319-342.

[8] Interesante comentario sobre una de las escenificaciones recientes más interesantes de Virués es el de Sirera en 1991, sobre la versión de Nel Diego y el *Aula de Teatre* de la Universidad de Valencia.

[9] Ver, a este respecto, Sargent, 1930, así como los numerosos estudios de Hermenegildo recogidos en la Bibliografía, incluyendo su excelente edición de *La gran Semíramis. Elisa Dido*, 2003; a estas dos tragedias ha dedicado también interesantes lecturas Sirera en 1990, pp. 163-170; dos aproximaciones monográficas de gran utilidad son las de Walthaus, 1978.

dramaturgo: de familia distinguida, fue apreciado no sólo en su Valencia natal, sino también por algunos de sus contemporáneos andaluces y castellanos como Miguel de Cervantes —quien alabó su poema épico *El Monserrate* en *Don Quijote* (I, 6), canonizándole también en el *Canto a Calíope* de *La Galatea* y en el *Viaje del Parnaso*— como Agustín de Rojas o como el propio Lope de Vega, quien trabó amistad con él en su destierro valenciano para homenajearle años más tarde en la Silva IV de su *Laurel de Apolo*. Su producción dramática le sitúa, junto a Jerónimo Bermúdez, como el más importante poeta trágico de la generación neosenequista anterior a Lope, y su fama nos llega por haber sido uno de los primeros en mezclar preceptos clásicos con la práctica contemporánea de su tiempo, según se indica, por ejemplo, en el *Arte nuevo de hacer comedias*[10]. Sabemos también que en su dramaturgia, de cuidadísimo lenguaje, abundan los incidentes escabrosos, los elementos inesperados y continuas reflexiones sobre el tema de la autodeterminación en la prisión de un ámbito violento. Es precisamente esta tensión entre el campo de batalla y el placer de la corte, entre la violencia impuesta por el combate y la violencia simbólica generada por la intriga y la ambición cortesana lo que me interesa explorar en estas páginas. Siguiendo al Lope que le recordaba en su parnaso personal «escribiendo en la guerra aquella suma, / tomando ya la espada, ya la pluma» (Silva IV, vv. 276-284)[11], quiero detenerme aquí sobre lo que considero una visión poliédrica del soldado y del oficio de la guerra que apenas ha recibido tratamiento crítico en las tragedias de nuestro dramaturgo.

2. El arte de la prudencia y el territorio escénico

Virués es hijo de una época altamente *militarizada* —por utilizar un término moderno— que le brindó la posibilidad de participar en la defensa bélica de sus ideales patrióticos. Frente a sus hermanos, optó por la carrera de soldado luchando en las campañas de Navarino, Ostende, Lepanto y Túnez, para retirarse con el grado de capitán a su ciudad natal en 1586. Celebró en sus obras los éxitos bélicos españo-

---

[10] Resulta de interés, a este respecto, Weiger, 1980, en donde se comentan los famosos versos del *Fénix* dedicados al valenciano.

[11] Cito por la edición de Carreño, incluida en la bibliografía.

les, a la vez que, como ha señalado toda la crítica moderna, sancionó la siempre dudosa actuación de los cortesanos que, con sus intrigas palaciegas, enturbiaban los resultados de las empresas militares. Su obra puede leerse como una detenida reflexión sobre la defensa del ideal patriótico y sobre el papel del militar aristocrático en su relación de obediencia al monarca injusto y caprichoso, frecuentemente encarnado, todo sea dicho, en mujeres de notable astucia como Dido o Semíramis[12]. La crítica al poderoso —que resulta ser más dura y directa en este siglo XVI en dramaturgos no castellanos[13]— plantea una reflexión entre centro y margen, entre lo que se gana con la guerra y en cómo se disfrutan después sus dividendos. Y lo cierto es que no hay pieza que no deje ver, de una forma u otra, las inquietudes y desalientos del capitán valenciano en su interpretación de la sociedad contemporánea.

La reconstrucción que Virués lleva a cabo de sus vivencias en el campo de batalla es de un hiper-realismo de gran plasticidad, ya desde los mismos horrores de Lepanto cantados en *El Monserrate*[14]. Su autor se identifica en un principio con el espíritu de camaradería que impone la vida de campaña, definiendo a las tropas como «valerosa gente / entre quien yo con corazón ardiente / iba gozoso de mi pensamiento» (fol. 276, p. 1). Tal y como había postulado Macchiaveli en su *Arte de la guerra*, el combate encarna en este largo poema el momento verdaderamente destacable de todo conflicto bélico, frente a los ratos de ocio que tan sólo generan, como es el caso de su estancia

---

[12] Ver, a este respecto, Weiger, 1966; Hermenegildo, 1977; del mismo autor, 1994; y Sirera, 1988, pp. 275-300; Walthaus, 1985.

[13] La indicación proviene de Hermenegildo, 2001, p. 371; en cuanto a la plasmación de la figura de Felipe II en la obra del valenciano, ver su trabajo de 2003; y, de su Introducción a *La gran Semíramis y Elisa Dido*, ver pp. 14-15. Desde una perspectiva que incluye a otros comediógrafos de la generación de Virués, ver Kahn, 2006, en donde el autor indica que «there existed a very real fear of tyrannical overlordship among Golden Age Spaniards», y que «the reign of Philip II was by no means free from dissenting voices» (p. 228).

[14] Ver, por ejemplo, la reflexión que le dedica Sargent, 1930, pp. 10-15. El famoso poema de Virués ha disfrutado de reciente atención crítica a cargo de Davis, 2000; y por Vilà, 2005. Todas las citas provienen de la edición de Cayetano Rosell, 1854.

[15] Sobre la presencia en Milán de los ejércitos españoles, ver Signorotto, 2006, especialmente las pp. 101-136 y 223-248; en cuanto a su presencia en Roma, ver Dandelet, 2002; y, con Marino, 2006.

milanesa, un «militar desasosiego» (fol. 262, p. 2)[15]. El elogio del soldado como defensor de los ideales imperiales y de la seguridad de sus
ciudadanos no dista mucho de la visión más actual que de él tenemos, en cuanto que la lucha en territorio extranjero se justifica como
defensa de las fronteras locales, de eso que hoy entendemos como *seguridad nacional*:

> ¡O miserable suerte de soldados
> de todo el universo aborrecidos,
> por desgracia y miseria de él tenidos,
> con mil impropios nombres denostados!
> Quien nos llama caballos desbocados,
> quien lobos carniceros y atrevidos,
> quien toros acosados y afligidos,
> quien leones sangrientos y aquejados.
> ¿A quién llamáis así, gente plebeya?
> A quien da Reinos, cetros y coronas
> con su sangre ganándolo y sus vidas.
> ¿A quién así llamáis? A quien se emplea
> en guardaros haciendas y personas
> de vuestras ambiciones perseguidas. (fol. 227, p. 1)

El soldado, y no el comandante, es quien se lleva los laureles en el
«Marte horrendo» de la guerra, «de polvo y sangre y de sudor teñido». El poema es, sin embargo, un alegato a la tolerancia en donde el
discurso del odio se articula a partir de imágenes extremas. Por encima de todo se condena una y otra vez la falta de mesura y prudencia, lo que el valenciano denomina, con mucho acierto, «la terrible
rotura de conciencia»:

> la ciega confusión y el sordo estruendo,
> la arrogancia, el furor y la impaciencia;
> los corazones en veneno ardiendo,
> *la terrible rotura de conciencia,*
> la desnudez, miseria, frío y hambre,
> la falta de gobierno y de *prudencia.*
>   (fol. 220, p. 1; cursivas mías)

Este elogio inicial le sirve, en última instancia, para demarcar un
panorama de opuestos que definirá también muchos de los diálogos

en sus tragedias: frente a la «gente de guerra», que «vive / vida peor
mil veces que la muerte», el cortesano no muestra *gobierno* o autocontrol, sino que ofrece otro tipo de comportamiento cuestionable en
la medida en que se alimenta de lisonjas hasta el punto de tocar en
lo *bárbaro*, en *la locura*:

> las falsas esperanzas,
> el falso estilo, el término inhumano,
> las pasiones, lisonjas y privanzas,
> la vanidad, la brava hipocresía,
> las ambiciones y las asechanzas;
> el disoluto trato y burlería
> de su gente común, bárbara, impura
> así como criada en berbería;
> su afectación, deidad y compostura
> aborrecibles tanto, los vaivenes
> que les da su soberbia y su locura;
> sus muchos males y sus pocos bienes,
> sus títulos, sus honras, sus favores;
> y de suerte que en todo le condenes. (fol. 220, p. 1)

Muy significativo resulta entonces el proceso de representación que
se da en los textos que analizaré en este ensayo, *La gran Semíramis* y
Elisa Dido. Si la guerra es en *El Monserrate* el primer plano tras el cual
se alude a la corte como otro campo de batalla, en estas dos tragedias
se invierten las perspectivas. Mientras que ahora el conflicto bélico en
sí —traspasado a un tiempo mítico de gran atractivo para numerosos
poetas áureos[16]— tan sólo sirve de fondo, parece como si el valenciano pusiera en práctica en su «teatro del horror» lo aprendido de la
guerra sin llegar a desprenderse nunca de su condición de soldado. En
La gran Semíramis la trama central es no menos sanguinaria, no menos
épica: el rey Nino de Asiria se enamora de Semíramis, casada con su
general Menón, y le ofrece a cambio a su hija Sosana. Menón obviamente rechaza la oferta, lo que hace que Nino se la lleve de igual forma, provocando el suicidio del soldado. Muchos años después, ya en

---

[16] Con respecto al diálogo que establece *La gran Semíramis* con textos posteriores del Siglo de Oro, ver Crapotta, 1983, pp. 49-60; Hermenegildo, 1983, pp. 897-
911; Serrano Deza, 1996, pp. 69-75; Froldi, 2003; y Lauer, 1992.

Nínive, Nino cede a su esposa el trono durante cinco días a petición de ésta. Bajo sus órdenes, el cortesano Celabo encarcela al Rey, mientras que otro cortesano de quien la reina está enamorada, Zopiro, obliga al príncipe Ninias a vestirse con las ropas de su madre y a recluirse junto a las vírgenes vestales. Semíramis adopta entonces la identidad de su hijo y anuncia que se retira de la vida pública abdicando el trono en Ninias. Sin quitarse el disfraz, manda llamar a Ninio, quien cree por error que su mujer ha muerto en manos del cruel hijo. Sin pensárselo dos veces, el Rey bebe entonces el veneno que le ofrece su propia mujer, a la que reconoce justo antes de morir. El tercer acto presenta a una Semíramis— que ha reinado con éxito durante muchos años —revelando su verdadera identidad a sus súbditos, dando paso a una serie de escenas y parlamentos en donde la pasión incestuosa que siente por su hijo la conduce a su propia muerte en manos de éste. Varios hilos narrativos cierran entonces la pieza: Celabo hace un repaso de la vida de la antigua reina y la muerte de Zopiro; Diarco repasa sus numerosas victorias y servicio público; y Ninias convence al Consejo de gobierno que Semíramis ha subido al cielo en forma de paloma, quedando su cuerpo ahora en manos de Celabo y Diarco.

Al igual que en Cervantes, en Virués el aprecio por el soldado valiente es inequívoco, tal y como lo es la crítica al monarca que envía a la muerte a sus súbditos sin una justificación concreta:

> Soldados valerosos,
> que cada paso y punto
> ponéis la vida en manos de la muerte,
> y en mil hechos famosos
> el alma y vuestro punto
> entregáis al rigor de vuestra suerte,
> siguiendo los furores y los gustos
> de estos crueles Príncipes injustos. (vv. 614-621)

Tanto al principio de la pieza como en sus últimos compases la representación del conflicto bélico es deliberadamente explícita, plasmada en «inormes formas» (v. 720):

> La guerra siempre ha sido y es tan brava,
> tan cruel, tan sangrienta y rigurosa,

que al cielo parece que admiraba,
y a la tierra tenía temerosa. (vv. 111-114)

Desde esta mirada atrás, acaso muy típica de todo veterano de guerra, lo que verdaderamente destaca en *La gran Semíramis* no es tanto
una visión determinada del combate, sino más bien una nostalgia por
ideales caballerescos en un momento histórico que atestigua una práctica cada vez más cruenta de la defensa imperial. La referencia más
importante a este respecto es la figura doble de los cortesanos Zopiro
y Celabo, a quien(es) Hermenegildo ha visto como dos caras de la
misma persona en su evolución «desde la condición del soldado listo
para el servicio hasta la del militar convertido en cortesano y dispuesto
a las mayores bajezas una vez corrompido por el gusto del poder»[17].
Y es este poder, precisamente, el que tienta a los personajes hacia una
conducta extrema e impropia. La virtud de la *prudencia* como forma
ejemplar de comportamiento vuelve a ser entonces elevada por encima de todas las demás: al inicio de la pieza Nino elogia de Celabo
«vuestra prudencia y vuestra valentía» (v. 232)[18], repitiendo unos versos más adelante la «prudencia y fortaleza / dos cosas contra quien no
hay ofenderos» (vv. 254-255); más tarde, el propio Ninias celebra la
«prudencia y fortaleza» (v. 1565) de su madre como modelo de un
gobierno que pronto irá a la deriva a causa de la pasión prohibida de
su madre. Frente a esto, es la ambición la que rige las aspiraciones del
cortesano Zopiro, quien confiesa que

> como subo las escalas
> de la privanza y favor,
> ya la ambición, ya el amor
> me levantan con sus alas (vv. 1140-1143).

Sin embargo, cuando Celabo está en su momento más bajo, llora
unos versos tras los cuales palpita, como ha señalado gran parte de la
crítica, el sentir del dramaturgo:

---

[17] Ver Hermenegildo, 1973, p. 227; y 1994, p. 227.

[18] Todas las citas son de la edición de Hermenegildo, quien ha escrito de Celabo:
«el militar se encuentra prisionero y privado de la libertad en la corte... En el fondo
Celabo aparece cual un perfecto ejemplo de cómo la maledicencia y la mentira, pecados máximos de la corte, corrompen la moral del soldado» (p. 51).

> Sirvo en la guerra y en la Corte, donde
> la fiel lealtad corrida el rostro esconde,
> la fiel lealtad, que de la infiel tirana
> simulación el rostro esconde y huye,
> la cual de luz sofisticada y vana
> vestida, sus bellezas atribuye,
> y tentadora, hipócrita, inhumana,
> paz y quietud, vida y honor destruye,
> y ambiciosa, insolente y temeraria
> es, de virtud, sacrílega falsaria. (vv. 1776-1785)

Pero su letanía está construida desde la desorientación, desde el no saber el lugar que le corresponde. La arenga concluye así con la admisión de que un hombre que no sea «sagaz y entremetido» (v. 1836) no llegará a nada, por muy «discreto y valeroso» (v. 1839) que sea. Más compleja que la trinchera resulta ser la corte, escenario de otro tipo de desafíos:

> ¡Oh guerra!, ¿quién en ti esperanza pone?
> ¿Quién de ti fía? ¿Quién de ti no huye?
> ¿Quién a dejarte ya no se dispone?
> ¿Quién contigo sus cuentas no concluye?
> ¡Oh, corte, cuyo caos se compone
> de todo cuanto la quietud destruye!,
> quien siente tus traiciones y mentiras,
> ¿qué espera de tus furias y tus iras? (vv. 1826-1833)

Si *La gran Semíramis* «da» «ilustre ejemplo» de «milicia», como bien indican sus versos finales (vv. 2353-2354), *Elisa Dido* extrema las pasiones hasta convertirlas en verdaderas guerras internas. Virués vuelve a recomendar prudencia (vv. 382, 384) en una tragedia en la cual una vez más las alusiones a la guerra cruenta son muy frecuentes (vv. 68, 421, 473-476, 1446-1452). Con un ideal de rey prudente encarnado ahora en un personaje como el difunto Siqueo (v. 1256), la protagonista Dido ejemplifica el ser cruel e intempestivo, dominado por pasiones que tanto en ella como en los personajes circundantes se igualan a la crueldad del campo de batalla:

> Intempestiva guerra y peligrosa,
> operación frenética de celos,

rabia mortal de inmenso amor, horrenda
furia de un frágil corazón, caído
en el más ciego y más profundo abismo
de desesperación arrebatada
desde el más alto monte de esperanza.

(vv. 1446-1452)

De estos personajes secundarios, son los aduladores cortesanos y los soldados que componen esta camarilla de pretendientes los que aquí más me interesan, en particular al momento de iniciarse la tragedia en que el consejero Fenicio se jacta de ser «soldado plático» (v. 154) al general Carquendonio. Se trata de un término que aparece ya, por ejemplo, en piezas como *Soldadesca* de Torres Naharro —protagonizada por los soldados pláticos Guzmán, Mendoza, Manrique y Tristán— y que lo hará también en la pieza *Servir con mala estrella* de Lope, cuando uno de sus personajes lamenta que «siempre ha sido / el más heroico soldado, / al plático preferido». Inicialmente, el término alude entonces al militar «letrado» siguiendo un ideal garcilasiano:

y, junta con las letras, la experiencia
de las cosas de guerra y de las armas
[...]
es de estimarse mucho más que sola

comentan en Virués los personajes Falerio y Fenicio casi a coro (vv. 155-157). Sin embargo, tras esta referencia aparentemente inocua palpita un cierto desasosiego personal en torno a lo que estaba ocurriendo con la profesionalización del soldado en la época, así como el papel de los líderes a la hora de recomendar o permitir el uso de violencia sobre los vencidos. El brutal saqueo por parte de las tropas españolas e italianas de la ciudad de Dúren en Alemania (1543) y la represión del Duque de Alba en 1555 de las fortificaciones francesas en el norte de Italia habían ejemplificado, ya a mitad de siglo, una práctica que se había hecho famosa con el saco de Roma en 1527 y que culminaría con los de Maastricht y Amberes medio siglo después (en 1576). Los debates en torno al *jus ad bellum* eran por entonces muy parecidos a los de hoy en relación a las «reglas» de combate, al uso de tortura y a métodos disuasorios hoy regulados por Tratados de Ginebra. Los ejemplos así lo atestiguan desde la época de Carlos V: Juan López de Palacio Rubios, autor del *Tratado del esfuerzo bélico heroico* (1524), había abogado en contra del uso brutal de la violencia al tiempo que postulaba su propio ideal de eso que Puddu llamó en su estudio homónimo *soldado gentilhombre*; Juan Ginés Sepúlveda defendió algo semejante en su *Demócrates. Diálogo sobre la compatibilidad entre la Milicia y la Religión cristiana* (1535), libro dedicado al Duque de Alba en el cual había condenado la práctica del duelo. Sin embargo, durante el reinado de Felipe II la revuelta holandesa y su represión inicial por el propio Duque (1567-1573) modificó radicalmente la naturaleza del debate. Alba se había rodeado de soldados de baja extracción como Julián Romero, Cristóbal de Mondragón, Sancho de Londoño (autor del famoso *Discurso sobre la forma de reducir la disciplina militar a mejor y antiguo estado* de 1589, pero escrito veinte años antes), Francisco de Valdés (quien en *Disciplina y espejo militar*, de 1586, había emanado un espíritu semejante) y Sancho Dávila, soldados todos ellos eficaces y sin escrúpulos que con sus tratados redefinieron la práctica guerrera: duelos, emboscadas, tácticas dilatorias, tortura, y otros métodos apenas empleados antes pasaron a ser moneda común en el trato con los calvinistas holandeses, ya fueran militares o mujeres, ancianos o niños. La violencia, en sus múltiples facetas, pasó a ser ritualizada como el proceso y no el fin, como el ejemplo y no la necesidad. No sería de hecho hasta la década de los noventa, bajo el liderazgo en los Países Bajos (1578-1592) de Alejandro Farnesio, Duque de Parma, en que cambió la ideología a favor de un ideal militar más gentil y caballeresco, como demostraría, por ejemplo, el famoso Diego de Álava y Viamont y su *El perfecto capitán* (1590) o, ya en el puro terreno de la ficción, Alonso de Salas Barbadillo y su *El caballero perfecto* (1621). Pero, como bien indicó Marcos de Isaba en su *Cuerpo enfermo de la milicia española*, los males eran ya demasiados y demasiado difíciles de rectificar.

La *perfección* a la que aluden —y que en cierta forma añoran— tanto Álava como Salas se asemeja a la *prudencia* que recomienda Virués cuando hace resonar en su imaginería bélica la preocupación de un militar que ha vivido la dureza y crueldad del conflicto armado. Para la época de madurez del valenciano, y tal como ha demostrado recientemente el historiador Fernando González de León, los debates en el campo de la teoría militar comienzan a contraponer la disciplina a la ética a la hora de luchar una guerra, de manera que para fines del siglo XVI los nuevos ideales de profesionalismo militar asumen a los oficiales como *soldados pláticos* —cuya acepción incluye ahora la idea de *técnicos*— frente a la ya obsoleta de *caballeros esforzados*. Lo *plático* es ahora una sofisticación en lo militar más que en lo letrado, en una época en que se comienza a dejar de lado el debate en torno a la moralidad de las tropas tras la sangrienta supresión de la revuelta de los holandeses a cargo del Duque de Alba[19]. La importancia de soldados como Londoño, Valdés, Mendoza y Escalante, que en sus memorias sobre la represión a los holandeses no habían mostrado ética ninguna, inicia, creo yo, un cambio de paradigma también en la propia representación de la milicia que Virués rechaza. Los métodos de represión, que convierten a los soldados españoles en auténticos «perros de guerra» para los holandeses, en *rodomonti* y *matamori* para los italianos, confirman la desviación del paradigma caballeresco heredado de los tiempos medievales. Carlos Coloma, por ejemplo, escribiría en su *Memoria de los Países Bajos* (1625) que la nobleza española no consentiría nunca la muerte de mujeres y niños, ni siquiera en un asalto. Por ello, cuando Virués rememora los saqueos en tragedias como *La gran Semíramis* en donde no parece haber códigos de conducta alguna

> ¡Qué lástima era ver las damas bellas
> tratadas por mil bárbaros soldados
> tan rigurosa, tan violentamente!
> ¡Qué compasión, el grito de los niños;
> qué terneza, los llantos de los viejos;
> qué horror, la muerte de los fuertes mozos;
> qué temor, la braveza y furia airada
> de las crueles armas vencedoras
> de las gentes indómitas, feroces!
> ¡Qué confusión el diligente saco,
> el bullicioso, ardiente y fiero robo
> de la cruel y codiciosa gente
> qué espanto, qué recelo el fuego airado
> que se prendía por los altos techos! (vv. 700-713)[20]

[19] Ver González de León, 2003; para una visión más general del fenómeno, ver los clásicos estudios de Thompson, 1976; y Parker, 2004.

[20] Para un interesante comentario sobre el efecto auditivo de estos versos, ver Weiger, 1978, pp. 75-76.

lo que el lector está leyendo es simplemente al heredero de un discurso local de raigambre humanista que para su época se había dividido ya en lo profesional y lo caballeresco[21]. Y sus tragedias muestran, creo yo, un rechazo a ambas conductas por lo que tienen por un lado de cruel y, por otro, de obsoletas. Si el capitán valenciano escribe sobre el horror de la guerra es porque le interesa buscar respuestas a los horrores en la conducta del soldado que conoce. Ante la tiranía y el enorme carisma de personajes femeninos como Elisa Dido y Semíramis, diríase que, en última instancia, lo que se intenta buscar en estos textos es un nuevo paradigma de lo nacional y lo masculino que suponga un punto medio entre estas conductas extremas, a un nuevo tipo de soldado portador de un mínimo de ejemplaridad, profesional pero humano en el trato al enemigo. Ni saqueos brutales, ni vanidades aristocráticas. Sin embargo, y como decía al principio de este trabajo, la tragedia no hace sino plasmar este fracaso porque la tragedia es, en sí, la negación de un punto medio.

3. La recomendación del cortesano, la tarea del crítico

La historiografía militar del último cuarto de siglo ha ofrecido una revisión a fondo de lo que fueron los triunfos y penurias del imperio español en su proyecto geopolítico en Europa. La labor de historiadores como Geoffrey Parker, Richard Stradling y José Alcalá-Zamora ha sabido alejarse del tradicional recuento de cercos y batallas para centrar su atención, por el contrario, en lo que podría considerarse como la 'trastienda' de los conflictos bélicos. Fenómenos como el transporte de bienes, el reclutamiento de soldados o el problema con las deserciones, por dar tan sólo tres casos, han sido analizados en relación al funcionamiento de la llamada *Spanish road*, cuyo establecimiento fue uno de los mayores retos logísticos de los siglos XVI y XVII. Es gracias a estos estudios que hoy podemos entender con mayor profundidad cómo se vivió la guerra tanto por quienes la protagonizaron como por quienes la vieron de lejos, construyendo así un recuento del pasado desde cimientos arriba en vez de reducirse a su lado más

---

[21] Sobre las dimensiones de este debate, ver también Puddu, 1984, pp. 244-246.

épico, tal y como se había dado hasta entonces en narrativas que privilegiaban lo espectacular desde un prisma no exento de un cierto patriotismo maniqueo. Como resultado, una de las coordenadas metodológicas de esta aproximación interdisciplinaria ha sido el acudir a un archivo documental más amplio que no sólo exhuma fuentes que se podrían considerar de índole estrictamente sociopolítica —correspondencia, memoriales, arbitrios, etc.— sino también textos ancilares de distinta naturaleza que incluirían recuentos de primera mano escritos por los soldados que protagonizaron algunos de estos conflictos. Aun tomando todo tipo de precauciones en cuanto a la veracidad de tales herramientas, lo cierto es que muchas de estas autobiografías han servido para aportar una visión más completa que ha dado con la respuesta a muchas de las interrogantes que, sin la existencia de este cotejo, habrían quedado pendientes. Se ha iluminado así una cara que permanecía oculta hasta el momento.

Diferente ha sido, sin embargo, el camino recorrido por la historia literaria, que hoy en día aparece bifurcada en dos tipos de tendencia que no resultan, creo yo, del todo satisfactorios: por un lado, un discurso que proviene de la filología romántica en la que se ensalza al soldado imperial en relación a los triunfos geopolíticos; y, por otra —acaso mucho más compleja, aunque a la postre incompleta— la publicación de monografías dedicadas al soldado gentilhombre como un arquetipo heroico con correspondencia directa en la expresión estética. Las biografías de soldados, por tanto, han ocupado las páginas de una serie de análisis últimos centrados ya sea en el género en sí durante el período áureo, ya sea en la construcción del quinto español en primera o tercera persona. Si todavía hoy en día salen a imprenta libros sobre la suerte del militar en su periplo extranjero, poco se ha escrito, sin embargo, sobre cuál fue el destino de estos mismos soldados una vez terminada la batalla. Es ésta, además, una injusticia doble, pues no sólo existen importantes testimonios de veteranos de guerra durante el difícil período de los últimos Austrias, sino que además nos hallamos ante algunas de las mejores plumas del período: si Lope o Calderón fueron, en algún momento de sus vidas, hombres de la milicia, los casos particulares de Cristóbal de Virués, Andrés Rey de Artieda, Francisco Santos y Andrés Dávila y Heredia, por ejemplo, dan cuenta de aquellos veteranos de guerra que se reinventaron posteriormente como autores de una interesante producción literaria[22]. Y en la compleja transición de la sociedad militar a la civil se sitúa la pregunta fundamental a la que intenta responder este ensayo: ¿es la vivencia del veterano de guerra, desde las complicaciones que presenta en cuanto a problemas de género, clase y nación, un tipo de escritura capaz de darnos la medida de lo que fue su posterior adaptación a la sociedad civil? Cristóbal de Virués nos ofrece en su teatro no pocas pistas de ello, convirtiendo estas tragedias aparentemente desconectadas del presente en documentos de gran actualidad. Sus reflexiones bélicas, leídas a la luz de los debates a favor y en contra de un modelo caballeresco de soldado, el inusual hermanamiento interdisciplinario de tragedia y tratado militar, arrojan nueva luz sobre el hombre que escribe en la encrucijada de su tiempo, sobre la ya nula validez de la hiper-masculinización del soldado y la relajación excesiva del cortesano. Sin la necesidad de leer estas piezas como testimonios personales, su discurso bélico y anti-bélico resuena hoy en conversaciones y medios de comunicación con un léxico muy parejo, en la memoria del horror tanto como en la dura adaptación a una siempre cambiante sociedad tras el servicio a la patria. Y es por ello que, como el Calderón de Ruiz Ramón y el Shakespeare de Jan Kott[23], Virués es hoy, aunque sea *malgré lui*, nuestro contemporáneo.

---

[22] En cuanto al problema de la guerra en el teatro áureo, ver García Hernán, 2006.
[23] Ruiz Ramón, 2000; y Kott, 1967.

BIBLIOGRAFÍA

ABDULLA, A., *Catharsis in Literature*. Bloomington, Indiana, University of Indiana Press, 1985.

ÁLVAREZ SELLERS, M. R., *Análisis y evolución de la tragedia española en el Siglo de Oro: la tragedia amorosa*, Kassel, Reichenberger, 1997, 3 vols.

BLÜHER, K. A., *Séneca en España. Investigaciones sobre la recepción de Séneca en España desde el siglo XIII hasta el siglo XVII*, trad. J. Conde. Madrid, Gredos, 1983.

CAPARRÓS ESCALANTE, L., «Desbordamiento de la personalidad y horror moral en *La gran Semíramis* de Virués», *Epos. Revista de Filología*, 2, 1986, pp. 49-58.

CRAPOTTA, J., «The Unity of *La gran Semíramis* of Cristóbal de Virués. Creation and Re-creation», *Experiments in Literary Form in Early Modern Spain. Studies in Honor of Stephen Gilman*, ed. R. E. Surtz y N. Weinerth, Newark, DE, Juan de la Cuesta, 1983, pp. 49-60.

DANDELET, Th. J., *Roma española (1500-1700)*, trad. L. Vilà, Barcelona, Crítica, 2002.

— y J. A. MARINO (eds.), *Spain in Italy. Politics, Society and Religion, 1500-1700*, Leiden, Brill, 2006.

DAVIS, E. B., *Myth and Identity in the Epic of Imperial Spain*, Columbia, MO, University of Missouri Press, 2000.

FELSKI, R., «Introduction», en *Rethinking Tragedy*, Baltimore, MD, Johns Hopkins University Press, 2007, pp. 1-25.

FERRER VALLS, T., «Aventuras novelescas en el teatro español de fines del siglo XVI: heroínas perseguidas en la obra de Cristóbal de Virués y Francisco Agustín Tárrega», *XXVIII Convegno Internazionale Romanzesche avventure di donne perseguitate nei drammi fra '4 e '500, Roma, 7-10 octubre, 2004*, ed. M. Chiabò, Roma, Edizioni Torre d'Orfeo, 2005, pp. 319-342.

— ed., *Teatro clásico en Valencia I. Andrés Rey de Artieda, Cristóbal de Virués, Ricardo de Turia*, Madrid, Biblioteca Castro, 1997.

FROLDI, Rinaldo, «La legendaria reina de Asiria, Semíramis, en Virués y Calderón», *Criticón*, 87-89, 2003, pp. 315-24.

GARCÍA HERNÁN, D., *La cultura de la guerra y el teatro del Siglo de Oro*, Madrid, Sílex, 2006.

GARCÍA LORENZO, L., ed., *Calderón. Actas del Congreso internacional sobre Calderón y el teatro español del Siglo de Oro*, Madrid, CSIC, 1983, pp. 897-911.

GONZÁLEZ DE LEÓN, F., «*Soldados pláticos* and *caballeros*: The Social Dimensions of Ethics in the Early Modern Spanish Army», *The Chivalric Ethos and the*

Development of the Military Professionalization, ed. D. J. B. Trim, Leiden, Brill, 2003, pp. 235-268.

GONZÁLEZ-QUEVEDO ALONSO, S., «El valenciano Virués y sus mujeres vestidas de hombre», *Romance Notes*, 23, 1, 1982, pp. 87-92.

HERMENEGILDO, A., «Adulación, ambición e intriga, los cortesanos de la primitiva tragedia española», *Segismundo*, 13, 1-2, 1977, pp. 43-87.

— «Cristóbal de Virués y la figura de Felipe II», *Criticón*, 87-89, 2003, pp. 395-406.

— «Cristóbal de Virués y los signos teatrales del horror», *Criticón*, 23, 1983, pp. 89-109.

— *Del palacio al corral. Teatro español del Siglo XVI*, Madrid, Biblioteca Nueva, 1998.

— *El teatro del siglo XVI*, Madrid, Júcar, 1994.

— «La semiosis del poder y la tragedia del siglo XVI: Cristóbal de Virués», *Crítica Hispánica*, 16, 1, 1994, pp. 11-30.

— *La tragedia en el Renacimiento español*, Barcelona, Planeta, 1973.

— *Teatro de palabras. Didascalias en la escena española del siglo XVI*, Lleida, Edicions de la Universitat de Lleida, 2001.

JAUSS, H. R., *Experiencia estética y hermenéutica literaria. Ensayos en el campo de la experiencia estética*, trad. J. Siles y E. M.ª Fernández-Palacios, Madrid, Taurus, 1989.

KAHN, A. M., «Moral Opposition to Philip in Pre-Lopean Drama», *Hispanic Review*, 74, 2006, pp. 227-250.

KOTT, J., *Shakespeare, Our Contemporary*, trad. B. Taborski, Londres, Methuen, 1967.

LAUER, A. R., «La tragedia histórica del Siglo de Oro (Virués, Lope y Calderón)», *Noesis*, 4, 8, 1992, pp. 25-37.

PARKER, G., *The Army of Flanders and the Spanish Road, 1567-1659*, Cambridge, Cambridge University Press, 2004.

PUDDU, R., *Il soldato gentilhombre*, trad. E. Lynch, Barcelona, Argos Vergara, 1984.

RUIZ RAMÓN, F., *Calderón, nuestro contemporáneo. El escenario imaginario, ensayo sinóptico*, Madrid, Cátedra, 2000.

SARGENT, C. V., *A Study of the Dramatic Works of Cristóbal de Virués*, Nueva York, Instituto de la Españas en los Estados Unidos, 1930.

SERRANO DEZA, R., «De la tragedia renacentista a la tragedia barroca: las Semíramis de Virués y Calderón», *El escritor y la escena IV*, Ciudad Juárez, Universidad Autónoma de Ciudad Juárez, 1996, pp. 69-75.

SIGNOROTTO, G.. *Milán español. Guerra, instituciones y gobernantes durante el reinado de Felipe IV*, trad. F. Labrador Arroyo, Madrid, La Esfera de los Libros, 2006.

Sirera, J. L., «La Gran Semíramis», *Primer Acto. Cuadernos de Investigación Teatral,* 240, 1991, pp. 168-171.

— «Elisa Dido, ¿Ejemplo político o ejemplo para políticos?» *Homenaje a José Esteve Forriol,* Valencia, Universidad de Valencia, 1990, pp. 163-170.

— «Rey de Artieda y Virués. La tragedia valenciana del Quinientos», *Teatro y prácticas escénicas II. La comedia,* London, Támesis, 1986, pp. 69-101.

— «Cristóbal de Virués y su visión del poder», *Mito e realtà del potere nel teatro dall'antichità classica al Rinascimento. Convegno di studi (Roma 29 ottobre-1 novembre 1987),* ed. M. Chiabó y F. Doglio, Roma, Centro Studi sul Teatro Medioevale e Rinascimentale, 1988, pp. 275-300.

— «Los Trágicos Valencianos», *Cuadernos de Filología III. Literaturas, Análisis,* 1-2, 1981, pp. 67-91.

Tietz, M., «Comedia y tragedia», *Calderón desde el 2000,* ed. J. M.ª Díez Borque, Madrid, Ollero y Ramos, 2001, pp. 155-184.

Thompson, I. A. A., *War and Government in Hapsburg Spain, 1560-1620,* Londres, Athlone Press, 1976.

Vilà, L., «Batallas más que pictóricas. Écfrasis e imperialismo en *El Monserrate* de Cristóbal de Virués», *Silva, Estudios de humanismo y tradición clásica,* 4, 2005, pp. 299-325.

Vega, L. de, *Laurel de Apolo,* ed. A. Carreño, Madrid, Cátedra, 2007.

Virués, C., *La gran Semiramís. Elisa Dido,* ed. A. Hermenegildo, Madrid, Cátedra, 2003.

— *Historia del Montserrate. Poemas épicos. I,* ed. C. Rosell, BAE XVII, 1854. Madrid, Atlas, 1945.

Walthaus, R., «Cristóbal de Virués», *Siete siglos de autores españoles,* ed. K. y Th. Reichenberger, Kassel, Reichenberger, 1991, pp. 89-93.

— «Elisa Dido y el *contemptus mundi* postridentino: simbolismo y moraleja en un drama de Cristóbal de Virués», *Bulletin of the Comediantes,* 37, 2, 1985, pp. 191-208.

Weiger, J. G., «Lope's Role in the Lope de Vega Myth», *Hispania,* 63, 4,1980, pp. 658-665.

— *Cristóbal de Virués,* Boston, Twayne, 1978.

— *Hacia la comedia. De los valencianos a Lope,* Madrid, CUPSA, 1978.

— «Nobility in the Theater of Virués», *Romance Notes,* 7, 1966, pp. 180-182.

LA ESENCIA DE LA TRAGEDIA. ALEGORÍA, RECURSOS ESCÉNICOS E INFORTUNIO EN *LA DESTRUCCIÓN DE NUMANCIA*, DE CERVANTES

Margarita Peña
Universidad Nacional Autónoma de México

Cuando emprendemos la lectura de Cervantes nos enfrentamos frecuentemente a lo autorreferencial, al fenómeno de la experiencia personal del escritor trasvasada en obra literaria. El trasfondo biográfico subyace de manera casi literal en el episodio del Cautivo de la Primera Parte del *Quijote*. Asimismo, aunque menguada por el tiempo, la crudeza del cautiverio se relee en la novela ejemplar *El amante liberal*. No se diga el teatro: comedias que en realidad son tragicomedias, y que en la redoma del verso recogen la dura experiencia del cautivo Cervantes en Argel, al tiempo que intentan ajustarse a las premisas de la comedia nueva en boga; como las «comedias» (así calificadas por Miguel de Cervantes) que constituyen lo que podríamos considerar la «saga dramática de Argel»; como las más características de ellas (*El trato de Argel* y *Los baños de Argel*), que reproducen, cual si se tratara de una pintura teatralizada, el drama del cautiverio argelino, la tragedia titulada *La destrucción de Numancia*, pese a no relacionarse desde una perspectiva textual con lo que Cervantes viviera a lo largo de casi cinco años (1575-1580), lleva tras de sí la vivencia traumática del encierro del autor y, remontándonos más lejos, la de la guerra misma, de la batalla de Lepanto (7 de octubre de 1571). Me adelanto aquí a considerar la acción dramática de *La destrucción de Numancia* como ejemplo de «fiesta sangrienta» —tales las «fiestas sangrientas del Renacimiento», a las que se ha referido Jacques Lafaye en su libro sobre López de Gómara *y La historia de las guerras del mar*[1]— como un documento no sólo literario sino político, independientemente de su filiación histórica. Adelanto asimismo la evidencia de su modernidad, pues retrata— al igual que piezas muy posteriores en el tiempo, obras de nuestros días, de autores no forzosamente españoles, tal *El estado de sitio*, de Albert Camus (la obra teatral, 1948) —el infortunio de un grupo humano avasallado por el invasor y aniquilado en una muerte colectiva. Pretendo con esto tan sólo señalar una coincidencia sorprendente: ambas obras de teatro —de Cervantes y de Camus, cada una en su respectivo contexto— constituyen en cierto modo un alegato contra la violencia, el absurdo de la guerra y la sinrazón de la muerte; en ambas se utiliza el recurso retórico-escénico de la alegoría. De distinta manera a como, con un sentido específicamente teológico, este recurso se utilizará en el siglo XVII en los autos sacramentales de Calderón de la Barca.

Vayamos a aspectos de datación de la tragedia cervantina. En su amplia y bien documentada Introducción a la edición anotada en Castalia[2], Alfredo Hermenegildo señala como posible época de redacción los años que van de 1582 a 1587, cuando, liberado del cautiverio de Argel, el escritor «inicia una carrera de dramaturgo que le llevará a participar activamente en la vida teatral de la corte» (p. 227). Y añade, citando al propio Cervantes en el Prólogo a *Ocho comedias y ocho entremeses*: «Tuve otras cosas en que ocuparme, dejé la pluma y las comedias»[3]. Estas «cosas» fueron, además de firmar una especie de convenio de separación de su esposa Catalina Palacios de Salazar y Vozmediano, según ha apuntado Daniel Eisenberg, requisar trigo y aceite de los labriegos de Andalucía en su función de Comisario de Abastos para la Armada Invencible, oficio que le causó no pocos dis-

---

[1] Lafaye, 2001.

[2] Cervantes, *La destruición de Numancia*, ed. Hermenegildo, 2001, pp. 227-271.

[3] Cervantes, M. de, *Comedias y entremeses*, ed. de Schevill y Bonilla, T. I, 1915, p. 7, cit. por Hermenegildo, ed., 2001.

gustos: dos excomuniones —el anuncio de la excomunión aparecía en las puertas de todas las parroquias de Écija—, salarios retrasados y el verse obligado a vivir de prestado en la posada de su amigo, el antiguo cómico Tomás Gutiérrez, para sobrevivir, amén de repercutir en el encarcelamiento en Castro del Río pocos años después, en 1592. Siguiendo a Hermenegildo, es muy posible que la fecha de composición haya sido entre 1581 (fecha de la anexión de Portugal por Felipe II) y 1585, en que firma Cervantes contrato con un tal Porres para escribir varias obras. Según Canavaggio, citado por Hermenegildo (p. 228), las coincidencias en cuanto a estructura, versificación y vocabulario con las tragedias de Juan de la Cueva, aparecidas en 1583 bajo el título de *Comedias y tragedias*, permiten suponer que la *Numancia* se escribiera posteriormente a éstas[4]. Dramaturgos ambos, Juan de la Cueva deambulaba por la Nueva España en los años en que Cervantes sufría duro cautiverio en Argel recolectando datos mediante la observación, sobre la condición humana, víctimas y verdugos, los que vertería casi al pie de la letra en *Los baños de Argel* y en *El trato...*, y en sentido amplio, en la *Numancia*. La amistad con Cueva pudo datar del año de 1583 o antes incluso, ya que en 1584 (fecha de aparición de *La Galatea*) Cervantes le dedica una estrofa en el «Canto de Calíope» que dice: «Dad a Juan de las Cuevas [*sic*] el debido / lugar, cuando se ofrezca en este asiento, / pastores, pues lo tiene merecido / su dulce musa y raro entendimiento. / Sé que sus obras del eterno olvido / (a despecho y pesar del violento / curso del tiempo) librarán su nombre / quedando con un claro alto renombre»[5]. Los versos confirmarían también la hipótesis de Jean Canavaggio en relación con la posible influencia de las tragedias de Juan de la Cueva sobre la tragedia de Cervantes, que éste escribiría posiblemente por esa época.

Ubiquemos la tragedia *La destrucción de Numancia* en el *corpus* teatral cervantino. Es evidente que en cuanto a fechas podemos relacionarla con sus comedias *El trato de Argel* y *Los Baños de Argel,* tanto

---

[4] Valga una digresión para señalar que de la Cueva, poeta sevillano que residiera en la Nueva España de 1571 a 1577 y segundo en importancia después de Gutierre de Cetina dentro del cancionero novohispano en *Flores de baria poesía* (1577), hacia la época de publicación de sus comedias «abominaría», como se ha dicho, de las composiciones de juventud al modo de Petrarca. Ver Peña, 2004, pp. 58-59 (opiniones al respecto de F. de Icaza y M. Méndez Bejarano).

[5] Peña, 2004, p. 55.

porque es cercana a ellas en el tiempo de escritura como por la temática de la prisión y el exterminio, llevada a sus últimos extremos en la tragedia. Un resumen sobre la trayectoria teatral de Cervantes[6] cita una declaración del autor, de 1584 (proveniente, como todas sus declaraciones, de alguno de sus prólogos), según la cual «se vieron en los teatros de Madrid representar *Los tratos de Argel* que yo compuse, *La destruyción de Numancia* y *La batalla naval*». Alude entonces también a veinte o treinta comedias por él escritas (*La gran Turquesa, El bosque amoroso, La confusa*, entre otras). Se refiere dicho resumen al año de 1587, cuando afirma: «Dejé la pluma y las comedias». Es la época en que se instala en Sevilla o sus alrededores para actuar como comisario en las localidades de Écija y Castro del Río. En 1592 se compromete formalmente con Rodrigo Osorio para «escribir seis comedias como las mejores de sus contemporáneos»[7], según Florencio Sevilla Arroyo y Antonio Rey Hazas. Se refieren estos asimismo, en su Introducción a *El trato de Argel,* al contrato firmado por Cervantes con el «autor» de comedias Gaspar de Porres, antes mencionado, del 5 de marzo de 1585, en el cual se comprometía a entregar la citada *Confusa* y una comedia titulada *El trato de Constantinopla y muerte de Selim*[8]. Hasta donde sabemos, ninguna de ellas se conoce.

A diferencia de la atención que han merecido sus comedias, la crítica se ha preocupado escasamente del embrión de la saga argelina: *El trato* —o *Los tratos*— *de Argel*. La importancia de ésta radica en que, como afirmó Louise Fothergill-Payne, es la fuente de *Los cautivos de Argel*, de Lope de Vega y de *Los baños de Argel* del mismo Cervantes, en un caso irrefutable de *imitatio*[9]. *Los baños...* viene a ser obra tardía dentro del ciclo, *ca.* 1588, según Schevill-Bonilla[10].

Manteniéndonos en el terreno de la datación de *La destrucción de Numancia,* es posible que la redacción de ésta y de *El trato de Argel* hayan sido igualmente tempranas, contemporáneas: entre 1581-82, *El tra-*

---

[6] González, 1999, p. 76.

[7] González, 1999, p. 76.

[8] Cervantes, 1996, p. V.

[9] Fothergill-Payne afirma «La respuesta de Cervantes ante la *imitatio* de Lope es idéntica a la reacción instantánea ante la audacia de Avellaneda al escribir una segunda parte del *Quijote* [...] Cervantes se negó a que otro diera fin a una obra suya» (1989, p. 184).

[10] González, 1999, p. 79.

to... y 1584-85 *La destrucción...* En esta suposición me asisten las similitudes: el carácter predominantemente dramático de *El trato...* y
totalmente trágico de *La destrucción de Numancia.* De acuerdo con lo
dicho respecto al impacto psicológico del cautiverio en Cervantes, podemos suponer que ambas fueron obras cercanas al fin del encierro y
la liberación (1580). Igualmente, en ambas se utiliza la figura retórica, o modo discursivo, de la alegoría[11]. Ésta hace su aparición en la
Jornada Tercera de *El Trato...,* en los personajes de Ocasión y
Necesidad que alternan con Aurelio y Zahara. En *La destrucción de
Numancia* comparecen seis personajes alegóricos, como veremos más
adelante. A partir de esto es posible asimismo establecer la filiación
dramática de Cervantes en la que se ha considerado su primera época teatral. La alegoría era un rasgo «moral» más cercano a la tragedia
neosenequista del grupo de dramaturgos al que pertenecían Juan de
la Cueva, Cristóbal de Virués, Andrés Rey de Artieda y otros más, que
al por entonces naciente teatro de Lope de Vega[12].

En un trabajo anterior sobre Cervantes me he permitido llamar a
Los Baños... «la comedia imposible» porque, aunque incorpora rasgos
de la comedia nueva en lo concerniente al enredo amoroso de los
personajes —y del paso a la manera de Lope de Rueda, admirado éste
por Cervantes, que se recrea en la Primera Jornada de *Los baños...* en
dos personajes arquetípicos, el sacristán y el judío— la obra es, en mucho, un drama[13]. Podemos suponer que durante los años que siguie-

---

[11] Son estas dos acepciones de la alegoría de acuerdo con Jeremy Lawrence. Ver
Lawrence, 2005, p. 17.

[12] Ver Cervantes, 1996, p. VII.

[13] La saga argelina del teatro de Cervantes, que completan las comedias *El ga-
llardo español* y *La gran sultana Catalina de Oviedo* acepta, dentro de su seriación y sus
tiempos, la tragedia de *Numancia* que resume el drama de la guerra ubicándolo en
otro momento histórico muy anterior, ampliando la protesta contra el belicismo, la
destrucción y la muerte hasta el ámbito remoto de la Roma imperial y sus colonias:
España, y en ésta, Numancia (posteriormente, Soria). Nos revela el fardo de la violencia y la guerra que cargará Cervantes sobre las espaldas desde la «fiesta sangrienta» de Lepanto, los asaltos fracasados a La Goleta y Túnez a lo largo de cuatro años
de navegación mediterránea y que culminarán en Argel. Daniel Eisenberg ha escrito
que al momento de ser liberado por los Padres Trinitarios y los Redentores de
Cautivos, Cervantes estaba a punto de volverse loco. Tras los fallidos intentos de fuga
y el terror por el castigo consiguiente —muerte por empalamiento o por azotes, que
no llegaron a cumplirse—, a Cervantes le esperaba el azaroso viaje a Estambul mez-

ron a la oportuna y casi milagrosa liberación en septiembre de 1580, al escritor Cervantes no le bastaría con intercalar jirones de drama en el molde de la comedia nueva, escrita con la esperanza de que se pudiera representar en los escenarios madrileños: *El trato de Argel, Los baños de Argel.* Había que escribir una tragedia en toda su magnitud. Crea por eso, quizás, *La destrucción de Numancia,* suceso ocurrido en la España avasallada por el enemigo —¿romano, africano, argelino? La tragedia de Numancia y los numantinos era, en cierto modo, la suya propia y de otros— los benedictinos hermanos Sosa —y tantos más.

Se puede deducir que el tema biográfico del cautiverio pasa a la literatura cervantina por varias razones: 1) Necesidad profunda de elaborar un trauma mediante la catarsis de la escritura; 2) utilizar un material susceptible de convertirse en novela o teatro, con las ganancias económicas subsecuentes; 3) adherirse a las corrientes en boga en materia teatral, especialmente; 4) integrarse a cenáculos de escritores (los «trágicos», el propio Lope de Vega…) como una forma de reintegrarse a la sociedad tras cinco años de ausencia. En suma, dar un sentido a su existencia después de Argel.

ALGUNAS CONSIDERACIONES SOBRE LA TRAGEDIA

A diferencia de la «tragedia con fin triste» —tipificada en la Italia contemporánea a Cervantes por teóricos como Trissino (1478-1559), Robortello (1516-1567), Giraldi Cintio (1504-1573) y Castelvetro (¿1505?-1551) a partir de la poética aristotélica, cuya temática reproduce conflictos amorosos, familiares, relaciones incestuosas, luchas por el poder y venganzas, problemática del tirano, y podía virtualmente

---

clado con los esclavos de Hazán Bajá, o Hazán Veneciano, gobernador de Argel, quien dejaba su cargo y se dirigía a Constantinopla llevando consigo su séquito y sus bienes, hombres incluidos. Casi un milagro lo evitó: la intervención de los frailes Redentores de Cautivos, en un principio Fray Juan Gil, luego Fray Jorge del Olivar, que aumentaron 270 ducados a los 230 reunidos por la familia Cervantes para alcanzar la cantidad de 500 ducados fijada como rescate. Una suma elevada que se determinó (en un golpe adverso de la fortuna) al encontrarle, en el momento de su captura, las cartas de don Juan de Austria y del duque de Sessa, lo que hizo pensar a los mercenarios que se trataba de un personaje de calidad. Un golpe de mala suerte que se ceba en el cautivo, semejante a esos hados funestos que se abaten sobre el pueblo de Numancia. Ver Peña, 2007.

devenir «tragedia con fin lieto», tragicomedia con final feliz, formando parte ambas de la «tragedia regolare» italiana[14]— la tragedia española cervantina puede ubicarse en el apartado de «tragedia pathética»[15]. Deriva esta denominación de la *Poética* de Aristóteles retomada por Pinciano en la *Philosophia Antigua Poetica*. Pinciano habla de «tragedia simple» y «tragedia compuesta». La *«tragedia pathética»* corresponde a ésta última ya que en ella se dan la *»agnición»* y la *«peripecia»* y se caracteriza por «miedos, miserias, tristezas y llanto» y un final desdichado. Es evidente la filiación con la tragedia griega: Esquilo, Eurípides, Sófocles. La finalidad de este tipo de tragedia sería «limpiar passiones de ánimo» mediante «miedo y misericordia». Las pasiones, de acuerdo con Pinciano, son «disposiciones que perturban al hombre, a saber ira, miedo y tristeza». Todo ello cabe en *La destrucción de Numancia,* cuya tesitura es de sufrimiento e impotencia de los numantinos de principio a fin, desde que se asume que rige la predestinación, reconocida por los personajes como superior al libre albedrío. Incluso desde el parlamento inicial de Cipión mismo y su belicosa respuesta a los sitiados: «De nuevo ejercitad la fuerte diestra / que quiero ver lo que la mía hace. / Quizá que ha puesto en ella la ventura / la gloria nuestra y vuestra sepultura». Aquéllos, por boca de su embajador suplicaban: «a pedirte, señor, la amiga mano / en señal de que [cesa] la porfía / tan trabada y cruel de tantos años, / que ha causado sus propios y tus daños»[16].

Por lo demás, la variante de «tragedia pathética» en la que se suma todo lo antes dicho es para Pinciano la mejor, por oposición a una forma mixta con desenlace feliz/infeliz, es decir, la tragicomedia[17]. La tragicomedia —*Los baños de Argel*— no sería del gusto de un Pinciano, en tanto que la *Numancia* cuadraría en todo con sus premisas sobre lo trágico. Podemos suponer que dentro de las expectativas dramáticas de Cervantes estaba, como se ha dicho, adherirse a géneros de moda —en este caso la tragedia cultivada con éxito por Cueva, Virués, Bermúdez...— integrarse a la sociedad de los «trágicos» sin perder de vista el género de la comedia practicado por Lope (dando a sus tra-

---

[14] Toro, 1998, pp. 208-209.
[15] Toro, 1998, p. 221.
[16] Cervantes, *La destruición de Numancia*, 2001, pp. 285-286.
[17] Pinciano, citado por De Toro, 1998, p. 222.

gicomedias la denominación de «comedias), quien se había alzado con la monarquía de los cómicos, como lo dijera el propio Cervantes.

Con Cascales y sus *Tablas poéticas* las coincidencias de Cervantes son las mismas que con Pinciano en los puntos de la «tragedia patética», la «agnición» y la «peripecia». Hay que señalar que un italiano, Guarini, autor de la tragicomedia pastoril *Il pastor Fido* (entre 1595 y 1602) consideraba las tragedias tradicionales y su «katharsis» como «superfluas e inhumanas tras la aparición del cristianismo»[18] y se pronunciaba a favor de la tragicomedia. No deja de sorprender, si seguimos a Guarini, que una tragedia «inhumana» al punto de aludir al canibalismo, escenificar la inmolación colectiva y el suicidio como la *Numancia,* se haya escrito en época de la Contrarreforma, en una nación católica a ultranza. La elección del tema pudo haber respondido, en gran medida, a una intención de glorificación nacional: los numantinos se impusieron a los romanos mediante una estrategia de autoexterminio; los españoles se habían impuesto a los turcos en Lepanto mediante una exitosa acción militar.

Si tomamos como punta de la madeja el tópico «verdad/ficción» que interesa a Cervantes y la desenrollamos en verdad=realidad, desembocamos en el punto «historia» como columna estructural de la tragedia cervantina. Es uno de los aspectos nodales de algunas tragedias, de acuerdo con Aristóteles. Hay que señalar que «historia» aquí corresponde al momento del conflicto entre Roma y Numancia, no al momento histórico vivido por Cervantes (batalla de Lepanto y cautiverio de Argel), aunque éste se ubique en el trasfondo de la preocupación cervantina, que lleva el hilo de la madeja hasta el punto de la «biografía» o «autobiografía»[19].

---

[18] De Toro, 1998, p. 217.

[19] En el marco de la argumentación neoaristotélica de los géneros en el Renacimiento, sabemos que se discutieron además de la *Poética,* el *Ars poética* de Horacio, la tragedia griega y las comedias romanas. Vale la pena asomarse al cuadro elaborado por Alfonso de Toro (1998, pp. 207-208) que resume las características tipológicas de tragedia y comedia, ajustándolo a *La destrucción de Numancia.* Éstas serían, en cuanto a lo trágico: 1. «Personajes de procedencia distinguida del mito o de la historia». Tal premisa es satisfecha en la *Numancia* con la presencia de Cipión y Yugurta, generales famosos en la historia de Roma, así como Teógenes, líder de los numantinos. 2. «La tragedia imita acciones grandes que producen espanto». ¿Se quiere acción más grande que el cerco de Numancia y mas espantosa que la inmolación de absolutamente todos sus habitantes, junto con la devastación de la ciudad por ellos

Cervantes se adscribe en *El cerco de Numancia* al paradigma trágico preestablecido, imprimiendo, sin embargo, su personal visión de la
«historia», de los hechos. Escribe una tragedia en tono mayor, de la
que está ausente la contextualización de la trama en lo cotidiano.

mismos? 3. «El asunto de la tragedia es sublime y procede del mito o de la historia»
(«res magna»), («res modica»). En este caso la tragedia sublime del cerco de Numancia
no es *res magna*, puesto que su asunto no se acerca a un mito como el de los
Argonautas, o el del Vellocino de Oro, por ejemplo, sino «res modica» ya que se limita a dramatizar un hecho histórico. Relacionada con el binomio «realidad/ficción»
cabe mencionar aquí que para otro poetólogo, Lope de Vega, «la imitación de la historia es equiparada a la imitación de la realidad, de la verdad y de la naturaleza«. Y
ya que de imitación se trata, viene a cuento aquello de que Aristóteles había concedido a la mimesis, o imitación, un efecto purificador, en relación con la «katharsis».
En Cervantes esta mimesis relativa a la 'historia' (imita la historia del cerco de
Numancia a través de las palabras grandilocuentes, las visiones «espantosas», la hipérbole) conduciría sin duda a un efecto catártico en el público. 4. «La tragedia comienza
felizmente y acaba en desdicha». Es este el único punto en que la obra de Cervantes
no coincide con los parámetros trágicos aceptados. Empieza «in medias res», cuando
la ciudad de Numancia ha sufrido ya un largo asedio. Así lo declara Cipión en los
versos iniciales: «Guerra [de] curso tan extraño y larga / y que tantos romanos ha
costado, / ¿quién no estará suspenso al acaballa? / ¡Ah! ¿quién no temerá de renova-
lla?». Se perciben las reservas de Cipión y, más que nada, el miedo. Se preparan desde el inicio la exaltación y glorificación final del vencedor en un estilo alto. 5. «La
tragedia tiene la finalidad de provocar «katharsis…». Esto se cumplirá, a lo largo de la
representación, en el horror que producen en el espectador la muerte por inanición,
el sacrificio colectivo y el desastre final del pueblo numantino coronado por el suicidio de Bariato, un muchacho, el único superviviente, que se arroja desde una torre
y que con su muerte arranca el triunfo de las manos de Cipión, quien no logrará llevar cautivo alguno a Roma. En su final se cumple la «anagnórisis» en el sentido de
reconocimiento por parte de un personaje, de un error pasado, cuando Bariato reconoce —y se arrepiente de ello— haber intentado escapar a la muerte colectiva es-
condiéndose en el interior de una torre. Habría que averiguar hasta qué punto la torre es aquí un símbolo de destrucción, consagrado por una tradición hermética (en
el *corpus* del Tarot), y hasta qué punto Cervantes estaba consciente de ello. O bien, si
se trata simplemente de simbología al uso consustancial a la tragedia, de acuerdo con
los preceptistas del Renacimiento. 6. «Lengua y estilo de la tragedia son elevados y
sublimes». El parlamento de Yugurta en respuesta a las dudas de Cipión en la Jornada
Primera ilustra sobre lengua y estilo: «¿Quién, Cipión? Quien tiene la ventura, / el
valor nunca visto, que en ti encierras, / pues con ella y con él está sigura / la vitoria y el triunfo de estas guerras». 7. «La tragedia tiene cinco actos.» Cervantes los reduce a cuatro jornadas. Sabemos que se ufanaba de haber reducido el número de actos, considerándolo una forma de innovación.

Ignoramos detalles concretos relativos a la falta de alimento, la desnudez, la carencia de abrigo de los numantinos. Presenciamos solamente la expresión de un dolor, una desolación magnificados. La tragedia se cuenta a sí misma a gritos, como en Esquilo o en Eurípides. Más que verla, la escuchamos. No se percibe en el dato aislado, mínimo, sino en el relato a voces. Tenemos un ejemplo en el parlamento climático de Teógenes, que resume las características principales de la tragedia[20]. En primer lugar, la pasión ciega, sin control del personaje; en segundo lugar, la precipitación de éste en una gran desdicha y la reversión de la venganza contra terceros (los romanos) en dirección de sí mismo cuando Teógenes clama porque los mismos numantinos le den muerte. Ante la imposibilidad de una solución que radicaría en vencer al enemigo romano, siguen desesperación, sufrimiento, pesar y la noción de infortunio, de haber sido abandonados por la fortuna (Teógenes personifica el destino colectivo). Ésta se repite en varios momentos de la obra. El aborrecimiento del enemigo es claro en el adjetivo «pérfidos», los sustantivos «rabia» y furia» y en la tesitura de conjunto. Todo ello lleva a Teógenes, en sucesión vertiginosa de hipérboles, no sólo a arengar a sus hombres para que le den muerte, sino a incitarlos a la inmolación colectiva: «El que privare del vital sosiego / al otro... / entregue el desdichado cuerpo al fuego...». Cuando sus órdenes se conviertan en acciones o «peripecias» de muerte por parte de los numantinos, se habrá alcanzado la «katastrophé» típica de la tragedia y, por ende, la destrucción de un orden (minado en Numancia desde antes) en adelante irrestituible. Es decir, estamos ante un desenlace trágico.

Más que la obsesión de venganza, característica, por ejemplo, de la tragedia griega, rige una obsesión tanática, patente en los caudillos (Teógenes) y en los ciudadanos, como la mujer anónima que, al hijo que le pide alimento le anuncia la muerte por comida. El filicidio lleva lo trágico al nivel de lo monstruoso. Esto es lo que Cervantes quiere comunicar: la idea extrema de la destrucción y la autodestrucción,

---

[20] «Sangre de mis entrañas derramada / pues sois aquella de los hijos míos; / mano contra ti mesma acelerada, / llena de honrosos y crüeles bríos; / fortuna, en daño mío conjurada; / cielos, de justa piedad vacíos, / ofrecedme, en tan dura, amarga suerte, /alguna honrosa, aunque cercana muerte [...] ¿Qué os detenéis? Acudid luego. / Haced ya de mi vida sacrificio. / Y esta terneza que tenéis de amigos, / volved en rabia y furia de enemigos» (p. 364).

del suicidio y el homicidio como única forma de salvación en una situación límite. Ahora bien, Cervantes no inventó la tragedia de Numancia, se apoyaba en la verdad histórica. Pero pensamos, trasponiendo la obra al plano autobiográfico y al tiempo de su composición, si no reflejará al propio Cervantes en cuanto a la tentación de desaparecer de los siniestros baños, de las cárceles argelinas por cualquier medio; si los cuatro intentos compulsivos de huida no fueron, en el fondo, intentos suicidas disimulados que le traerían el alivio de la muerte sin cargarlo con un pecado que, como cristiano, no podía cometer. Sobre todo en los últimos tiempos del cautiverio. No es posible afirmarlo. Sí, en cambio, que la fecha de composición de la tragedia tuvo que ser muy temprana, contemporánea a *El trato de Argel*, la más descarnada de sus «comedias». No se concibe a Cervantes, por ejemplo, redactando la tragedia entre 1585 y 1586, durante los primeros tiempos de su matrimonio con Catalina (en los que sí pudo haber escrito el episodio del Cautivo del *Quijote:* una historia de amor inserta en una novela). En cambio es posible imaginarlo lucubrando una tragedia como la *Numancia* durante los años (1581-1584) en que deambuló por Orán y Portugal sin obtener reconocimiento de méritos, pobre y con la herida de Argel aun en carne viva.

TRAGEDIA Y ALEGORÍA: LOS «PENSAMIENTOS ESCONDIDOS DEL ALMA»

Uno de los puntos que he propuesto es el de la alegoría y sus características cervantinas —o «numantinas», por así decir. Difícilmente se relacionaría a la alegoría, como figura plástica, como recurso retórico, con el género de la comedia. En cambio su presencia es frecuente en la literatura teológica, el género trágico y la literatura emblemática. Dentro de ésta última, abreviando, la alegoría es la representación visual de categorías abstractas mediante emblemas pictográficos, o bien, representaciones escultóricas dotadas de un contenido semántico patriótico, religioso, etc. Por lo demás, la alegoresis tiene que ver, en términos generales, con la axiología: con códigos de valores vigentes hasta llegar, incluso, al dogma. De entrada, el mismo Cervantes las considera «figuras morales», además de «imaginaciones» y «pensamientos escondidos del alma»[21].

---

[21] Citado por González, 1999, p. 78.

Paso, a continuación, a revisar la alegoría de acuerdo con definiciones tradicionales. En el siglo XVII, según Sebastián de Covarrubias, tragedia es «una representación de personajes graves, como dioses de la gentilidad, héroes, reyes y príncipes, la cual de ordinario, se remata con una gran desgracia»[22], y alegoría «una figura, cerca de los retóricos, cuando las palabras que decimos significan una cosa, y la intención con que la pronunciamos, otra»[23]. Las aproximaciones más justas a este recurso retórico del teatro del Siglo de Oro son propuestas, entre otros, por Jean Louis Flecniakoska, Chandler R. Post y Bruce Wardropper.

De acuerdo con Flecniakoska, quien define la alegoría a partir de los autos sacramentales anteriores a Calderón, «l'allegorie devient un signe formel: elle vet l'abstrait d'une apparence sensible»[24]. Para Chandler R. Post, teórico de la alegoría de la literatura española medieval, «alegoría es el tipo literario que cristaliza una idea más o menos abstracta presentándola bajo la forma concreta de una cosa, de una persona o de un acontecimiento ficticios». Y Bruce Wardropper cala en la finalidad práctica de la alegoría, cuando apunta: «Lo mismo que la poesía, la alegoría se presta a ser interpretada según la capacidad del oyente. Es el gran recurso literario que permite a Timoneda, a Valdivielso y a Calderón dirigirse a un público que abarca desde los grandes de España hasta las fregonas de las posadas»[25].

Las tres definiciones casan a la perfección con las alegorías teológicas de Calderón, de Tirso y de Lope de Vega en algún auto sacramental (*Del pan y el palo*, y *El colmenero divino*) y en general con los personajes alegóricos en embrión que comparecen en autos y farsas primitivas, recogidos por Léo Rouanet en su *Códice de autos viejos*. Por lo demás, atendiéndonos a lo dicho por Wardropper sobre la recepción por parte de un público vasto, se adecuaría a la intención cervantina de representar su tragedia ante el público de los corrales, lo que, en el Prólogo a *Ocho comedias y ocho entremeses* (1615), dice que sucedió «sin que se les ofreciese ofrenda de pepinos ni de otra cosa arrojadiza...»[26]. No parece difícil, además que, dentro de sus objetivos

---

[22] Covarrubias, 1998, p. 973.
[23] González, 1999, p. 81.
[24] Citado en Peña, 1975, p. 8.
[25] Wardropper, 1953, p. 92.
[26] González, 1999, p. 78.

teatrales, Cervantes visualizara igualmente representaciones palaciegas de sus comedias. Especialmente en el caso de la *Numancia*, tragedia que en forma indirecta glorifica a España y a Felipe II, en lo general y en lo particular, en los parlamentos de las alegorías de la Jornada I. En 1585 apareció en España la obra de un contemporáneo de Cervantes, Juan Pérez de Moya. Se titulaba *Philosophia secreta*, y en ella se explican los sentidos de la fábula, a saber, literal, alegórico y anagógico, entre otros. Apliquemos los conceptos de Pérez de Moya a la tragedia cervantina. El sentido literal, «que por otro nombre dicen histórico parabólico, es lo mismo que suena la letra de la tal fábula o escritura»[27], en la *Numancia*, está dado por el episodio de la guerra entre romanos y numantinos, tal y como lo refieren los historiadores, Appiano y Tito Livio; es la materia prima de la fábula. Refiriéndose a Numancia cuando habla la alegoría del Duero, el autor alude elípticamente a la España contemporánea, su España, como veremos adelante. Y el sentido, anagógico, que implica ir hacia cosas altas, representa una verdadera hazaña dentro del paradigma numantino de Cervantes: consiste en el levantar el ánima, despreciar las «cosas mundanas» (entiéndase, el apego a la vida) por las «celestiales» (en este contexto no cristológico, la patria, el honor). El sacrificio de Numancia glorifica el pasado de España al tiempo que constituye un ejemplo para los tiempos venideros (es decir, el tiempo de Cervantes). Y aquí percibimos una extensión de lo alegórico hacia el ejemplarismo,[28] no contemplado por Pérez de Moya, pero vecino del alegorismo en lo relativo a la exégesis bíblica (a veces relacionada con los mitos paganos), los «exempla» morales de la tradición medieval.

La alegoría en Cervantes es un modo discursivo y una figura retórica. Como recurso escénico es fiel a su carácter emblemático, revistiéndose de objetos alegorizados que sustituyen el mote del emblema tradicional, la palabra propiamente dicha: por ejemplo, la lanza, el escudo, las máscaras. Adopta en lo general, una actitud estatuaria que permite adivinar su disposición en el escenario, posiblemente colocados los personajes alegóricos en escaños fijos como lo ha hecho notar Entwistle[29]. A diferencia de las alegorías del auto sacramental

[27] Para esto y lo que sigue sobre Pérez de Moya, ver Lawrence, 2005, p. 235.
[28] Lawrence, 2005, p. 227.
[29] Peña, 1975, p. 10.

calderoniano y de algunas que aparecen en las farsas primitivas, representativas de pecados o vicios, que parecieran estar en continuo trance pasional (Vanidad e Idolatría en *La cena del rey Baltasar*; el Alma en *El pleito matrimonial del Cuerpo y el Alma*; Medea o la Gentilidad en *El Divino Jasón*), la alegoresis cervantina se aproxima a las representaciones convencionales de conceptos como Justicia, Libertad, etc., hasta cierto punto simbólicas.

Las alegorías entreveradas en *La destrucción de Numancia* son las de España, el río Duero, la Guerra, la Enfermedad, el Hambre y la Fama. Vayamos a la primera. En un largo parlamento, España invoca al cielo en el segundo verso de su tirada (v. 354 de obra), aludiendo a las «influencias» del cielo —es decir, de los planetas—, apelando a la compasión de ambos, el cielo y los astros, en el «amargo duelo» que aqueja al pueblo de Numancia. Por un lado, los versos recuerdan la *invocatio* con la que se inician los poemas épicos (a la musa Calíope; a la Virgen, en la épica sagrada). Por otro, anuncian la importancia que tendrán en el desarrollo de la acción augurios y agüeros, es decir, lo mágico, característico del contexto pagano de una provincia sometida a Roma, que conservaba usos y costumbres arcaicos practicados también por los romanos. Se refiere el personaje alegórico, acto seguido, a las invasiones de los fenicios («fenices»), de los griegos y se insinúa la culpa en el verso en que España-Numancia acepta «porque mi maldad lo ha merecido». Asoma la conciencia de un Dios —forzosamente cristiano en el contexto cervantino— en las palabras de España al invocar al cielo. Por una parte, las referencias conciernen a la fábula original: Numancia cercada por los romanos. Por otro, Cervantes pareciera referirse concretamente a su propia España cuando menciona la esclavitud a que se halla sometida: por extensión, podemos entender la que se padecía en el Mediterráneo con el asedio, permanente y oneroso cual la esclavitud misma, de los turcos, y por ende, la esclavitud de hombres como Cervantes. Surgen las alusiones al siglo presente. Al pronunciar España: «pues mis famosos hijos y valientes / andan entre sí mismos diferentes» se referiría más que a «diferencias» entre los numantinos antes del cerco, a la coexistencia de razas en España —moriscos, cristianos viejos y nuevos— en el siglo XVI, ya que los numantinos son retratados en la fábula —y en la historia— como una colectividad sin escisiones, fuertemente unida en torno a un objetivo común: resistir el asedio hasta sus últimas conse-

cuencias. Podría aludir, de manera elíptica, a las luchas entre soldados
españoles comandados por Felipe II y moriscos (hombres de religión
musulmana nacidos en España, es decir también españoles), durante la
guerra de las Alpujarras, por ejemplo. Los versos relativos a los bárbaros codiciosos que usan sobre España y los numantinos «mil cruezas»
serían aplicables a los turcos codiciosos que habían «usado» en
Cervantes sus crueldades durante el cautiverio de Argel. De una manera mimética, metafórica, no sabemos si conciente o no, España es
Cervantes y Cervantes es España. La alegoría vendría aquí a ser personificación del autor. El presagio del final de Numancia en los versos «Mas ¡ay¡, que veo el término cumplido, / llegada ya la hora pos-
trimera...» nos pone a reflexionar. En sentido estricto los versos se
refieren a Numancia, según la historia contada por Alejandro Appiano;
en sentido amplio podrían referirse a España misma en la época de
Felipe II, envuelta en empresas desastradas (Flandes, donde en 1578
morirá Don Juan de Austria); las Alpujarras; las batallas perdidas de
Túnez y La Goleta), que la minan y empobrecen ante la amenaza de
un enemigo, el Imperio Otomano. Por otra parte, Cervantes ha sufrido en carne propia la indiferencia del soberano hacia sus soldados cautivos; se le negará, ya de regreso del cautiverio una prebenda —el gobierno de la provincia del Soconusco en Indias— y como alternativa
se le concederá el triste puesto de comisario de abastos para la Armada
Invencible (otra empresa desastrosa), que Cervantes no preveía cuando escribía la *Numancia* pero cuyos efectos sufriría más tarde: salarios
retrasados, equívocos que acabarán llevándolo al encarcelamiento en
Castro del Río y luego en Sevilla (1597-1598). Al regreso del cautiverio, 1580, Cervantes llora por Numancia a lo largo de una tragedia
memorable, y llora por España, convertida teatralmente en alegoría, en
recurso retórico-escénico útil para expresar el desengaño teñido de
ironía del autor que posteriormente, a la muerte del soberano, en septiembre de 1598, se traslucirá de nuevo en el soneto ante la pira funeraria de Felipe II en Sevilla que empieza «Voto a Dios que me espanta esta grandeza...». Es obvio, por lo demás, que la fama de
Numancia y la de España renacerían como el Ave Fénix, así lo expresan los versos 391 y 392. La de Numancia, en los discursos de los
historiadores[30] (perdidos los de Polibio; conocidos los de Tito Livio y

---

[30] Ver Cervantes, *La destrución de Numancia*, pp. 230-231.

Alejandro Appiano) por ser un ejemplo de heroísmo extremo; la fama
de la segunda, de España, por su permanencia dominadora en la
América virreinal todavía por largo tiempo, hasta principios del siglo
XIX.

Prosiguiendo con la proyección autorreferencial de Cervantes, en
el texto de la obra, el foso, que debió aparecer en el escenario cer-
cando la población, construido por los romanos para aislar a los ya
aprisionados numantinos, podría interpretarse, metafóricamente, como
el mar que aisló a Cervantes de su tierra durante el cautiverio. Del
interior del antiguo cautivo parecen brotar los versos cargados de dra-
matismo en que la alegoría de España clama por la guerra pediré o la
muerte. Como se ha dicho, al momento de ser rescatado tras cinco
años de cautiverio, Cervantes pudo estar a punto de enloquecer. Es
evidente que en la tragedia del cerco de Numancia, Cervantes encontró un tema que le venía como anillo al dedo, con grandes posibilidades para ejercitar, en tono mayor, su propia catarsis liberadora.

En una segunda invocación, de la alegoría de España al río Duero
(«Duero gentil, que con torcidas vueltas…»), Cervantes introduce versos que relajan la tensión anterior y recuerdan a Garcilaso cuando al
ser evocado el «Tajo ameno» España pronuncia: «ansí las ninfas fugi-
tivas sueltas, / de que está el prado y verde bosque lleno, / vengan
humildes a tus aguas claras…» (pp. 292-293). En la respuesta del Duero
—que según las didascalias aparece acompañado de tres muchachos
vestidos como riachuelos: Obrón, Minuesa y Tera— resuena la devoción de Cervantes a la patria recuperada tras el exilio forzado del cautiverio: «Madre querida, España, rato había / que oí en mis oídos tus
querellas. / Y si en salir acá me detenía / fue por [no] poder dar remedio a ellas» (p. 293). Estamos ante una segunda personificación au-
tor/Duero. ¿Hasta qué punto, podemos preguntarnos, Cervantes se vio
a sí mismo como un adalid español al servicio de su patria aun dentro de los «baños», puesto que se hallaba imposibilitado para servir a
España en Flandes o en Portugal? Recordemos que en Argel actuó
como líder de los cautivos españoles en cuatro intentos de fuga colectiva, lo que pudo haber impresionado a Hazán Bajá, el gobernador,
y le valió más tarde el testimonio favorable —a la hora de redactar el
Informe de 1580, a raíz de los dichos calumniosos del dominico Juan
Blanco de Paz— de aquellos a quienes había acaudillado y luego ex-
culpara ante los argelinos al descubrirse la fuga. Cervantes no tuvo el

perfil del «renegado», como había muchos, sino del héroe que llevaba sobre sí —e intentaba mantenerlo— el honor de Lepanto. El discurso del Duero retoma el asunto de la predestinación relativa al «duro hado» y el «disponer de las estrellas»[31], lo que posteriormente culminará en los ritos sacrificiales y agüeros de Marquino, y desembocará en la arenga nacionalista. Por el «feroz romano» del verso 465 podemos entender el turco. La alegoría aquí es más que una simple figura retórica: es un modo discursivo de carácter político. El paralelismo con la España del autor, todavía imperialista en sus designios, prosigue cuando el río Duero se refiere al gran Albano (el Duque de Alba) que en 1556 invadiera los estados pontificios para acabar firmando un tratado de paz con el pontífice»[32], visorrey de Dios en todo el suelo» quien a los reyes de España «dará tal apellido»: el de católicos. El tono de profecía laudatoria prosigue cuando el Duero se refiere a un rey que «será llamado, siendo suyo el mundo, / el segundo Felipe sin segundo». (p. 295) y la alusión a la anexión de Portugal es evidente en los versos «El girón lusitano, tan famoso, / que un tiempo se cortó de los vestidos / de la ilustre Castilla ha de asirse / de nuevo y a su antiguo ser venirse» (p. 296). Se imponen la intención nacionalista y la hipérbole patriótica cuando en versos anteriores latían el temor y el desengaño ante una España proclive al desastre, como Numancia. Es decir, Cervantes ejercita dos ópticas —pesimista y optimista— respecto a España. ¿Se hablaría aquí de ambigüedad o de lucidez?

Podemos concluir que se trata más bien de lo segundo: la intuición del escritor con ribetes de humanista; del ex-cautivo culto, redi-

---

[31] La noción de destino, que conduce al determinismo, es un *leit motif* en Cervantes. Así leemos en el *Viaje del Parnaso*: «En fin, sobre las ancas del Destino, / llevando a la elección puesta en la silla, /hacer el gran viaje determino. // [...] Ninguno tiene o puede dar excusa / de no oprimir desta gran bestia el lomo / ni mortal caminante lo rehusa». *Viaje del Parnaso. Poesías sueltas*, 2001, p. 5. Es una noción complementaria de la de «fortuna». Antes había dicho: «Porque en la piedra que en mis hombros veo, / que la fortuna me cargó pesada, / mis malogradas esperanzas leo», p. 54. No podemos reducir tales esperanzas a la obtención del auxilio real y del reconocimiento de sus méritos en Lepanto. Podría pensarse también en esperanzas fallidas que se relacionan con la ausencia de éxito en los escenarios, el fracaso matrimonial y tantas otras frustraciones que aquejaron a Cervantes a lo largo del «gran viaje» de la vida.

[32] Ver Cervantes, *La destruición de Numancia*, p. 295, n. 492 y 493.

mido, en busca de un lugar, de un puesto que no logra obtener en una España burocrática, casi desfalcada por las continuas guerras y que se aferra, sin embargo, a la esperanza que puede brindar un rey grandioso, un Filipo repensado e idealizado años atrás en la soledad del cautiverio. Quizás la ambigüedad de Cervantes —a la que se ha referido Manuel Durán[33]— sea producto de la lucidez, que no le permite esperar demasiado pero que en el momento de escribir, por boca del personaje alegórico, lo lleva a evocar y engrandecer al rey que en Lepanto consolidó la supremacía sobre el turco y la fama de España. Más que ambigüedad, en este caso se trata de una ambivalencia lúcida.

Hacia 1581-1582 Cervantes había solicitado un puesto en Indias. La respuesta fue primero incierta —esperar la vuelta de la carabela que podría traer una noticia— y luego se le negó. Es posible que la *Numancia,* en la que en los parlamentos del río Duero visualiza a Felipe II como un sol, fuera empezada a redactar por en una primera época, cuando el autor era todavía entusiasta del rey con esperanzas de representar a la Corona en América pero, al mismo tiempo, se sentía urgido de expresar en el género de la tragedia su personal »sentimiento trágico de la vida». Felipe II fue formalmente reconocido como rey de Portugal en abril de 1581; Cervantes, entonces, «vagabundeó por la corte de Lisboa»[34]. Contó con dos o tres años más para escribir su tragedia. Es posible que la redacción completa se diera a raíz de la aparición de las *Comedias y tragedias* de Juan de la Cueva (por aquello de posibles influencias), después de las misiones de Portugal y Orán en mayo de ese año. Pudo darse —y de ahí el tono definitivamente pesimista y trágico— hacia 1584, cuando tras la negativa real Cervantes había abandonado la esperanza de viajar a Indias, imprimía *La Galatea* y se refugiaba en la amistad de poetas y dramaturgos: Francisco de Figueroa, Pedro Laynez, Juan Rufo, Juan de la Cueva[35].

La alegoría, en el caso de España y el Duero, se atiene a la definición de Covarrubias en cuanto a que dice una cosa y quiere decir

---

[33] Durán, 1981, p. 25.

[34] McKendrick, p. 74.

[35] McKendrick, p. 76. Sabemos que la relación con la viuda de Laynez pudo haberse mantenido por lo menos hasta 1605, ya que los Cervantes habitaban en el mismo domicilio que ésta, en Valladolid, cuando el incidente de la muerte de Gaspar de Ezpeleta, en el que Cervantes se viera incriminado injustamente

otra. En ambos casos, simbolizando un país o un río, son ambas también un autor: Cervantes. Refiriéndose a la trágica Numancia, aluden implícitamente al lugar en que habita el autor. Habla el Duero y dice Cervantes: «¡qué envidia, qué temor, España amada / te tendrán mil naciones extranjeras, / en quien tú teñirás tu aguda espada / y tenderás triunfando tus banderas» (p. 296). Se expresan en un lenguaje hiperbólico, encierran un pensamiento monárquico, son polisémicas.

OTRAS «FIGURAS MORALES»: LA GUERRA, LA ENFERMEDAD, EL HAMBRE, LA FAMA

Son estas figuras alegóricas las que nos acercan, por momentos, a la alegoría calderoniana en cuanto a especulación sobre la condición humana. Al Hombre, o la Gracia, de *La vida es sueño*, o Muerte, en *La cena del Rey Baltasar,* aun cuando no encierren un sentido cristológico. Forman un poderoso trío en lo visual y lo conceptual, que abre la Jornada Cuarta. Las didascalias son explícitas respecto al aspecto a las figuras: «… sale una mujer con una lanza en la mano y un escudo que significa la Guerra, y trae consigo la Enfermedad y la Hambre: la Enfermedad arrimada a una muleta y rodeada de paños la cabeza, con un máscara amarilla; el Hambre saldrá con un desnudillo de muerte, y encima una ropa de bocací amarilla, y una máscara descolorida»[36]. La representación visual de Enfermedad se logra mediante elementos obvios: la muleta y el vendaje en la cabeza. En cuanto al Hambre, por «bocací» se entiende, según Covarrubias, «tela falsa de lienzo teñido de diversas colores y bruñido […] y por otro nombre se llama "bocarán" y "olandilla lo fino"». Es decir, una tela que se puede quitar y poner, coloreada y con signos o bordados (bruñido). Por «desnudillo de muerte»[37] en este contexto podemos entender un cuerpecillo —el de Hambre— desnudo y enteco, casi un esqueleto. Los conceptos abstractos de hambre y muerte se fusionan para lograr una evidente economía escénica. Hambre es ya en sí una prefiguración de muerte. El grupo resulta eficazmente expresionista, las máscaras acentúan la semejanza buscada con la tragedia clásica.

---

[36] Cervantes, *La destrucción de Numancia*, 2001, p. 357.
[37] Covarrubias, pp. 223 y 461.

La mención de los hados como culpables de la Guerra antecede la disculpa de ésta por acosar a Numancia y su promesa (convencional y forzada en términos del discurso), de favorecer a España en épocas diversas. Otra vez escuchamos el discurso oficialista de Cervantes, que aquí resta verosimilitud a la acción dramática. Tanto Enfermedad como Hambre son verdugos, por la fuerza de las circunstancias, del pueblo avasallado, aunque no dejen, por ello, de enaltecer el valor de los numantinos. Pronuncia Enfermedad: «en el morir han puesto su contento / y, por quitar el triunfo a los romanos, / ellos mesmos se matan con sus manos»[38]. El largo parlamento de Enfermedad es continuación del anterior, una vasta descripción de horrores individuales que conforman el cuadro general de desolación y muerte. El esposo contra la esposa; el hijo contra la madre; mujeres bellas reducidas a cenizas, el padre contra el hijo: «El hierro mata, el duro fuego abrasa, / y el rigor ferocísimo condena»[39]. Cumpliendo con uno de los preceptos de la tragedia como es la ruptura del orden, tenemos ante la vista la hegemonía del caos. El orden irresistible conduce, en la realidad numantina y en el ámbito de la obra a la evidencia del más absoluto infortunio. Argumental y escénicamente, éste procede de la solemnidad alegórica, la contundencia del diálogo, el concepto inmanente del hado o destino que dan pie a *kátharsis* y *katastrophé* finales.

Vayamos a lo referencial. En la crudeza y vigor de estos parlamentos no podemos menos que descubrir al soldado Cervantes. Quizás resulte difícil entender porqué Cervantes escogió una tragedia de tal modo cruenta (valga la redundancia) si ignoramos su visión de la guerra —concretamente sobre la batalla de Lepanto— expuesta en el capítulo XXXVIIII y siguientes de la primera parte del *Quijote*[40].

---

[38] Cervantes, *La destrucción de Numancia*, 2001, p. 357.

[39] Cervantes, *La destrucción de Numancia*, 2001, p. 359.

[40] Lo que a Cervantes, joven e inexperto, debió impresionarlo haciéndolo sentir en el camino de la gloria mucho antes de que pensara en escribir *La destrucción de Numancia*, se convertirá literariamente en desengaño y acritud en el «Curioso discurso que hizo Don Quijote de las armas y las letras» (cap. XXXVIII del *Quijote*). Un vistazo a un fragmento del «Discurso...» nos permite ubicarnos respecto a la tragedia que escribirá cerca de diez años más tarde. Dice el autor: «Bien hayan aquellos benditos siglos que carecieron de la espantable furia de aquestos endemoniados instrumentos de la artillería, a cuyo inventor tengo para mí que en el infierno se le está dando el premio de su diabólica invención, con la cual dio causa que un infame

Indignación, ira y horror igualmente ante el espectáculo de Numancia arrasada por el acoso del enemigo y la fuerza de los hados. Considero que lo anterior justifica sobradamente la decisión de Cervantes de escribir una tragedia y la elección de un suceso histórico, documentado en los anales como trágico en extremo.

Ahora bien, Cervantes quiso incluir «figuras morales» (alegorías) para aderezar una tragedia, colocándose en la línea de obras en boga, tal *El infamador* de Juan de la Cueva, tragicomedia en la que el río Betis se convierte en personaje alegórico. La alegoresis causó polémica ya en el siglo XVII. Baltasar Gracián se oponía a «la exagerada "prolijidad" de tan "cansadas alegorías"» y se quejaba: «crueldad es, que no arte, condenar una hora entera al que oye o al que lee a la enfadosa cárcel de una metáfora»[41]. Modernamente se ha dicho que «la alegoresis produce un cortocircuito, su triunfo consistiría en eliminar el texto, sustituyéndolo con una raquítica paráfrasis». En nuestra opinión esto no sucede con las alegorías calderonianas, que forman un rico e intrincado bosque de sentidos, y sentimientos, ocultos en los autos sacramentales. Tampoco en el caso de Cervantes, en cuya tragedia, pese a configurarse escénicamente como alegorías estatuarias con un discurso declamatorio, expresan la posición del autor ante el sistema vigente y llevan a las tablas, mucho antes de la aparición del *Quijote,* su

y cobarde brazo quite la vida a un valeroso caballero, y que sin saber cómo o por donde, en la mitad del coraje y brío que enciende los valientes pechos, llega una desmandada bala (disparada de quien quizá huyó y se espantó del resplandor que hizo el fuego al disparar la maldita máquina), y corta y acaba en un instante los pensamientos y vida de quien la merecía gozar luengos siglos». El «Discurso de las armas y las letras» es en gran medida, un repaso airado de las vejaciones bélicas contra el individuo (¿qué podría decirse de la extrema *Destruición de Numancia?*); un alegato contra la guerra y sus armas mortíferas, sazonado con alusiones a la Edad Dorada. Autor y personaje en este pasaje son uno. La descripción nos lleva al tiro de arcabuz en el pecho y la pérdida de la mano izquierda. Al horror del joven soldado en Lepanto (suceso cardinal en la vida del escritor), en donde con treinta mil muertos del lado islámico y ocho mil del lado cristiano, el océano era sangre pura. Aunque podría ser también La Goleta (cuatro años después). Lepanto resuena en el discurso del anciano hidalgo a quien los comensales en la posada tan sólo siguen la corriente y consideran «que al parecer tenía buen entendimiento [...] perdido tan rematadamente en tratándole de su negra y pizmienta caballería». En *El ingenioso hidalgo Don Quijote de la Mancha*, 1993, pp. 467-476.

[41] Lawrence, 2005, p. 21.

visión —o denuncia— del conflicto bélico, válida en el siglo XVI y en el XXI. Por su parte, la alegoría de la Fama, vestida de blanco, cierra la obra con un remate anticlimático que enfatiza la futura gloria de Numancia. Es, como el resto de las alegorías, un concepto y un emblema. Borges señaló que la alegoría »involucra una doblez «mostruosa» porque «aspira a cifrar en una forma dos contenidos: el inmediato o literal [...] y el figurativo». Tal doblez parece útil en determinados discursos literarios, cuando no oscurece sino aclara; cuando, en términos de Gonzalo de Berceo en los *Milagros* fusiona «corteza y meollo». Tal como Calderón y Cervantes lo lograron en su momento.

BIBLIOGRAFÍA

CERVANTES, M. de, *El ingenioso hidalgo Don Quijote de la Mancha*, ed. S. Fernández, México, Trillas, 1993.

— *El trato de Argel*, ed., F. Sevilla Arroyo y A. Rey Hazas, Madrid, Alianza Editorial, 1996.

— *Entremeses. La destruición de Numancia*, ed. A. Hermenegildo, Madrid, Castalia, 2001.

— *La destrucción de Numancia. Viaje del Parnaso*, Madrid, Antonio de Sancha, 1784.

— *Viaje del Parnaso. Poesías sueltas*, ed. Vicente Gaos, Madrid, Castalia, 2001.

COVARRUBIAS, S., de *Thesoro de la lengua castellana o española*, ed. M. de Riquer, Barcelona, Alta Fulla, 1998 [según la edición del mismo, Barcelona, S.A. Horta, 1943].

DURÁN, M., *La ambigüedad en el Quijote*, Xalapa, Universidad Veracruzana, 1981.

EISENBERG, D., «El convenio de separación de Cervantes y su mujer, Catalina», en <http://www.cervantesvirtual.com.servlet/SirveObras/02/12/2005>.

FLECNIAKOWSKA, J. L., *La formation de l'«auto» religieux en Espagne avant Calderón*, Paris, Université de Paris, 1961.

Flores de baria poesía. Cancionero novohispano del siglo XVI, ed. M. Peña, México, Fondo de Cultura Económica, 2004, 3.ª ed.

FOTHERGILL-PAYNE, L., «*Los Tratos de Argel, Los cautivos de Argel* y *Los baños de Argel*: tres "trasuntos" de un "asunto"», en *El mundo del teatro español de los Siglos de Oro. Ensayos dedicados a John E. Varey*, ed. J. M.ª Ruano de la Haza, Ottawa, Dovehouse Editions, 1989 (Ottawa Hispanic Studies, 3), pp. 177-184.

GONZÁLEZ, Á., «Las comedias: el proyecto dramático de Cervantes», en *Cervantes. 1547-1997. Jornadas de Investigación Cervantina*, ed. A. González, México, El Colegio de México-Fondo Eulalio Ferrer, 1999.

IFE, B. W., «*Pilgrim's Progress*: insinuaciones de la alegoría del *Persiles y Segismunda* de Cervantes», en *Las metamorfosis de la alegoría. Discurso y sociedad en la Península Ibérica desde la Edad Media hasta la Edad Contemporánea*, ed. R. Sanmartín Bastida y R. Vidal Doval, Madrid, Frankfurt, Iberoamericana, Vervuert, 2005, pp. 249-264.

LAFAYE, J., *Sangrientas fiestas del Renacimiento. La era de Carlos V, Francisco I y Solimán (1500-1557)*, México, Fondo de Cultura Económica, 2001, (Breviarios, 534).

LAWRENCE, J., «Las siete edades de la alegoría», en *Las metamorfosis de la alegoría. Discurso y sociedad en la Península Ibérica desde la Edad Media hasta la Edad Contemporánea*, ed. R. Sanmartín Bastida y R. Vidal Doval, Madrid, Frankfurt, Iberoamericana, Vervuert, 2005, pp. 17-50.

MCKENDRICK, M., *Cervantes*, Barcelona, Salvat, 1986.

PEÑA, M., *Alegoría y auto sacramental. El Divino Jasón, El pleito matrimonial del Cuerpo y el Alma*, México, Facultad de Filosofía y Letras, UNAM, 1975. (Col. Opúsculos).

— *Rehén de la fortuna (El cautiverio honroso y el cautiverio infamante en la obra de Cervantes)*, Guanajuato, Centro de Estudios Cervantinos, 2007.

PÉREZ DE MOYA, J., *Filosofía secreta de la gentilidad*, ed. C. Clavería, Madrid, Cátedra, 1995.

TAYLOR, B., «Lecturas alegóricas de las *Metamorfosis* de Ovidio en la España del Siglo de Oro», en *Las metamorfosis de la alegoría. Discurso y sociedad en la Península Ibérica desde la Edad Media hasta la Edad Contemporánea* ed. R. Sanmartín Bastida y R. Vidal Doval, Madrid, Frankfurt, Iberoamericana, Vervuert, 2005, pp. 225-248.

TORO, A. de, *De las similitudes y diferencias. Honor y drama de los siglos XVI y XVII en Italia y España*, trad. Á. Repáraz Andrés, Frankfurt-Madrid, Vervuert, 1998 (Teoría y Práctica del Teatro, Vol. 9).

WARDROPPER, B., *Introducción al teatro religioso del Siglo de Oro*, Madrid, Revista de Occidente, 1953.

«LLANTO SOBRA, Y VALOR FALTA»:
LA ESTRUCTURA DE LA TRAGEDIA
EN *EL CASTIGO SIN VENGANZA* DE LOPE DE VEGA

Edward H. Friedman
Vanderbilt University

En este trabajo, quisiera examinar la representación de la tragedia en el Siglo de Oro español, principalmente en *El castigo sin venganza* de Lope de Vega y con atención especial también a dos obras que reflejan aspectos importantes del modelo clásico de la tragedia: *La Numancia* de Cervantes y *El caballero de Olmedo* de Lope. En el drama trágico de la antigüedad clásica, se evidencia la desesperación del ser humano ante el destino, la inevitabilidad de la derrota, errores de juicio y el distanciamiento irónico. Miguel de Cervantes posee la plena conciencia de estos elementos al estructurar *La Numancia*, pero su ampliación alegórica y cronológica de la trama convierte a esta obra en una celebración del acto trágico, transformando así la base patética y la lógica interna del diseño dramático. En *El caballero de Olmedo* Lope evoca la tragedia clásica para después alejarse de ella, reemplazando el determinismo con lo que pudiera denominarse un determinismo literario, recreando la estructura profunda del patrón a la vez que se desvía de ella. En *El castigo sin venganza* se manifiesta lo que el post-estructuralismo llamaría un *suplemento*[1], en este caso el pundonor. Lope mezcla la sensibilidad clásica con la de su época, efectuando una síntesis no muy estable. Nos interesa no sólo la dialéctica entre tradición e innovación en las tres obras, sino también la retórica —en el sentido más amplio de la palabra— de cada uno de los textos. Cervantes es el que más señaladamente se sirve de los precedentes literarios para una re-escritura, una reinscripción del intertexto. Más que el último ejemplo de los libros de caballerías, *Don Quijote* es el primer ejemplo de algo nuevo, novedoso y novelesco. De igual forma, *La Numancia* reinventa —reviste— la tragedia. En su *Arte nuevo*, Lope enfatiza la forma híbrida de la tragicomedia; *El caballero de Olmedo* y *El castigo sin venganza* muestran la amplitud y la flexibilidad de esta fórmula.

El cerco numantino impuesto por los romanos inicia la acción en *La Numancia*. Después de haber luchado durante dieciséis años, los numantinos no cuentan con los recursos necesarios para sobrevivir, y la derrota final parece inminente. Los romanos se niegan a comprometerse, en busca de una victoria completa e incondicional. El general Escipión reprende a los soldados de su ejército por su descuido, por su aparente indiferencia al protocolo militar y por los vicios que los distraen de cumplir con su deber. Los numantinos buscan remedios, sin éxito. Les amenazan el hambre, la enfermedad y la desmoralización. La construcción del foso parece cancelar cualquier opción viable para el pueblo numantino, hasta que reconocen la posibilidad de negarles el triunfo a los romanos, quemando los edificios y suicidándose. Paradójicamente, la obliteración del pueblo garantiza la victoria moral —espiritual— sobre el jefe que ha prometido «vencer la soberbia de esta gente» y que ha declarado que «no quiero otro primor ni otra fragancia / en tanto que español viva en Numancia» (vv. 143-44, p. 44)[2] . Ésta no es una victoria pírrica porque, tal como lo anuncia, al final del primer acto, la personificación del río Duero a la de España, el pueblo numantino va a renacer como un gran poder imperial, como una nación *unida bajo la fe católica*. El «duro hado» que tiene que sufrir Numancia tendrá consecuencias positivas, que se traducen en un futuro espléndido. Cervantes acentúa la pena del sacri-

---

[1] Ver Culler, 1982, pp. 102-106, 166-170 y 193-199, y Leitch, 1983, pp. 169-178.
[2] Las citas de *La Numancia* se refieren a la edición de Marrast, 1984.

ficio, pero siempre dentro de un marco nacionalista y patriótico. Los personajes a un nivel individualizado —el líder del pueblo, los dos amantes, el amigo fiel, la madre con sus hijos— adquieren cierta fuerza dramática, pero estos rasgos ceden al valor colectivo de los numantinos, simultánea y recíprocamente sinécdoque y metonimia. Cervantes, el dramaturgo, logra escribir una tragedia compleja, multidimensional, consciente de las normas clásicas sin dejar de suprimirlas y, de esta manera, más que nada, quizás se obtiene una obra irónica.

La trayectoria de *La Numancia* depende de dos planos radicalmente distintos: la tragedia griega y la historia de España. La obra evoca una condición pagana —pre-cristiana— y lleva al público al presente de la composición, a la culminación de la gloria, en términos políticos y religiosos. La asociación del suicidio colectivo de los numantinos a una España unida constituye uno de los múltiples indicadores de *la ironía* en la obra. Es sumamente irónica también la identificación de los romanos como enemigos de los numantinos, o sea, de los futuros católicos. En el nivel inmediato de la acción, Cervantes capta la ironía de los eventos dramáticos —y del conocimiento previo del desenlace por parte de los espectadores o lectores— a través de un discurso que subraya la paradoja del final. La figura principal es la antítesis, empleada en un gran número de versos y centrándose en la dicotomía vida/muerte. Cervantes hace que los personajes, notablemente Escipión, usen frases que más tarde cobran un nuevo sentido, mediante una recontextualización. En uno de estos comentarios sobre los vicios de los soldados romanos, dice el general, prefigurando el incendio: «Si este daño común no se previene / y se deja arraigar su ardiente llama, / el vicio sólo puede hacernos guerra, / más que los enemigos de esta tierra» (vv. 45-48, p. 41). El énfasis en la destrucción total del pueblo va a desencadenar en repercusiones irónicas, pues el general le ruega al niño Bariato, el último sobreviviente numantino, a que no se suicide. Otro toque irónico es la alabanza que dirige Escipión hacia el pueblo numantino en su invectiva contra la mala conducta de los romanos. Se refiere, por ejemplo, al hecho de que «tan pocos españoles, y encerrados, / defiendan este nido de Numancia» (vv. 115-16, p. 43) y a los que han «[…] vencido con feroces manos /millares y millares de romanos» (vv. 119-20, p. 43). Esta ironía se intensifica cuando aparecen las figuras alegóricas, que relacionan lo ocurrido con los éxitos del presente. Las alusiones a la historia contemporánea cambian por completo la perspectiva, la ideología y el mensaje de la obra.

El eje central de la estructura de *La Numancia*, según la configuración retórica, sería la paradójica derrota convertida en victoria. El orgullo de Escipión y de los romanos en general, el desconsuelo de los numantinos y las tristes escenas del dolor físico y psicológico de los cercados contienen una fuerza afectiva e irónica. La negación del triunfo a los romanos forma parte del primer nivel de significación —el del pasado— y se añade a esta inversión la conexión entre Numancia y la España de los Habsburgo. De alguna manera, Cervantes se aleja del debate teórico sobre una posible tragedia cristiana, sustituyendo —o sobreponiendo— una victoria precozmente católica. En este sistema de inseparabilidad entre la Iglesia y el Estado, el renacimiento del pueblo llega a ser un análogo secular de la vida eterna, el polo opuesto de la visión de la muerte en la tragedia antigua. El *pathos* del modelo clásico se ve en *La Numancia*, pero predomina el marco de triunfo, dramático e histórico al mismo tiempo. El diálogo expresa las emociones de los personajes, y el padecimiento de los numantinos tiene una claridad y un ímpetu impresionantes.

Como una variante del tema del coro, la intervención de España y del río Duero en la primera jornada —antes de la representación del proceso traumático que lleva a los numantinos a la destrucción— obviamente se influye en la recepción de los eventos que le siguen. La doble ironía, o tal vez triple, actúa como agente mediador de la acción y de la aflicción representadas en el escenario, como un tipo de gasa entre las emociones y el intelecto. Es como si Cervantes combinara a Aristóteles con Brecht, la catarsis con el distanciamiento sentimental, y es semejante a lo que hace como creador de *Don Quijote* al unir, y hasta fusionar, la historia con la poesía, el realismo con la metaficción, la simpatía con la autorreferencia literaria, la inmediatez de la experiencia con los signos del distanciamiento. En *La Numancia*, se hace y se deshace una tragedia[3].

---

[3] Ver, entre los estudios sobre *La Numancia* y la tradición de la tragedia, *La escena imaginario* de Maestro, 2000, pp. 119-198, y la amplia bibliografía. Ver también Friedman, 1981, pp. 39-59.

En *El caballero de Olmedo*, Lope utiliza como guía una seguidilla popular —«Que de noche le mataron / al caballero, / la gala de Medina, / la flor de Olmedo»— basada en el asesinato, en 1521, de don Juan de Vivero, un caballero de la Orden de Santiago. En las últimas palabras de la obra, el rey don Juan II (quien reinó durante la primera mitad del siglo XV) se refiere al «fin de la *trágica historia* de EL CABALLERO DE OLMEDO». Don Alonso se enamora a primera vista de doña Inés, perseguida sin éxito, durante dos años, por don Rodrigo. Don Alonso se aprovecha de la alcahueta (y hechicera) Fabia para entrar en contacto con Inés. Es, desde el principio, un amor correspondido. Don Alonso viaja de Olmedo a Medina para verla. Para impedir un casamiento con el despreciado don Rodrigo, Inés anuncia a su padre, don Pedro, que quiere ser monja. Fabia y el criado Tello entran en la casa de don Pedro so capa de consejera espiritual y maestro de latín, respectivamente. Después de ser humillado en la plaza de toros y salvado por don Alonso —con Inés como testigo— un furioso y enloquecido don Rodrigo, junto con un grupo de compañeros, ataca despiadadamente al enemigo al encontrarse de camino a Olmedo, a donde iba éste para tranquilizar a sus ancianos padres. Anteriormente, habían aparecido el personaje de una Sombra y el labrador que recita los versos de la seguidilla, la cual dice haber oído en un encuentro con Fabia, pero las advertencias llegan tarde. Tello, que ha seguido a su amo, descubre al protagonista moribundo, y luego le pide justicia al rey, por parte de los padres, y éste se la concede.

Lope, el promotor de la *tragicomedia*, comienza aquí con una fuente explícita y, por consiguiente, con el bosquejo de una *tragedia*. El desenlace de la obra —la llegada a la corte de Tello con los padres doloridos— parece cumplir con los requisitos de la tragedia. El héroe ha sido víctima de un destino cruel, fuera de su control. Sus fallas (sus errores de juicio) no han merecido la muerte; es decir, que la relación entre el «crimen» y el «castigo» se ve distorsionada. Lope deja que los versos preexistentes dicten el enfoque sobre el espacio entre Olmedo y Medina y, sobre todo, que realcen el punto final de la obra. A pesar de la importancia de esta orientación hacia la tragedia, haría falta analizar cómo el dramaturgo llena, o manipula, los espacios intermedios del texto, entre la seguidilla, y el clímax y el desenlace. *El caballero de Olmedo* se convierte, desde este punto de vista, en una zona de conflicto no sólo entre don Alonso y don Rodrigo, sino también entre la tragedia y la tragicomedia. Conjuntamente, al dirigirse a la muerte del protagonista y buscando modos de diferir el final, Lope recurre a lo familiar, a su fórmula para la «comedia nueva» y, específicamente, para la comedia de capa y espada. Dos terceras partes de la obra —los dos primeros actos— presentan una visión cómica, o tragicómica, con complicaciones, malentendidos y amenazas, y con un marcado tono ligero. La visión cómica de *El caballero de Olmedo* se integra peligros de varios tipos, gente impúdica e indeseable y actos sacrílegos, y con un antagonista cuyo modo de ser no tiene nada de ligero. No obstante, es típico en las comedias de capa y espada que por poco lo cómico termine en tragedia, debido al riesgo de perder la honra, de un individuo o de una familia; precisamente por eso se clasifican como *tragicomedias*. La brutalidad del ataque —y hay que recordar que el caballero de Olmedo le ha salvado la vida a su asesino— interrumpe el ritmo de la acción, actualizando los versos y proyectando al público hacia la tragedia. En esta obra, se vislumbra la presencia de don Rodrigo por todas partes, como recuerdo de los versos fatales, un *memento mori* para don Alonso.

Don Rodrigo mismo justifica su traición: don Alonso ha sido irresponsable, inmoral y falaz en el cortejo a doña Inés. Se ha entrometido con la malévola Fabia, y la ha introducido en el domicilio de don Pedro. Se puede notar, además, que el protagonista no ha puesto mayor atención a los signos que le rodean; se ha mantenido ciego ante el carácter impío de la alcahueta y al rigor de los celos del pretendiente rechazado, y esta ceguedad podría ser, de hecho, su falla trágica. *El caballero de Olmedo* exhibe así el armazón de la tragedia. La unidad de acción de la obra se manifiesta en la progresión que denota don Alonso hacia la muerte anunciada. En el espacio de la diferencia —de *diferir*, y como algunos dirían, de la *différance*, con la notable *a* derrideana[4]— Lope regresa a la técnica de la tragicomedia. Junto con el determinismo trágico se realizan los planes metateatrales de don Alonso, Fabia y doña Inés. Don Pedro arregla las bodas de su hija con don Rodrigo, mientras que ella —como tantas otras mujeres agresivas de la Comedia, solteras casi todas— intenta hacerse dueña, y dramaturga, de su destino. Don Alonso va y viene de Olmedo a Medina,

---

[4] Ver Culler, 1982, pp. 95 y ss.; y Leitch, 1983, esp. pp. 39-54.

gozando tanto, según parece, de la ausencia como de la presencia de su amada. Fabia se establece en la casa de Inés, en compañía del gracioso Tello. El padre, ex-cliente de la alcahueta —reformado ya y distraído por imaginar a su hija en hábito de monja— no se percata de nada. Después de las escenas que ponen de manifiesto la frustración de don Rodrigo en la corrida de toros y el acto heroico de don Alonso, Lope hace resaltar la comicidad y un humor poco sofisticado en el diálogo entre Fabia y Tello, en el que éste se jacta de su valentía en la plaza. El transcurso del tiempo le brinda a don Alonso la oportunidad de preocuparse por sus padres y de tomar la decisión de volver a Olmedo, le otorga a don Rodrigo la ocasión de tramar una venganza y le concede a Lope un punto de transición —un tanto abrupto— de comedia de capa y espada a tragedia.

Los comentaristas han notado con frecuencia que la suma ironía de *El caballero de Olmedo* yace en los obstáculos innecesarios creados por los amantes mismos[5]. Existe la correspondencia, y existen condiciones para la expresión del amor. Cuando —por primera vez, en el acto tercero— se le propone a don Pedro el matrimonio de Inés con don Alonso, el padre no se resiste en absoluto. Don Alonso y doña Inés son, a fin de cuentas, agentes de la diferencia. Se entretienen (se divierten) y divierten al público. Los Actos 1 y 2 forman una especie de entremés extendido entre la seguidilla y el Acto 3. Según mi lectura, el aspecto más significativo de la obra es la caracterización de don Alonso. Más que un hombre de carne y hueso, el caballero de Olmedo es una voz poética, un portavoz de la tradición del amor cortés. Si la unidad de acción de la obra consiste en el proceso de lanzar a don Alonso a la muerte, a manos de su rival, en el nivel discursivo se podría describir como el proceso de transformar la muerte figurada —metafórica— en real. Más que un sujeto verosímil, don Alonso es lo que llamaría Miguel de Unamuno, en su diálogo nivolesco con Augusto Pérez, un *ente de ficción*[6], basado en una figura histórica poetizada y luego dramatizada. Don Alonso se deja mover por el amor como concepto abstracto, como concepto poético. Se fija en

---

[5] Para una síntesis de la tradición crítica, ver la introducción de la edición de Friedman, 2004, pp. 28-51. Ver también las introducciones a las ediciones de Profeti y Rico.

[6] La alusión es al cap. 31 de *Niebla*.

un objeto «real» —bellísima y dispuesta a estar con él— pero se enamora, tal vez, más del amor que de ella. En el esquema de la obra, y en la mente del caballero, Olmedo tiene tanta importancia como Medina; el pueblo natal llega a tener valor oximorónico, como un lugar ameno para el sufrimiento, para las dulces congojas del amante, que lamenta con cierto deleite la ausencia de la amada. La literalización de la metáfora —del amor que causa la muerte— es el producto de un determinismo literario que poco tiene que ver con la tragedia antigua, pues *el personaje* predomina sobre *la persona*, la poesía sobre la historiografía, el espejismo sobre el espejo. La base poética de la obra y el carácter poético del protagonista producen un desequilibrio entre la visión cómica y artística y el suplemento trágico de *El caballero de Olmedo*.

El castigo sin venganza contiene un intertexto extenso: la mitología griega, el teatro clásico, la Biblia, la *novella* italiana y el neoclasicismo dramático del siglo XVI, entre otras bases. Lope denomina a la obra «tragedia», al estilo español. En una variación del mito, Fedra, la mujer de Teseo, se enamora de Hipólito, hijo de Teseo e Hipólita, reina de las amazonas. Desesperada por el amor no correspondido, Fedra se suicida, dejando una carta en la que acusa a Hipólito de haberla violado. Teseo se venga del supuesto crimen, fomentando la muerte de su hijo. En el *Hipólito* de Eurípides, la trama sigue el argumento mítico, pero los personajes principales —Teseo, Fedra e Hipólito— son peones de los caprichos de los dioses, que controlan la acción de la obra y las reacciones de las figuras dramáticas. Hipólito rechaza a Afrodita en favor de Artemisa, diosa de la caza y de la castidad. Afrodita hace que Fedra se enamore de Hipólito. Fedra agoniza sobre la situación, luchando contra el poder del deseo para preservar su honra, su buena fama. Cuando se hace público tanto su amor como el desapego de Hipólito, Fedra se ahorca. Teseo descubre el cadáver de su esposa, al lado del cual se halla una carta que culpa a Hipólito. Creyendo que su hijo la ha violado, Teseo pide la ayuda de Poseidón para castigarle, y el dios del mar hace que un toro espante a los caballos de Hipólito, arrastrándole al joven por unas rocas y dejándole moribundo. En este momento crítico, Artemisa informa a Teseo de la inocencia de su hijo. Antes de morir, Hipólito absuelve a su padre. En la *Fedra* de Séneca, Hipólito se dedica a Diana, y Fedra, apasionadamente enamorada, se viste de cazadora para atraerle, pero el joven se resiste. Cuando Teseo vuelve, ve que los habitantes de la casa están de luto, y le informan que Fedra está a punto de morir. Ésta alude a un crimen cometido contra ella, pero dice que prefiere morir sin revelar al agente del agravio. Una acompañante de Fedra le muestra a Teseo la espada que ha dejado Hipólito, y el padre presupone la culpabilidad de su hijo. Pidiendo la ayuda de Neptuno, quien manda al toro a atacar a los caballos de Hipólito, Teseo se contenta con la venganza —la muerte despiadada del violador— hasta que Fedra le confiesa que Hipólito ha sido inocente. Arrepentido, Teseo sepulta a su hijo en tierra sagrada, algo que le niega a su esposa, que se ha suicidado después de haber confesado.

La ausencia de Afrodita / Venus, Artemisa / Diana y Poseidón / Neptuno en *El castigo sin venganza* es significativa, como lo es la eliminación de cualquier marco teológico o espiritual. La obra de Lope, basada en una *novella* de Mateo Bandello, no sólo prescinde de la intervención de las deidades grecorromanas y del coro, sino que se restringe a un determinado ámbito geográfico —el de la Italia renacentista— y una determinada sensibilidad socio-histórica —la de la España de los Habsburgo. Dicha transferencia va a afectar, lógicamente, los parámetros conceptuales, ideológicos y retóricos del texto: el determinismo, la ironía y las interrelaciones entre los personajes, al igual que la potencialidad trágica de la obra. *El castigo sin venganza* podría definirse como una reinscripción de la tragedia clásica, con nuevos ejes dramáticos y con un nuevo enfoque psicológico. Lope logra una síntesis de tres tradiciones literarias, y de otras suplementarias: la tragedia de la antigüedad clásica, la *novella* italiana y su propia «comedia nueva». El elemento determinante del desenlace ofrece un sustituto del tema del orgullo, o *hybris* clásico: la honra. Irónicamente, el orgullo llega a ser un factor de gran importancia dentro del esquema dramático, íntimamente relacionado al pundonor. La obsesión por la honra forma parte de la subjetividad del individuo —parte de su auto-imagen— y el orgullo de los protagonistas a veces triunfa sobre la razón. *El castigo sin venganza* es, en efecto, una escenificación de una competencia implícita entre la tragedia y la tragicomedia lopesca. La honra, a un nivel social e individual, dirige las acciones de los personajes, mezclando así el protocolo y el orgullo, la convención y la estima. Como en el caso de *El caballero de Olmedo*, el tropo principal es la ironía, menos circunstancial que lingüística o semántica. Si en *La*

Numancia Cervantes mantiene un equilibrio entre los eventos y el discurso poético (complementando la ironía de la situación con un lenguaje irónico a base de la antítesis) Lope da prioridad a la fuerza de la poesía, que también sirve de fuerza coral, metapoética y metateatral.

La trama de *El castigo sin venganza* es relativamente sencilla: después de una vida de libertinaje, el duque de Ferrara accede a la petición de sus súbditos de casarse con la finalidad de concebir un heredero legítimo. Se arregla un matrimonio con la noble y bella Casandra, y el duque manda a Federico, su hijo natural (y a quien ha criado con un verdadero afecto paterno), a Mantua para recoger a la novia. Federico y Casandra se enamoran, mientras que el duque menosprecia a su esposa y vuelve a las actividades licenciosas del pasado. Convocado a Roma por el Papa, el duque deja solos a Federico y Casandra. A su regreso, se entera de la traición de ellos, e inventa un plan para que los adúlteros mueran sin que se publique la deshonra del marido. El duque insiste en la validez del castigo, motivado por las leyes de la honra y no por la venganza, e insiste también en el gran dolor que le causa la pérdida de su hijo.

En cierto sentido, *El castigo sin venganza* es un metacomentario: sobre la relación entre tragedia y tragicomedia, sobre la composición de una obra dramática, sobre las leyes de la honra, sobre el decoro en la vida y en el arte, sobre los gustos del público y, más que nada quizás, sobre lo que pudiera llamarse el poder transferencial de la ironía. Hay cierta incongruencia en el tono, en la organización o *dispositio*, en la caracterización y en la justificación de la decisión final, y fatal, pero la deslumbrante incorporación de la ironía logra unificarlo todo.

Si fuéramos a seguir el desarrollo de la obra, veríamos, para comenzar, una presentación de las burlas del duque, disfrazado, contra las mujeres. Reina un aire cínico y desapasionado, con referencias a la infidelidad de los hombres y de las mujeres. Junto con la exposición, Lope incluye una discusión de la poesía, llamando la atención del público al acto creador y elucidando la combinación de simpatía y distancia, elaborada en el diseño dramático. El duque indica que quisiera reformarse, pero se nota la diferencia —el trecho— entre el dicho y el hecho. En el diálogo del duque con sus criados Ricardo y Febo, se menciona el teatro como espejo de la vida y como mezcla de lo cómico con lo serio o trágico. Lope inscribe en el discurso alusiones a la fortuna, a los celos, a la venganza y a la melancolía, prefigurando las complicaciones por venir, con los comentarios del gracioso Batín, quien actúa como contrapunto burlesco. Una faceta crítica de la ironía tiene que ver con la dualidad entre Casandra y Federico, madrastra e hijastro y amantes secretos (pero no muy secretos). Federico no está muy dispuesto a recoger a la novia y muy poco dispuesto a sacrificar, o compartir por lo menos, las atenciones de su padre. Batín, entre otros, intenta convencerle de que podría llegar a enamorarse de Casandra. El diálogo está repleto de ironías de este tipo, equiparando y reconciliando la acción dramática y la autorreferencia.

En el acto segundo, Casandra reacciona al descuido del duque. Se niega a aceptar el maltrato, amenazando con vengarse. Condena al marido por haberla olvidado y al amante por sus lágrimas poco viriles, haciendo notar que un hombre sólo debería llorar por la pérdida de la honra. En el soliloquio y en el diálogo con su compatriota el marqués, Casandra repite las alusiones a la imaginación, a la venganza y a la honra. En el diálogo entre Casandra y Federico con que termina el acto, prevalece el tema de la muerte, que invariablemente acompaña al del amor. El tema de la religión sólo se observa de forma negativa, mediante la herejía del amor, en la que se adora y se exalta al ídolo humano.

En la primera escena del acto tercero, Aurora —la sobrina del duque, enamorada de Federico— le informa al marqués de lo que ha presenciado en la corte: una pasión flagrante y desenfrenada, digna de las bestias. El marqués admite que tal agravio sólo se limpia con sangre. El duque vuelve después de cuatro meses de ausencia, triunfante, y se declara un hombre cambiado, humilde, ya orientado hacia la buena fama, hacia la virtud. No cesa de hablar de su radical reformación. En un diálogo cargado de dobles intenciones, Batín le comunica que «No se ha visto, que yo sepa, / tan pacífica madrastra / con su alnado [...]» (vv. 2416-18, p. 227)[7]. Revisando su correspondencia, el duque descubre una misiva anónima que denuncia a los amantes, y el duque, fuera de sí, enumera una lista de traiciones bíblicas y grita que «De las iras soberanas / debe de ser permisión» (vv. 2506-07, p. 231). Decide observar por su cuenta a la pareja, pero sabe de antemano lo que va a transpirar, y empieza a trazar un plan y una racionalización:

[7] Las citas de El castigo sin venganza se refieren a la edición de Carreño, 1998.

«Castigarle no es vengarme, / ni se venga el que castiga, / ni esto a información me obliga; / que mal que el honor estraga, / no es menester que se haga, / porque basta que se diga» (vv. 2546-51, pp. 232-33). Federico todavía conserva la fe en la comprensión y en la bondad de su padre. Casandra no puede aceptar la posibilidad de que el conde se case con Aurora; prefiere arriesgarlo todo por el amor, y llama «cobarde mal nacido» a Federico. El duque ha oído lo suficiente para poner en marcha el castigo, que para preservar la honra tiene que llevarse a cabo sin que la gente note el agravio. El duque logra que Federico mate a Casandra sin saberlo y que maten al conde por haberla asesinado al enterarse de que estaba embarazada.

En la tragedia clásica, los personajes son víctimas de un destino cruel, sin opciones de redimirse. La tragedia pone de manifiesto un proceso de desengaño, una deconstrucción, por decirlo así, del mito de la agencia individual y de la ilusión del control. En *El castigo sin venganza*, el duque culpa directamente a Federico y a Casandra, concediendo, de paso, sus propios errores. Sus alusiones al rey David no sólo captan su egoísmo sino que ubican a la obra en un ambiente judeo-cristiano —un ambiente bíblico— de pecados y retribuciones. El plan del duque refleja en el protocolo social de la época —y de la visión artística de Lope— un programa de soluciones calculadamente secretas. (Se podría mencionar aquí que en la *novella* de Bandello en la que se basa *El castigo sin venganza*, el duque expone a los amantes al escarmiento público[8]). Las alusiones al orden celestial alejan las consecuencias del asesinato del universo de la tragedia antigua. Lope pone la obra bajo la rúbrica de «tragedia», pero los personajes discuten la «tragicomedia» del *Arte nuevo*. El lenguaje en sí llega a ser un instrumento de la ironía, exponiendo el arte —el artificio— detrás de la composición e interrumpiendo la fluidez dramática, la base realista de la relación afectiva entre la obra y el espectador. Este tipo de ingenio sirve mejor al arte —y a la tragicomedia— que a la tragedia. La intervención de Batín, por ejemplo, funciona muy bien dentro de las

---

[8] Ver Ricapito y la introducción de Carreño, 1998. Entre los muchos valiosos estudios de la obra, se puede señalar los de de Armas, 1997; Dixon y Torres, 1994; Edwards, 1981; Evans, 1979; McCrary, 1978; McKendrick, 1983 y 2000; Petro, 2003; Stroud, 1994; Ter Horst, 2002 y Thompson, 1981. Ver también Larson, 1977; Yarbro-Bejarano, 1994 y Zuckerman Ingber, 1984.

normas de la «comedia nueva», que permite el alivio cómico. Se puede decir que en *El castigo sin venganza* la autorreferencia literaria, el metateatro y, más claramente, la tragicomedia compiten con la visión trágica, con el intertexto trágico. El elemento dominante en esta obra, como en tantas comedias, es la honra, que influye en el desarrollo de la acción y en el desenlace. La superposición de la fórmula tragicómica sobre la base trágica conduce a una inconsistencia temática, más evidente en la conducta y en la caracterización del duque. La re-escritura de la tragedia reduce la autoridad, del universo de los dioses paganos a la sociedad —y a las instituciones— de los seres humanos. Lope redime la obra —hay que decirlo así, irónicamente— con una variación del tema de la ironía.

Según mi opinión, la «tacha» más grave de *El castigo sin venganza* es la transformación «invisible» —o *ex machina*— del duque de Ferrara. De principio a fin, Lope presenta al duque como la personificación del vicio. Se burla tanto de mujeres como de hombres. Tiene poco sentido de responsabilidad. Fuerza a Federico a buscar a Casandra, y, después de las bodas, la maltrata. No se fija en el peligro de dejar solos a los dos cuando tiene que ausentarse. Al volver de Roma, el duque se proclama un hombre diferente, un hombre respetuoso, sumiso, listo para servir a su esposa, y el público tiene que aceptar su palabra, pues no se le presenta una muestra de esta evolución moral. En lugar de agonizar, el duque reflexiona sobre un plan que borre la mancha sobre su honra. Sus palabras finales, dirigidas al marqués —ya efectuado el castigo— no se basan en la realidad de la traición sino en la mentira que él mismo ha fabricado: «No es tomarla [la venganza] / el castigar la justicia. / Llanto sobra, y valor falta; / pagó la maldad que hizo / por heredarme» (vv. 3013-17, p. 254). Más que una víctima del hado, el duque es el responsable de su situación trágica. Su profesada metamorfosis llega tarde, demasiado tarde para que se pudiera modificar el desenlace. En contraste, Federico y Casandra se adhieren más cómodamente al modelo trágico. El conde es un hombre de conciencia, inspirado por la obligación familiar y por el amor. Estima a su padre, pero el amor filial no esconde el resentimiento. Quiere profundamente a Casandra, pero le acoge la sombra de la rectitud. Se encuentra en medio de una batalla entre la voluntad de su padre y la de su amante. Él quisiera esconder la intriga amorosa; ella se lo niega. Para ella, Federico es un objeto de amor y un objeto de venganza. Si él sufre de un sentimiento de culpabilidad, ella, en cambio, se siente justificada en pagar el desdén de su marido con el adulterio. Ella es la menos cautelosa —la menos discreta— de los protagonistas, y la más ciega para percibir la tragedia inminente. A ella le atrapa un temperamento inflexible, una temeridad irracional, de la misma forma que a Federico le atrapa la indecisión. Desde esta perspectiva, los dos pertenecen al mundo de la tragedia clásica. El duque, obsesionado por la honra, pertenece al mundo de la comedia nueva. En este desequilibrio, se exhibe la rivalidad entre la tragedia y la tragicomedia aparente en el experimento dramático de Lope. La obra no produce una catarsis, y con la restauración del orden se halla un duque —un hombre bueno sólo al final, según sus propios criterios— sin herederos, sin trascendencia, y con una marcada complicidad en los eventos dañinos. Sería difícil que tal personaje tuviera la empatía del público. El duque posee autoridad —un control sobre el sino de los demás— que le separa de los protagonistas de la tragedia antigua. Su explicación del «castigo sin venganza» depende de matices que la estratagema fría que él ha escogido parece contradecir. Su mujer y su hijo le han traicionado, y las leyes del pundonor le proporcionan los medios de castigarles y de vengarse en un acto cruel y engañoso.

Las alusiones a la poesía y al teatro en *El castigo sin venganza* son signos, tal vez metonimias, de la brillantez retórica de la obra. Los tres personajes centrales, junto con Aurora y Batín, revelan una capacidad verbal extraordinaria, con voces e idiolectos distintivos. El discurso irónico complementa y, a veces, subordina la trama y las dimensiones trágicas del texto. Lope no deja de lado las convenciones de la «comedia nueva» al buscar la inevitabilidad trágica, y las tensiones emocionales crean un paralelo de las tensiones estructurales. Lo uniforme o consistente de este sistema comprensivo de *El castigo sin venganza* se encuentra en una nueva manifestación de la *ironía*, que realiza con palabras lo que hacían los trágicos de la antigüedad clásica —expertos también en la retórica, desde luego— con los juegos del destino. «El bien más alto» en este caso no consistiría en una identificación con el cielo sino con una fe en la divinidad de la creación poética.

BIBLIOGRAFÍA

CERVANTES, M. de, *La Numancia*, ed. R. Marrast, Madrid, Cátedra, 1984.

CULLER, J., *On Deconstruction*, Ithaca, New York, Cornell University Press, 1982.

DE ARMAS, F. A., «The Silences of Myth: (Con)fusing Eróstrato/Erasístrato in Lope's *El castigo sin venganza*», *Hispanic Studies in Honor of Frank P. Casa*, ed. A. R. Lauer y H. W. Sullivan, New York, Peter Lang, 1997, pp. 65-75.

DIXON, V., e I. TORRES, «La madrastra enamorada: ¿Una tragedia de Séneca refundida por Lope de Vega?», *Revista Canadiense de Estudios Hispánicos*, 19, 1, 1994, pp. 39-60.

EDWARDS, G., «Lope and Calderón: The Tragic Pattern in *El castigo sin venganza*», *Bulletin of the Comediantes*, 33, 2, 1981, pp. 107-20.

EVANS, P. W., «Character and Context in *El castigo sin venganza*», *Modern Language Review*, 74, 1979, pp. 321-34.

FRIEDMAN, E. H., *The Unifying Concept: Approaches to Cervantes's Comedias*, York, South Carolina, Spanish Literature Publications, 1981.

EURIPIDES, *Hippolytos*, trad, R. Bagg, NewYork, Oxford University Press, 1992.

LARSON, D. R., *The Honor Plays of Lope de Vega*, Cambridge, Massachusetts, Harvard, University Press, 1977.

LEITCH, V., *Deconstructive Criticism*, NewYork, Columbia University Press, 1983.

McCRARY, W. M., «The Duke and the Comedia: Drama and Imitation in Lope's *El castigo sin venganza*», *Journal of Hispanic Philology*, 2, 1978, pp. 203-22.

McKENDRICK, M., «Anticipating Brecht: Alienation and Agency in Calderón's Wife-Murder Plays», *Bulletin of Hispanic Studies*, 71, 1, 2000, pp. 217-36.

— «Language and Silence in *El castigo sin venganza*», *Bulletin of the Comediantes*, 35, 1, 1983, pp. 79-95.

MAESTRO, J. G., *La escena imaginaria: poética del teatro de Miguel de Cervantes*, Madrid/Frankfurt, Iberoamericana/Vervuert, 2000.

PETRO, A., «El chivo expiatorio sustitutorio: *El castigo sin venganza*», *Bulletin of the Comediantes*, 55, 1, 2003, pp. 23-46.

SENECA, L. A., *Phaedra*, ed. y trad. A. J. Boyle, Wolfeboro, New Hampshire, F. Cairnes,1987.

STROUD, M. D. «Rivalry and Violence in Lope's *El castigo sin venganza*», *The Golden Age Comedia: Text, Theory, and Performance*, ed. C. Ganelin y H. Mancing, West Lafayette, Indiana, Purdue University Press, 1994, pp. 37-47.

TER HORST, R., «"Error pintado": The Oedipal Emblematics of Lope de Vega's *El castigo sin venganza*», *«Never-ending Adventure»: Studies in Medieval and Early Modern Spanish Literature in Honor of Peter N. Dunn*, ed. E. H.

Friedman and H. Sturm, Newark, Delaware, Juan de la Cuesta, 2002, pp. 279-308.

THOMPSON, C. K., «Unstable Irony in Lope de Vega's *El castigo sin venganza*», *Studies in Philology*, 78, 3, 1981, pp. 224-240.

UNAMUNO, M. de, *Niebla*, ed. M. J. Valdés, Madrid, Cátedra, 1982.

VEGA, L. de, *El caballero de Olmedo*, ed. E. Friedman, Newark, Delaware, Juan de la Cuesta, 2004.

— *El caballero de Olmedo*, ed. F. Rico, Madrid, Cátedra, 2000.

— *El castigo sin venganza*, ed. A. Carreño, Madrid, Cátedra, 1998.

— *Fuenteovejuna, El caballero de Olmedo*, ed. Maria G. Profeti, Madrid, Biblioteca Nueva, 2002.

YARBRO-BEJARANO, Y., *Feminism and the Honor Plays of Lope de Vega*, West Lafayette, Indiana, Purdue University Press, 1994.

ZUCKERMAN-INGBER, A., *«El bien más alto»: A Reconsideration of Lope de Vega's Honor Plays*, Gainesville, University Presses of Florida, 1984.

ADONIS Y VENUS: HACIA LA TRAGEDIA
EN TIZIANO Y LOPE DE VEGA

Frederick A. de Armas
University of Chicago

A través de sus obras, Lope de Vega alude con inesperada frecuencia a las pinturas de Tiziano[1]. Esta preferencia alusiva refleja el hecho de que en tres palacios españoles de tiempos de Felipe II —el Alcázar de Madrid, el monasterio de El Escorial y el palacio campestre de El Pardo— se produjo, según Fernando Checa, «la mayor concentración de pintura veneciana en Europa (con la sola excepción de Venecia)» (Checa, p. 27). Esta colección sigue exhibiéndose durante la época de Felipe III y Felipe IV[2]. Entre los muchos lienzos de Tiziano, se encontraba un grupo de pinturas mitológicas destinadas al camerino erótico de Felipe II[3].

---

[1] Hay por lo menos catorce referencias a Tiziano en la obra de Lope. Y el pintor hasta aparece en una de sus comedias, *La Santa Liga*. Ver a De Armas, «Lope de Vega and Titian».

[2] Algunas de estas pinturas pasaron a Inglaterra después del viaje del príncipe de Gales a España en 1623.

[3] Explica Pedrocco que: «But it seems that Philip's *camerino*, the reconstruction of which has been much discussed, was never realized, since when they arrived in Spain the canvases were placed in different locations, to be brought together only early in

No debe sorprendernos la utilización de estas pinturas por parte de Lope. Desde la antigüedad clásica, la poesía y el teatro eran frecuentemente comparables a la pintura. El Renacimiento italiano continuó esta práctica[4]. Para mí, la pintura adquiere diversas funciones en la obra de Lope: (1) añade decorado y colorido a la escena; (2) es elemento mnemónico, pues la buena pintura era reconocida en los tratados sobre la memoria como lo más fácil de recordar[5]; (3) infunde cierto erotismo, pues recuerda al espectador una serie de desnudos en posiciones evocativas; (4) cuestiona este mismo erotismo al fundirse con teofanías, alegorías e ideales platonizantes; (5) añade complejidad a motivos importantes de la obra; (6) establece un *paragone* entre las diferentes artes; y lo más importante para este ensayo, (7) apunta a un nuevo modelo de lo que podría constituir una tragedia.

Para mí, el primer y más importante lienzo de Tiziano utilizado por Lope como parte de su trayectoria hacia la tragedia es *Venus y Adonis*. Pero, para llegar a una visión trágica, Lope tiene que, poco a poco, profundizar su interpretación del cuadro. *La viuda valenciana* (1595-1599) representa una primera visión del lienzo. Aquí, uno de los galanes se disfraza de mercader de estampas y le muestra a Leonarda un grabado del *Adonis* de Tiziano para así incrementar su deseo eró-

---

the seventeenth century» (p. 222). Aunque el camerino no se estableció durante su reinado, Felipe recibió una serie de pinturas mitológicas: la primera fue *Danae* (1552-53); a ésta le siguió *Venus y Adonis* (1554). Aunque se anuncia el envío de *Medea y Jasón* y de *Perseo y Andrómeda*, la primera nunca parece llegarle (Panofsky, p. 154; Pedrocco, p. 222). Luego recibe Felipe otras dos pinturas: *Diana y Acteon* y *Diana y Calisto* (pintadas entre 1556 y 1559). Otro lienzo que nunca se pinta o que nunca le llega al rey es *La muerte de Acteón* (Pedrocco, p. 256). *El rapto de Europa* de 1562 es la última obra de esta serie mitológica dedicada a Felipe II. Tenemos así seis pinturas en la serie, y dos o no pintadas o perdidas. Los sujetos de estas mitologías provenían en su mayoría de las *Metamorfosis* de Ovidio (Panofsky, p. 139). Es muy posible que Tiziano haya utilizado la traducción de Lodovico Dolce, dedicada a Carlos V y publicada en 1553 (Puttfarken, pp. 141-42). Al contrario de la famosa traducción española de Jorge de Bustamante, ésta no incluye explicaciones moralizantes de los mitos.

    [4] Ambos, Platón y Aristóteles, utilizan analogías entre poesía (teatro) y pintura. El Renacimiento continúa esta práctica. Para Giangiorgio Trissino la poesía imitaba acciones humanas a través de palabras y rimas así como el pintor usaba *disegno* y color; para Ludovico Dolce, las palabras y los versos son para el poeta como los pinceles y pigmentos utilizados por el pintor (Weinberg p. 370, p. 127).

    [5] Ver mi estudio sobre Cervantes y Della Porta. Éste recomienda las pinturas de Rafael, Miguel Ángel y Tiziano para crear una memoria artificial.

tico. La pintura entonces se exhibe en clave de libertad amorosa pagana y así subraya los móviles de la comedia de capa y espada. Pero, cuando Lope retoma el lienzo de Tiziano, resalta sus tintes más oscuros y trágicos. En *La quinta de Florencia* (1598-1603) parece como si la tragedia fuese a triunfar, pues la violencia de la pasión es tal que el mundo clásico pierde su poder seductor, cediendo espacio a la violencia y la honra.

Pero es la tercera interpretación del lienzo la que más me interesa, ya que el drama mitológico *Adonis y* Venus (1597-1603)[6] puede que sea la primera obra que Lope denomina tragedia[7]. Lope de Vega se basa en el libro décimo de las *Metamorfosis* de Ovidio, intercalando los trágicos amores de Atalanta e Hipomenes, y apuntando al incesto como motivo del nacimiento de Adonis. Pero, una primera revisión de esta obra revela que la obra teatral parece diluir el registro fatídico del poeta romano. La crítica es casi unánime en proclamar que esta obra no es una tragedia, ni aún una tragedia a la española como la definiría Lope más adelante en *El castigo sin venganza*[8]. La crítica apun-

---

[6] Sobre esta comedia y sus elementos icónicos ver el ensayo de Debra Ames y mis ensayos: «Lope de Vega and Michelangelo» y «Tantalizing Titians».

[7] Poseemos nueve comedias de Lope que pueden calificarse de mitológicas: *Adonis y Venus, Las mujeres sin hombres, El Perseo, El premio de la hermosura, El laberinto de Creta, El vellocino de oro, El marido más firme, La bella Aurora* y *El amor enamorado*. Juan Antonio Martinez Berbel ha estudiado siete de estas que considera de inspiración ovidiana. Por lo cual, deja fuera *Las mujeres sin hombres* y *El premio de la hermosura*. Jorge Abril-Sánchez, en su tesis de maestría, estudia ocho de las comedias mitológicas de Lope desde el punto de vista del honor, dividiéndolas en cuatro comedias cortesanas y cuatro de corral. Aquí no se incluye *El premio de la hermosura*. También hay pocas obras que Lope llama tragedias. He encontrado solamente doce o trece (y algunas adquieren la doble rúbrica de tragedia y tragicomedia): *Adonis y Venus, Las almenas de Toro, La bella Aurora, El caballero de Olmedo, El castigo sin venganza, La desdichada Estefanía, El duque de Viseo, El hamete de Toledo, El marido más firme, El mayordomo de la duquesa de Amalfi, Roma abrasada* y *La tragedia del rey Don Sebastián*. Notemos que tres de sus comedias mitológicas llevan el rótulo de tragedias.

[8] En su última tragedia ya Lope claramente explica: «que está escrita al estilo español, no por la antigüedad griega y la severidad latina; huyendo de las sombras, nuncios y coros, porque el gusto puede mudar los preceptos» (Lope, *Castigo*, p. 261). Y en el clásico estudio de Morby, éste, a través de un estudio textual, llega al concepto de la tragedia de Lope: «a play based on history or mythology, with exalted actors, noble in style and ending in death» (p. 199). Entre esta docena de tragedias, Morby califica a *Adonis y Venus* y varias otras como «pure love tragedies» (p. 199). Historiadores

ta que Lope añade elementos festivos, cómicos y pastoriles, incluyendo los lamentos amorosos de pastores, la presencia de rústicos graciosos, y hasta el inocente juego de varios niños en los campos de Arcadia. ¿Por que, entonces, identificar este «divertimento» (para usar el término de Giuseppe Grilli) como tragedia?

En un estudio reciente, Thomas Puttfarken ha demostrado que la mayoría de los lienzos de Tiziano consignados a lo que se denominaba el camerino erótico de Felipe II, eran en realidad escenas trágicas. El pintor veneciano usaba la técnica de esconder lo trágico a través de lo erótico. Yo diría que Lope, siguiendo al pintor, esconde y desplaza la tragedia para recalcar la pasión amorosa. Claro que al esconder lo trágico ambos, pintor y poeta, acrecientan la perplejidad y curiosidad del espectador. Lope utiliza además ciertos motivos y técnicas del pintor veneciano para delinear su obra teatral y para refinar su visión de este experimento en lo que podría ser una nueva tragedia española. Y justo el título de la tragedia lopesca llevaría al espectador a recordar no sólo a Ovidio sino también el lienzo de Tiziano, tan famoso en la España aurisecular. Pero, en vez de exhibir la pintura en escena y usar una descripción o écfrasis de ésta, como ya había hecho en *La viuda valenciana* y *La quinta de Florencia*, Lope va a desplazar toda posible conexión con la pintura hasta el tercer acto y ni mencionarla allí, sino utilizar una écfrasis dramática donde pone en juego las acciones de los caracteres en la pintura[9]. Una vez que la clave mnemónica se descubre, el lector o espectador puede recorrer la obra de teatro a través del arte y dilucidar otros momentos donde la memoria pictórica puede intuirse en el texto. Recordemos que para la época, una de las claves del arte de la memoria era la construcción de un edificio mnemónico en el que cada pintura recuerda y realza un tópico o tema. Es este museo mnemónico el que produce tantos cambios de tono y de acción en la tragedia de Lope, cambios que subrayan que la variedad es un reflejo del arte nuevo de Lope.

---

del arte, aunque tratan en extenso los elementos eróticos, formales y simbólicos del pintor veneciano, tampoco se detienen en los aspectos trágicos de muchas de sus «poesías» mitológicas —algo que ha corregido Thomas Puttarken en su nuevo estudio de Tiziano.

[9] Para una descripción de los diferentes tipos de écfrasis, ver De Armas, 2006, pp. 9-13.

Al pensar en el gran museo de obras de Tiziano en España, el lector o espectador podría recordar la importancia del paisaje y de la diversidad de personajes en su pintura mitológica. En *Venus y* Adonis, nos encontramos en un típico prado con bosque cercano, lugar de idilio. Es motivo fundamental de lo pastoril que la muerte trágica pueda existir en un mundo arcádico, y así lo intuyen Tiziano y Lope. Lope amplía los espacios de la pintura, creando galanes rústicos y pastores amantes. Este cambio se basa en éste y otros lienzos de Tiziano, quien, en obras tales como *El concierto campestre* y *Amor sacro y profano*, incluye pastores con sus ovejas como parte de un escenario pleno de armonías platónicas y seres divinos.

Estas armonías nos llevan a otra característica importante que hace eco de la pintura —el ya mencionado tono de la obra. Aunque Joan Oleza afirma que en la obra de Lope tenemos el «desmontaje contrarreformista de la mitología» (p. 153)[10], para mí Lope junta el lienzo adónico de Tiziano, donde la amenaza de Marte y Apolo se esconden pero prevalecen, con otras de sus pinturas para preservar el poder del pasado mítico[11]. Si Venus, Adonis, Apolo y Cupido se humanizan en la obra teatral, Camila y los pastores que rondan los templos de la Arcadia se rodean de teofanías, donde el eros juguetón y el hado fatídico se entremezclan para crear un nuevo género, una nueva manera de concebir la tragedia. Y esta manera ya se encuentra en el lienzo veneciano donde Cupido juguetón duerme la siesta aunque sus amenazantes flechas cuelgan de un árbol. A pesar del ambiente pastoril y paradisíaco comprendemos que se elabora un amor trágico, que

---

[10] Podríamos añadir que al final de la obra la noción de Venus que va a hacerse monja (Vestal) es algo risible para una diosa. Pero creo que aquí Lope se está mofando de obras en las que la mujer pasa al convento (Inés en *El caballero de Olmedo*).

[11] Para Oleza tenemos tres acciones principales: la de los pastores, la de Hipómenes y Atalanta y la de Venus y Adonis. Para este crítico, la historia de los pastores es «puro marco» (p. 151), y las tres muestran una estructura «inorgánica» (p. 151). Para Michael McGaha, esta fusión de dioses y pastores recuerda dramas pastoriles italianos tales como *La favola di Orfeo* que mezcla mitos de Ovidio y églogas de Virgilio (pp. 73-74). Martínez Berbel rechaza el doble plano mitológico y pastoril propuesto por Grilli. Para él, estos dos elementos no pueden separarse, aunque los personajes pastoriles son siempre secundarios (p. 123). Añade que Lope utiliza el marco pastoril ya que: «Las obras pastoriles tienen en el momento de su elaboración el favor de palacio, como moda importada principalmente de Italia» (p. 125).

sí va a haber muerte[12]. Este choque de tonos puede relacionarse con el *chiaroscuro* de la pintura de Tiziano. En *Il Bravo* como en *Adonis y Venus* la oscuridad pinta la violencia.

Y todo esto se recubre de la maravilla que se manifiesta al entrecruzarse una serie de fronteras: lo humano y lo divino, el capricho y el hado, la vida y la muerte, el *paragone* entre las artes[13]. Este *paragone* recuerda la opulencia de los Habsburgos, coleccionistas de pinturas venecianas en arquitecturas palaciegas. Un lector o espectador atento podría sonsacar de las alusiones mitológicas de Lope toda una serie de écfrasis alusivas, que recuerdan los cuadros que maravillan en el camerino erótico de los Habsburgos españoles y en la Sala de las Furias, integrando así espacios mitológicos e históricos, junto con los pictóricos y literarios. Este mapa mnemónico que Lope trata de establecer en su obra era algo común en la época. William E. Engel nos recuerda como muchos de grabados de las *Metamorfosis* de Ovidio, tales como los de la traducción de Sandys en 1640, con sus muchas imágenes, son «"road maps" linking key episodes so one could find his way and later recall key "places"» (p. 55). Lope transforma el mapa del libro décimo de las *Metamorfosis*, convirtiendo la muerte de Jacinto, el rapto de Ganímedes y la transformación de Cipariso en momentos arcádicos y no trágicos[14]. Al mismo tiempo que Lope socava las transformaciones trágicas ovidianas, introduce un nuevo mapa fatídico basado en Tiziano.

Para recalcar que su teatro mnemónico tiene como base a los Habsburgos, mecenas de Tiziano, Lope realza la presencia de Apolo/sol en su obra. No se trata aquí solamente de recordar la extraña presen-

---

[12] Aunque no todos los críticos están de acuerdo sobre la función del hado, notan que es un aspecto clave para comprender la obra. Denise M. DiPuccio afirma que: «Destiny and free will exert opposing but equal power on the characters» (p. 58).

[13] En su estudio de las mitologías de Tiziano como tragedias, Thomas Puttfarken explica que la maravilla «is not nowadays a central term in discussions of tragedy» (2005, p. 156) pero ya estaba presente en Aristóteles y era algo muy discutido en tratados sobre la tragedia en el Renacimiento.

[14] En el Segundo Acto, Cupido juega con tres otros niños en los jardines de Chipre. Dos de ellos provienen del libro décimo de las *Metamorfosis*: Jacinto, amado de Apolo, que morirá trágicamente y será transformado en flor; y Ganímedes que será raptado por Júpiter. Lope cambia al tercero. En vez de Cipariso, otro amado de Apolo que es transformado en ciprés, Lope incluye a un joven Narciso (vv. 317-21).

cia planetaria en la pintura de Tiziano, sino toda la simbología solar
de los Habsburgos, quienes se enaltecían retratándose como luminaria. Recordemos que el astrólogo oficial de Felipe II declaró que el
signo zodiacal del rey era el domicilio del sol, incrementando así la
influencia solar de este rey apolónico[15]. Felipe se representaba también
como un nuevo Apolo conduciendo su carro de conquista en un imperio donde no se pone el sol (Tanner, p. 240)[16]. Adonis, en la pintura de Tiziano, se decía ser retrato del joven príncipe Felipe[17]. Así, Adonis
puede muy bien representar la línea dinástica, donde cada monarca
muere para que pueda renacer un nuevo orden arcádico y primaveral. Si la obra fue escrita al comienzo del reinado de Felipe III, puede alabar la continuidad del reino, la permanencia del mundo primaveral a pesar de la muerte. Pero, ¿por qué entonces se muestra Apolo
celoso con Adonis? Aunque las claves políticas son algo difusas, las trágicas, aunque se escondan, retoman su poder.

Pero recordemos que la obra no había comenzado ni con dioses
ni con alegorías imperiales, sino con pastores. Aún así, la entrada de
Camila al templo de Diana no funciona sólo como signo de la pastoril y referencia a Montemayor, sino como elemento arquitectónico
que, a través de una écfrasis alusiva, ya muestra la importancia de las
artes visuales en la comedia y eleva el campo a sitio divino adecuado
a la tragedia[18]. Junto a la arquitectura del templo, tenemos la detalla-

---

[15] «A very elaborate celestial testimony to Philip's solar nature was prepared by
the king's official astrologer, Matthehus Hacus Samurgensis. Philip was born on 21 May,
under the sign of Gemini. Presided over by Apollo, this constellation was traditionally
considered the 'domicile' of the sun» (Tanner, p. 255).

[16] Tras la muerte de Felipe II se afirmó que su hijo, Felipe III, sería el *Futurus
Alter Sol* (Tanner, p. 239).

[17] Según Fernando Checa, cuando Felipe se encontró con Tiziano en Augsburgo
y este hizo su retrato, el príncipe le pidió dos pinturas mitológicas, que Tiziano convirtió en *Danae* y *Venus y Adonis*. Checa ha encontrado prueba de esto en el Archivo
de Simancas. Se dice también que así como el rubio Adonis con algo de bigote y
barba dorada representa a Felipe, Venus representa un amor juvenil del príncipe, Isabela
de Osorio, hermana del marques de Astorga. Estos amoríos ocurrieron después de la
muerte de la primera esposa de Felipe cuando este tenía solo 18 años. Tuvieron dos
hijos, Pedro y Bernardino.

[18] Esto recuerda los silvestres templos y aún palacios que constituyen la arquitectura de la pastoril. Tenemos aquí la juguetona ironía lopesca, pues aunque la pastora Diana no pudo entrar en el palacio de la sabia Felicia, debido a su falta de cons-

da pintura de Camila[19]. Si por un lado el templo y la pintura crean un *paragone* entre las artes con las que compite la palabra, los pinceles de Timbreo también revelan la proximidad entre este mundo pastoril y lo celestial[20]. Camila, aunque está rodeada de otras pastoras, las excede, incorporando una cuaternidad perteneciente al macrocosmos:

> Las cuatro esferas primeras,
> Menandro, en Camila vieras:
> la luna en el pie gentil,
> de donde el florido abril
> sacaba las primaveras;
> la esfera de Venus bella
> era el cuerpo; el dulce hablar,
> Mercurio; el sol en la estrella
> del rostro. (p. 286)

Aunque la luna es la más baja de las esferas, sus efectos son poderosos, pues el pie de Camila genera la primavera. A través de esta pastora, el texto confronta el mito de Adonis y Venus y lo injerta en su ser. Según Pérez de Moya y otros mitógrafos, Adonis representa la primavera que muere a causa del jabalí/invierno y renace cada año. Venus es la tierra que va a renacer con la ayuda del sol[21]. En la obra de Lope Camila comparte con el mito la fuerza primaveral; es también una nueva Venus en el cuerpo, y es el sol a quien Venus necesita. La presencia de Mercurio también puede explicarse dentro de la primave-

tancia en el amor, delito contra la diosa Diana, aquí Camila sí puede entrar, aunque observaremos su mudanza amorosa.

[19] Este retrato, pleno de antítesis, oposiciones y metáforas, le sugiere a Giuseppe Grilli una «descriptio puellae» postausioasmarchiana y postpetrarquesca (p. 131).

[20] Al concepto de *Deus pictor* que había servido para realzar la pintura y transformarla de arte mecánico en arte liberal, se le había añadido el de la *natura naturans*, que, como mayordomo de la deidad, también se recreaba en la creación: «Aprenda a pintar / la naturaleza de ella / si no es arte, que te debe» (p. 286). Pero Lope juega con el concepto. Es la naturaleza la que debe de aprender de su propia creación (o del arte de Timbreo quien pinta con palabras una belleza que parece sobrepasar a la naturaleza).

[21] «Amar Venus mucho a Adonis es porque sin la fuerza y virtud del Sol ninguna cosa sería Venus, porque la tierra sin virtud del Sol, ninguna cosa de sí engendraría. Por el jabalí que hirió a Adonis se entiende el invierno... porque en este tiempo faltan las fuerzas del Sol, dice ser muerto Adonis» (3.6.387).

ra. Aparece, por ejemplo, en el lienzo de Botticelli, para mostrar que fue Mercurio el que le dio nombre de Mayo al mes en que llega la primavera, haciéndolo en honor de su madre Maia. Y claro que al ser Mercurio, engendra el dulce hablar, o sea, las palabras de amor y deseo que se escuchan en la obra de Lope y que son comparables al impacto pictórico de una Venus de Tiziano. Aunque tengamos una acción pastoril y de comedia, Lope sutilmente entreteje el mito trágico en la figura de una pastora con la ayuda de la écfrasis y de la mitología.

No podemos detenernos en todos los aspectos ecfrásticos, cósmicos y paganos de la obra. Recordemos solamente que Apolo, «con su lira y resplandor del sol en la cabeza» (p. 291), es la luminaria celeste y posiblemente referente histórico. Este dios es la entidad profética, quien, de manera enigmática, va a revelar el futuro amoroso de los peregrinos en la obra de Lope. Cinco de los seis pronósticos de Apolo o son difíciles o funestos[22]. Así que el dios aparece como elemento anticipatorio del hado trágico[23]. Una de las profecías más negativas recae sobre Frondoso, quien había tratado de engañar a Apolo. Al decirle que «parecerás lo que eres» (p. 295), anticipa una serie de metamorfosis para este gracioso en traje de rústico. Al menos le anticipa que no lo transformará en ciervo: «... como Anteón / en ciervo convertido, / huyeras de tus perros / por árboles y riscos» (pp. 294-295). Con sigilo y discreción, Lope recuerda otra de las pinturas mitológicas del gabinete erótico ideado por Tiziano, *Diana y Acteón*[24]. Al evo-

---

[22] Hay profecías negativas para Timbreo, Camila, Albania, Frondoso y Atalanta. Sólo Menandro recibe consolación: «Sirve, pretende, espera; todo el amor lo alcanza» (p. 292). En este sentido, vemos a Apolo como verdadero conocedor del corazón de Menandro, quien casará con su verdadera amada Albania.

[23] Es curioso que el único pronóstico positivo lo obtiene Menandro, posiblemente para resaltar este nombre como el de uno de los grandes escritores griegos de comedias, cuya influencia en Plauto y Terencio lo lleva a impactar el teatro del diecisiete. Como explica Enrique García Santo-Tomás en su edición del *Arte nuevo*, Alfonso Sánchez en su *Expostulatio Spongiae* (1618) defiende a Lope con la pregunta: «¿Qué te importa la comedia antigua, puesto que tú solo has dado a nuestro siglo mejores comedias que todas las de Menandro y Aristófanes?» (*Arte nuevo*, p. 75).

[24] No todas las alusiones mitológicas en la comedia se refieren a Tiziano. Lope incluye figuras tales como Orfeo, Marte, Vulcano, Leda, Endimión, Dafne, Plutón, Proserpina, Scila, etc. Ver a Martínez Berbel quien resume las muchas referencias en su estudio (2003, pp. 101-105).

car con la negación este fin funesto, Apolo subraya varios motivos de la tragedia lopesca tales como la importancia de la caza trágica y el ver lo prohibido.

A esto sigue el nuevo propósito de Atalanta de retirarse a los «bosques, prados, selvas, fuentes» y habitar con las «Ninfas de Cintia» (p. 296). Se recuerda así un tercer lienzo mitológico del camerino erótico. Tiziano, en su *Diana y Calisto*, no sólo muestra la convivencia de las ninfas con la diosa, sino que sugiere el castigo aterrador a las que rompe sus leyes. Atalanta junto con Hipómenes sufrirá una transformación en fiera. Adonis también rompe las leyes al rendirse a la pasión de la diosa del amor, diosa que cuenta con esposo y con amantes divinos. Estas claves pictóricas van, poco a poco, creando en el espectador un espacio mnemónico donde el amor prohibido, la transformación y la tragedia se convierten en tópicos recurrentes.

La cuarta de las seis pinturas del camerino de Felipe II aparece como breve écfrasis alusiva cuando Camila conversa con Venus vestida de pastora. Aquí Camila se lamenta de su amor no correspondido y afirma que «Amor, a nadie perdona» (p. 300). Para ejemplificar su dicho, recuerda las pasiones de los dioses y a Júpiter transformado en toro, lo que nos lleva a *El rapto de Europa* de Tiziano. Pero en la obra de Lope no es un dios sino una diosa la que se enamora de un mortal, emprendiendo la ruta trágica de ambos y recordando la pintura de Tiziano. No importa que Venus se lleve a Adonis por los cielos en su carro tirado de palomas. El espectador sabe muy bien que hay celos, que hay Febo y que los cuernos del toro indican que la diosa no solo esta casada sino que engaña al dios de los infiernos con divinos amantes.

El gracioso Frondoso, en el segundo acto, vuelve a recordar a Tiziano. Viendo a Venus pastora la considera divina: «Ariadna serás, serás Andromeda» (p. 325). Tenemos aquí la quinta pintura del gabinete de Felipe II, *Andrómeda y Perseo*, junto con otra muy famosa pintada por Tiziano, lienzos trágicos que anuncian el peligro y la muerte[25]. Este segundo acto sólo incluye estos dos lienzos, ya que su función es sub-

---

[25] Para Puttfarken, *Andrómeda y Perseo* es lienzo que crea terror, compasión, maravilla, y erotismo. La obra revela la peripecia que está por lograrse con la aparición de Perseo, pero también el horror de Andrómeda ante el monstruo: «In the viewing of the whole picture erotic attraction is intermingled with the horror of the mons-

rayar la peripecia, técnica clave de la tragedia, que implica el cambio de dirección en la acción. En el segundo acto tenemos la metamorfosis trágica de Atalanta e Hipomenes en leones; y tenemos el comienzo de la transformación en los amores entre Venus y Adonis, de lo lírico a lo trágico. Tales cambios de acción o peripecias las había representado Tiziano en sus lienzos incluyendo lejos del primer plano lo contrario de lo que se observa —por ejemplo, el rescate de Andrómeda por Perseo y la muerte de Adonis.

Y para recalcar que el hado es causa de la peripecia, Lope representa un emblema de Alciato, cuyo origen está en Teócrito[26]. Cupido, dolido por la abeja que lo ha picado, busca alivio en su madre. Pero Venus compara las flechas de su niño con el aguijón de la abeja. Cupido decide vengarse de ella: «Yo iré a vengarme de vos. / Sabrá Marte y el sol mismo / lo que pasa con Adonis» (p. 324). Venus tendrá así que vivir no sólo con amor sino también con temor. Es su propio hijo, que ahora estructura su tragedia[27]. El hado ha tomado como instrumento el capricho de un niño. Lo encontramos mucho menos airado en la pintura de *Venus y Adonis* de Tiziano. Allí parece inocente,

---

ter, and the sense of fear that she feels for Perseus and, like the beholder, for herself» (p. 169). La segunda pintura a la que nos referimos es *Baco y Ariadna*, pintada para otro camerino.

[26] Esta lírica historia: «Se encuentra en un idilio griego de Teócrito, e incide en el mismo asunto una antigua anacreóntica. Tasso, además de una breve poesía, lo recordó al principio del episodio del Sátiro, donde se parafrasea la respuesta de Venus a su hijo» (Arce, 1973, p. 332). Añade Arce: «En España el tema está ya en Gutierre de Cetina y reaparece en Quevedo, Villegas y Lope, que incluso lo utilizó varias veces en sus comedias» Y, como ha mostrado Joseph Fucilla, el tema también se encuentra en el *Adone* de Giambattista Marino, que posiblemente se basa en Lope (1945, p. 288). Al mismo tiempo, un romance de la época también incluye el tema (Fucilla, 1945, pp. 289-290). Y, como hemos dicho, este Cupido glotón con la abeja es retomado por Alciato en el emblema 113. Lope retoma el cuento, por ejemplo, una obra posterior, *Pobreza no es vileza* (1620-22, publicada en 1625): «Vino de Chipre Cupido / cierto día a Venus bella, / Quejándose que le había / picado el dedo una abeja, / y respondióle la diosa: / "La queja excusar pudieras, / pues que tan pequeña picas / almas que abrazas y hielas"» (p. 1339a).

[27] Lo irónico es que Cupido, lejos de mostrarse como hado fatídico, le recrimina a su madre que no ha usado de su libre albedrío: «¿Qué importa que yo os provoque, / si tenéis libre albedrío? / Pero no hacéis resistencia / a vuestro propio apetito» (p. 324). Hay aquí algo de parodia de la tragedia clásica y sus indestructibles destinos.

dormilón, dejando arcos y flechas a un lado. Lope utiliza a Alciato para despertar la vengativa peripecia.

El tercer acto revela con la écfrasis anticipaciones de horror y tragedia. Advertido de Cupido, el dios solar baja a los infiernos en busca de venganza. Para realzar la importancia de la pintura en la obra, una didascalia explicita: «Levántese un lienzo en que estará pintado un edificio, quedando arriba hecho cielo con sus estrellas, sol y luna pintados, y debajo otro, a modo de infierno» (p. 333). Este es el edificio mnemónico de la obra, lo que John Varey ha llamado la cosmovisión en el teatro[28]. La parte inferior o infernal de la escena lopesca podría recordarle a un público consciente de las pinturas de Tiziano en España, una exhibición pictórica muy diferente al camerino erótico de Felipe II, y que también refleja los terrores infernales ovidianos[29].

Para María de Hungría en su palacio de Binche había pintado Tiziano lienzos de cuatro de los seres siempre agonizantes en los infiernos paganos: Tántalo, Sísifo, Ixión y Prometeo —extraña decoración para las festividades de 1549, a las que le acompañaban tapices de los siete pecados capitales. Después de la muerte de María de Hungría en 1558, las cuatro pinturas pasan a Madrid donde se exhiben en el Alcázar (Wethey, p. 3158). Allí entonces colgaban en la Sala de las Furias hasta que en 1626 se mudan a la Pieza Nueva. Eventualmente, dos son destruidas en el incendio de 1734[30]. El nombre dado a la primera sala donde se encontraban estas gigantescas pinturas, evoca la Tesifonte de Lope, y entre los muchos condenados en

---

[28] Para Varey, la estructura del escenario en los teatros comerciales del diecisiete sigue siendo medieval, recordando representaciones en las iglesias: «El cielo está firmemente aposentado en las Alturas, en el abovedado de la iglesia; las escenas en la tierra están al mismo nivel que la congregación; el infierno, o la tumba está debajo» (1987, p. 27).

[29] Lope hace eco aquí la famosa escena en el libro cuarto de las *Metamorfosis* (comenzando con el verso 415) donde Juno baja a los infiernos y le pide a Tersifone que castigue a Ino. Claro que también tenemos elementos infernales que provienen del descenso a los infiernos por parte de Orfeo en el libro décimo.

[30] En esta sala también se encontraban pinturas de los elementos y las estaciones. Según Orso: «Whereas the *Elements* and the *Seasons* referred to the natural world of man's daily life, the *Furias* illustrated eternal torments in Hades, a realm of the afterlife. The opportunity to contrast the underworld with the natural world may have prompted the original decision to assemble these paintings in one room» (1986, p. 163).

su reino maldito nos menciona ella las cuatro figuras pintadas por Tiziano. Primero contrasta las «figuras celestiales» con que vive Apolo con los «tormentos feos» de este infierno donde sufren penas «Tántalos y Prometeos» (p. 334). Estos dos nombres pueden relacionarse con las dos pinturas destruidas en el incendio —Tántalo y Titio. Este último se confundía en la época con Prometeo, ya que Tiziano había transformado los buitres que comían las entrañas del gigante Titio en el águila que devoraba el hígado de Prometeo[31]. Estas figuras anticipan el tormento mortal que le espera a Adonis, el cual ha conocido el misterio del fuego divino (Prometeo), y quien en el momento de su muerte no podrá llegar, como Tántalo, al banquete de los sentidos representado por su amada diosa.

Tesifonte también alude a los otros dos malditos de Tiziano: «Ni aquel peñasco duro / que a Sísifo quebranta, ni de Ixión la rueda»[32] (p. 336). La Sala de las Furias aludida por Lope era donde dormía el rey en el Alcázar[33]. Si ésta es una tragedia representada para el monarca, el teatro se convertiría en exhibición de pinturas reales y de cuadros que podrían abrumar con su erotismo, espantar con fines trágicos y atormentar con pesadillas infernales. Los cuatro malditos representarían los enemigos de los Habsburgos, los luteranos, los turcos y todos aquellos que torturaban con amenazas a los reyes de España, aunque una interpretación más subversiva convertiría a los malditos en errores en vez de terrores de los Habsburgos.

Cuando regresamos al mundo arcádico, observamos cómo los oscuros tintes de venganza y muerte que provienen de la misma luminaria que adorna los cielos y da luz a los mortales, cubren el mundo

---

[31] J. C. Calvete de Estrella, en su relación del viaje del príncipe Felipe desde España a Binche, publicado en 1552, ya confundía a Ticio por Prometeo (Puttfarken, 2005, p. 87).

[32] Para Puttfarken, estas pinturas de horrendos castigos no son más que preludios al verdadero sentido trágico de Tiziano, ya que representan «stock figures of tragedy» utilizadas repetidamente por Séneca y sus traductores e imitadores renacentistas (2005, p. 91).

[33] «The room of the *Furias* was a royal bedroom. In 1626, Gómez de Mora called it the "apartment in which His Majesty ordinarily sleeps, next to the Queen's apartment", and almost eight years later Ardemans identified it as the "bedroom of Their Majesties"» (Orso, 1986, p. 162). Orso añade que para 1636 las doce pinturas se habían quitado (elementos, estaciones y Furias), siendo reemplazadas por «portraits» (1986, p. 163).

del amor con los designios de la muerte —*et in arcadia ego*. Ya Venus
no se deja llevar de sueños de pasión. Su amor se transforma en «temor [que] hiela» (p. 338). Le pide a Adonis que no vaya de caza. Para
retenerlo, Venus sujeta a Adonis con palabras y brazos. La misma didascalia nos dice: «Venus viene deteniéndole» (p. 336). Hallamos aquí
a Venus y Adonis como en la pintura de Tiziano, él queriendo partir
a la caza, y ella trata de detenerle. Según se ha explicado desde Panofsky
hasta Pedrocco: «It was Titian who invented what may be called "The
Flight of Adonis" in contradistinction to the "Leave-Taking of Venus"»
(Panofsky, 1969, p. 152)[34]. Esta invención de Tiziano reflejada en Lope
es clave que alerta al lector o espectador que Lope ha construido un
museo mnemónico basado en obras de Tiziano.

Lope también incluye la figura de Apolo, quien lo observa todo
desde los cielos y desea de nuevo la venganza. Exclama: «¡Que sufran
celos de Apolo / tal infamia!» y se pregunta «¿soy el sol? ¿Quién soy?»
(p. 341). Esta pregunta lleva al cuestionamiento de los límites del poder,
sea de los dioses o de los Habsburgos. En la pintura de Tiziano, el dios
solar no aparece, aunque los rayos que emergen tras un cielo nubla-
do pueden muy bien recordar este Apolo vengativo.

En la pintura Adonis mira a Venus con ternura pero con determi-
nación. Él va a partir a la caza[35]. Se haya aquí el *hubris* trágico del
joven y el comienzo de la peripecia final de la obra. El joven rechaza
el amor de una diosa para irse a cazar y para así buscar su propia gloria (Puttfarken, 2005, p. 164)[36]. Lope reduce la culpabilidad del Adonis

---

[34] Pedrocco también explica: «In Ovid's text Adonis leaves during Venus's absen-
ce. Titian, instead, condenses the myth into a single image and modifies the theme
by introducing the goddess, who desperately tries to detain her lover» (2000, p. 228).
Esta idea en realidad proviene de Lodovico Dolce, quien en su *Dialogo de la pittura*
(1557) explica: «As for the pose, one sees Adonis moving, and his movement is easy,
vigorous and gentle in its temper, for one has the impression that, with a very bur-
ning desire to go off hunting, he is stepping out in order to take his leave of Venus»
(Roskill, 1968, p. 213).

[35] Lodovico Dolce en su *Dialogo della Pittura* (1557), explica: «He is comforting
Venus not to be afraid. For by way of the serenity of his way of looking and the movement of his mouth he patiently discloses the inner workings of his mind» (Roskill,
1968, p. 215).

[36] Para Ambrose, la diosa pagana se convierte en personaje secundario, mientras
que Adonis toma su puesto en el centro de la escena. «By virtue of the manner in
which it privileges Adonis as the decisive force within the overall composition, Titian's

de Tiziano, pues obtiene tras muchos ruegos el permiso de la diosa para cazar: «Vete a cazar» (p. 343).

Tiziano esconde la tragedia, alumbrando débilmente un lugar lejano en el bosque y apartado del centro de amor y regocijo. Lope también esconde la tragedia insertando lirismo y comicidad. En la obra teatral, el lamento final de Adonis al ser herido mortalmente por un jabalí, es presenciado por Venus. Para Thomas Puttfarken, podemos entrever el carro de la diosa frente a los rayos solares en la pintura[37]. Mientras que en el lienzo la belleza de la escena primaveral nos sitúa en un momento eterno, en Lope la muerte de Adonis lleva a su resurrección metamórfica. Es transformado por la diosa en «una rama llena de flores» (p. 351) que florecería cada primavera. Pero, aunque la primavera es momento de generación y de nueva vida, no hay nada del furor matrimonial lopesco al final de esta tragedia[38]. Los pastores, tristes pero admirados, observan la transformación de Adonis en flor: «Azul y amarillo; tiene / colores de cielo y sol» (p. 351)[39]. Esta nueva flor, proviene de los cielos, de los dioses, por ello el azul; pero también contiene pasiones humanas al ser azul color de celos. El amarillo vuelve a apuntar a los cielos, al color del dorado sol, pero es también el tinte de la melancolía, del lamento trágico. No debe de sorprendernos que sea Camila la que indique el color y el parcial significado de la flor.

painting may have inspired Lope to foreground those elements of the myth that could be assimilated to the Christian atmosphere in which he lived… a Christ-like Adonis would have ascendance over a terrestrial Venus» (Ambrose, 2004, p. 183).

[37] Puede que el carro sea el de Apolo o de Aurora, el primero agente de la muerte y ella súbdita del dios. Pedrocco, por ejemplo, explica: «Meanwhile, the chariot of Venus or Aurora appears in the sky indicating with its rays of Light the direction of his fatal journey» (2000, p. 228).

[38] Pero Oleza recalca que: «las pastoras que amaban a Adonis y son rechazadas por él, acabarán aceptando a los pastores» (1983, p. 151). Es cierto que Menandro descubre su amor por Albania, y ella lo acepta «por el oráculo advertida» que no tendría a Adonis (p. 348), mientras que Timbreo vuelve por Camila que se muestra agradecida. El acepta que: «Verdad ha venido a ser / el pronóstico de Apolo» (p. 349).

[39] Como explicita Martínez Berbel, parece que es Adonis que se transforma en flores, pero hay una intervención siguiente que parece retornar al mito ovidiano donde es la sangre del joven la que se transforma en flor (2003, p. 93). Para Pérez de Moya la rosa blanca se transforma en roja con la sangre de Adonis. Ovidio, como bien anota Martínez Berbel, había narrado que la rosa se crea con la sangre de Venus «tras haberse pinchado esta con una espina cuando corría hacia su amado» (2003, p. 93). La flor de Lope se distingue de la roja rosa y de la anemone de Ovidio.

Recordemos que ella, desde el principio de la obra, incorpora el macrocosmos en su corpóreo microcosmos.

La belleza de esta nueva flor admirada por Camila está cundida de ironía trágica pues contiene dentro de sí el agente de la tragedia: «Parece al tornasol / que tras Apolo se viene» (p. 351)[40]. Aunque Venus ha querido mantener la frágil belleza del joven Adonis, la naturaleza le propone una flor que con sus colores refleja el agente de la tragedia, un Apolo, un dios controlador y celoso que no está muy lejos de las poéticas representaciones de los reyes de España como luminarias. Por otra parte, Lope presenta a Adonis como primavera, como la continuidad de la corona tras la muerte de un príncipe. Si hay crítica velada, hay también alabanza dinástica.

En conclusión, sea cual fuere el significado de la tragedia, Lope ha estructurado deliberadamente un espacio mnemónico donde cada pintura, sea del camerino erótico o de la Sala de las Furias, contribuye al tono y significado de la obra. El lienzo de *Venus y Adonis* nos ayuda a visualizar un arcádico idilio que esconde la tragedia y un inocente impulso a la caza que, al tener algo de hubris, lleva a la catástrofe. Mientras, lienzos como *Diana y Acteón* y *Diana y Calixto* y *Andrómeda y Perseo* apuntan al amor prohibido, la transformación trágica y la sorprendente peripecia; otros, como *Tántalo* y *Prometeo/Tityo,* apuntan al fuego divino y los tormentos que conlleva la pasión. El claroscuro de la pintura se revela en los cambios de tono en la obra teatral. Bajo palacios reales sueñan sus reyes en el erotismo y el terror, hubris y peripecias. Lope invita a su auditorio a participar en sueños reales[41].

---

[40] Es Menandro el que dice estas palabras. Como personaje que tipifica la comedia y no la tragedia, él puede con estas palabras indicar humor e ironía pues Adonis, castigado por el sol, ahora como flor sigue los rayos de la luminaria. Él no siempre benéfico poder solar, puede muy bien relacionarse con el poder de la monarquía.

[41] Si esta obra intenta trasladar la tragedia pictórica de Tiziano al teatro español, es también modelo de futuras obras. Flores como la de Adonis brotarán en el jardín trágico de Lope donde Inés, una «labradora Venus» lamentará la muerte de su Adonis, su «flor de Olmedo» (vv. 2376-2377); y tintes de tragedia oscurecerán los amores de Federico y Casandra, ella una nueva Venus, atormentada por el duque dudoso sol de justicia. Pero aquí, el auditorio permanece contemplando la última y principal maravilla de la obra —la tragedia que une toda una serie de tonos y coloridos para pintar un bello lienzo donde se esconde el infortunio— bocas de rosa frente a un cielo azul con rayos solares y nubes tempestuosas.

BIBLIOGRAFÍA

ABRIL-SÁNCHEZ, J., *The Topic of Honor in the Mythological Plays of Lope de Vega*, MA Thesis, University of Massachussets, Amherst, May 2004.

ÁLVAREZ SELLERS, M., *La tragedia amorosa*, Kassel, Reichenberger, 1997.

AMBROSE, T., «Lope de Vega and Titian: The Goddess as Emblem of Sacred and Profane Love», *Writing for the Eyes in the Spanish Golden Age*, ed. F. de Armas, Lewisburg, Bucknell University Press, 2004, pp. 169-184.

AMES, D., «Sacred and Profane Love: Venus Figures in Lope de Vega's *Comedias*», *Cincinnati Romance Review*, 8, 1989, pp. 78-85.

— «Love Melancholy in *La quinta de Florencia*», *Bulletin of the Comediantes*, 44, 1992, pp. 45-58.

ARCE, J., *Tasso y la poesía española*, Barcelona, Planeta, 1973.

CASE, T., «The Role of Venus in the Mythological Dramas of Lope and Calderón», *Revista de Estudios Hispánicos*, 18, 2, 1984, pp. 195-206.

CHECA, F., *Tiziano y la monarquía hispánica*, Madrid, Nerea, 1994.

— *Felipe II. Mecenas de las artes*, Madrid, Nerea, 1992.

CIVIL, P., «Erotismo y pintura mitológica en la España del Siglo de Oro», *Edad de Oro*, 9, 1990, pp. 39-49.

DE ARMAS, F., «Lope de Vega and Titian», *Comparative Literature*, 30, 1978, pp. 338-352.

— «Lope de Vega and Michelangelo», *Hispania*, 65, 1982, pp. 172-179.

— «Del Tiziano a Rafael: pinturas y libros en *La viuda valenciana* de Lope de Vega», en *Actas del XIV Congreso de la Asociación Internacional de Hispanistas*, ed. I. Lerner, R. Nival, A. Alonso, Newark, DE, Juan de la Cuesta, 2004, vol. 2, pp. 165-172.

— «Cervantes and Della Porta: The Art of Memory in *La Numancia*, *El retablo de las maravillas*, *El licenciado Vidriera* and *Don Quijote*», *Bulletin of Hispanic Studies*, 82, 2005, pp. 633-647.

— *Quixotic Frescoes: Cervantes and Italian Renaissance Art*, Toronto, University of Toronto Press, 2006.

— «Lope de Vega's Speaking Pictures: Tantalizing Titians and Forbidden Michelangelos in *La quinta de Florencia*», *Companion to Lope de Vega*, ed. A. Samson y J. Thacker, London, Tamesis, en prensa.

DIPUCCIO, D., *Communicating Myths in the Golden Age Comedia*, Lewisburg, Bucknell University Press, 1998.

ENGELS, W., *Mapping Mortality: The Persistence of Memory and Melancholy in Early Modern England*, Amherst, University of Massachusetts Press, 1995.

FERMOR, S., «Movement and Gender in Sixteenth-Century Italian Painting», en *The Body Imaged: The Human Form and Visual Culture since the Renaissance*, ed. A. y M. Pointon, Cambridge, Cambridge UP, 1993.

FUCILLA, J., «A Classical Theme in Lope de Vega and G. B. Marino», *Modern Language Notes*, 40, 1945, pp. 287-290.

GIRA, C., «Shakespeare's Venus Figures ad Renaissance Tradition», *Studies in Iconography*, 4, 1978, pp. 95-114.

GONZÁLEZ DE PALENCIA, Á. y E. MELE, «El amor, ladronzuelo de miel (Divagaciones a propósito de un idilio de Teócrito y de una anacreóntica)», *Boletín de la Real Academia Española*, 29, 1949; pp. 189-228, pp. 375-411.

GRILLI, G., «Lope de Vega y su fábula de *Adonis y Venus*», *Anuario Lope de Vega*, 4, 1988, pp. 127-138.

LOPE DE VEGA, F., *Adonis y Venus*, en *Comedias, IX*, ed. J. Gómez y P. Cuenca, Biblioteca Castro, Madrid, Turner, 1994, pp. 283-352.

— *Arte nuevo de hacer comedias*, ed. E. García Santo-Tomás, Madrid, Cátedra, 2006.

— *El caballero de Olmedo*, ed. F. Rico, Madrid, Cátedra, 1997.

— *La quinta de Florencia*, ed. D. Ames, Kassel, Reichenberger, 1995.

— *Pobreza no es vileza*, en *Obras escogidas*, ed. F. Sainz de Robles, Madrid, Aguilar, 1967, vol. III, pp. 1365-1398.

— *La viuda valenciana*. ed. T. Vals, Madrid, Castalia, 2001.

MARTÍNEZ BERBEL, J., *El mundo mitológico de Lope de Vega. Siete comedias mitológicas de inspiración ovidiana*, Madrid, Fundación Universitaria Española, 2003.

MCGAHA, M., «Las comedias mitológicas de Lope de Vega», *Estudios sobre el Siglo de Oro en homenaje a Raymond R. MacCurdy*, ed. A. González, T. Holzapfel y A. Rodríguez, Madrid, Cátedra, 1983, pp. 67-82.

MORBY, E. «Some Observations on *Tragedia* and *Tragicomedia* in Lope», *Hispanic Review*, 11, 3, 1943, pp. 189-209.

MORLEY, S. y C. BRUERTON, *Cronología de las comedias de Lope de Vega*, Madrid, Gredos, 1968.

OLEZA, J., «*Adonis y Venus*: Una comedia cortesana del primer Lope de Vega», *Cuadernos de Filología III: Literaturas, Análisis*, 3, 1983, pp. 145-167.

ORSO, S., *Philip IV and the Decoration of the Alcázar of Madrid*, Princeton, Princeton University Press, 1986.

PANOFSKY, E., *Problems in Titian. Mostly Iconographic*, New York, New York UP, 1969.

PÉREZ DE MOYA, J., *Philosofía secreta*. ed. C. Clavería, Madrid, Cátedra, 1995.

PEDROCCO, F., *Titian*, New York, Rizzoli, 2000.

PUTTFARKEN, T., *Titian and Tragic Painting*, New Haven and London, Yale University Press, 2005.

ROSKILL, M., *Dolce's «Aretino» and Venetian Art Theory of the Cinquecento*, New York, New York University Press, 1968.

SCHEVILL, R., *The Dramatic Art of Lope de Vega*, Berkeley, University of California, Publications in Modern Philology, vol. 6, 1918.

SHEKTOR, N., «La interpretación del mito en el *Adonis y Venus* de Lope», *Lope de Vega y los orígenes del teatro español*, ed. M. Criado de Val, Madrid, Edi-6, 1981, pp. 361-364.

VAREY, J., *Cosmovisión y escenografía: el teatro español en el Siglo de Oro*, Madrid, Castalia, 1987.

WADE, G., «Character Names in Some of Tirso's Comedias», *Hispanic Review*, 36, 1968, pp. 1-34.

WEINBERG, B., *A History of Literary Criticism in the Italian Renaissance*, Chicago, University of Chicago Press, 1961, 2 vols.

WETHEY, H., *The Paintings of Titian*, London, Phaidon, 1969-1973, 3 vols.

PERSPECTIVAS TRÁGICAS SOBRE LA HISTORIA: LA CASA DE DAVID EN EL SIGLO XVII

Margaret R. Greer
Duke Univesity

Uno de los obstáculos al aprecio de la tragedia española aurisecular ha sido la idea de la incompatibilidad de la tragedia y la fe cristiana. I. A. Richards, el crítico inglés cuya obra fue importante en el
desarrollo del *New Criticism*, dijo: «La tragedia sólo es posible para una
mente que en el momento es agnóstica o maniquea. El más mínimo
toque de una teología que ofrezca un cielo compensador es fatal»[1]. A
su vez, el hispanista Arnold Reichenberger no duda en afirmar: «Los
dos pilares sobre los cuales se construye la comedia son la honra y la
fe... En el plano espiritual, la fe tiene las respuestas a todos los conflictos, y para la integración española entre lo divino y lo humano, el
cielo nunca está lejos»[2]. No obstante, sostengo que la tragedia no es
incompatible con el optimismo fundamental de la fe cristiana y su
promesa de una justicia perfecta después de la muerte. Creo que Terry
Eagleton, en su libro *Sweet Violence: The Idea of the Tragic*, describe mejor la coyuntura histórica en la que se aloja la tragedia al sugerir que

---

[1] Richards, 1924, p. 246. Traducción mía, como lo son todas las traducciones de
citas en inglés.
[2] Reichenberger, 1959, pp. 308, 311.

ésta «emerge de una civilización que se encuentra prendida entre el hado y la libertad... en alguna zona crepuscular entre la política y el mito, entre la afiliación cívica y la religiosa, la autonomía ética y un sentido todavía eficaz de lo trascendental»[3]. Además de ser aplicable a la Grecia de Sófocles, la Francia de Racine y la Inglaterra de Shakespeare, aquella coyuntura es también la de la España de finales del XVI, y más todavía del siglo XVII.

Una tesis central al estudio más detenido de la tragedia de la primera modernidad española que llevo a cabo es esta: entre la destrucción de la Armada en 1588 y la Paz de los Pirineos en 1659, la tragedia en España adquirió fuerza en proporción inversa a la pérdida del dominio de la monarquía española en el tablado europeo y global. Las tragedias de tema histórico revelan la percepción de los dramaturgos de los dilemas de la monarquía, no sólo en las historias que eligen, sino también en la manera que alteran la cronología para hacer que los sucesos «históricos» relaten su perspectiva de la historia.

Al explorar las tensiones de la España de la primera modernidad, el criterio trágico que aplico es más amplio que el estrictamente clásico por dos razones: la primera es que el propio desarrollo de la tragedia en España no sigue tampoco los preceptos clásicos más rígidos. La segunda es que prefiero hacer caso omiso de una definición restrictiva de la tragedia, que excluya la amplia gama de obras que dramatizan el sufrimiento humano en una forma poética capaz de mover al público a una empatía con los que sufren, y a hacerles examinar las fuerzas que, dentro de sí mismos y de su sociedad, producen tal sufrimiento.

La mayoría de las tragedias que examinaré en mi estudio sitúan la acción hacia finales del medioevo. Hoy, por el contrario, prefiero fijar nuestra atención en un par de tragedias basadas en la historia de la Casa de David recogidas en el Antiguo Testamento. Quiero pensar en *La venganza de Tamar* de Tirso y en *Los cabellos de Absalón* de Calderón como dos obras de historia teológica o teología histórica —como Steven McKenzie caracterizaba las historias bíblicas de su familia— para cuestionar el supuesto oximoron de la tragedia cristiana y considerar la hermenéutica de la tragedia histórica[4].

---

[3] Eagleton, 2003, pp. 107-108.
[4] McKenzie, 2000, pp. 44-46.

Al interpretar un drama histórico, hay que tener en cuenta tres momentos: el primero, el de la historia en sí —aquí, Israel en torno a 1000 a.c.; segundo, el del momento de su producción y ejecución— en el caso de las obras que estudiamos, la primera y la segunda década del reino de Felipe IV, y durante la crisis general europea de la Guerra de 30 años, en la cual la división religiosa de la cristiandad era central a la lucha por el poder[5]. Y en tercer lugar, el presente, con nuestra distancia del estreno de la obra y con la perspectiva que aportamos a la lectura. ¿Debe un público moderno intentar ver o leer la obra sólo por medio de los ojos de un católico devoto del XVII? ¿Será cierto que «un cielo compensador», como dice Richards, deshace el efecto trágico al prometer a los personajes una justicia divina perfecta en la vida después de la muerte? ¿Lo deshace aún en el caso de tragedias de asunto clásico o de personajes paganos? ¿Para las tres épocas que son relevantes en la interpretación del drama histórico? Calderón y, sobre todo, Tirso, reputado maestro de teología, habrían sabido que el concepto de aquella segunda vida sólo aparece hacia finales del Antiguo Testamento, después del reino de David. La obediencia o la desobediencia de sus personajes a la voluntad de Yahvé no se orienta hacia asegurarse la salvación de un alma eterna. David es, por supuesto, la figura central de la historia del árbol de Jesé del cual proviene el redentor Jesucristo. De entre el público que asistiera a estas representaciones, es probable que al menos parte recordara la promesa bíblica de la bajada de Cristo al infierno en la noche de su crucifixión y muerte para liberar las almas de los justos que, como el rey David, se encontraban atrapados a causa del pecado original y a la espera de la redención. De todas formas, ni Tirso ni Calderón inyectan en sus dramas ninguna alusión anacrónica a una vida después de la muerte. Dentro del mundo que ambos dramatizan, la muerte es el acto final de la existencia de sus personajes. Final, eso es, salvo en cuanto que perduran en la memoria de los otros partícipes de la historia, sobre cuyas cabezas penden las profecías trágicas sin cumplir.

Lo que atrajo a nuestros dramaturgos a la historia de David debió de ser, por tanto, su papel de rey heroico que logra construir un imperio, pero cuyos errores como individuo y como padre al no ser capaz de controlar las ambiciones de sus hijos y sus hombres de con-

---

[5] Parker, 2001, pp. xx, 1-28, 35-39, 186-192.

fianza pusieron al reino en grave peligro de desintegrarse. Peter Burke propone que algunos individuos son más «mitogénicos» que otros, porque las calidades atribuidas a ellos cuadran con el estereotipo del héroe o del malvado en el Imaginario popular de cierta época[6]. La proliferación de retratos artísticos y narrativos de David en el Renacimiento indica que, para aquella época, éste constituía una figura mitogénica y que, incluso como se ha sugerido, tal vez sea una de las fuentes sobre las que se inspira el personaje de *Hamlet*[7].

A pesar de unos pocos hallazgos arqueológicos modernos que pueden vincularse a la Casa de David, como reconoce Steven McKenzie en *King David: A Biography*, la Biblia sigue siendo la fuente fundamental para reconstruir el David «histórico». No obstante, tampoco hemos de leer los relatos bíblicos únicamente como textos históricos, pues su escritor o escritores se interesaban en él más como modelo religioso y materia de propaganda[8]. Sus páginas y las de representaciones literarias subsiguientes transmiten una imagen compleja y contradictoria de David. Para algunos es un poeta, para otros un campeón cuyo triunfo sobre Goliat representa la victoria de la verdad, la belleza, y la virtud sobre el mal; o un hombre de apetitos sexuales insaciables; o un individuo con un hambre de poder que le tornó cruel y manipulador[9]. James W. Flanagan denomina la imagen histórica de David un «holograma —una imagen evanescente, indefinida, y que cambia de acuerdo a la perspectiva del espectador»[10]. Su historia en ambos libros de Samuel y en el primero de los Reyes constituye el centro de lo que los especialistas bíblicos llaman la historia deuteronómica de los libros del Deuteronomio, Josué, Jueces, Samuel y Reyes, que narran la historia de Israel desde la recepción de las tablas de la ley hasta la destrucción del reino de Judea en 586 a.C[11]. David es, continúa Flanagan,

> el modelo con el cual los reyes posteriores son medidos y, generalmente, juzgados inferiores. Fue por él que Judea y Jerusalén duraron tanto...

[6] Burke, 1997, p. 51.
[7] Flanagan, 1988, p. 2.
[8] McKenzie, 2000, pp. 5, 23, 26.
[9] McKenzie, 2000, pp. 2-5.
[10] Flanagan, 1988, p. 6.
[11] McKenzie, 2000, p. 27.

[pero] eventualmente... la paciencia de Yahvé expiró. La caída de Jerusalén y el exilio del pueblo de Judea en Babilonia en 586 a.c fue explicado como el castigo por los defectos de los reyes posteriores. Pero David fue también el modelo para restaurar Israel a su grandeza anterior[12].

Entre 1621 y 1624, cuando Tirso escribió *La venganza de Tamar*, se vivía la transición entre el devoto Felipe III y su privado Lerma, ya vuelto cardenal, y los primeros años del reino de Felipe IV, un rey parecido a David en lo que respecta a su afición por las mujeres ajenas. Su privado el Conde-duque consolidaba su poder y diseñaba un programa de reforma de la monarquía española. La atracción de los dramaturgos de la época por la figura de David resulta, entonces, lógica.

David Quint ha sugerido que la tragedia europea del XVII fue una reacción tardía de una nobleza que se encontraba en peligro ante la amenaza del absolutismo de los monarcas de Inglaterra, Francia y España. Sin mencionar la religión, propone como la base de la experiencia trágica «la expectativa de que la muerte destruirá la identidad y la conciencia del individual humano: las tramas trágicas ofrecen versiones diversamente desplazadas de esta experiencia básica de ceder el lugar que uno ocupa en el mundo»[13]. Su teoría, es en general, persuasiva, aunque no la selección de su ejemplo español, *El burlador de Sevilla*, ni las conclusiones que saca de ello. Para Quint, don Juan posee menos identidad, menos individualidad, que perder en la muerte que otros héroes trágicos[14].

Al contrario, creo que la vitalidad casi mitogénica de don Juan constituye una de las mejores refutaciones de los que dicen que los personajes del «Siglo de Oro» son meros tipos sin desarrollo psicológico. Eso es, en parte, cierto, como lo es de otro medio igualmente popular, el cine americano, también adaptado a la satisfacción de una demanda masiva y escrito por medio de fórmulas que producen miles de obras sumamente predecibles —y un número muy menor de joyas memorables. Tal vez lo que se le ha escapado a Quint es que la caracterización en la comedia refleja otra manera de definir al individuo de la que apreciamos en Shakespeare y Molière, donde podemos

[12] Flanagan, 1988, p. 28.
[13] Quint, 2006, p. 9
[14] Quint, 2006, pp. 27, 28.

ver emerger un sujeto cuya esencia se halla *dentro*, un sujeto definido por una interioridad acentuada por los efectos combinados del énfasis protestante en la prioridad de una relación personal e individual con Dios, y del liberalismo económico proto-burgués[15]. La esencia del individuo en la comedia, por el contrario, no se define dentro de un yo interiorizado, sino *entre* el individuo y otros miembros de su sociedad. Cuando, en una crisis de honor, un personaje pronuncia la declaración clásica, «Soy quien soy», la definición de sí que sigue no se dedica al autoanálisis psicológico, sino a un repaso de su género y rango social y las obligaciones que le imponen. Por consiguiente, el carácter en las mejores tragedias españolas no suele revelarse en monólogos de autoanálisis, sino en interacción con otros personajes; así vemos que la identidad es constituida por un proceso social.

La dramatización de personajes de cierta profundidad interna es crucial en la tragedia, en lograr el efecto trágico. La maestría de Tirso en el desarrollo interactivo de los personajes es evidente en *La venganza de Tamar*, en la cual el deseo ilícito, la rivalidad y venganza fratricida desgastan la Casa de David. Desde las primeras líneas, mientras que el heredero Amón se quita cansado sus botas y espuelas, quejándose de las campañas militares incesantes con su hermano-militar Adonías, y aparentemente rechazando las conquistas amorosas anticipadas por un Absalón narcisista, Amón revela las cualidades obsesivas y sensuales que le llevarían al amor incestuoso y violación de su hermana Tamar. Tirso construye con los mimbres de la historia del segundo libro de Samuel, 13, un psico-drama familiar convincente en el que no faltan la melancolía de Amón, el amor paternal y ansioso de David, y la doblez egoísta de Absalón. Tamar, rechazada después de ser violada, clama venganza y David, recordando su propia culpa con Betsabé y Urías, vacila entre la justicia y la piedad, sus papeles de padre y de rey. Absalón, más que dispuesto a usar el honor de Tamar como pretexto para tomar su lugar como heredero del trono, asesina a Amón durante la fiesta de la esquila, representada en un ambiente pastoral repleto de agüeros florales e invocaciones rústicas del agua que

---

[15] Según Jonathan Dollimore, este concepto de un sujeto autónomo del humanismo esencialista triunfa en el Siglo de las Luces, impulsado en el Renacimiento en buena parte por la duda sembrada por la división religiosa en la fe popular en la autoridad universal y eterna de la ley. Dollimore, 1984, pp. 14-19, 249-256.

MARGARET R. GREER

123

lava las manchas, lo que, en contraste con el reclamo de Tamar de una
venganza de sangre, hace de este momento climático una macabra perversión de la Última Cena en la cual Absalón invita a Tamar a beber
la sangre caliente de su medio hermano.

Con este espectro antropófago, Tirso nos brinda una metáfora dramática espectacular de las pasiones destructivas de los conflictos de familia. Esta «tragedia lastimosa» termina con el llanto de David, reci-
tando el lamento del padre de Jacob (Génesis, 37, 33) por la «fiera
pésima» que supuestamente había devorado a su hijo amado. En palabras de Alan Paterson: «En la familia escindida de David, se nos ofrece una alegoría... de la incapacidad del hombre de redimirse por la
ley: la culpa genera nueva culpa, y toda aspiración más fina encuentra un fracaso devastador»[16].

La refundición de aquella tragedia por Calderón en Los cabellos de
Absalón (1633-1635) ha sido comparada por Evangelina Rodríguez
Cuadros en su excelente edición con las de Eurípides en su habilidad
para marcar la distancia entre el lenguaje y el ser[17], y por Ruiz Ramón
con la trilogía de Tebas de Esquilo en su dramatización de la maldición sobre la Casa de David[18]. Calderón incorpora la segunda jornada de Tirso, pero la reorienta hacia una obra centrada en la ambición
del poder por medio del apoyo de la rebelión de Absalón por Tamar
y unos cortesanos ambiciosos. Dramatiza el conflicto clásico entre la
voluntad individual y la predestinación por medio de la pitonisa etí-
ope Tueca, cuyas ambiguas profecías hacen que cada personaje revele
su naturaleza al interpretar sus palabras de acuerdo a su propio deseo.
Absalón ve en las palabras «ya veo / que te ha de ver tu ambición /
en alto por los cabellos»[19] una profecía de un pueblo que adora su belleza, que compite en comprar sus cabellos y que algún día le acla-
mará su rey. Ya que el público de Calderón conocía la historia bíblica, al igual que el griego, las historias y los mitos clásicos, ambos podían
apreciar la ironía dramática de su mala lectura narcisista, y anticipar su
final literalmente «en alto», enganchado en un árbol cuando perseguía
a David con voluntad regicida y patricida y su anagnórisis clásica al

[16] Tirso de Molina, La venganza de Tamar, ed. Paterson, 1969, p. 26.
[17] Calderón, Los cabellos de Absalón, ed. Rodríguez Cuadros, 1989, pp. 26-35.
[18] Calderón, Los cabellos de Absalón, ed. Ruiz Ramón, 1969, vol. 3, p. 20.
[19] Calderón, Los cabellos de Absalón, ed. Rodríguez Cuadros, 1989, p. 166.

repetir, moribundo, la profecía: «¡Yo muero / puesto, como el Cielo quiso, / en alto por los cabellos, / sin el Cielo y sin la Tierra, / entre la Tierra y el Cielo![20]».

Tamar reconoce la justicia de su muerte, diciendo a los otros: «no os deleitéis en suceso / de una tragedia tan triste, / de un castigo tan funesto»[21]. Dice que se sepultará viva «en el más oscuro centro» donde se ignore si vive o muere[22]. Quisiera resucitarla ahora, para considerar un variante en su historia poco comentado por los críticos. Tirso nos dio una Tamar enamorada de su galán Joab, con quien se quiere casar, dejándole así sin tacha de implicación en el deseo incestuoso de Amón. También omite su intento de disuadirle de forzarla el decirle que si le pide a su padre como esposa, David se le dará (II Samuel 13:13). Al contrario, hace que Amón conteste a la prohibición del incesto, diciendo: «Perdone, pues, la ley que mi amor priva, / vedando que entre hermanos se conserve, / que la ley natural en contra alego. Amor, que es semejanza, venza y viva, / que si la sangre, en fin, sin fuego hierve, ¿qué hará sangre que tiene tanto fuego?[23]» Anota Paterson que la sugerencia de Tamar presenta un problema que los comentadores de la Biblia aún tenían por resolver: el del matrimonio de Caín. La explicación ortodoxa era, dice Paterson, que Caín tuvo una hermana no nombrada en la historia sagrada con quien se casó y que «la resolución de la cuestión moral era que en esta primera etapa de la civilización, la conveniencia tuvo que prevalecer por encima de la ley moral»[24].

Calderón, sin embargo, restaura la sugerencia del matrimonio por parte de Tamar: «En nuestra ley se permite / casarse deudos con deudos, pídame a mi padre»[25] (vv. 963-965). Rodríguez Cuadros nota que el matrimonio entre hermanos fue prohibido en el Levítico XVIII, 11 y XX, 17, y en el Deuteronomio, XXVII, 22. Cita también el relato de la *General Storia* (Parte II) de Alfonso el Sabio, que dice primero que Tamar sólo sugiere la posibilidad parar escaparse de Amón, pero sigue con la idea de que ella nació antes de que su madre se

---

[20] Calderón, *Los cabellos de Absalón*, ed. Rodríguez Cuadros, 1989, p. 278.

[21] Calderón, *Los cabellos de Absalón*, ed. Rodríguez Cuadros, 1989, p. 279.

[22] Calderón, *Los cabellos de Absalón*, ed. Rodríguez Cuadros, 1989, pp. 279-280.

[23] Tirso de Molina, *La venganza de Tamar*, ed. Paterson, 1969, p. 92.

[24] Tirso de Molina, *La venganza de Tamar*, ed. Paterson, 1969, pp. 139-140.

[25] Calderón, *Los cabellos de Absalón*, ed. Rodríguez Cuadros, 1989, p. 176.

convirtiese al judaísmo, y que por eso Amón pudo haberse casado con ella, como David se había casado con la mujer gentil Noata que capturó en una batalla[26]. El historiador judío Flavio Josefo, otra fuente tanto para Tirso como para Calderón, también incluye la sugerencia de matrimonio en su versión de la historia en *Antiquitatum Judaicarum* (Libro VIII): «Ella le aconsejó, además, a hablar del asunto con su padre, porque daría su consentimiento al matrimonio»[27]. Los editores de la edición Loeb citan la prohibición atribuida a Moisés en el Levítico, pero dicen que los especialistas normalmente la consideran algo añadido mucho después de su época.

Susana Hernández-Araico sostiene en su libro *Ironía y tragedia en Calderón* que los cambios en *Los cabellos de Absalón* hacen de Tamar una figura muy ambigua, no sólo víctima sino tal vez partícipe en el deseo incestuoso de Amón, de la misma forma que luego apoyaría la rebelión de Absalón. Señala la repetición significativa de «ignorada» en su auto-descripción[28]. Cuando David, volviendo triunfante de su campaña imperial, les pregunta a sus hijos por qué sólo Amón falta, Tamar responde: «A mí, señor, pregúntasmelo en vano; que, en mi cuarto encerrada, / vivo aun de los acasos ignorada»[29]. Y, como hemos notado, después de la muerte de Absalón, vota por volver al mismo estado de reclusión. Investigaciones de Maureen Quilligan prestan nueva importancia a la lectura que ha hecho Hernández-Araico del papel de Tamar.

Quilligan, en el libro *Incest and Agency in Elizabeth's England* cita la relectura del sistema de intercambio recíproco de dones y el análisis del parentesco de Melanesia de Malinowki y Mauss y la famosa teorización formulada por Lévi-Strauss según la cual el tráfico en mujeres sostiene las sociedades patriarcales al precio del silencio de éstas. Annette Weiner visitó de nuevo las Islas Trobriand —cuyo estudio había generado aquellas teorías— y encontró que el análisis del sistema de intercambio había sido distorsionado por la perspectiva occidental masculina de aquellos antropólogos[30]. Criticó las teorías desde otra comprensión de la operación del sistema de reciprocidad, que ella de-

---

[26] Calderón, *Los cabellos de Absalón*, ed. Rodríguez Cuadros, 1989, p. 176.

[27] Josephus, 1966, v. 6, p. 451.

[28] Hernández-Araico, 1986, pp. 102-114

[29] Calderón, *Los cabellos de Absalón*, ed. Rodríguez Cuadros, 1989, p. 137.

[30] Quilligan, 2005, p. 25.

nomina «la paradoja de dar y retener» (*paradox of keeping-while-giving*).
En esta comprensión, las mujeres no son regalos pasivos; ejercen un
papel crucial al ser las encargadas de la custodia de los bienes heredados que se retienen dentro de la familia, y son valoradas por mantener un parentesco de continuidad[31]. Al reconfigurar la teoría del
intercambio, Weiner describió la existencia de una intimidad entre hermanos («sibling intimacy») que mantienen una fuerte conexión. Dice:

> El incesto entre hermanos existió como una opción política portento-
> sa o bien por un matrimonio genealógicamente correcto o como la pre-
> rrogativa de la primera hermana y hermano de los ancestros del clan. Tal
> incesto es a la vez sagrado y profano, políticamente dinámico y riguro-
> samente disfrazado, la solución final a la legitimidad y el compromiso más
> temido. Reglas reduccionistas de su prohibición, vinculadas como están a
> las reglas de la reciprocidad, nunca pueden revelar el enorme poder re-
> productivo de la intimidad entre hermana y hermano aun en sociedades
> donde tal incesto es estrictamente tabú. El tabú está ligado a la misma di-
> námica y motivación paradójica que inquietan y configuran el problema
> de dar y retener[32].

Citando el estudio de Weiner, Quilligan sostiene que «cuando las
mujeres no son "traded out" completamente, esto es, cuando se quedan en relación con la familia natal, sobre todo con sus hermanos, su
posición endogámica puede permitirles ejercer un poder político formidable»[33]. Christine de Pizan evocó el potencial de aquel método de
retención endogámica de poder dinámico en la versión de la historia
de Semíramis con la cual abre su *Livre de la cité des dames* en el siglo
xv. El «dar y retener» era el método preferido por la nobleza española
y fue apoyado por el sistema de dotes, como demuestra James Casey
en su *Historia de la familia*[34], y fue una política esencial de la diplo-
macia de la monarquía de los Habsburgo encaminada a retener su hegemonía europea y global. Calderón era consciente de la prerrogati-
va de matrimonio incestuoso; lo incluiría en *La aurora en Copacabana*

---

[31] Quilligan, 2005, p. 23; citando a Annette B. Weiner, *Inalienable Possessions: The
Paradox of Keeping-While-Giving,* Berkeley, University of California Press, 1992.
[32] Quilligan, 2005, pp. 23-24 citando a Weiner, 1992, pp. 16-17.
[33] Quilligan, 2005, p. 24
[34] Casey, 1989, pp. 79-90.

y escribiría su propia versión de la historia de Semíramis y las consecuencias trágicas de las ambiciones de la reina de Asiria en *La hija del aire*. La iglesia católica intentaba inhibir matrimonios endogámicos, porque ayudaban a retener bienes dentro de la familia en vez de su transmisión a la iglesia mediante donaciones de los que no tuvieron hijos. Pero en Inglaterra, los matrimonios incluso entre primos hermanos de primer grado eran legales. Uno de los primeros galanes de Elizabeth fue su primo Robert Dudley, descrito por Quilligan como uno de sus amigos más íntimos y quien solía emplear un lenguaje metafórico de incesto fraterno con ella[35]. Para aumentar el poder de la base desde la cual promocionaba su matrimonio, Dudley había desarrollado una relación con el embajador español Álvarez de Quadra, al que prometió su apoyo al envío de un emisario inglés al Concilio de Trento con el objetivo de poner fin al cisma si recibía el apoyo de la corona española y de los católicos en su intento por casarse con Elizabeth[36].

Más adelante, a mitad del siglo, don Juan José de Austria, el hijo ilegítimo de Felipe IV, en la ausencia de un heredero varón al trono, llegaría a proponer dos veces un matrimonio con su media-hermana la princesa heredera y que, por consiguiente, lo habría llevado al poder. Muy al contrario de lo que pretendía, sus sugerencias provocaron el frontal rechazo del viejo monarca, después de cuya muerte lograría tomar el poder, no como rey ni como consorte, sino como valido de Carlos II gracias a un golpe de estado en 1677[37]. Este escenario estaba todavía en el futuro cuando Calderón escribió su versión de la historia de la Casa de David, pero en vista de su configuración del drama como un análisis de los efectos trágicos de la lucha de poder, creo que Hernández-Araico tiene razón en su lectura de la caracterización de Tamar. En su deseo de escaparse del silencio y del olvido en el cual los regímenes patriarcales intentan contener a las mujeres, Calderón nos muestra una mujer que podría sugerir primero un matrimonio posiblemente legal con su medio hermano, y luego secundar la rebelión de su hermano Absalón, con consecuencias fatales para todos.

---

[35] Quilligan, 2005, p. 61.
[36] Doran, 1996, pp. 40-72.
[37] Maura Gamazo, 1911, vol. I, pp. 192-193; Greer, 1991, pp. 121-122, 169-170.

No sé si alguna circunstancia política inmediata de los años 30 habría motivado la caracterización calderoniana de Tamar. La consolidación de alianzas por medio de matrimonios entre las familias reales fue una política constante de los monarcas europeos, bien ejemplificado con el doble matrimonio de Ana de Austria con Luis XIII de Francia y Felipe IV con Isabel de Borbón. Pero podía ser un arma de doble filo si faltaba un heredero masculino al trono, o si la reina se oponía a ciertas políticas del marido o de privados como Lerma o el Conde Duque. No es esa la cuestión central, sin embargo. La cuestión central es la existencia de la tragedia en la España católica del XVI y XVII. Tamar ha vuelto al olvido; cuando David pide que roncos y tristes acentos en vez de alegres salvas publiquen su retorno a Jerusalén; para otras figuras —Joab, Adonías y Salomón— las profecías fatales quedan a medio cumplir. Calderón aquí, como en otras tragedias suyas, deja la obra abierta, invitando al público a reconocer que para la Casa de David, si no para toda la humanidad, el ciclo de violaciones sexuales y de violencia política se extiende en el futuro de manera que, cuando David vuelve a Jerusalén, «más que vencedor, vencido», el final de la tragedia que queda sin decir es: «continuará».

La última escena de las dos tragedias nos deja con la imagen de un David que lamenta la pérdida de sus hijos. Quisiera sugerir que una de las soluciones al reto de crear una tragedia en España católica del XVII fue la de preferir la inversión del final edípico del hijo que mata al padre y se acuesta con la madre. En un número significante de tragedias españolas, es el padre quien destruye o bien al hijo, o a la esposa que por el amor y el sacramento matrimonial se ha hecho parte de su ser. Salvarse o no el protagonista en la otra vida a los que sobrevive en el drama, tiene que vivir y morir con el hecho de no haber podido salvar a los seres más queridos ni en esta vida ni para otra eterna.

Bibliografía

CALDERÓN DE LA BARCA, P., *Los cabellos de Absalón*, ed. E. Rodríguez Cuadros, Madrid, Espasa Calpe, 1989.

— *Los cabellos de Absalón*, ed. F. Ruiz Ramón, en *Tragedias*, 1969, vol. 3.

CASEY, J. *The History of the Family*, Oxford, Basil Blackwell Ltd., 1989.

DOLLIMORE, J. *Radical Tragedy. Religion, Ideology and Power in the Drama of Shakespeare and his Contemporaries*, Chicago, University of Chicago Press, 1984.

DORAN, S. *Monarchy and Matrimony: The Courtships of Elizabeth I*, New York, Routledge, 1996.

FLANAGAN, J. W., *David's Social Drama. A Hologram of Israel's Early Iron Age*, Sheffield, Almond, 1988.

GREER, M., *The Play of Power: Mythological Court Dramas of Pedro Calderón de la Barca*, Princeton, Princeton University Press, 1991.

HERNÁNDEZ-ARAICO, S., *Ironía y tragedia en Calderón*, Potomac, Maryland, Scripta Humanística, 1986.

JOSEPHUS, F., *Jewish Antiquities*, in *Works*, ed. Loeb Classics, 1966, vol. V.

MAURA GAMAZO, G., *Carlos II y su corte. Ensayo de reconstrucción biográfica*, Madrid, F. Beltrán, 1911, 2 vols.

MCKENZIE, S., *King David: a biography*, Oxford, Oxford University Press, 2000.

MOLINA, Tirso de, *La venganza de Tamar*, ed. A. K. G. Paterson, Cambridge, Cambridge University Press, 1969.

PARKER, G., *Europe in Crisis, 1598-1648*, Oxford, Blackwell Publishers, 2001,

REICHENBERGER, A., «The Uniqueness of the *Comedia*», *Hispanic Review*, 27, 1959, pp. 301-316.

RICHARDS, I. A., *Principles of Literary Criticism*, New York, Harcourt, Brace, 1924.

LA RECONVERSIÓN DE LA TRAGEDIA EN LOS DRAMAS DE LA ANTIGÜEDAD CLÁSICA DE ROJAS ZORRILLA

Melchora Romanos
Universidad de Buenos Aires

En el amplio panorama del teatro español del Siglo de Oro, las perspectivas que ofrece la convocatoria de este encuentro sobre la tragedia son muy heterogéneas, puesto que la problemática definición del género y los puntos de vista de la crítica acerca del significado y los alcances del concepto de tragedia conforman un capítulo de gran interés para el necesario deslinde taxonómico de esa «vil quimera» llamada Comedia nueva. Es indudable que el intento programático de los dramaturgos españoles, que hacia el final del siglo XVI se empeñaron en crear una tragedia siguiendo los cauces de los modelos renacentistas, tal como coinciden los historiadores del género, no encontró un público que consolidase este «género frustrado» definitivamente[1]. En buena medida, el elevado perfil literario sobre el que se asentaba esta tentativa no armonizaba con el tipo de espectáculo que comenzaba a afianzarse por esos mismos años, alejado en forma notoria de la pra-

---

[1] Los dramaturgos de este periodo son: Jerónimo Bermúdez, Andrés Rey de Artieda, Lupercio Leonardo Argensola, Cristóbal de Virués, Juan de la Cueva, Miguel de Cervantes, Gabriel Lobo Lasso de la Vega. Entre los trabajos fundamentales se destacan Hermenegildo, 1973; Canavaggio, 2000.

xis trágica, para concentrarse en la novedad del «monstruo cómico» llamado tragicomedia.

A comienzos de este nuevo siglo en que nos encontramos, Maria Grazia Profeti aborda esta cuestión en su trabajo «De la tragedia a la comedia heroica y viceversa»[2] y, a partir de algunas consideraciones previas de Mercedes Blanco[3], subraya «el eclipse de la tragedia como género moderno», mientras se observa que, curiosamente, a medida que se afianza la fórmula de la comedia nueva y avanza el siglo XVII, «asistimos a un nuevo interés hacia los argumentos trágicos». Las razones de este vaivén de la tragedia, en opinión de la hispanista italiana, no han sido explicadas de forma satisfactoria dado que:

> El tipo de bibliografía crítica que poseemos no nos ayuda mucho en el intento de aclarar el fenómeno: pienso en el repetirse de las intervenciones sobre todo anglosajonas hacia los años 70, intervenciones que proponen el problema casi desde un punto de vista ontológico, y con criterios de identificación de la estructura trágica muy cerrados[4].

Su propuesta, para esclarecer este problema, parte del análisis del punto de vista del emisor, y en consonancia con el clásico estudio de E. S. Morby, intenta verificar cuándo los comediógrafos áureos utilizan el término «tragedia» para calificar sus dramas[5]. Circunscripta la indagación al corpus de Lope, encuentra que las cinco piezas así definidas (exceptuando el caso de *El castigo sin venganza*) no son tan solo aquellas que ofrecen un desenlace trágico, sino que están además relacionadas con una materia noble, mítica o de la antigüedad grecolatina[6]. El término preferido por el Fénix fue sin duda el de «tragicomedia», que utiliza desde 1595 hasta 1626 y que éste aplica a dramas de distinto tipo en los que quiere subrayar el desenlace trágico.

[2] En Profeti, 2000.
[3] Blanco, 1998.
[4] Profeti, 2000, p. 100.
[5] Morby, 1943.
[6] Se trata de *La inocente sangre, Roma abrasada, El marido más firme, La bella Aurora, El castigo sin venganza* y cronológicamente corresponden a obras que van desde 1590 a 1634.

Pero antes de continuar con estos necesarios lineamientos preliminares creo que es conveniente justificar la elección de Francisco de
Rojas Zorrilla para esta conferencia en la que, de acuerdo con la convocatoria de los organizadores, pretendo acercarme a la tragedia desde un dramaturgo cuya práctica escénica se prodiga tanto en el género
cómico como en el trágico. La circunstancia es más que propicia pues
el 4 de octubre de 2007 se cumplieron cuatro siglos del nacimiento
de este poeta toledano que vivió la mayor parte de su corta vida en
Madrid, donde murió en enero de 1648. Siempre que he tenido que
afrontar las fechas de conmemoración de un escritor y hasta de aparición de ediciones de algunas de sus obras, como sucedió con el *Quijote*
en el año 2005, recuerdo lo que Jorge Luis Borges escribía en 1927,
con su maliciosa e inigualable capacidad de formulación, con motivo
del centenario de Góngora:

> Yo siempre estaré listo a pensar en don Luis de Góngora cada cien
> años. El sentimiento es mío y la palabra *Centenario* lo ayuda. Noventa y
> nueve años olvidadizos y uno de liviana atención es lo que por centena-
> rio se entiende: buen porcentaje del recuerdo que apetecemos y del mu-
> cho olvido que nuestra flaqueza precisa[7].

No cabe duda de que estas palabras denotan al menos parte de lo
que hemos experimentado quienes cultivamos con delectación esta
suerte de vicioso ejercicio de los estudios literarios, cuando debemos
y nos vemos forzados a cumplir con obligaciones y compromisos que
a veces nos impulsan a escribir sobre temas que se hallan alejados de
nuestro interés inmediato. En esta oportunidad, mi elección se debe
no tan solo al debido homenaje que Rojas Zorrilla se merece por
tratarse de uno de los dramaturgos que alcanzó en su época un destacado lugar en los corrales de comedia y el favor del rey Felipe IV, sino
a la circunstancia de que el momento en que escribe, la llamada década de oro del teatro clásico español, es en el que de un modo más
preciso se forja la consolidación de esa particular modalidad que Profeti
denomina «comedia heroica o trágica», que va a caracterizar el proceso evolutivo de la comedia nueva entre 1630 y 1640 junto con otras
proyecciones y continuidades posteriores[8].

---

[7] Borges, 1994, p. 105.
[8] Profeti, 1997.

Es el momento en que Calderón, junto con Rojas Zorrilla, los dramaturgos de la segunda generación, se muestran más conscientes de las fronteras que separan las obras cómicas y las obras trágicas y sus esfuerzos se concentran —como bien dice Mercedes Blanco— en «fundar, dentro del imperio de la comedia triunfante, una provincia claramente delimitada para la tragedia»[9]. Por ello es que, al plantearme las posibilidades del tema más adecuado para esta ocasión, nuestro homenajeado autor no podía estar ausente de este espacio dedicado a la reflexión sobre un género de tanta raigambre histórica.

El debate sobre la inexistencia de la tragedia áurea es promovido en el siglo XVII por Francisco Cascales, franco defensor de los principios neoaristotélicos, quien se cuestionaba de este modo acerca de la supuesta incapacidad de los españoles para producirla: «Agora se me ha venido al pensamiento, no sé si es muy a propósito, cómo en España no se representaron tragedias. ¿Es por ventura porque tratan de cosas tristes y somos inclinados a cosas alegres?»[10]. En consonancia con esta supuesta idiosincrasia hispánica, poco inclinada a los espectáculos que provoquen pesares y muevan a compasión al público, resulta por cierto muy significativa la opinión que vierte Ugo, uno de los interlocutores de López Pinciano en el diálogo sobre la tragedia de la *Filosofía antigua poética*: «Eso señor, no entiendo, porque nunca oí tragedia que no saliese con mil pesadumbres de ella, y cuando veo los rótulos que la publican, huyo de los teatros como si fueran mis enemigos, y no lo son mucho»[11].

Verdaderos ríos de tinta han hecho correr teóricos y críticos, con especial intensidad en el siglo XVIII, denunciando la inhabilidad española para la tragedia. Sin embargo esta problemática, por lo que al Siglo de Oro se refiere, cuenta con numerosos estudiosos que han llevado a cabo la defensa e ilustración de la existencia de una verdadera tragedia áurea, entre los que se encuentra Vitse, quien al plantearse esta cuestión en el conjunto de la compleja taxonomía del teatro áureo se refiere de este modo al procedimiento adoptado para alcanzar la definición del género:

[9] Blanco, 1998, p. 50.
[10] Cascales, 1617, p. 340.
[11] López Pinciano, 1953, vol. II, p. 305.

En vez de buscar alguna concordancia teórica con uno u otro de los modelos trágicos *universales*, es decir vigentes en Europa o en el mundo occidental, lo que se intentaba, con mucho más provecho, era, pragmáticamente, analizar las obras concretas del rico acervo de la Comedia, para llegar a la definición empírica de un modelo trágico *sui generis*, que pueda servir como instrumento adecuado para internarse luego en el universo trágico particular de tal o cual dramaturgo[12].

Como resultado de esta operativa llega a la fijación de un género trágico cifrable en tres términos clave: perspectiva, riesgo y alejamiento. Habrá tragedia cuando el espectador / lector comparta, como en una perspectiva onírica, la angustia experimentada por el personaje, cuando sea su reacción la que pueda tener en una pesadilla; a su vez, esto no puede darse si el personaje no se encuentra en situaciones en que se ven puestos en juego los fundamentos éticos, políticos, míticos o metafísicos de la sociedad o del individuo. En síntesis, si el personaje no corre un riesgo trágico, susceptible de provocar el temor y conmiseración del espectador; simultáneamente, con el fin de evitar que todo se transforme en una pesadilla real y pueda, en cambio, alcanzar el efecto catártico de obra artística, el poeta establecerá cierta distancia entre el *hic et nunc* del espectador y el marco de la acción representada, tendrá que alejarla en el espacio (el no centro de la Monarquía hispánica) y en el tiempo (la no contemporaneidad). Esto lleva al crítico francés a considerar que si se admiten estos tres criterios como requisitos mínimos para que se pueda hablar de tragedia, Calderón es el autor trágico áureo por excelencia[13].

Estas pautas delineadas por Marc Vitse ofrecen una perspectiva interpretativa generalizadora que en conjunto se acomodan al perfil de la producción trágica áurea pero a mi juicio deben ser integradas en otro enfoque crítico que propone leer el fenómeno desde un punto de vista no teórico, sino desde la historia del espectáculo, y que es el que ofrece M. G. Profeti, en el trabajo antes mencionado, por cuanto entiende que hacia 1630 los comediógrafos tienen plena conciencia de haberse apartado de la tragedia renacentista y de estar ensayando la «comedia heroica o trágica», que Calderón y Lope cultivan a la vez

---

[12] Vitse, 1997, p. 61. En este trabajo el autor resume sus propuestas anteriores sobre el tema, 1983 y 1988.

[13] Vitse, 1997, p. 62.

y de forma homóloga junto a otros dramaturgos. La caracterización que traza detenida y certeramente puede cifrarse en esta definición: «La estilización de los personajes, el código simbólico, la preponderancia de la palabra sobre la acción, perfilan la nueva forma de la comedia trágica»[14]. Por tanto, ahora sobre estas consideraciones preliminares trataré de plantearles en qué medida Rojas Zorrilla ofrece en sus comedias trágicas las adecuaciones a una modalidad que busca la renovación de la fórmula de la comedia sustentada en un firme canon teatral al que se adhieren incondicionalmente todos los escritores que pretenden el éxito.

Una suerte de constante con la que la crítica suele caracterizar la obra del dramaturgo toledano se asienta en destacar su originalidad y extravagancia para el tratamiento y la resolución de algunos de los temas conflictivos que se prodigan en la comedia áurea. En el fundacional estudio de Cotarelo de los primeros años del siglo XX se consagra esta definición:

> Voluntariamente quiso apartarse de la pauta normal de nuestro teatro, buscando nuevos problemas morales y lances en que el choque de las pasiones humanas revistiese formas inusitadas en nuestra escena. Su atrevimiento le indujo a idear situaciones ultratrágicas (fratricidios, filicidios, violaciones) y a presentar conflictos de honor muy poco comunes en nuestro teatro antiguo[15].

No es esta ocasión para trazar un inventario crítico concordante en el demérito pero me voy a permitir acercarles dos opiniones más, distantes en el tiempo y en la procedencia geográfica de quienes las sustentan, que he seleccionado entre las muchas que ha merecido nuestro autor. Una del Conde de Schack, quien sostiene que Rojas

> Tenía una afición particular a lo exagerado y a lo extraño, como se manifiesta en los argumentos caprichosos de sus comedias y en sus verdaderas extravagancias en el desenvolvimiento de los mismos. Su juicio es francamente lapidario pues afirma además que esta inclinación solo en-

---

[14] Profeti, 1997, p. 122.
[15] Cotarelo y Mori, 1911, p. 119.

gendra monstruos que recuerdan los sueños de un calenturiento, y las ex-
centricidades más desaliñadas en sus creaciones[16].

La otra opinión desfavorable es la formulada por E. M. Wilson y
D. Moir en el volumen sobre el Teatro de la *Historia de la Literatura
española, Siglo de Oro*: «Es un autor que se complace en lo macabro;
como concienzudo trágico neosenequista, acumula horrores en violentos dramas de venganza»[17].

Pero, para no limitarnos tan solo a los juicios negativos con que
estos historiadores del teatro barroco juzgan a Rojas Zorrilla, les recor-
daré que por el contrario Valbuena Prat —tal como recuerda Francisco
Ruiz Ramón— considera que es un gran trágico y «uno de los autores nacionales que más ha comprendido la dignidad del coturno
griego»[18]. En esta confluencia valorativa de signo positivo pero aún
más ampliamente solventada se encuentra el libro de Raymond R.
MacCurdy, de 1958, *Francisco de Rojas Zorrilla and the Tragedy*, que estima que se trata del mayor trágico español lo que resulta sin duda
más que excesivo ya que tal como acota Ignacio Arellano «se supone
que con el permiso de don Pedro Calderón, al que MacCurdy no
parece haber leído»[19].

Si me he demorado en este panorama que ofrecen algunos de los
historiadores del teatro es porque en esta oscilante inclinación a favor
o en contra de sus logros dramáticos, que por otra parte no es ajena
a los criterios que han prevalecido para juzgar las tragedias de
Calderón, se puede percibir la siempre reticente incomprensión del
fenómeno teatral barroco que se forja en el siglo XVIII, se retrotrae en
parte con el romanticismo decimonónico y vuelve a sus cauces menos
proclives con la configuración neoclásica y positivista del canon teatral
de Menéndez Pelayo. Un ejemplo de indudable significación que
muestra los aspectos contradictorios que parecen acompañar la recepción de la tragedia áurea, es el proceso de las lecturas de las tragedias
del honor de Calderón: *El médico de su honra, A secreto agravio secreta
venganza* y *El pintor de su deshonra*. En 1881, al conmemorarse el se-

[16] Schack, 1887, vol. V, p. 48.
[17] Wilson y Moir, 1974, p. 206.
[18] Ruiz Ramón, 1971, p. 299.
[19] Arellano, 1995, p. 553.

gundo centenario de la muerte del dramaturgo, Menéndez Pelayo afirmaba, con desconcertada visión de la intencionalidad con que fueron escritos: «Los tres dramas calderonianos [...] son radicalmente inmorales a los ojos de la ética absoluta»[20]. Francisco Ruiz Ramón, uno de los más lúcidos estudiosos del tema, plantea en su libro *Calderón y la tragedia* las muchas y complejas implicaciones que encierra la comprensión de estas obras y los grados contrapuestos de ideologización al leerlos como una defensa del honor o como un ataque o denuncia. La historia de esta recepción mostraría «cómo Calderón es convertido en un dramaturgo eminentemente conservador y retrógrado, ideológicamente hablando, o en un dramaturgo protestario y avanzado —más o menos—, dependiendo de la lectura ideológica que el crítico elija hacer»[21].

Para el caso particular de la obra de Rojas Zorrilla, dramaturgo que después de sus éxitos en el siglo XVII, padece del casi desconocimiento por parte de la crítica especializada, carece de ediciones críticas con excepción de algunas contadas piezas y está ausente de los escenarios, es comprensible que el repertorio de juicios consolidados acerca de su creación dramática haya evolucionado en forma menos favorable. Los trabajos que el Instituto Almagro de Teatro Clásico de la Universidad de Castilla-La Mancha, dirigido por Felipe Pedraza Jiménez, con su proyecto editorial y el estudio de muchas de las comedias del autor han ido consolidando, aun antes de las actividades desarrolladas en el año 2007 con motivo del cuarto centenario de su nacimiento, la mayor presencia y conocimiento de este escritor.

El planteamiento que en estas circunstancias me he propuesto es el de la revisión de algunas cuestiones de la concepción de la tragedia o, si se prefiere, de la «comedia trágica» de Rojas para lograr alcanzar la comprensión de su propuesta así como las razones en las que se asientan los juicios contradictorios que he comentado. MacCurdy traza una clasificación basada en la temática que resulta poco precisa ya que se superponen en algunos apartados componentes que coinciden en la constitución misma del género, por ejemplo: tragedias de honor, tragedias de venganza o tragedias de sangre y tragedias de jus-

---

[20] Menéndez Pelayo, 1910, p. 299.
[21] Ruiz Ramón, 1984, p. 107.

to castigo[22]. Arellano, que siguiendo a Valbuena Prat simplifica los criterios y mantiene el ordenamiento según la línea argumental, agrupa las obras en tres «subgéneros» o grupos: 1) de acciones clásicas como *Progne y Filomena*, *Lucrecia y Tarquino*, *Los áspides de Cleopatra*; 2) de honor conyugal como *Casarse por vengarse*, *Del rey abajo ninguno*; 3) de conflictos deber-paternidad como *No hay ser padre siendo rey*, *El Caín de Cataluña*[23].

Las tragedias de las que me voy a ocupar, tal como propone el título de esta conferencia, pertenecen al primer grupo y comenzaré, pues, por explicar las razones por las que me he inclinado precisamente por las tres que acabo de citar en la descripción de cada uno de los apartados[24]. En primer lugar, resulta más que evidente que, si la propuesta de los dramaturgos de la década de oro se centraba en el retorno a la tragedia, el material a utilizar debería de tener una inequívoca impronta consagrada ya como tal por la tradición europea y española. La raigambre grecorromana en la que se encuentran inmersas estas tres tragedias, sus antecedentes literarios tanto históricos como mitológicos, le conferían tan solo desde el enunciado del título una recepción condicionada y certera por parte del público. Contaban además con un valor agregado ya que —recuerda Profeti— «el argumento histórico, especialmente de la historia clásica, puede preciarse de un fin didáctico; aparece, por lo tanto "moral" y "docto", capaz de elevar al auditorio, de enseñar»[25]. Bances Candamo, ya hacia fines del siglo XVII, formula la peculiar condición genérica que la sitúa en el *delectare et prodesse* horaciano de este modo: «Las Comedias de historia, por la mayor parte, suelen ser ejemplares que enseñen con el suceso eficacísimo, en los números, para el alivio»[26].

El segundo motivo por el que he seleccionado las tragedias de la Antigüedad clásica estriba en el hecho de que precisamente los reiterados rótulos de truculencia, tremendismo y violencia que aparecían

---

[22] MacCurdy, 1958, p. 85.

[23] Arellano, 1995, p. 554. Misma clasificación adopta Ruiz Ramón, 1971, p. 300.

[24] Dejo de lado una tragedia de las que pertenecen a este núcleo temático, *Los encantos de Medea*, por cuanto si bien la materia es trágica el tratamiento dado la acerca a una comedia de magia con despliegue de tramoya y efectos escenográficos sin profundización de los personajes. Ver Cattaneo, 1992.

[25] Profeti, 2000, p. 111.

[26] Bances Candamo, 1970, p. 35.

en las opiniones de los críticos, contrarios a la producción trágica de
Rojas, se fundan especialmente en lo que una de las más importantes
estudiosas actuales de este autor, María Teresa Julio, define como el
«hiperdramatismo» presente en la elección de los temas y su tratamiento[27]. Como es comprensible, cualquier conocedor de las historias que
se recrean en *Progne y Filomena, Los áspides de Cleopatra* y *Lucrecia y
Tarquino* sabe que violaciones, suicidios y crímenes sangrientos se
prodigan para cumplir con los requisitos que configura el género que
así define el Pinciano: «Tragedia es imitación de acción grave y perfecta y de grandeza conveniente en oración suave, la cual contiene en
sí las tres formas de imitación, cada una de por sí, hecha para limpiar
las pasiones del alma, no por narración, sino por medio de misericordia y miedo»[28]. Ahora bien, la larga tradición literaria y los textos
que sirven de inspiración para estas comedias trágicas merecen ser con-
siderados por cuanto la selección de los materiales conlleva una decisiva función programática en la reconversión de la tragedia que realiza Rojas Zorrilla. Este aspecto es analizado en forma muy precisa y
exhaustiva por M.ª Teresa Julio en su estudio, por lo que tan solo
señalaré aquellos elementos que entiendo como necesarios para mi intento.

Progne y Filomena se representó el 10 de enero de 1636 en el Palacio
Real y fue publicada por el dramaturgo en la *Parte Primera* de sus comedias (Madrid, 1640)[29]. En las *Metamorfosis*, Libro VI, (vv.412-674),
Ovidio narra esta truculenta historia de las dos hermanas: Progne, casada con Tereo, y Filomela, de quien éste se enamora. Mientras la conduce desde Atenas a su reino la viola en un bosque y le arranca la
lengua para que no pueda contar a nadie lo sucedido. Cuando Progne
conoce la afrenta, va al encuentro de su hermana y traman la violenta venganza contra su esposo, que consiste en dar muerte a su hijo Itis
y ofrecérselo como comida en un banquete. Al reclamar la presencia
de su hijo, Filomela le arroja a Tereo la cabeza del niño. Es, sin duda,
como plantea M.ª Teresa Julio, una historia tremendista y cruel que le
ofrecía a Rojas la oportunidad de «presentar un drama sangriento,

---

[27] Julio, 2000. Entre otros trabajos de esta estudiosa véase también su libro de
1996.
[28] López Pinciano, 1953, p. 307.
[29] Por la compañía de Juan Martínez de los Ríos, Cotarelo, 1911, p. 211.

hiperdramático, donde recrearse en la crueldad de las protagonistas, la maldad del tirano o la debilidad de los inocentes»[30]. Debe recordarse además que había dos versiones teatrales anteriores: la *Filomena* de Timoneda (1564) y la *Progne y Filomena* de Guillén de Castro (1618), obra de la que esta estudiosa puntualiza algunas de las situaciones que Rojas ofrece en su tragedia pero que no están en Ovidio[31].

La resolución del dramaturgo consiste en modificar lo más trágico de la narración: no aparece Itis, el hijo, por lo que el brutal filicidio es eliminado. En su lugar, incorpora el personaje de Hipólito, hermano de Tereo, enamorado de Filomena quien también lo ama, con lo que adapta el mecanismo de la trama a los códigos de la comedia heroica: la acción se dispone alrededor de una doble pareja. La intriga amorosa se complica en tanto el matrimonio de Tereo y Progne parte de un error fatídico surgido de la elección de su mujer que éste realiza sobre dos retratos de las hermanas que llevaban los nombres cambiados, por lo cual termina casándose con la mujer que no quiere. De este modo, un conjunto de mecanismos de enredo se ponen en juego mientras que lo que se conserva de la mítica historia es tan solo aquello que cabe en una tragedia de amor, honor y venganza, pues las hermanas se unen para dar muerte a Tereo, el doble ofensor: violador de Filomena y adúltero en relación con Progne.

Es evidente que Rojas se mueve con mucha cautela y oficio en lo que hace al riguroso respeto que las leyes del decoro imponían en la comedia de este período. «Hay pues muchas cosas —dice Mercedes Blanco— que para esta sociedad española del XVII no sólo son moralmente reprobables, sino también escandalosas, aborrecibles hasta lo intolerable, traumáticas, objeto de tabú»[32]. Sabe hasta dónde puede llegar y arriesga en lo menos comprometido aunque recurre a situaciones que producen expectación en el público como sucede, por ejemplo, en la escena inicial de la jornada segunda en la que Filomena sale a escena, según indica la acotación, «medio desnuda, con una luz y una espada en la mano» y se encuentra con Progne a la que le confiesa que Tereo ha intentado abusar de ella[33]. De este modo, la violación fi-

---

[30] Julio, 2000, p. 183.
[31] Julio, 2000, p. 184, nota 6. Trambaiolli, 1997, analiza las relaciones con Guillén de Castro.
[32] Blanco, 1998, p. 56.
[33] Rojas Zorrilla, 1952, ed. BAE, vol. LIV, p. 45b.

nal de Filomena es un hecho anunciado y, como corresponde, no se produce en escena sino que va a consumarse *dentro* y avanzada la acción será contada, mientras que lo que el espectador va a ver es la lamentable condición en que se encuentra después del ultraje: «bañada en sangre, suelto el cabello y sin chapines» y «arroja sangre por la boca»[34]. Ha recibido una herida en la lengua pero Tereo no se la arranca como en el relato de Ovidio. La muerte del violador, ejecutada por las dos hermanas, se desarrolla entre bastidores pero luego aparece en la cama su cuerpo apuñalado. M.ª Teresa Julio señala que así lo aconsejaba Horacio: «no presentará en escena hechos que deban transcurrir entre bastidores y apartará de los ojos del espectador gran número de cosas que pronto relatará la elocuencia de un testigo presencial»[35].

La conclusión a la que podemos arribar es que, si nos atenemos a la versión del poema ovidiano, Rojas desecha el horror del filicidio y algunas de las situaciones de violencia y sangre, pero conduce los componentes trágicos inherentes a la historia por cauces que, si bien son trágicos, tanto el modo de presentarlos como los recursos que pone en juego en el tablado se concentran en la recreación imaginaria del suceso. De este modo, logra, por medio de la presentación patética de los personajes, mostrar los efectos causados por el padecimiento y en el discurso de elevado tono retórico que informa de los hechos se condensa su sufrimiento. Nos encontramos, pues, con todos los componentes de la comedia trágica o heroica: personajes elevados, historia de consagrados antecedentes literarios que necesariamente debe ser reconvertida para acomodarse a los moldes del género, antes que acciones la narración de los sucesos en extensos parlamentos y lo trágico y lo cómico mezclado.

Este componente en *Progne y Filomena* no es, por cierto, lo más logrado pues los dos graciosos, Chilindrón y Juanete, protagonizan dos situaciones entremesiles: una de tono escatológico en la que Juanete es quien sale mal parado; otra es la que éste trama a su vez para vengarse de Chilindrón. Ambas carecen de vinculación con la acción trágica y están jugadas en momentos de gran tensión dramática por lo que el corte produce un distanciamiento que suspende el fluir de los acontecimientos. No sorprende que tanto Mesonero Romanos, que cali-

---

[34] Rojas Zorrilla, 1952, ed. BAE, vol. LIV, p. 51c.
[35] Julio, 2000, p. 194.

fica a los graciosos de payasos, como M.ª Teresa Julio encuentren molesta su presencia. ¿Acaso la vena cómica tan reconocida de Rojas tenía que hacerse presente porque era lo que los espectadores reconocían como su marca personal? Pero no siempre, al menos en estas tragedias histórico-mitológicas, se confrontan el horror y la risa.

Lucrecia y Tarquino ofrece, por contrapartida, una construcción dramática más lograda que ha sido señalada en particular por críticos como MacCurdy, quien además la ha editado[36]. La historia es conocida pues se trata de la violación de Lucrecia por Sexto Tarquino que narra Tito Livio, pero, como bien muestra el editor, Rojas sigue de cerca la versión de Virgilio Malvezzi, *Il Tarquino Superbo* (1632), traducida al castellano por Francisco Bolle Pintaflor en 1635, y en este caso, hay un único cambio en relación con la fuente. En el momento de la violación —según narra Malvezzi— que recoge la tradición histórico legendaria, Tarquino convence a la mujer que finalmente, después de resistirse, accede a sus deseos, amenazándola con que si no consiente pondrá en su cama el cuerpo de un esclavo muerto y la acusará de haber cometido adulterio.

Es lógico que aunque el consentimiento estuviera justificado por una causa de fuerza mayor, Rojas no lo acepta y en cambio resuelve mostrar a Lucrecia sin la menor duda de su honestidad, para lo cual recurre al subterfugio de que pierda el sentido en el momento del ultraje. La escena no es vista sino que la cuenta ella en el parlamento final antes del suicidio, con estas palabras:

> Yo que no temía la muerte
> yo que el vivir tuve en poco,
> yo que sólo a mi opinión
> y al honor atendí sólo,
> caí en la mayor afrenta,
> choqué en el mayor escollo;
> que no contra la desdicha
> recatos son poderosos.
> No porque en mí hubiese culpa;
> que en un desmayo penoso

---

[36] Rojas Zorrilla, *Lucrecia y Tarquino*, 1963.

cadáver fui a su torpeza,
mármol frío, inmóvil tronco[37].

No se da en este caso el ocultamiento del suicidio de la protagonista sino que se clava un puñal delante de todos, a modo de un sacrificio expiatorio:

> [...] vengarme yo de [mí] misma
> será venganza de todos.
> Y este riguroso acero
> entre en mi pecho hasta el pomo;
> lave con sangre esta mancha;
> y en desdichados elogios
> digan que de mis desdichas,
> por menor la muerte escojo[38].

Desde el comienzo de la obra la construcción y el funcionamiento de los aspectos trágicos denotan un hábil manejo de los elementos
constitutivos de la trama. El clima de violencia y guerra que caracteriza a los Tarquinos conforma el marco en el que se va a proyectar
la tragedia personal. Así, en la primera escena de la tragedia Sexto
Tarquino muestra y describe de modo eficaz su carácter tiránico y
despiadado en el relato del asalto al senado:

> Con los pocos soldados
> que estaban en tus tiendas alojados
> en ira, en sangre y en furor envuelto
> llegué al Senado, intrépido y resuelto.
> Cerráronme las puertas,
> mas fueron luego con violencia abiertas;
> que en levantando el vengativo brazo,
> ni en rastrillos ni en puertas me embarazo[39].

A la presencia y las palabras de un anciano que se interpone para
evitar que avance a menos que rompa su pecho, le responde atrave-
sándolo con la espada:

---

[37] Rojas Zorrilla, 1963, p. 107, vv. 2108-2119.
[38] Rojas Zorrilla, 1963, p. 108, vv. 2148-2155.
[39] Rojas Zorrilla, 1963, p. 43, vv. 9-16.

Yo, que del hado
nací a violencias tales inclinado,
abrí puerta en su pecho como él dijo;
que no hará nada en tales ocasiones
si el que reinar pretende oye razones[40].

Después de entrar, asesina a todos y solamente perdona la vida a
Bruto porque cree que es loco. La construcción de este personaje, que
se define a sí mismo como «fingido loco y cauteloso cuerdo», es un
hallazgo en esta comedia heroica, pues, en acertada opinión de
MacCurdy, va a funcionar como el coro de la tragedia griega, al margen de las situaciones que se encarga de comentar y de subrayar mediante un bien aprovechado manejo del aparte. Por ejemplo, en el
momento de despedirse Colatino de su mujer Lucrecia, pues debe
continuar con la guerra, cae una blanca paloma atravesada con una
saeta a los pies del marido salpicándolos con sangre. Este símbolo visual premonitorio es comentado en un aparte por Bruto: «(Prodigio
extraño, amenaza / de tragedias miserables)»[41].

En la jornada segunda, cuando la imprudencia de Colatino que ha
disputado con los Tarquinos sobre la honestidad de su mujer provoca
el primer encuentro de Sexto Tarquino con Lucrecia, el comportamiento de éste es puesto en evidencia por Bruto, nuevamente en un
aparte:

(O yo estoy loco del todo
o Sexto Tarquino mira
la honestidad de Lucrecia
con los ojos de la envidia)[42].

La situación se tensa y alcanza el clímax más álgido en el momento
en que el homenajeado visitante, al acabar de beber de un vaso de
vidrio e ir a colocarlo en la salvilla lo deja caer y se rompe. Ahora es
Colatino quien interpreta el valor simbólico del agüero:

---

[40] Rojas Zorrilla, 1963, p. 44, vv. 43-48.
[41] Rojas Zorrilla, 1963, p. 58, vv. 548-549.
[42] Rojas Zorrilla, 1963, p. 81, vv. 1269-1272.

(¡Qué turbación tan notable!
Si como vidro peligra
el honor, ya tengo ejemplo
que me previene y me avisa.)[43].

Una muestra más de la cuidada elaboración de los mecanismos con que Rojas fragua su reconversión de la materia trágica en esta comedia heroica, se pone en evidencia en la lograda funcionalidad que adquiere el único intermedio cómico que no resulta en modo alguno superfluo ni descolgado de la acción. En el festín que organizan las esposas de los hermanos de Sexto Tarquino en ausencia de sus maridos, se representa dentro de la comedia una comedia de materia mitológica tratada de modo burlesco, que tiene por tema el juicio de Paris y las tres diosas (Juno, Venus y Palas) las caules debaten entre ellas cuál es la más hermosa. La representación se interrumpe al llegar Acronte, Tito y Colatino, los maridos que han puesto como juez de la belleza y virtud de sus mujeres a Sexto Tarquino en acción tan descabellada la una como la otra.

Si bien este aspecto no es el que ahora me interesa analizar para mi objetivo, es importante también señalar que *Lucrecia y Tarquino* y las otras dos tragedias de la historia antigua grecorromana resultan notables también en la forma de la expresión, pues Rojas deja ver la presencia del gongorismo que invade el lenguaje de los personajes, rasgo que ha sido interpretado por Profeti como una evidencia de la necesidad de adaptar a los nuevos gustos de un público más exigente la fórmula de la comedia, en esta década que funciona a modo de bisagra entre las dos épocas bien diferenciadas por los aspectos técnicos y literarios de la representación[44]. Es digno de destacar que Mesonero Romanos, por cierto nada proclive al gongorismo, en la introducción a su edición de Rojas Zorrilla de la Biblioteca de Autores Españoles opinaba que el dramaturgo «afectando el estilo hinchado que entonces era de moda, y procurando sobrepujar en él a sus competidores» buscaba precisamente el aplauso popular[45].

---

[43] Rojas Zorrilla, 1963, p. 82, vv.1279-1282
[44] Profeti, 2000, pp. 106-107.
[45] Mesonero Romanos, ed. de *Comedias escogidas de Don Francisco de Rojas Zorrilla*, 1952, p. XIV.

La última de las obras seleccionadas en esta trilogía que me he propuesto acercarles es *Los áspides de Cleopatra*, obra que M.ª Teresa Julio en su estudio relaciona directamente con la *Historia de Marco Antonio y Cleopatra, la última reina de Egipto* de Alonso de Castillo Solórzano publicada en Zaragoza en 1639, aunque es evidente que las fuentes pueden proceder del conocimiento de los muchos autores que han tratado esta historia a lo largo de los siglos (Tito Livio, Cornelio Tácito, Plutarco, Josefo, Lucano y Pedro Mexía). Una vez más los cambios introducidos se orientan a la necesaria adaptación de la historia a la estructura de la comedia heroica, configurada sobre el juego de al menos dos parejas y sus posibles juegos amorosos combinatorios. Por esta razón los personajes son solteros, modo en que Rojas se aparta del adulterio consentido, y así encontramos a dos miembros del triunvirato romano, César Octaviano y Marco Antonio disputándose el amor de Cleopatra y al tercero, Lépido, enamorado no correspondido de Irene, la hermana de César Octaviano que, antes de que éste conociese a la reina de Egipto y sucumbiese a su belleza y amor, estaba comprometida con Marco Antonio.

Por lo tanto, los históricos móviles políticos y las disputas por el poder van a reconvertirse en trágicos enredos amorosos desprovistos de toda intención que no se avenga con los efectos de la pasión desenfrenada que arrastra a los personajes a su destino fatal. En el final introduce Rojas, en relación con el relato de Castillo Solórzano, un cambio de perspectiva en las muertes de los enamorados pues, mientras éste le concede mayor preponderancia a Marco Antonio, el dramaturgo se concentra especialmente en la muerte de Cleopatra optando por la espectacularidad.

El suicidio nuevamente es representado en escena y a la vista de todos —los otros protagonistas y el público— la reina, que según indica la acotación sale medio desnuda, se pone un áspid en cada brazo de los que ha de correr sangre y en un patético parlamento final pronuncia esta suerte de epitafio:

> Ved este extremo de amor [...]
> Tuya soy, Antonio mío,
> con parasismos anhele
> esta llama a quien le falta
> materia en que se alimente;
> yo muero y muero de amor,

> volved a llorar, cipreses,
> háganme exequias los mares,
> corran lágrimas las fuentes,
> y todos a una voz digan
> cuando mi ruina cuenten,
> que aquí murió Marco Antonio,
> y que aquí Cleopatra muere[46].

Se cumple de este modo la maldición premonitoria que una mujer, condenada por la reina a morir envenenada por un áspid a causa de su prohibida conducta amorosa, pronuncia antes de ser ejecutada:

> El cielo, puesto que muero,
> con justicia soberana,
> permita, reina tirana,
> que te mate un áspid fiero,
> y también llego a pedir
> que por más sangrienta espada
> mueras tan enamorada
> como yo voy a morir[47].

Si bien —como señala Ignacio Arellano— no es posible aceptar la opinión excesiva de MacCurdy acerca de que esta es la más poética tragedia amorosa del Siglo de Oro, es posible encontrar algunos diálogos de los enamorados de lograda expresión lírica[48].

Creo que el itinerario recorrido nos permite ya concluir con algunas consideraciones acerca de los aportes de Rojas Zorrilla a la tragedia de la década de oro de la comedia áurea. Si desde el título y a lo largo de mi exposición he utilizado el vocablo 'reconversión' para el programático retorno al género trágico, que voluntariamente se propuso poner en vigencia, y no 'recreación' o 'adaptación', es porque entiendo que la operación realizada en esta trilogía consiste más en la 'acción y efecto de volver una cosa en otra'.

Los mecanismos de conversión mostrados en cada caso, con sus matices diferenciadores, conducen siempre a una misma operación:

[46] Rojas Zorrilla, 1952b, p. 440c.
[47] Rojas Zorrilla, 1952b, p. 427b.
[48] Arellano, 1995, p. 561.

volcar en el molde de la comedia llámese heroica o trágica, aceptado como único y dominado técnicamente por los dramaturgos de la segunda generación, los materiales, en este caso, de la antigüedad para satisfacer las demandas de un público que está a la espera de soluciones nuevas, aunque éstas nunca deben de ser demasiado atrevidas si no, se puede correr el peligro de que le silben la comedia como le sucedió al mismo Rojas en la representación de *Cada cual lo que le toca*.

En cuanto al clamor de la crítica acerca del extravagante gusto por el horror, la violencia, los casos extremos a los que parece inclinarse, no olvidemos que la *Poética* consideraba que la compasión y el temor también pueden causar placer. Robortello justifica así esta cuestión:

> La comedia agrada porque imita de manera jocosa acciones humanas risibles; la tragedia porque imita con artificio la tristeza, el luto y la calamidad que afectan a los mortales. Si se me pregunta cuál de esos dos placeres es superior, osaría afirmar que el que procede de la tragedia lo es, y con mucho, puesto que toca más profundamente nuestra entraña y nos afecta de modo más especial, además de que su imitación se realiza de una manera que es, en cierto sentido, más vigorosa[49].

¿Por qué no aceptar que Rojas Zorrilla y el público que lo seguía compartían esta opinión?

---

[49] La cita de *In librum Aristotelis de Arte Poetica explicationes* (Florencia, 1548) de Robortello, la he tomado de la trascripción y traducción de Weinberg, 2003, p. 95.

BIBLIOGRAFÍA

ARELLANO, I., *Historia del Teatro Español del siglo XVII*, Madrid, Cátedra, 1995.

BLANCO, M., «De la tragedia a la comedia trágica», en *Teatro español del Siglo de Oro. Teoría y práctica*, ed. C. Strosetzki, Frankfurt/Madrid, Vervuert/Iberoamericana, 1998, pp.38-60.

BANCES CANDAMO, F. A., *Theatro de los theatros de los passados y presentes siglos*, ed. Duncan W. Moir, London, Tamesis, 1970.

BORGES, J. L., «Fechas. Para el centenario de Góngora», en *El idioma de los argentinos*, Buenos Aires, Espasa Calpe/Seix Barral, 1994.

CANAVAGGIO, J., «La tragedia renacentista española: formación y superación de un género frustrado», en *Un mundo abreviado: aproximaciones al teatro áureo*, Madrid, Universidad de Navarra/ Iberoamericana/Vervuert, 2000, pp. 15-32.

CASCALES, F. de, *Tablas poéticas*, Murcia, 1617, en F. Sánchez Escribano y A. Porqueras Mayo, *Preceptiva dramática española del Renacimiento y el Barroco*, Madrid, Gredos, 1965, pp. 166-176.

CATTANEO, M. T., «Medea, entre mito y magia. En torno a la comedia de magia de Rojas Zorrilla», en *La comedia de magia y de santos*, Madrid, Júcar, 1992, pp. 123-131.

COTARELO Y MORI, E., *Don Francisco de Rojas Zorrilla. Noticias biográficas y bibliográficas*, Madrid, Imprenta de la Revista Archivos, 1911.

HERMENEGILDO, A., *La tragedia en el Renacimiento español*, Barcelona, Planeta, 1973.

JULIO, M. T., *La recepción dramática: aplicación al teatro de Rojas Zorrilla*, Kassel, Reichenberger, 1996.

— «Hiperdramatismo en el teatro de Rojas Zorrilla: ¿innovación o continuidad?», en *Francisco de Rojas Zorrilla poeta dramático. Actas de las XXII Jornadas de Teatro Clásico*, ed. F. B. Pedraza Jiménez, R. González Cañal y E. Marcello, Almagro, Festival de Almagro/Universidad de Castilla-La Mancha, 2000, pp. 179-208.

LÓPEZ PINCIANO, F., *Filosofía antigua poética*, ed. A. Carballo Picazo, Madrid, CSIC, 1953, 3 vols.

MAC CURDY, R. R., *Francisco de Rojas Zorrilla and the Tragedy*, Albuquerque, The University of New Mexico Press, 1958.

MENÉMDEZ PELAYO, M., *Calderón y su teatro*, Madrid, Revista de Archivos, 1910.

MESONERO ROMANOS, R., «Apuntes biográficos, bibliográficos y críticos de don Francisco de Rojas Zorrilla», en su ed. de *Comedias escogidas de don Francisco de Rojas Zorrilla*, Biblioteca de Autores Españoles, vol. LIV, Madrid, Real Academia Española, 1952, pp. V-XXIV.

MORBY, E. S., «Some observations on Tragedia and Tragicomedia in Lope», *Hispanic Review*, 11, 1943, pp. 185-209.

PROFETI, M. G., «El último Lope», en *La década de oro en la comedia española 1630-1640, Actas de las XIX Jornadas de Teatro Clásico de Almagro, julio de 1996*, ed. F. B. Pedraza Jiménez y R. González Cañal, Almagro, Festival de Almagro/Universidad de Castilla-La Mancha, 1997, pp. 11-39.

— «De la tragedia a la comedia heroica y viceversa», *Theatralia. Tragedia, Comedia y Canon*, 3, 2000, pp. 99-122.

ROBORTELLO, F., *In Librum Aristotelis de Arte Poetica explicationes*, Florencia, 1548, en B. Weinberg, *Estudios de poética clasicista. Robortello, Escalígero, Minturno, Castelvetro*, Madrid, Arco/Libros, 2003.

ROJAS ZORRILLA, F. de, *Los áspides de Cleopatra*, en *Comedias escogidas*, ed. R. de Mesonero Romanos, Biblioteca de Autores Españoles, vol. LIV, Madrid, Real Academia Española, 1952, pp. 421-440.

— *Lucrecia y Tarquino*, ed. R. R. MacCurdy, Albuquerque, University of New México Press, 1963.

— *Progne y Filomena*, en *Comedias escogidas*, ed. R. de Mesonero Romanos, Biblioteca de Autores Españoles, vol. LIV, Madrid, Real Academia Española, 1952, pp. 39-60.

RUIZ RAMÓN, F., *Historia del Teatro Español, (Desde sus orígenes hasta 1900)*, Barcelona, Alianza Editorial, 1971, 2.ª ed.

— *Calderón y la tragedia*, Madrid, Alhambra, 1984.

SCHACK, A. F., *Historia de la Literatura y el arte dramático en España*, Madrid, trad. española de E. De Mier, 1885-1887, 5 vols.

TRAMBAIOLI, M., «Una obra mitológica de corral: *Progne y Filomena* de Rojas Zorrilla», en *La década de oro en la comedia española 1630-1640, Actas de las XIX Jornadas de Teatro Clásico de Almagro, julio de 1996*, ed. F. B. Pedraza Jiménez y R. González Cañal, Almagro, Festival de Almagro/Universidad de Castilla-La Mancha, 1997, pp. 263-280.

VITSE, M., «Notas sobre la tragedia áurea», *Criticón*, 23, 1983, pp. 15-33.

— *Éléments pour une théorie du théâtre espagnol du XVII siècle*, Toulouse, PUM, 1988.

— «Calderón trágico», *Antrhopos*, extra 1, 1997, pp. 61-64.

WILSON, E. M. y D. MOIR, *Historia de la literatura española. Siglo de Oro: teatro*, vol. 3, Barcelona, Ariel, 1974.

LAS COMEDIAS MITOLÓGICAS DE CALDERÓN: ENTRE LA FIESTA Y LA TRAGEDIA. EL CASO DE *LOS TRES MAYORES PRODIGIOS*[1]

Santiago Fernández Mosquera
Universidad de Santiago de Compostela

> *Sale don Lope medio desnudo y saca a doña Leonor muerta en los brazos.*

DON LOPE
¡Piadosos cielos, clemencia!,
por que, aunque arriesgue mi vida,
escapar la tuya pueda.
¡Leonor!

REY
¿Es don Lope?

DON LOPE
Yo
soy, señor, si es que me deja
el sentimiento, no el fuego,

[1] Este trabajo se inscribe en el Proyecto de Investigación sobre la obra de Calderón de la Barca, financiado por la DGICYT, que recibe fondos FEDER, cuyas últimas concesiones son HUM2004-03952 (completado por el de la Xunta de Galicia PGIDT05PXIC20402PN) y HUM2007-61419 cuyos IPs son Luis Iglesias Feijoo y Santiago Fernández Mosquera. Este estudio es la primera parte de otro que se completará con el titulado «*Los tres mayores prodigios* de Calderón: una fiesta no trágica» presentado en el *Congreso Internacional Estudio y edición del Teatro del Siglo de Oro*, or-

alma y vida con que pueda
conoceros para hablaros,
cuando vida y alma, atentas
a esta desdicha, a este asombro,
a este horror, a esta tragedia,
yace en pálidas cenizas.
(*A secreto agravio, secreta venganza*, Jornada III, p. 816)[2]

Este trágico comienzo de la última escena, en el que don Lope
aparece con Leonor muerta en sus brazos, es uno de los momentos
más duros de *A secreto agravio, secreta venganza*. Don Lope ha matado
a Leonor; como marido se ha vengado secretamente, pero al tiempo
se presenta ante el rey como amante destrozado por la muerte de su
mujer. Y quizá este Lope está doblemente quebrado por su condición
de asesino y por su situación de amante despechado y supuestamente engañado; y por su íntima consideración de mentiroso encubridor
de una venganza secreta que a la postre no lo es tanto.

Comparémoslo con el final, también aparentemente desgarrador,
de la muerte de Hércules en la escena última de *Los tres mayores prodigios* (vv. 3905-3966; pp. 1123-1125):

HÉRCULES	¡Huid de mí todos, huid!
PANTUFLO	Eso haré de buena gana.
HÉRCULES	¡Ay de mí! ¡Todo soy fuego!
	¡Ay de mí! ¡Todo soy rabia!
	[...]
	Áspides tengo en el pecho
	y lazos en la garganta.
	¿Mas para qué pido a nadie
	mi muerte? Esa viva llama,
	esa hoguera, que encendida
	para el sacrificio estaba,
	será mi pira. Recibe,

ganizado por el grupo PROLOPE en Barcelona los días 15, 16 y 17 en la Universidad
Autónoma de Barcelona y la Real Academia de Buenas Letras de Barcelona, y que
está en prensa.
    ² Todas las citas de las obras de Calderón están tomadas de mi edición de su
Segunda parte de comedias, 2007.

sagrado fuego, en tus aras,
ardiendo en fuego mayor,
aquesta víctima humana
que a Júpiter le dedico.
A poco me atrevo o nada,
pues no teme un fuego a otro
y es mayor el que me abrasa.
¡Ay de mí! ¡Todo soy fuego!
¡Ay de mí! ¡Todo soy rabia! *Vase.*

TESEO   No pudimos detenerle,
             porque con el tacto abrasa.

JASÓN   ¡Con qué denuedo se echó
             en la hoguera!

DEYANIRA   (Pues ¿qué aguarda
             mi amor? Acendrado el oro
             de mi fe en tu fuego salga).
             Yo a mi esposo di la muerte
             por dar vida a mi esperanza,
             pero yo me vengaré
             con la más noble venganza.
             Hércules, señor, esposo,
             espera, detente, aguarda,
             y la que en vida te amó
             verás si en muerte te ama,
             ofreciéndote la vida
             a ti, a Júpiter el alma. *Vase.*

FLORO   Detenelda.

JASÓN   Fue imposible.

TESEO   Fénix será de su fama.

PANTUFLO   ¡Lindo par de chicharrones
             para mi hambre se asan!

SABAÑÓN   ¡Lindas gallinas se queman!

CLARÍN   ¿Qué aguardas, Narcisa, para
             echarte al fuego?

NARCISA   Que tú
             te eches antes.

LOS TRES   Bien aguardas.

JASÓN   ¡Qué trágico fin tuvieron
             de Hércules las alabanzas!

ABSINTO   Aquí acabaron sus hechos.

FRISO   Aquí dan fin sus hazañas.

No habrían de provocar ambos finales reacciones idénticas en un drama de corral, ejemplo paradigmático de tragedia calderoniana, ante un público que se supone absorto y rendido a lo largo de la representación, y en una fiesta cortesana, en la cual la escenificación dramática era uno más de los ingredientes —si bien el más importante, en este caso— y en cuya escena final se produce una exaltación de la música, el baile, los adornos y los elementos más cortesanos y palaciegos como se recoge en las propias didascalias:

> *Sale toda la compañía con guirnaldas y ramas y con instrumentos, y detrás Floro y Hércules, y trae vestido las pieles de Neso.* (p. 1116)
> *Suene, mientras cantan, un clarín en el tablado del mar y cajas en el de la tierra.* (p. 1117)
> *Cantan en el tablado de en medio, y por los otros dos van saliendo en orden las dos compañías, hombre y mujer, cada una en el tablado donde representó, al son de cajas y trompetas.* (p. 1118)
> *Aquí se juntan los tres tablados, y pasan marchando al son de trompetas y cajas, y al mismo tiempo cantan.* (p. 1121)

En ese ambiente de baile y música, en el que aparecen las tres compañías que habían representado la fiesta, en un tono si no exactamente festivo sí al menos colorista (*Aquí se juntan los tres tablados, y pasan marchando al son de trompetas y cajas, y al mismo tiempo cantan*), el héroe mitológico se quema y desgarra con un fuego envenenado y huye despavorido hacia su suicidio en el que es acompañado también en gesto paralelo por su amada. Como contrapunto a esta ya abigarrada situación, los graciosos deshacen cualquier tipo de ilusión trágica cuando los convierten en chicharrones y gallinas *al ast* y se ríen de manera descarada de la actitud de sus héroes negando la posibilidad de la imitación:

CLARÍN   ¿Qué aguardas, Narcisa, para
                 echarte al fuego?

NARCISA   Que tú
                 te eches antes.

LOS TRES   Bien aguardas.

El estatuto genérico de las fiestas mitológicas ha estado siempre flotando entre el ámbito de la tragedia tradicional, como el que se pretende para *Los tres mayores prodigios,* y la farsa más o menos cómica, como señaló Aurora Egido[3] al respecto de *El mayor encanto, amor.* De hecho, el embrión de la consideración no trágica de esta obra se encuentra ya en su fuente primitiva como apunta Egido en el lugar recordado:

> La *Odisea* es el primer modelo de comedia. En ella no existe la *hamartia,* error que arrastra al héroe a la caída; el final no es meta de desastres, sino final retorno tras una serie de situaciones y obstáculos que Ulises ha sabido sortear con inteligencia y acierto. El orden establecido al final del trayecto es, como se sabe, consustancial a la comedia, y Ulises es la antítesis de los héroes que se pasean por la tragedia calderoniana, víctimas del destino aciago. Al contrario que los héroes clásicos, sabe sortear los peligros, por encima de las limitaciones humanas, siguiendo un itinerario que le lleva a buen puerto. De ahí que no resulte extraño el carácter de fiesta que reviste el mito en la tradición cortesana, así como su inserción en el cuerpo de la comedia, pues si la muerte y el caso se ciernen sobre la maga, Ulises, verdadero protagonista, triunfa finalmente al salir de la isla.

Si ya la esencia de la tragedia es negada por la fuente principal y primigenia del mito, no es fácil considerar que la reelaboración calderoniana se dirija hacia ámbitos más trágicos cuando todo le hacía caminar hacia lo contrario: el contexto de la representación festiva, la tradición posterior del mito, el aprovechamiento lúdico de la representación, el horizonte de expectativas del público cortesano... entre otros condicionantes.

La consideración de *El mayor encanto* como comedia que contiene e integra piezas cercanas al entremés quedó demostrada ya en los trabajos de Marcella Trambaioli[4]. La presencia de estas subtramas, más o menos integradas en la acción principal, no tendría que apartar de manera inequívoca la obra del tono severo que pudiera pretenderse. Todo lo más estaríamos ante el tan traído y llevado barroquismo de mez-

---

[3] Egido, 2000, pp. 32-33 y 2004, pp. 23-24

[4] Especialmente sus dos trabajos de 1998a/b, aunque en otros suyos se aborda con perspicacia esta cuestión.

clar lo serio con lo risible en feliz y tópica armonización de contrarios[5]. Sin embargo, la presencia casi sobredimensionada de estas piezas breves, de estas extensas y sólidas escenas, bien podría hacer de la obra una comedia risible o, cuando menos, no trágica. Se ha de tener en cuenta que el tratamiento festivo del tema mitológico «desarrolla una de las posibilidades ya implícitas en el mismo»[6], posibilidades que eran, en el caso de *El mayor encanto*, las más genuinas, como se ha señalado. En este sentido, nada en particular nos encaminaba hacia la consideración seria de la obra, pero las interpretaciones que trascendían el valor inicialmente festivo la convirtieron en un paradigma de reflexión y reconvención política que parecía dotarla de un valor severo y sesudo. Tal vez por el decoro debido al lugar y al público de la representación[7], la presencia de lo cómico no se asemeja a lo grotesco o carnavalesco de otras obras y ha podido velar el verdadero protagonismo risible de la comedia.

Cabe preguntarnos por qué aun hoy en día estas primeras piezas mitológicas como *El mayor encanto, amor* y *Los tres mayores prodigios* están consideradas como obras serias, que contienen elementos esenciales de reflexión política, moral, cuando no claras reconvenciones personales al mismísimo Conde-Duque que las encargaba o al propio Felipe IV que las disfrutaba.

La mitología ha sido desde siempre campo abonado para la intelección simbólica y alegórica, con matices morales o religiosos, e incluso históricos en el sentido evemerista de la interpretación de per-

---

[5] Más atinada y significativa es, sin embargo, la aplicación de esa técnica del claroscuro para la caracterización de los héroes mitológicos, como señala Trambaioli, 1998b, p. 266: «Conforme a la técnica barroca del claroscuro, que suele presentar el haz y el envés de todas las cosas, los terribles monstruos de las fábulas clásicas, además de admirar y espantar, sirven también como pretexto para suscitar la sonrisa del ilustre público cortesano».

[6] Trambaioli, 1998a, p. 255.

[7] Trambaioli, 1998b, p. 287: «es preciso recordar que en el contexto palaciego serio el modo de la risa es muy peculiar, es decir, la vis cómica entra a condición de mantenerse dentro de los estrictos límites consentidos por las leyes del decoro. [...] En la escena palaciega el agresivo y burdo mundo al revés de la risa carnavalesca normalmente no entra (aparte en los festejos rituales organizados para el propio Carnaval) pero sí cabe la risa festiva e ingeniosa que no degenera nunca en lo grosero y en lo escatológico».

sonajes reales[8]. Pero también es cierto que el mito, y mucho más en el barroco, ha servido como base esencial de burlas y sátiras que fueron entendidas y disfrutadas por el público de todas las artes, de manera especial en la pintura[9], que tan comúnmente interactuaba con la poesía en el teatro y en las representaciones palaciegas, particularmente las calderonianas[10].

No obstante, el consabido amparo en la plurisignificación de la obra artística —literaria, pero no sólo, en el caso de las fiestas mitológicas— no debería justificar algunos desajustes hermenéuticos. Se comienza por la vindicación de la plurisignificación del texto literario y se acaba por dejar en evidencia a quienes no han sabido ver los valores y significados que ahora se encuentran en los textos. Estas novedades, nacidas en muchos casos por la negación de las premisas anteriores, se descubren por oposición a los valores vistos como trasnochados. Algunos prejuicios de quienes reprochan la visión que critican también se pueden vislumbrar en las nuevas propuestas; prejuicios que, por cierto, también se habrán de poner de manifiesto en mis propias reflexiones.

Quienes esgrimimos la base filológica como arsenal ideológico para el análisis del texto, pretendemos situarnos en el deseado lugar neutro de la filología, parapetándonos en un inmanentismo que puede resultar empobrecedor en ocasiones y, en otras peores, hasta distorsionador. Ese lugar neutro para realizar el análisis no existe y, sin embargo, su inexistencia no permite la validez de un subjetivismo tolerante y unificador en el cual todas las lecturas privadas tienen idéntico valor. Sigo pensando que las más valiosas resultan aquellas que son capaces de explicar el texto desde una perspectiva cercana al momento de su elaboración, al lugar de su emisión, al sentir de su autor para, en un paso siguiente, entenderlo desde el momento de la propia recepción,

---

[8] Nadie mejor que Sebastian Neumeister, 1978 y 2000, para ilustrar esta idea en su imprescindible *Mythos und Repräsentation*, especialmente en sus primeros cuatro capítulos.

[9] Sin intención de meterse en este terreno, bien fructífero por cierto y muy de actualidad, recordemos dos trabajos de Constance Rose, 1994 y 1997, referidos especialmente a la figura de Hércules y su protagonismo en *Los tres mayores prodigios*.

[10] Ver, ahora y referido estrictamente a Calderón, el imprescindible trabajo de Don W. Cruickshank, 2007.

en el lugar concreto de la comprensión personal, en el sentir particular del estudioso que lo interpreta.

Este segundo momento es el que justifica Arellano[11] cuando acusa de anacronismo crítico a aquellos que descontextualizan su análisis:

> El juicio sobre un fenómeno artístico (la Comedia nueva en nuestro caso) puede sin duda ser emitido desde nuestros propios códigos culturales e ideológicos, pero solo en una segunda operación valorativa, después de haber entendido la pieza, cosa que únicamente es posible hacer si se tienen en cuenta los propios códigos de producción de la obra[12].

Resulta evidente que no podemos despojarnos de nuestros propios códigos, aunque quisiéramos, por lo que cualquier interpretación estaría contaminada por nuestra realidad personal. Esa es una limitación aceptada y consciente y no puede llevarnos a rechazar desde un primer momento la posibilidad de la perspectiva de los códigos propios de la obra y aceptar como imposición ineludible que nuestra «superestructura» —por decirlo en un término *démodé*— se superponga a los códigos contextualizados del texto. La visión filológica tradicional, cuando habla del sentido literal, busca esa inalcanzable —en términos absolutos— neutralidad del análisis. Sin embargo, a mi parecer, es la que por su afán de objetividad mínimamente deforma el resultado final del análisis crítico; o, al menos, no tiene la intención inicial de ofrecer una visión coloreada desde el *hinc et nunc* de lo escrito y visto hace cuatrocientos años; no tiene, en definitiva, una intención provocadora ni alentadora del nacimiento de nuevas perspectivas interpretativas ni de significado. La atención que desde este punto de vista se procura a la circunstancia de la producción y de la emisión, a su *ocasionalidad* en términos de Gadamer, la aleja de las acusaciones más descalificantes de realizar interpretaciones estético-inmanentistas que recortan el sentido de las piezas mientras que las interpretaciones más apegadas a la circunstancialidad son aquellas que proponen una intelección más ideologizada y paradójicamente más descontextualizada.

[11] Arellano, 1988 y 1990.
[12] Arellano, 1999, p. 9.

Otro factor relevante en este proceso es la existencia de un movimiento pendular en el peso de la historia crítica que nos lleva a negar con convicción lo que generaciones anteriores han afirmado con contundencia. Ese hecho, tal vez exagerado, ha provocado las afirmaciones más generalizadas, en el caso que nos ocupa, de la ausencia de tragedia en el teatro español a su presencia abrumadora. Toda la comedia española sería tragedia en una lectura amarga y severa, lejana no sólo de la creación del género sino también de su recepción. De la misma forma, se pasó de una interpretación que aprovechaba las afirmaciones sobre la intrascendencia literaria de las comedias mitológicas de Calderón —que tiene en los trabajos ya lejanos de Cascardi[13] su valedor más cercano— a la revalorización artística y, más modernamente, a la supervaloración política y circunstancial de estas obras.

En este sentido, la diacronía del análisis de las comedias mitológicas es el mejor ejemplo de ese vaivén histórico y, a su vez, de cómo un concepto general de fuerte peso analítico (la consideración trágica de las comedias de Calderón) influye sobre los análisis parciales no siempre emparentados de manera directa con el elemento principal objeto de referencia.

Como han explicado magníficamente Ignacio Arellano y Luis Iglesias Feijoo[14], sobre las bases del concepto de tragedia establecida por Marc Vitse[15], ha existido una corriente bastante fuerte que partió de la errónea negación de la tragedia en Calderón y llegó a la consideración trágica de cualquier pieza del dramaturgo, visión favorecida por la imagen severa del escritor. Esta corriente tuvo a sus principales defensores dentro del hispanismo anglosajón —aunque no exclusivamente— y no hará falta recordar nombres tan señalados como Alexander A. Parker o Bruce Wardropper, por señalar a sus más acérrimos defensores[16].

Tal vez, consciente o inconscientemente, el camino de la tragedia llevó a interpretaciones trágicas y severas en donde, en principio, se pretendía diversión y fausto cortesano. Esta adscripción al teatro serio

---

[13] Cascardi, 1984.

[14] Arellano, 1999; 2006, p. 155; Iglesias Feijoo, 1998.

[15] Vitse, 1988.

[16] El trabajo de Luis Iglesias, 1998, explica bien detalladamente la historia de esta recepción con ejemplos numerosos y altamente significativos.

de un festejo cortesano correspondía, en principio, a una visión mucho más acorde con la imagen del dramaturgo que se había y se estaba creando y que, en cierta medida, rechazaba el juicio negativo de Menéndez Pelayo. Se trataba, en definitiva, de recuperar a Calderón de una visión superficial e inocente que escondía una falta de compromiso por parte del crítico que no veía (o no quería ver) lo que había más allá del texto por falta de perspicacia o porque su inmanentismo esteticista le impedía entender el subtexto político subyacente[17]. La negación de un Calderón superficial y poeta cortesano lisonjero estaba en marcha; el descubrimiento de los valores trágicos de sus comedias permitía también reconocer no sólo valores tragedizantes en las fiestas mitológicas sino, en un paso más adelante, comprobar su valor crítico, como intelectual comprometido, frente a la degradante situación de la monarquía hispánica.

Esa falta de compromiso por parte no ya del poeta sino de quien lo interpreta, en la línea de los reconocidos trabajos de Said[18], provocaron un análisis activo («lectura activa», la denomina Margaret Greer), una crítica militante que desmerecía todavía más a quien pretendía lecturas menos implicadas y dejaba en una situación más que incómoda a los que, por ejemplo, hemos trabajado con Quevedo e incluso para quienes hemos editado textos tan ajenos a nuestro sentir —y al sentir común más general de nuestra sociedad— como *Execración contra los judíos*. Daba la impresión de que el valor del texto se reflejaba en el valor de la crítica, lo que derivó indefectiblemente a una interpretación interesada, política, del texto.

---

[17] Es lo que muy respetuosamente viene a decir, con respecto a las dos primeras fiestas mitológicas, Frederick de Armas, 1986, p. 157, en su ya clásico trabajo de hace unos años: «It is true that Calderón regales his courtly audience with an abundance of laudatory commonplaces [...] If we go no further than the obvious meaning of these images, we will never understand the dramatist's artful deception. Indeed, if he is to criticize, he must do it carefully and deceptively. He must ironically be like a Circe or a Medea who lulls the audience while striking at their very heart. This is the genius of these spectacle plays: the presentation of positive signs and their veiled and clever subversion». Pero, en fin, si Circe/Medea representa a Olivares y Calderón también ha de comportarse como ellas siendo tan sutil y criticando la situación política, Calderón acaba comportándose como el propio Olivares, personaje precisamente a quien se supone que critica. La clave está en ese «ir más allá», si no será pecar de sutil en este tipo de interpretación.

[18] Said, 1983.

Este proceso llevó aparejada una implicación, consciente o no, en la proyección de la imagen del propio estudioso. Porque, como ya señaló Arellano[19], la visión «tragedizante» de las obras se asentó sobre el mayor prestigio «intelectual» que el estudio de la tragedia tiene en los ámbitos académicos y como valoración sociocultural de una obra. Si lo aplicamos a las fiestas mitológicas, parecía existir un cierto desprestigio del entretenimiento o acusaciones de un análisis esteticista para quienes, en la superficialidad de lo estético, escondían no sólo la pobreza del crítico que no ve lo trascendente sino que velaban una mala conciencia por la diversión como fin en sí mismo. De hecho, el sintagma «mero entretenimiento» esconde ya un prejuicio claro sobre la interpretación de las fiestas mitológicas, sea en boca de Menéndez Pelayo o de la crítica moderna más adusta.

Añádase a estas implicaciones teóricas otro elemento no menos importante, pero de índole práctica, como es la necesidad de explicar la obra casi siempre a partir de un texto escrito, lo que no facilita la intelección de lo cómico por cuanto lo risible y la comicidad tiene mucho que ver con la representación escénica y con la actualización que cada actor hace de su propio personaje por medio de los gestos, la entonación o los propios silencios. Esta dificultad no es tan evidente cuando nos enfrentamos a dramas serios en los que el patetismo de la interpretación puede descansar más fácilmente en los recursos retóricos que convierten los versos en expresión formalmente trágica. En otras palabras, es más difícil explicar en qué consiste la gracia de un texto más allá de los juegos y chistes verbales que la riqueza plurisignificativa de una larga silva de reflexión moral.

En resumen: cuando se necesita justificar la obra en términos de influencia política —sea con ansiedad por influir por parte del poeta o por la ansiedad del crítico por explicarse y lograr un hueco en el sistema académico— las direcciones con respecto a los textos mitológicos de Calderón han sido fundamentalmente dos: vindicar al Calderón crítico o mantenerse en los términos menos favorables desde la perspectiva actual para el poeta, es decir, entender las obras como mero escapismo, superficiales en tanto son objetos de disfrute y cuya

[19] Arellano, 1999, pp. 19-20.

función social es la de aliviar y disimular las penas de la Corte. Así lo
ha entendido, por ejemplo, A. Cascardi[20]:

> Calderón's spectacles represent the solutions that the troubled Court
> was attempting to fashion for a nation in historical agony. At their best,
> his courtly plays resisted the inevitable temptation to serve up wholly un-
> critical images to the King. But faced with the fact that so many of the
> nation's problems were rooted in the failures of King himself, these «so-
> lutions» all too often turned out to be but theatrical illusions, ways of es-
> cape.

Ni que decir tiene que la visión en principio menos atractiva es
esta última y, de hecho, puede incluso parangonarse a interpretaciones cercanas a la intelección negativa decimonónica. Sin embargo,
aquellos que dibujan un Calderón comprometido, crítico, con textos
que contienen un palimpsesto críptico mediante el cual el poeta za-
hiere a la corona o al valido, han disfrutado de mayor predicamento
en los últimos años, tanto que, como sucedía con la corriente tragedizante, parece ahora que todas las fiestas son críticas y que todo el
teatro de Calderón ha de entenderse desde la ambivalencia y ambigüedad de la reflexión política[21]. Esta postura, que no obstante ha generado interesentes y valiosos trabajos, está influida de manera determinante por la tendencia generalizada de interpretar a Calderón
siempre desde la ladera más seria que, cuando no es trágica, es refle-
xivamente política.

La proposición que ahora presento quiere trazar otro camino que,
alejado de ambas propuestas tradicionales, se acerque a la recepción
contextualizada de las primeras fiestas mitológicas de Calderón para,
a partir ahí, establecer el significado más cercano, aunque no exclusivo, que el poeta quiso otorgarles en los años 1635 y 1636.

Como ya se ha dicho, tanto *El mayor encanto, amor* como *Los tres
mayores prodigios* han sido interpretadas, casi siempre, desde sus valores
serios, bien moralizantes a partir de la interpretación tradicional del
mito con significado ejemplarizante, bien político desde la estimación
de la mitología como alegoría de acciones históricas o personajes re-

---

[20] Cascardi, 1984, p. 120.
[21] Un ejemplo reciente (y por citar solo el ámbito calderoniano) es la monogra-
fía de la hispanista chino-germana Jing Xuan, 2004.

ales objeto de crítica. Sin embargo, el análisis que en su día ofreció Marcella Trambaioli[22] propuso una interpretación de las fiestas en el que revalorizaba sus componentes cómicos y burlescos, dentro del ámbito panegírico[23], al identificar procedimientos y recursos propios del entremés en varias piezas mitológicas de Calderón. Su explicación para *El mayor encanto, amor* no dejaba dudas, por citar las obras de las que ahora me ocupo. No obstante, su prudencia le impidió vindicar estas piezas como obras eminentemente destinadas al regocijo palaciego. En efecto, unas eran más proclives a esta interpretación que otras; la que menos, sin duda, parecía *Los tres mayores prodigios*.

LOS TRES MAYORES PRODIGIOS, UNA FIESTA DESDE LA LOA HASTA EL «TRÁGICO» FINAL

La consideración trágica de *El mayor encanto* parece descartada por varios motivos: la esencia de la materia original, la *Odisea*, que es primigeniamente «el primer modelo de comedia»[24], el triunfo final del héroe y el contenido abundante de elementos entremesiles[25]. En el supuesto de que se quiera ver una clave alegórica entre los distintos personajes, de manera singular, Circe como Olivares y Ulises como Felipe IV, la consideración última habría de considerar la pieza como panegírica porque, finalmente, Ulises-Felipe IV saldría triunfante ante los encantos de la maga-valido. Esta consideración política sólo se hace posible desde el concepto trágico de todo el teatro calderoniano que defendió, entre otros, equivocadamente Bruce Wardropper. Una crítica semejante, desde la tradición cómica o burlesca, además de resultar todavía más inverosímil, rompería claramente el decoro cortesano que es debido en una fiesta palaciega.

A diferencia de *El mayor encanto, amor*, *Los tres mayores prodigios*, la segunda fiesta representada en el palacio del Buen Retiro en la no-

---

[22] Trambaioli, 1994, 1995, 1998a/b.

[23] Trambaioli, 1995, p. 240: «la intención panegírica no menoscaba el valor poético y teatral de las obras, aparte algún caso de hiperbólica adulación que hoy en día percibimos como francamente fuera de lugar. Más bien, lo aumenta, enriqueciéndolo desde el punto de vista simbólico».

[24] Egido, 2000, pp. 32-33; 2004, pp. 23-24.

[25] Trambaioli, 1998a/b.

che de San Juan de 1636, ha tenido una más fácil recepción como tragedia ya que el tema y, sobre todo, el final de la obra, parecen permitir esta calificación[26]. El ejemplo más claro de adscripción de esta fiesta al modelo de tragedia uxoricida («wife-murder plays»), en la línea más clásica de *A secreto agravio*, por ejemplo, fue un trabajo de A. I. Watson[27] quien señala: «Calderón was concerned in *Los tres mayores prodigios*, as in his wife-murder plays, with the tragic consequences of moral cowardice and it was a stroke of pure genius to choose the strongest man in the Classical world to play the part of the Slave of Public Opinion». La elección de Hércules, por lo tanto, se convertía, por añadidura, en una suerte de genialidad para subrayar el poder maléfico de la opinión pública en los personajes incluso más poderosos.

Por su parte, Frederick de Armas, en su línea interpretativa, va más allá y además de considerar la obra como pieza trágica, hace derivar el concepto de honor matrimonial hacia una consideración pública y social de comportamiento y señala que «rather than functioning according to intrinsic honor, Hércules, like many Spaniards of the epoch, seems to be concerned with mere appearances»[28]. El camino hacia una lectura política quedaba ya abierto. De hecho, el sacrificio de Hércules en la escena final es visto como imagen de la destrucción del imperio: «Hércules' poison may be the poison that is destroying the Spanish Empire»[29] Más allá de señalar ahora la discrepancia con esta interpretación, quisiera subrayar el camino que lleva de la consideración de la

---

[26] Una frase de O'Connor, 1988, p. 175, resume así la cuestión: «*Encanto* is a romance of comedic design, whereas *Prodigios* is one of tragic dimensions».

[27] Watson, 1971, p. 783.

[28] De Armas, 1986, p. 162: «When Hércules decides to abandon his beloved, he is following a pattern already established in this *comedia*. Jasón, we know, will eventually abandon Medea. This action, although basic for the interpretation of this myth *in malo,* is justified by the fact that she is a sorceress. The second abandonment has much less justification. Teseo does not save his savior, Ariadne, since he prefers the passion of Fedra. Hércules' abandonment is the most negative. He recovers his true love, but rejects her for fear of gossip. Rather than functioning according to intrinsic honor, Hércules, like many Spaniards of the epoch, seems to be concerned with mere appearances. This false honor is made unbearable by the arrival of his friends. It is symbolized, according to Watson, by the tunic of shame that he wears. In the end, Hércules prefers death to the fear that is poisoning his existence, and hurls himself on the sacrificial pyre».

[29] De Armas, 1986, p. 162.

obra como tragedia de honor hasta su interpretación política. Tal vez si no se hubiese considerado trágica, quizá si la imagen de este Calderón no fuese la de un poeta severo y moralizante, el significado político de la fiesta no hubiese sido fácil de demostrar.

La clave de esta interpretación trágica de *Los tres mayores prodigios*, que se arrastra ya desde antiguo, es el propio concepto de tragedia. De hecho, como se ha señalado, la consideración de muchas obras como tragedias debe ser replanteada. La lectura trágica de comedias de capa y espada ya está siendo revisada sobre la base de estas apreciaciones[30]. Efectivamente, la traslación de la interpretación errónea de códigos presentes en las comedias de capa y espada como comedias de honor se traslada a las fiestas mitológicas en un proceso que las convierte en tragedias de honor o incluso en reflexiones de tipo político. Para lo que nos interesa en el caso de *Los tres mayores prodigios* estos códigos específicos, no siempre bien entendidos en su contexto, serían los celos, el honor y la distinción entre casados y solteros[31].

En este sentido, la consideración de ciertos elementos temáticos de la pieza, de temas y acciones concretas como trágicos, es lo que provoca la malinterpretación y contamina las lecturas posteriores. Según nos han explicado los estudiosos citados anteriormente, no hay temas ni elementos esencialmente trágicos o cómicos, sino un uso y una función determinada en cada pieza. Y lejos de parecer esta perspectiva un tanto contemporánea por funcionalista o por depender demasiado de la recepción de la obra, una cita de Pinciano en su *Filosofía antigua poética*, bastante repetida, nos ayudará a defender esta interpretación desde la teoría dramática del Siglo de Oro:

> la diferencia que hay de los temores trágicos a los cómicos es que aquestos se quedan en los mismos actores y representantes solos, y aquéllos pasan de los representantes en los oyentes, y ansí las muertes trágicas son lastimosas, mas las de la comedia, si alguna hay, son de gusto y pasatiempo[32].

---

[30] Arellano, 1999, p. 13: «Estas lecturas trágicas [de la comedias cómicas], tan frecuentes, [...] me parecen responder a un defectuoso planteamiento que involucra cuestiones de clasificación genérica, convenciones estructurantes, horizonte de expectativas y coordenadas de emisión y recepción».

[31] Arellano, 1999, pp. 33-36.

[32] Citado por Vitse, 1988, p. 308; Arellano, 1999, p. 22; e Iglesias, 1998, p. 235.

Si concretamos esta idea en *Los tres mayores prodigios,* debemos afirmar que la obra no finaliza trágicamente. En primer lugar, porque para
ser trágica la escena final habría que prescindir del contexto cortesano ligero en el que se inscribe, entre músicas, bailes y adornos, como
las propias didascalias señalan. Además, tendríamos también que de-
sestimar la tradición mitológica no siempre trágica sobre la que se
asienta. En segundo lugar, los chistes de los graciosos y su actitud des-
mitificadora deshacen cualquier ambigüedad. Finalmente, la función
patética de la escena no se cumple: es difícil pensar en que «los temores trágicos» de estos dos representantes se pasasen a un público
que, en realidad, se divertía en y con la fiesta.

No obstante, la interpretación trágica de *Los tres mayores prodigios*
sigue estando viva. De hecho, el último trabajo que conozco sobre la
obra, publicado por cierto por uno de los más serios calderonistas españoles, sigue extendiendo el valor genérico desde la escena final a
mi juicio mal entendida:

> La túnica no es sólo el elemento de la tradición trágica que llega a
> Calderón (Séneca, por ejemplo), sino, como ha señalado Watson, es tam-
> bién un símbolo de la debilidad de Hércules incapaz de enfrentarse al
> medio social por miedo. Como se ve, Calderón aquí entendía la tragedia
> en términos del teatro de honor áureo. Con este fin trágico acaba la co-
> media y, por ello, más que comedia, tragedia[33].

Enrique Rull hace residir la calificación de tragedia en la escena
final que, al acabar en muerte, define como trágica. Sin embargo, la
escena final, aun con muerte, no es trágica en sí misma como concepto, ni tampoco como desarrollo dentro de la trama, ya que las intervenciones de los graciosos deshacen cualquier posibilidad patética,
cualquier atisbo de identificación trágica con el espectador.

Sin embargo, como investigador atento, Enrique Rull no puede
dejar de notar la presencia de lo cómico en la obra:

---

[33] Rull, 2005, p. 1536. En otros lugares (pp. 1539-1540) repite la consideración
trágica de la obra: «En la tercera [jornada], sin embargo, dos hombres luchan por una
mujer. El fuego de la pasión de ambos se introduce en sus mentes y en sus cuerpos
y termina devorándolos. La tragedia, puesto que la mujer es casada, es irremediable».

No obstante este final, los aspectos humorísticos y cómicos, como hemos visto, se enseñorean de gran parte de la obra, y no sólo en la función de los graciosos, sino incluso en algunas escenas de carácter festivo, o en las excesivas de Teseo y Hércules. Naturalmente que estos aspectos en la representación referida se procuraron acentuar[34].

En estas líneas, el estudioso asume la fuerte presencia de lo humorístico, lo extiende a buena parte de la obra y reconoce que la representación de la RESAD que comenta en su artículo aprovecha estos hechos, lo que da idea de cómo una escenificación real, práctica, aprovecharía estas escenas y acabaría por contaminar de humor todo el desarrollo de la fiesta. Lo harían así las tres compañías madrileñas en 1636; así lo han hecho los jóvenes intérpretes de la RESAD dirigidos por Nuria Alkorta. La mejor prueba de que el texto de *Los tres mayores prodigios* ha de enfocarse hacia un tono festivo y no trágico la ofrece precisamente su representación escénica práctica cuando la dirección de la obra y la representación de los actores se ven casi impelidos hacia el enfoque humorístico[35].

Por otro lado, la supuesta contradicción de la obra (trágica, pero con muchísimos elementos cómicos) no se puede salvar por medio del tan manoseado concepto tragicómico. En esta obra, el enfoque predominante es de tipo cortesano o festivo, en tonos no siempre claramente marcados como humorísticos mientras que los aparentemente más trágicos son excesivos y por lo tanto caricaturescos, o resultan anulados por las intervenciones directas de los graciosos.

La malinterpretación genérica puede llevar a considerar esta mezcla como un defecto, como un error de Calderón y como un elemento diferenciador con respecto al teatro cortesano de Lope. Así lo

---

[34] Rull, 2005, pp. 1536-1537.

[35] Aunque el trabajo de Nuria Alkorta, 2004, no se detiene en el análisis de su propuesta escénica para *Los tres mayores prodigios,* su referencia más directa a la comedia es para subrayar el carácter cómico de una de sus escenas de la segunda jornada: «La escena es un ejemplo magistral del arte cómico de Calderón y sirve de pretexto para explicar entre otras cosas que, en la comedia calderoniana, «lo 'cómico' surge tanto de situaciones extremas o límites como de fuertes contrastes entre la proyección ideal de los personajes y la circunstancia en que se encuentran»»; Alkorta se apoya aquí en una cita de A. Regalado, 1995, el cual viene a ser, a la postre, el protagonista de su trabajo.

ha explicado hace algún tiempo[36] el reconocido especialista en teatro cortesano Kazimierz Sabik[37]:

> La obra termina trágicamente, con un suplicio de Hércules vestido con la envenenada túnica de Neso y su muerte acompañada de la de su desdichada mujer a las que asisten sus amigos Jasón, Teseo y otros personajes de los actos anteriores. *Los tres mayores prodigios* es, por consiguiente, una tragedia, pero hay que advertir que constantemente trivializada por unos jocosos y muchas veces hasta groseros comentarios de sus «graciosos»: los criados de los tres protagonistas. El nivel trágico lo rebaja Calderón a las trivialidades de una farsa o un entremés cómico y burlesco lo que era imposible en obras de Lope que, además, no eran tragedias. Este defecto lo compensa en cierta manera la eficacia dramática del verso calderoniano, su agilidad, desprovistas de excesiva carga lírica tan característica de las obras cortesanas de Lope, Villamediana o Hurtado de Mendoza.

No es fácil explicar el peso de lo humorístico en la obra entendida como tragedia. Es imposible no ver la densidad de lo cómico en la pieza, incluso el ambiente festivo a poco que se lean sus acotaciones y se tenga en cuenta el protagonismo de la música y el baile en la comedia. El acostumbrado recurso a la denominación de *pieza tragicómica* se hace poco operativo. Para aquellos que, además, interpretan su sentido más allá de la supuesta tragedia de honor, la cuestión se hace más espinosa. De esta manera, un estudioso tan inteligente como De Armas no puede olvidar los elementos festivos de la obra y debe notar cierto desajuste entre ese ambiente y el «trágico» final, lo que justifica como un proceso de oscurecimiento progresivo que ambientará el final descarnado: «The tragic ending, the death of Hércules, does not seem attuned to the atmosphere of rejoicing prescribed for an evening that is supposed to commemorate the sun's exaltation [...] The mood becomes progressively darker as the action unfolds»[38].

---

[36] Kazimierz Sabik, 2005, p. 1548, más recientemente, vuelve a afirmar la dependencia de esta fiesta con los dramas de honor cuando señala: «Calderón les da a los mitos una lectura moral [a diferencia de Lope], alegórica, introduciendo además la problemática de sus dramas de honor (*Los tres mayores prodigios*) y lo cómico de unos graciosos al estilo de una farsa».

[37] Kazimierz Sabik, 1989, p. 606.

[38] De Armas, 1986, p. 150.

Por su parte, otra defensora del sentido político de *Los tres mayo-res prodigios*, Susana Hernández Araico[39], subraya no sólo el carácter humorístico de algunas escenas sino la vinculación de este tratamien-to no trágico con la tradición mitológica y pictórica tan querida por Calderón:

> Pero al escoger el episodio del rapto de Deyanira, Calderón se propo-ne una especie de *blow up* o amplificación de una aventura relativamen-te marginal en la tradición pictórica de las *Metamorfosis* (Alpers, 112), se aleja de la tradición heroica, y se apega a una versión cómica del semi-dios cuyo enamoramiento lo banaliza[40].

La profesora Araico entiende muy claramente el proceso de des-mitificación de Hércules que se produce en la comedia desde la mis-ma loa. Esta caricaturización convierte al semidiós en una figura casi ridícula:

> La desmitificación de Hércules en la loa continúa cuando vuelve a la escena en la tercera jornada. Representa en el tablado central un horro-roso gigante, ridiculizado por los rústicos que le huyen y causan risa so-bre su inútil aspecto temible. Este Hércules, de heroico no tiene nada. Su grandeza y fuerza inútiles más bien despiertan lástima, como el monstruo embriagado en la pintura de Rubens. Su inmolación suscita en los per-sonajes circundantes una afirmación retórica de su fama eterna. En los

---

[39] Hernández Araico, 1991, p. 88.

[40] La hispanista norteamericana, 1991, p. 88, nota. 15, recuerda muy oportuna-mente para nuestra argumentación la tradición cómica de Hércules: «Galinnsky afir-ma que la tradición cómica de Hércules es mucho más abundante que la culta y cita como ejemplo del siglo diecisiete la pintura de Rubens sobre Hércules embriagado (82-97)». La utilización del mito como elemento irrisorio, objeto de burla, es fre-cuente y es una línea bien querida por Calderón. En *Ni Amor se libra de amor*, por ejemplo, un dios bien heroico y propio de la monarquía triunfante y guerrera, resul-ta también burlado: «Calderón's Marte is a bully and a boaster, whose defects are high-lighted by the use of another typically Calderonian technique: a sub-plot involving a ridiculous triangular relationship between the minor characters, Dragón, Chato and Celfa. This relationship mimics and mocks the relationship between Marte, Adonis and Venus», Cruickshank, 2007, p. 164. Es curioso que los dos argumentos de D. W. Cruickshank sean también trasladables a *Los tres mayores prodigios*: la presencia de ac-ciones secundarias con personajes menores y en ocasiones graciosos y la apelación a la existencia de pintura alusiva a esta imagen de los dioses o de los héroes.

espectadores del drama predomina una sensación grotesca por la muerte inútil —¿casi suicida?— que produce la obsesión por la honra[41].

Sin embargo, tal vez por el peso crítico que supone la obra vinculada a la tragedia de honor, o por las conclusiones personales de la estudiosa, el final trágico-grotesco posibilita una interpretación política a mi juicio todavía más alejada del significado principal de la comedia:

> Paralelamente al texto mitológico como correlato del poder monárquico, algunos espectadores relacionarían la costosa inutilidad del afán autodestructivo de Olivares respecto al prestigio imperial de la monarquía española. Este texto político se posibilita y deviene probable, aunque no exclusivo, al superimponerse la acción dramática a la experiencia de los espectadores dentro de un contexto marcadamente político —la celebración palaciega en presencia de los monarcas y la proyección del discurso del poder mediante el espectáculo mitológico[42].

En fin, el proceso hasta aquí parece claro: *Los tres mayores prodigios* ha sido vista, muy claramente, al menos desde el trabajo de A. I. Watson[43], como una tragedia de honor con escipiente mitológico. Esa interpretación se deja llevar, sin duda, de la corriente general de aquel momento en que buena parte de la obra de Calderón se interpretaba en clave severa y trágica. A partir de esta lectura, y sin desvincularse del ambiente rigorista con el que se ha leído su teatro, se propuso una lectura política, complementaria de aquella, que acabó por alejar el sentido pretendido por Calderón y entendido por el público cortesano que acudió a su representación.

Sin embargo, esta ha sido una línea interpretativa, no la única, aunque sí la mayoritaria, influyente y más productiva. En el ámbito singularmente europeo, no todos han entendido las fiestas de una manera trascendente, política o trágica. En la línea que podemos individualizar, a título de ejemplo, en Luciana Gentilli[44], se deben situar los trabajos de Marcella Trambaioli ya citados o uno que ahora

---

[41] Hernández Araico, 1991, p. 91.
[42] Hernández Araico, 1991, p. 91.
[43] Watson, 1971.
[44] Gentilli, 1991.

quiero traer a colación de Giovanni Caravaggi[45]. El hispanista italiano, lejos de ver la obra como una tragedia, la sitúa en la órbita de la comedia de enredo[46] si bien con la función de enseñanza moral implícita en el elemento mitológico, pero ajena a cualquier interpretación política:

> Il messaggio che il commediografo intende trasmettere viene ripetuto tre volte, con suggestive varianti, e induce il pubblico della corte (non solo il monarca) a riflettere sul contrasto fra il vigore etico richiesto da un'impresa eorica e la fragilità psichica provocata dallo stravolgimento passionale. Lezione dunque non sorprendente, che anzi viene riproposta con una certa insistenza nel teatro barocco. Sulle tre azioni coraggiose gravano altrettante sconfitte sentimentali, con un contrasto molto evidente fra eroismo intrepido e debolezza affetiva[47].

Más recientemente, Héctor Urzáiz, en un interesante trabajo, ha subrayado la presencia de lo cómico en *Los tres mayores prodigios*:

> Calderón puso especial énfasis en la veta cómica de esta extraña obra donde, además de incluir hasta tres graciosos, ridiculiza a los principales héroes de la Antigüedad (la comicidad de *Los tres mayores prodigios* es tan densa que habrá de ocuparnos en otro momento de forma más detenida). Así pues, ¿hasta qué punto pueden hacerse lecturas políticas tan rotundas si nos enfrentamos a una obra de encargo tan llena de elementos cómicos, incluso satíricos?[48]

Urzáiz se pregunta, a la vista de las interpretaciones aquí ya discutidas, si de una obra cómica pueden hacerse lecturas políticas tan des-

---

[45] Caravaggi, 1999.

[46] Caravaggi, 1999, p. 218: «Se l'ispirazione è indubbiamente mitologica, lo sviluppo dell'azione scenica è concepito secondo il canovaccio della commedia *de enredo*».

[47] Caravaggi, 1999, p. 219.

[48] Héctor Urzáiz, 2006, pp. 22-23. El estudioso pone de nuevo en duda, 2006, p. 17, la coherencia necesaria para congeniar sátira política y texto panegírico: «No resulta fácil admitir a un tiempo el carácter meramente propagandístico de este tipo de obras y la permisividad que había para que se nutrieran de la sátira como sello genérico distintivo, a través de unas continuas parodias de los argumentos y personajes que supuestamente trasladaban ese mensaje».

caradas. Tal vez el desajuste provenga de la consideración primaria de la obra. Si entendemos que la intención primera de *Los tres mayores prodigios* es el ensalzamiento de la corona, le estamos dando ya un valor político inicial que, en el mejor de los casos, tiene que ser subsidiario. El primer impulso es el de la celebración festiva de La noche de San Juan. Esta celebración se ha de hacer con el decoro que la monarquía imperial requiere y, si se puede, se aprovechará esta fiesta para la proyección del poder de la corona especialmente fomentando la invitación de los embajadores de las naciones involucradas en intereses contrapuestos.

Si buscamos trascendencia política, todo se nos presenta en clave ideológica, desde la elección del tema al comportamiento de los personajes; si lo que queremos ver en la representación es un acto festivo, la trascendencia se tiene que dirigir hacia otros elementos menos ideológicos, pero también más celebrativos e incluso festivos. Esto significa que, para ganar eficacia política, la comedia se ve como tragedia, como tragedia de un marido abandonado y burlado; y como tragedia de un rey engañado por su valido. Pero si buscamos fiesta, el valor de lo cómico se acrecienta; la deformidad del héroe se disfruta en contextos tradicionalmente no heroicos; el significado no se empobrece sino que se encauza a la que parece una interpretación más cercana a la que tuvo lugar en los momentos de la propia representación.

Lo hasta aquí dicho quiere demostrar que las lecturas políticas de *Los tres mayores prodigios* proceden de una visión calderoniana desajustada en la que primaba la negación de lo lúdico y convertía a Calderón en un poeta cortesano, pero siempre severo y sesudo, incluso en las fiestas palaciegas. De hecho, esta fiesta fue interpretada como tragedia de honor y, a partir de ahí, se desarrolla la lectura política. Podrían hacerse, sí, lecturas políticas de obras cómicas y burlescas (y es una función bien clara de la sátira la crítica moral y política como nos enseña Quevedo), pero no en este contexto[49]. Seguramente, una obra abiertamente satírica, en un contexto cortesano, inscrita en una fiesta

---

[49] Héctor Urzáiz, 2006, p. 37, esta vez referido a una obra de Vélez de Guevara, atempera la profundidad de esta crítica: «Es posible que el alcance de esta intención crítica fuera muy corto y desde luego, por volver a matizar, sería un error exagerar en este asunto, ya que entre las funciones de un dramaturgo cortesano no entraría

palaciega con la finalidad inicial de divertir lisonjeramente al rey y a la corte, hubiera roto el decoro que el momento y el lugar obligaba. El trabajo de Urzáiz añade un valor definitivo a sus conclusiones: la evolución del género. Para el estudioso,

> se produjo en el caso de estas comedias mitológicas una evolución des-de el modelo calderoniano hasta la pura fiesta teatral mitológico-burles-ca, que con el paso del tiempo se fue vaciando de sus superficiales con-tenidos políticos, filosóficos y sociales, para quedarse con el tema del amor y, sobre todo, con el componente paródico[50].

No obstante, tal vez dicha evolución debe atemperarse si restamos valor político a las primeras obras y dejamos que se acerquen al componente paródico de los últimos ejemplos del siglo. En otras palabras, la evolución del género no resulta tan clara en este aspecto porque parte de las obras, las calderonianas, que tienen más puntos en común con las últimas de sus epígonos no tanto en su calidad como en su finalidad y significado.

He dejado para el final de este repaso un trabajo clave en este proceso, el que su autora Constance H. Rose publica con el título «Was Calderón's Serius? Another look at *Los tres mayores prodigios*»[51]. En él Rose se retracta de la concepción que pocos años antes había propuesto[52] y se pregunta si la obra es trágica o cómica:

> Is *Los tres mayores prodigios* tragic or comic? Did Calderón mean for his palace audience to take this work seriously, as I believed? Or was it a farce, written to be performed during a relaxing moment in the Buen Retiro, where Philip IV could enjoy a laugh in the company of family and friends? Lastly, the thought occurs to me that Calderón might have been making fun of the honor code and of Zurbarán's painting[53].

---

precisamente la de fustigar al poder monárquico, para lo cual ya estaban articulados en la época otros mecanismos menos arriesgados».

[50] Urzáiz, 2006, p. 43.

[51] Rose, 1997.

[52] Rose, 1994. La hispanista resume, 1997, p. 246: «I believed that *Los tres mayo-res prodigios* was serious and self-congratulatory and that the death of Hércules at the play's end forecats the mythic apotheosis of the demi-god and the reign of the Hapsburgs, his glorious descendants, in Spain».

[53] Rose, 1997, pp. 246-247.

Esta intuición de la hispanista americana, quien relaciona certeramente la posición de Calderón con la obra de Zurbarán que adorna-
ba, bien que secundariamente, el Salón del Reino, es un vuelco en la
tradición interpretativa sobre la que se debe profundizar. Ciertamente,
el título del trabajo de Constance Rose puede resultar ambiguo por
cuanto Calderón no bromeaba con la obra, no pretendía que su comedia fuese sentida como un texto que pudiese ser percibido desin-
teresadamente. En otras palabras, Calderón fue serio al escribir *Los tres
mayores prodigios* como obra de burlas; no pretendía mofarse de la audiencia sino que ésta disfrutase de su concienzudo trabajo en busca
de la comicidad. Calderón escribió muy seriamente la comedia para
resultar divertido como lo demuestra su cuidado estilístico, la compleja estructuración dramática, la exclusividad de la loa que presenta
la pieza y, por supuesto, la arriesgada y costosa puesta en escena que
suponía tres compañías y tres escenarios diferentes. Sí, Calderón escribió muy seriamente una obra que quería provocase diversión, a diferencia de aquellos malos poetas cortesanos que componían frívola-
mente comedias de severo trasfondo trágico.

BIBLIOGRAFÍA

ALKORTA, N., «Re-presentar a Calderón», en *Clarines y plumas. Homenaje a Antonio Regalado*, ed.V. Martin, Madrid, Síntesis, 2004, pp. 151-163.

ARELLANO, I., «Convenciones y rasgos genéricos en la comedia de capa y espada», *Cuadernos de Teatro Clásico*, 1, 1988, pp. 27-49.

— «Metodología y recepción: lecturas trágicas de comedias cómicas del Siglo de Oro», *Criticón*, 50, 1990, pp. 7-21.

CALDERÓN DE LA BARCA, P., *Segunda parte de comedias*, ed. S. Fernández Mosquera, Madrid, Biblioteca Castro, Fundación José Antonio de Castro, 2007.

CARAVAGGI, G., «*Los tres mayores prodigios*. Una commedia calderoniana e una zarzuela anonima», *E vós, Tágides minhas. Miscellanea in onore di Luciana Stegagno Picchio*, a cura di M.J. de Lancastre, Silvano Peloso ed Ugo Serani, Viareggio, Mauro Baroni editore, 1999, pp. 217-229.

CASCARDI, A. J., *The Limits of Illusion: a Critical Study of Calderón*, Cambridge, Cambridge University Press, 1984.

CRUICKSHANK, D. W., «*Ut pictura poesis*: Calderón's Picturing of Myth», *Rewrinting Classical Mythology in the Hispanic Baroque*, ed. I.Torres, London, Támesis, 2007, pp. 156-170.

DE ARMAS, F., *The Return of Astraea: an Astral-Imperial Myth in Calderón*, Lexington, The University Press of Kentucky, 1986.

EGIDO, A., «La fábrica de un auto: *Los encantos de la culpa*», en *Estudios sobre Calderón*, coord. J. Aparicio Maydeu, Barcelona, Istmo, 2000, pp. 11-134. Ver también ahora en el estudio introductorio que acompaña la edición de J. M. Escudero, Calderón de la Barca, *Los encantos de la culpa*, Kassel, Autos Sacramentales completos, 46, Pamplona, Reichenberger, 2004.

GENTILLI, L., *Mito e spettacolo nel teatro cortigiano di Calderón de la Barca. «Fortunas de Andrómeda y Perseo»*, Roma, Bulzoni, 1991.

HERNÁNDEZ-ARAICO, S., «Política imperial en *Los tres mayores prodigios*», *Homenaje a Hans Flasche*, Stuttgart, Franz Steiner Verlag, 1991, pp. 83-94.

IGLESIAS FEIJOO, L., «"Que hay mujeres tramoyeras": La «matemática perfecta» de la comedia calderoniana», en *La comedia de enredo. Actas de las XX Jornadas de Teatro Clásico*, Almagro, 1997, ed. F. B. Pedraza Jiménez y R. González Cañal, Festival de Almagro, Universidad CLM, 1998, pp. 201-236.

NEUMEISTER, S., *Mito clásico y ostentación. Los dramas mitológicos de Calderón*, Kassel, Reichenberger, 2000. Edición completamente revisada y ampliada de *Mythos und Repräsentation. Die mythologischen Festspiele Calderóns*, München, Wilhelm Fink Verlag, 1978.

O'CONNOR, Th. A., *Myth and Mythology in the Theatre of Pedro Calderón de la Barca*, San Antonio, Trinity University Press, 1988.

REGALADO, A., *Calderón. Los orígenes de la modernidad en la España del Siglo de Oro*, Barcelona, Destino, 1995, 2 vols.

ROSE, C. H., «El arte de escribir: *Los tres mayores prodigios* de Calderón y la pintura», en *Hacia Calderón. Décimo Coloquio Anglo-Germano*, Stuttgart, F. Steiner, 1994, pp. 243-252.

— «Was Calderón Serious? Another Look at *Los tres mayores prodigios*», en *Hispanic Essays in Honor of Frank P. Casa*, ed. A. R. Lauer y H. W. Sullivan, New York, Iberica, Peter Lang, 1997, pp. 246-252.

RULL, E., «Puesta en escena y sentido en el teatro mitológico de Calderón: *Los tres mayores prodigios*», en *Actas del Congreso «El Siglo de Oro en el nuevo milenio»*, ed. C. Mata y M. Zugasti, Pamplona, Eunsa, 2005, vol. II, pp. 1529-1542.

SABIK, K., «El teatro de corte en España en la primera mitad del siglo XVII (1614-1636)», en *Actas del IX Congreso de la Asociación Internacional de Hispanistas*, Berlín, 1986, ed. S. Neumeister, Frankfurt am Main, Verlagsgesellschaft Vervuert, 1989, pp. 601-611.

— «El teatro cortesano español en el Siglo de Oro (1613-1660)», en *Actas del Congreso «El Siglo de Oro en el nuevo milenio»*, ed. C. Mata y M. Zugasti, Pamplona, Eunsa, 2005, vol. II, pp. 1543-1559.

SAID, E., *The World, the Text and the Critic*, Cambridge, Harvard University Press, 1983.

SCHIZZANO MANDEL, A., «La presencia de Calderón en la loa de *Los tres mayores prodigios*», en *Hacia Calderón. Octavo Coloquio Anglogermano. Bochum 1987*, Stuttgart, Steiner, 1988, pp. 227-235.

TRAMBAIOLI, M., *Funcionalidad del mito clásico en las fiestas cortesanas de Calderón*, University of Illinois at Urbana-Champaign, 1994.

— «La funcionalidad panegírica de la mitología en las fiestas palaciegas de Calderón», *Annali dell'Istituto Universitario Orientale*, 37, 1, 1995, pp. 217-240.

— «Las empresas dramáticas calderonianas de tema mitológico sobre la educación del perfecto príncipe cristiano», en *Théâtre, musique et arts dans les cours européennes de la Renaissance et du Baroque: actes du congrès international, Varsovie, 23-28 septembre, 1996*, études réunies et présentées par Kazimierz Sabik, Faculté des Lettres Modernes, Varsovie, Université de Varsovie, 1997, pp. 269-278.

— «La faceta lúdica de la mitología en las fiestas cortesanas de Calderón», *Texto e imagen en Calderón. Undécimo Coloquio Anglogermano sobre Calderón, St. Andrews, Escocia, 17-20 de julio de 1996*, ed. Manfred Tietz, Stuttgart, Franz Steiner Verlag, 1998a, pp. 254-271.

— «Tonalidades entremesiles en el teatro palaciego de Calderón», *Atti del 1° Seminario Internazionale sui Secoli d'Oro (Firenze, 8-12 settembre 1997)*, Firenze, Alinea Editrice, 1998b, pp. 287-303.

Urzáiz Tortajada, H., «El desvengorzado en Palacio: los graciosos de las comedias mitológicas», *Acotaciones. Revista de investigación teatral*, 17, 2006, pp. 9-43.

Vitse, M., *Éléments pour une théorie du théâtre espagnol du XVII siècle*, Toulouse, France-Iberie Recherche, 1988.

Watson, A. I., «Hércules and the Tunic of Shame: Calderón's *Los tres mayores prodigios*», en *Homenaje a William L. Fichter*, ed. A. D. Kossoff and J. Amor y Vázquez, Madrid, Castalia, 1971, pp. 773-783.

Xuan, J., *Der König im Kontext. Subversion, Dialogizität und Ambivalenz im weltlichen Theater Calderón de la Barcas*, Heidelberg, Universitätsverlag Winter, 2004.

LA ESPANTOSA COMPOSTURA:
EL CANON DE LA TRAGEDIA DEL SIGLO DE ORO
DESDE EL ACTOR

Evangelina Rodríguez Cuadros
Universitàt de Valencia

En *La búsqueda de Averroes* (uno de los inquietantes relatos de *El Aleph*) Jorge Luis Borges nos presenta al sabio sumergido en la tarea de escribir el *Tahafut*, su traducción y comentarios de la obra de Aristóteles, «obra monumental que lo justificaría ante las gentes»[1]. De repente le detiene un problema de índole filológica, dos palabras dudosas:

> Estas palabras eran *tragedia* y *comedia*. Las había encontrado años atrás, en el libro tercero de la *Retórica*; nadie en el ámbito del Islam barruntaba lo que querían decir. Vanamente había fatigado las páginas de Alejandro

[1] Borges, 2002, pp. 105-117. Este trabajo se ha realizado dentro del marco del proyecto de investigación *Léxico y vocabulario de la práctica escénica en los Siglos de Oro: hacia un Diccionario crítico e histórico. Fase II* (HUM2007-61832-FILO), subvencionado por el MEC.

de Afrodisia [...]. Esas dos palabras arcanas pululaban en el texto de la *Poética*; imposible eludirlas.

Borges nos recuerda que el médico árabe ignoraba el griego y trabajaba con la traducción de una traducción. Esa misma noche, cenando en casa del alcoranista Farach, el viajero Abulcásim Al-Asharí narra un hecho insólito acaecido en la ciudad china de Sin Kalán:

> —Una tarde, los mercaderes musulmanes de Sin Kalán me condujeron a una casa de madera pintada [...]. No se puede contar cómo era esa casa, que más bien era un solo cuarto, con filas de alacenas o de balcones, una encima de otras. En esas cavidades había gente que comía y bebía; y asimismo en el suelo, y asimismo en una terraza. Las personas de esa terraza tocaban el tambor y el laúd, salvo unos quince o veinte (con máscaras de color carmesí) que rezaban, cantaban y dialogaban. Padecían prisiones, y nadie veía la cárcel; cabalgaban, pero no percibía el caballo; combatían, pero las espadas eran de caña; morían y después estaban de pie.
> —Los actos de los locos —dijo Farach— exceden las previsiones del hombre cuerdo.
> —No estaban locos —tuvo que explicar Abulcásim—. Estaban figurando, me dijo un mercader, una historia. [...]

Borges enlaza la perplejidad filológica de Averroes con el desconcierto (compartido con los otros asistentes a la reunión) ante el relato de Abulcásim. No es extraña la confusión: en la sociedad del Al-Andalus no existía el teatro como práctica cultural y ante todos ellos se había abierto el abismo de la inconmensurabilidad. Ni a tal relato ni a aquellas dos palabras frente a las que había detenido su trabajo podía asignar el sabio un horizonte de conocimiento o un ámbito de experiencia en los que inscribirlas[2]. Y, sin embargo, cuando Averroes regresa esa noche a su casa,

> algo le había revelado el sentido de las dos palabras oscuras. Con firme y cuidadosa caligrafía agregó estas líneas al manuscrito: «Aristú (Aristóteles) denomina tragedia a los panegíricos y comedias a las sátiras y anatemas. Admirables tragedias y comedias abundan en las páginas del Corán y en las mogacalas del santuario.

---

[2] Ver Abril, 2007, pp. 211 y ss.

Ahora la confusión es, sin duda nuestra; porque ¿qué le hace a Averroes creer que ha encontrado el significado de *tragedia* y *comedia*? El hombre que traduce la *Poética*, aislado de un horizonte de experiencia teatral de conocimiento inasumible para quien vive en el siglo XIII, localiza el pasaje en el que Aristóteles afirma que «la comedia tiende a representar a los hombres peores de lo que son, al imitarlos; la tragedia mejores que los hombres reales» (1488ª). Y estas cualificaciones se corresponden con la definición —que Averroes sí es capaz de relacionar con un ámbito de experiencia propia— de las sátiras o de los panegíricos. Si tal cosa pudo sucederle a un médico árabe que escribe catorce siglos después que el filósofo griego (384-322 d.C.), éste —conviene no olvidarlo— lo hace a partir del conjunto (no especialmente unitario) de siete tragedias de Esquilo (525-456 a.c.), unas dieciocho de Eurípides (480-406 a.c.) u otras siete de Sófocles (497-406 a.C.). De modo que parece razonable cierto escepticismo respecto a una identificación absoluta entre la teoría aristotélica sobre lo trágico y el material dramático original sobre el que se construye. Umberto Eco marca esa más que posible distancia mental y cultural de dos mundos separados, a menos por lo que hace a las primeras tragedias, por casi dos siglos, imaginado al Aristóteles como «un etnólogo contemporáneo y occidental a la búsqueda de invariantes universales en los cuentos de los salvajes»[3]. ¿Qué cabría esperar entonces de los preceptistas del Siglo de Oro que, cuatro siglos después de Averroes, aún excavan en eruditos comentaristas del canon trágico inclinados a confrontarlo, todo lo más, con algunas versiones traducidas por Séneca? ¿Es posible que, como sucediera con Averroes, tuvieran que reconstruir una teoría a base de conjeturas literalmente filológicas? ¿Fueron capaces, ellos y los dramaturgos, de verter esa refacción de un hipotético canon en el único ámbito cognoscitivo posible, esto es, la dramaturgia de su tiempo? Lope, recordemos, con puntillosa reivindicación, habla de *El castigo sin venganza* (1631) como tragedia «escrita al estilo español, no por la antigüedad griega y severidad latina, huyendo de las sombras, nuncios y coros; porque el gusto puede mudar los preceptos, como el uso los trajes, y el tiempo las costumbre». Pero ¿sobre qué referentes se sentía afectado por estas palabras? Estaremos de acuerdo que todavía se les haría más difícil, a no ser a través de re-

---

[3] Eco, 1994, p. 211.

miniscencias arqueológicas y eruditas, imaginar su representación y la encarnación de esa acción trágica a través de los actores.

Dejemos a un lado, pues, los posicionamientos historiográficos que niegan la existencia de una auténtica tragedia en la España barroca o que la limitan a la melodramática adhesión a la ortodoxia política o a la resignación providencialista de la antropología cristiana[4]. Indaguemos sobre la misma (incluyendo el papel que jugó el actor en el canon trágico áureo) a la única experiencia real; filológica, sí; pero intentando evitar seguir atrapados, como Averroes, en un imposible universo de experiencia ignota, para recurrir más bien a los signos reconocibles en las propuestas que preceptistas y dramaturgos —superando el canon restrictivo de la tragedia clasicista, pero bajo su revelación— incluyeron en piezas que llamaron *tragedias*, o *tragicomedias* o *comedias heroicas* o, incluso, simplemente, *comedias*. Porque probablemente iban a ser los espectadores los que, frente a la escena, iban a establecer un código genérico. Sin maximalismos, sólo como indicio, acaso podamos conjeturar que entre los modos con los que el público identificaba el género del espectáculo que presenciaba, estaba el atractivo de reconocer a los actores, como parecen indicar algunos contratos y carteles supervivientes. ¿Acaso no nos informa la *Genealogía*[5] (1985, pp. 499 y 238) que la actriz Ángela Rogel acabó siendo conocida como *Ángela Dido* por el papel desempeñado en la tragedia de Gillén de Castro *Dido y Eneas*? ¿O que Pedro Manuel de Castilla, de la compañía de Alonso de Olmedo, recibió el apodo de *Mudarra* por haber

---

[4] Ver Rodríguez Cuadros, 2003, pp. 63-105. Froldi (1989, pp. 458-459) relaciona la difícil concreción de un modelo de tragedia en España con el escaso interés que allí había suscitado, desde el siglo XVI, el debate aristotélico. Puede ser. Incluso es posible que fuera una ventaja el que las escasas traducciones de Sófocles o de Eurípides en el siglo XVI (tales la *Medea* de Pedro Simón Abril o la *Andrómeda* de Fray Luis de León) se basaran no en una intención dramática sino en el objetivo de consolidar el castellano como lengua de cultura («por mostrar que nuestra lengua recibe bien todo lo que se le encomienda»). Díez Regañón (1955-1956, p. 119), al constatar las más que probable dificultad de Lope o Calderón para acceder a las fuentes directas de los trágicos griegos (por sus escasos conocimientos de esta lengua) subraya, sin embargo, las similitudes del estilo trágico clásico y de los dramaturgos españoles en las «imágenes sublimes» y en las «metáforas audaces y chocantes que esmaltan los diálogos»; semejanza que —añade— no es producto de la imitación sino de la afinidad de temperamentos artísticos.

[5] *Genealogía*, 1985, pp. 499 y 238, respectivamente.

representado con éxito *El rayo de Andalucía* (1654) de Cubillo de
Aragón, «comedia famosa» inspirada en la tragicomedia lopesca *El bastardo Mudarra?*

Sabemos, por lo demás, que los grandes dramaturgos del Siglo de
Oro procedieron a seleccionar las teorías de acuerdo con un sentido
pragmático y, sobre todo en el género trágico, «confrontando la tradición con la experiencia, las tradiciones de la antigüedad con la práctica de su propia época», aplicando un arte aprendido no a través de
la abstracción más o menos arqueológica de las poéticas sino de una
retórica *empírica*[6]. Por lo demás, el deseo de modernizar la tragedia, no
es privativo de Lope. Ya en 1605 Ben Jonson, en su *Sejanus*, erudita
tragedia modelada en la retórica senequista, defendía las libertades que
se había tomado en la obra:

> [...] Si se objeta [que] no es auténtico poema con las leyes estrictas de
> tiempo, lo reconozco; como tampoco lo es por faltarle un coro propia-
> mente dicho, cuya norma y cuyo espíritu son tales y tan difíciles que na-
> die [...] ni siquiera los que han afectado normas más necesariamente, han
> llegado a alcanzarlo. Pero es necesario o casi posible en estos tiempos
> nuestros... conservar la antigua majestad y el esplendor de los poemas
> dramáticos, y darle gusto al vulgo.

Aunque —como hemos visto con Averroes— la tragedia como
forma teatral no es universal, los preceptistas y dramaturgos españoles
(o ingleses) coinciden en dar el nombre de teatro trágico a la representación del sufrimiento del ser humano. Saben —como Shakespeare— que significa representar la angustia privada en un espacio público. Saben también que, incluso en el ámbito de una antropología
cristiana, cuando se vive bajo la intolerancia de principios como Dios,
o la honra o el rey, el feroz juego de los odios humanos y el destino
son fuerzas que modelan o destruyen vidas fuera del alcance de la prudencia racional. Algo que ni siquiera el más leve toque de teología
puede evitar la existencia de tener que elegir y, por tanto, evitar que
exista un héroe trágico[7].

---

[6] Ver Newels, 1974, p. 111. Para una visión de la preceptiva dramática, en una
perspectiva más comparatista, ver los trabajos reunidos por Vega (ed.), 2003.
[7] Ver Steiner, 2001, p. 9.

Entonces ¿en qué términos empíricos se dilucida el canon trágico? Como casi siempre, las definiciones ponen de relieve lo obvio y
oscurecen los matices. Si hoy podemos dar la razón a Hegel cuando
escribió que en ella se representa «la persona moral en acción [...] los
sentimientos y pasiones íntimas del alma en su realización exterior»[8],
y aún más a Hannah Arendt cuando dijo que la tragedia «es el único
arte cuyo tema es el hombre en su relación con los demás»[9], es porque Aristóteles había insistido en que «la tragedia es, en efecto, imitación de una acción y, a causa de ésta, de los que actúan» (1450^b). Por
eso los personajes (y, naturalmente, los actores que los encarnan) «no
actúan para imitar los caracteres sino que revisten los caracteres a causa de las acciones» (1450^a). Ahora bien, para esa acción ofrece dos opciones. Una derivada del reconocimiento de que «toda tragedia tiene
espectáculo» (1450^a); otra consecuente con algo más sutil, es decir, la
que proviene «de la estructura de los hechos» (1450^a). O, lo que es lo
mismo, se formula la distinción entre una acción caracterizada por el
pathos (haciendo énfasis en la representación en escena de toda la ico-
nología del horror, crueldades y muertes) y otra —consecuencia implícita de la articulación de la acción misma— que, sin perjuicio de
una ocasional muestra de aquel horror, persigue incidir en niveles más
profundos de la psicología del espectador. Un espectador que, más allá
del escalofrío de un *pathos* evidente, se encuentre con situaciones y
mutaciones del conflicto pasional (*perturbatio* y *peripecia*) en las que la
conmoción sea más auténtica y menos artificiosa. Ambas propuestas se
denominan en la *Poética* de Aristóteles como tragedias *simples* y tragedias *compuestas* o *implexas*, respectivamente. Y esta segunda, según
Aristóteles, es la más perfecta.

Las primeras, sostenidas en los lances patéticos —«acción destruc-
tora o dolorosa, por ejemplo, las muertes en escena, los tormentos, las
heridas y demás cosas semejantes» (1452^b)— tuvieron su traslación literal (apoyada por las afinidades electivas de Séneca, el único trágico
sobre el que especular sin excesivo rastreo arqueológico) en la tragedias clasicista del siglo XVI, empeñada en cultivar la atención del pú-

---

[8] Hegel, 1997, vol. II, p. 623.
[9] Arendt, 1993, p. 211.

blico a través de la horripilante morbosidad[10]. El teatro europeo aco-
moda el modelo en un catálogo de argumentos tan desolador como
el que ofrece el crítico John Greene en 1615:

> Asuntos de la tragedia son la altanería, la arrogancia, la ambición, el or-
> gullo, la injuria, la ira, la cólera, la disputa, la guerra, el asesinato, la cruel-
> dad, la violación, el incesto, las riñas, las privaciones, los actos de piratería,
> las prebendas, los asaltos, la muerte, las mutilaciones, los apuñalamientos,
> la pelea a espada, la confrontación, la traición, la infamia, además de to-
> dos los males heroicos que concebirse puedan[11].

Para nuestra desgracia el género, además, adquirirá notoriedad sen-
sacionalista en occidente con una obra emblemática de Thomas Kyd
que llevará el maldito título de *The Spanish Tragedy* (*ca.* 1588-1594).
Pero convengamos que, si bien Lope en su *Arte Nuevo* reconoce como
«bárbaros» nuestros usos, se refería a la ruptura de las reglas y no a las
ocurrencias de los civilizados dramaturgos ingleses que en estas abra-
cadabrantes tragedias de los siglos XVI y XVII llegaron a utilizar sangre
de cerdo en las escenas de mayor virulencia, la cual salpicaba a los espectadores más próximos al escenario.

---

[10] No en vano Lupercio Leonardo de Argensola, en una variante del epílogo de
su *Tragedia Alejandra* advierte que ha de aparecer desde debajo del tablado «una figura hasta la cinta como viejo con una camisa sangrienta y un hacha encendida en la
una mano y un Tocado sangriento y si es posible han de estar echando fuego de pez
a su lado». (Ver Newels, 1974, p. 164).

[11] En Díaz Fernández, 2006, p. 7. Cabe matizar que la truculencia, incluso en la
Tragedia española de Kyd se insertaba las más de las veces en las descripciones retóri-
cas de los largos monólogos (bien aprendida la lección de Séneca, cuyas obras se estudian en latín en Oxford y Cambridge y que se traducen desde 1581): «En cada
bando caen capitanes al suelo junto a los soldados, algunos con horrendas mutilacio-
nes, otros muertos de un golpe. Aquí cae un cuerpo separado de su cabeza; allí pier-
nas y brazos sangrantes yacen sobre la hierba, entremezclados con armas y corceles
destripados que esparcidos se extienden sobre la ensangrentada llanura» (*La tragedia
española*, acto I, en Díaz Fernández, p. 55). Pero no puede evitarse el hastío ante los
andares melancólicos y llorosos que debían asumir los actores de tal retórica: «¡Oh,
brotad lágrimas, fuentes y torrentes de lágrimas; soplad, gemidos, y provocad perpe-
tua tormenta, que el exceso conviene a nuestra desdicha…!» (acto II, p. 89). Ver Zunino
Garrido, 2001.

Los españoles, quebrantadores de reglas pero con mejor gusto, resultaron así más respetuosos con Aristóteles de lo que se les achacó, pues, por encima de la opción patética de la intensificada truculencia o, incluso, de la ejemplificadora tragedia *morata*, avalaron la tragedia compuesta o *implexa* que, al decir de Jusepe González de Salas, «tenían menos riesgo en la tibieza de su acción, como se conoce bien de lo que de ellas enseña Aristóteles, pues les atribuye mudanzas grandes de contrarias fortunas [...]; estando uno y otro en la constitución de la fábula dispuesto de tal modo que, de los sucesos que precedieron, viniesen a suceder, o necesaria o verisímilmente, aquellas mudanzas y conocimientos»[12]. Es este despliegue, nunca arbitrario, de *peripecias* y *anagnórisis* lo que provocará la adhesión emocional del espectador al que le interesará la tragedia no por lo que la persona *es* sino por lo que *hace*[13]. En consecuencia, lo importante para esta adhesión no es atribuir la esencia de lo trágico a la acción, sino que lo que es capaz de *movilizar* la acción, es decir, las emociones trágicas mismas.

Es ahora cuando debemos introducir los matices: la tragedia moverá al espectador siempre que la lógica o movilización de las acciones enciendan dos motores: el *eleos* y el *fobos*, esos términos un tanto vagarosos que, con variantes, hemos recibido como *compasión* y *temor*. Entendidos desde su semántica mítica de *Eleos* (dios o *daimon* de la misericordia y de la piedad) y de *Fobos* (hijo del violento Ares) si les aplicamos un sentido literal transitivo (tener conmiseración o sentir miedo por alguien), el espectador es presa de una emoción sentimental o lastimera, pero no trágica. Recogiendo las precisiones que para la tragedia moderna aporta Walter Kaufmann[14] es preciso que esa piedad y ese temor repercutan y me afecten a mí, como individuo; es imperativo que la emoción trágica me diga, me exprese y que sea mi propio miedo, mi propio temor lo que otorgue existencia a lo trágico. Y, cuando Casandra lanza su grito desesperado, como afirma Walter Kaufmann, o —podríamos decir nosotros— cuando Mencía anuncia su terrible «ni para sentir soy mía»; o el Duque de Ferrara su «llanto

---

[12] *Nueva idea de la tragedia antigua* (1633), vol. II, p. 602. Citaré siempre por la ed. de L. Sánchez Laílla (2003).
[13] Ver Ramos Torres, 1999, pp. 221-222.
[14] Kaufmann, 1978, pp. 85 y ss.

sobra, valor falta»; o Segismundo su «soy un hombre de las fieras / y una fiera de los hombres», ¿quién soy yo para sentir piedad por ellos? Y es que Aristóteles explora los términos *eleos* y *fobos* mucho más lúcidamente que en su *Poética*, y esto es importante subrayarlo, en su *Retórica* donde se explican indisolublemente unidos. Es en la *Retórica* (II, 5.1.) donde el Estagirita presenta el *fobos* no como un miedo o temor por el *otro* sino como «el pesar o *turbación* nacidos de la *imagen* de que es *inminente un mal destructivo* [...] que está a punto de ocurrir»[15]; y concluye permeabilizando íntimamente el *eleos* y el *fobos*:

> Conviene poner a los oyentes, cuando lo mejor sea que ellos sientan miedo, en la disposición de que puede sobrevenirles un mal [...] y mostrarles que gentes de su misma condición lo sufren o han sufrido [...] por cosas o en momentos que no se podrían esperar... (II, 5.3., p. 338)

Lo trágico no es, pues, la experiencia del mal ajeno que únicamente promueve lastimoso melodramatismo (la conmiseración por una mujer aterrada o por un padre que vacila en hacer matar a su hijo o por un príncipe encerrado en una torre) sino la experiencia admirativa y espantosa de que todo ello me puede suceder a mí o al espectador que presencia esa «imitación de una acción esforzada y completa« (*Poética*, 1449ᵇ). Es lo que reflejarán, por ejemplo, las palabras de don Gutierre en *El médico de su honra*: «... y de la mayor desdicha, / de la tragedia más rara, / escucha la *admiración*, / que *eleva*, *admira* y *espanta*»[16].

El tercer vértice del triángulo emocional de la tragedia es la *catarsis*, que en la *Poética* aparece con el inconcreto sentido finalista de «purgación de las emociones» y que Aristóteles delimita con mayor precisión, de nuevo, en otra obra (*Política*, VIII, 7, 4):

> Las emociones que afectan fuertemente a algunas almas están, de acuerdo con una gradación, presentes en todo; por ejemplo, *eleos* y *phobos*, [...] muchos son particularmente propensos a experimentarlas. [...] La gente dada a *eleos* y *phobos*, y en general la gente sentimental, y otros que [...] posean emociones similares, tienen que estar afectados de la misma ma-

---

[15] Citaré siempre por la edición y traducción de Q. Racionero (1990, pp. 334-335). Las cursivas son mías.
[16] Calderón de la Barca, 1981, p. 209.

nera, ya que todos deben experimentar una *catarsis* y un alivio placentero.

¿No parece evidente que, al menos en este contexto, puede colegirse cierto desdén aristotélico hacia esa gente «dada al *eleos* y *phobos*» mezquinamente sensiblera y asustadiza? Ciertamente, el espectador emocionalmente confuso se sentiría mejor tras soltar un grito o alarido; ahora bien, la tragedia no puede desvirtuar lo trágico en una *catarsis* proyectada en una artificial y ajena sentimentalidad. He aquí pues la ardua tarea del dramaturgo y del actor trágicos: mantener la fuerza de la representación viva que, al decir de Alonso López Pinciano, «tiene más eficacia y mueve más»[17] y, sin embargo, sostener esa conmoción del *doliente caso* en la esfera de la afección del yo. Expresiones como el «terrible horror i lástima i espanto» de Virués o la de «con el espanto y miedo / estoy dos veces temblando» de Calderón[18], son, en todo caso, conscientes marcas textuales para ser interpretadas o discriminadas por el actor que, por ejemplo, interpreta a Pedro de Urdemalas en la obra homónima de Cervantes:

> Ha de sacar con espanto
> las lágrimas de risa,
> y hacer que vuelvan con prisa
> otra vez al triste llano.
> Ha de hacer que aquel semblante
> que él mostrare, todo oyente,
> le muestre, y será excelente,
> si hace aquesto, el recitante. (III, vv. 2912-27)

O por la actriz que encarnara a Julia en *El mágico prodigioso* de Calderón: «Vuélvete a tu centro, y deja / la admiración y el espanto...» (II, vv. 1936-1937). Claro que habría siempre algo de concesión patética. Pinciano se acoge a que «más perezosamente incitan a las orejas las cosas oydas que no las vistas» (II, p. 304) y a que «muerte, llantos y miserias ha de tener la tragedia fina y perfecta» (II, p. 344). Y

---

[17] *Philosophia Antigua Poética* (1596), t. II, p. 312. Citaré siempre por la ed. de A. Carballo Picazo (1973).

[18] Ver, respectivamente, *La gran Semíramis* (ca. 1609), en *Poetas dramáticos valencianos*, 1929, t.. I, p. 32ª y *El mágico prodigioso*, II, vv. 1930-31.

Salas, al subrayar la capacidad de la tragedia de «imitar, figurar y representar» añade que

> por aquella imitación se distingue el hombre de los demás animales [...] Esto convence con ejemplos admirables que suceden en las imágenes de las cosas horribles y espantosas; pues siendo cierto que sería penoso ver fieras de aspectos disformes, y cuerpos muertos, y otras cosas a la vista terribles, las pinturas y bien acabadas representaciones de aquéllas mismas son deleitosas y agradables. [...] Dando pena el ver las demostraciones de un airado, de un doliente y de un temeroso, los que representan y imitan con perfección estos mismos movimientos del ánimo nos deleitan. [...] Los horrores, pues, de la tragedia, y sus conmiseraciones, que tanto serían congojosas en su verdad, así se vienen a desfigurar, cuando más perfectamente figuradas con la imitación, que ya son apacibles y deleitosas. (II, pp. 580-83)

El morboso deleite de lo patético es la forma extrema de asumir esa «afección del yo» como gen de la tragedia, ese alarido que nos pone a resguardo del horror construido por quienes lo representan[19]. Y, sin embargo, Aristóteles, ya lo dijimos, marcará la excelencia de la tragedia *implexa*, la derivada no de una patología de liberación sentimental o moral sino de la experiencia ética de la estructura de los hechos o *pragmaton sintasis*:

> El temor y la compasión pueden nacer del espectáculo, pero también de la estructura misma de los hechos, lo cual es mejor y de mejor poe-

---

[19] Salas evidencia esta contradicción (el horror que contamina de dolor pero que nos libera). Fiel seguidor de Séneca (no en vano de su teoría se desprende la evidente propuesta de un actor emotivo), conduce la catarsis al ejemplo moral: «Pero no es fácil de entender cómo la tragedia, moviendo en el ánimo del hombre los afectos de conmiseración y miedo, pueda curarlos; pues manifiestamente se opone el adolecer de una enfermedad al curarse de ella. Y es muy cierto que la imitación y representación de acciones que contienen horrores y crueldades hayan de excitar en el oyente aquellos afectos; y parece que también lo ha de ser que hayan antes de enfermarle que de alguna manera convalecerle [...]. [Pero] habituándose el ánimo a aquellas pasiones de miedo y de lástima frecuentadas en la representación trágica, vendrán forzosamente a ser menos ofensivas [...] porque, como queda dicho, de la perfecta representación de las acciones trágicas se han de mover aquellos afectos de miedo y lástima [...] Templarán, pues, los humanos las pasiones suyas con aquellos ejemplos pintados en las tragedias...» (vol. II, pp. 585-587).

ta. La fábula, en efecto, debe estar constituida de tal modo que, aun sin verlos, el que oiga el desarrollo de los hechos se horrorice y se compadezca por lo que acontece. [...] En cambio, producir esto mediante el espectáculo es menos artístico y exige gastos. Y los que mediante el espectáculo no producen el temor, sino tan solo lo portentoso, nada tienen que ver con la tragedia; pues no hay que pretender de la tragedia cualquier placer, sino el que le es propio. Y, puesto que el poeta debe proporcionar por la imitación el placer que nace de la compasión y del temor, es claro que esto hay que introducirlo en los hechos. (1453^{b})

Lo trágico será pues entendido por los preceptistas más lúcidos como ese exacto «deleite» que le es propio al género: el que emana de la estructura del hecho y no de una artificial figuración de lo portentoso que acabe aliviando al espectador por exceder a la «verdad congojosa» pero que le impida la participación afectiva en el conflicto mismo del héroe: su y *nuestro* conflicto, el que pone en juego los fundamentos éticos, políticos, míticos, religiosos o metafísicos que habita y que sólo la acción y su devenir, el *hacer* y no el *ser* puede revelar. Algo que fue enunciado con precisión por Albin Lesky cuando recuerda que «lo que hemos de reconocer [en] la categoría de lo trágico en la obra de arte y en la vida es lo que designamos como la *posibilidad de la relación con nuestro propio mundo*. El caso debe interesarnos, afectarnos, incumbirnos. Solamente cuando tenemos la sensación de *nostra res agitur*, cuando nos sentimos afectados en las profundas capas de nuestro ser, experimentamos lo trágico»[20]. El *nostra res agitur*, extendido al «acuerdo y memoria de que la tal miseria puede acontecer a él o a algunos de los suyos próximos»[21]. Como recuerda González de Salas en *El teatro escénico a todos los hombres*: «Una tragedia es, ¡oh animal de dolor, la vida del hombre...» (II, p. 893).

Pero es el caso que el nudo físico donde tiene lugar en escena esa comunión del *nostra res agitur* entre el héroe trágico y el espectador

[20] Lebsky, 2001, p. 45. La cursiva es mía.

[21] López Pinciano, 1973, II, p. 333. Por eso el Pinciano abre el espectro de las causas trágicas que mueven a compasión: «... las muertes, los peligros della próximos, trances de fortuna en los bienes que della tienen nombre, afrentas, falta de amigos, destierros, ausencias de bienquerientes para no los ver jamás, males recebidos de parte que bienes prometía, y los bienes presentes muy desseados, quanto el gozarlo es prohibido...» (II, p. 339).

son los actores. Más allá de agniciones y peripecias esta transferencia emocional no la podrá tener el espectador, según el Pinciano «si el agente no parece estar muy apasionado» (II, p. 320). Y este situar la *perturbación* y el *dolor* en el centro de la cuestión trágica le lleva, tanto a él como a Salas a la «porfiada cuestión sobre si será permitido exponer a los ojos de los oyentes aquella manifiesta ejecución» o si era más estimable «si se contraía por medio de la misma constitución de la fábula, y no por aquellas otras fieras ejecuciones que necesariamente eran fuera del arte», ya que —y seguimos el hilo de González de Salas— «las semejantes ejecuciones horrendas más son para excitar un espantoso pasmo que para [...] mover ingeniosamente» (II, pp. 604-605). Ambos, sin decirlo, están desplazando la construcción de lo trágico, otra vez, fuera del ámbito de la abstracta *Poética* aristotélica y reconduciéndola a la *Retórica*, el espacio natural donde la «moción de los afectos» se hace *tejné* o arte, fuera del cual *tejné* el exceso de horribilidad que el *pathos* impone se convertiría no en verdad o verosimilitud sino en una alienante suspensión del ánimo:

> Porque aunque sea la lástima afecto que propriamente corresponda al ver padecer injustamente, cuando en la tragedia se representa a la viva atención de los ojos [...], tanto se aumenta aquella horrible fiereza en el concepto de los presentes que ya en sí no sienten aquel afecto mismo que en la verdad era tan proprio, y, faltando entonces, vienen sin duda a padecer una pasmada suspensión del ánimo. (II, p. 607)

Los preceptistas del Siglo de Oro situarán pues el debate moderno de la tragedia en la teoría de los afectos, lo que les conducirá a una recuperación —amplificada y consciente del medio teatral en el que escriben— de las ideas de Aristóteles sobre la contribución del actor a su canon por medio, eso sí, del desplazamiento de ese debate desde las reglas de la *Poética* al *ars rhetorica*.

El canon aristotélico dispone un básico registro empático de las emociones, al solicitar perfeccionar la acción trágica bien con gestos o actitudes («pues, partiendo de la misma naturaleza, son muy persuasivos los que están dentro de las pasiones, y muy de veras agita el que está agitado y encoleriza el que está irritado» [1455^b]) o bien con la elocución (poniéndola «ante los propios ojos lo más vivamente posible; pues así, viéndolas con mayor claridad, como si presenciara di-

rectamente los hechos, el poeta podrá hallar lo apropiado» [1455ª]).
Por demás está recordar que será Horacio el que acabará *gramaticali-zando* esta transferencia emocional desde el poeta al oyente o espec-tador:

> Del mismo modo que los rostros humanos ríen con los que ríen, así también asisten a los que lloran; si quieres que yo llore, antes debes do-lerte tú mismo; entonces, Télefo o Peleo, tus infortunios me harán daño; si dices mal el papel encomendado, me adormeceré o reiré. Palabras tris-tes convienen a un rostro apesadumbrado, llenas de amenazas si airado, alegres si divertido, serias si adusto. En efecto, inicialmente la naturaleza nos modela internamente en todos los aspectos de la fortuna; nos recrea o nos impulsa a la ira, o nos abate hasta la tierra con onerosa pesadum-bre o nos aflige; luego expresa los movimientos de nuestra alma valién-dose de las palabras[22].

Sólo que Aristóteles, una vez más, aclara con mayor precisión *escé-nica* su teoría en la *Retórica*: «Y como los padecimientos que se mues-tran inminentes son los que mueven a compasión [...] resulta así ne-cesario que aquellos que complementan su pesar con gestos, voces, vestidos y, en general, con actitudes teatrales excitan más la compa-sión puesto que consiguen que el mal aparezca más cercano, ponién-dolo ante nuestros ojos» (II, 1386ª, pp. 358-59). Los afectos propios de la tragedia (espanto, misericordia o temor) inscritos, en consecuencia, en el cuerpo del agente de la representación que es el actor se abor-dan, así, desde la única *ars* práctica (retórica) que Aristóteles tiene a su disposición. Y en la lectura neoaristotélica de los preceptistas españo-les se abren dos caminos: por un lado, la conmoción del *ethos*, basado en la emoción naturalista y dignificada que propugnará López Pinciano; por otro, la conmoción del *pathos*, recordando «la violencia de las máchinas y la espantosa compostura de los representantes», pro-puesta desde la radical emotividad de Jusepe González de Salas. Ambos se nutrirán del único referente erudito o de prestigio con que puede contar el actor: el del orador y su capacidad de controlar las reaccio-nes del público. Acierta Marvin Carlson al observar que en estos pre-ceptistas se asienta todo el posterior debate sobre el arte del actor, un

---

[22] *Poética*, 100-110 (Horacio, 1984, pp. 127-128).

debate en el que el Pinciano apostará por la técnica y Salas por la verdad emocional[23]. Pinciano acabará confeccionando un tratado flexible y práctico en el que, más allá de una inspiración concreta en las reglas aristotélicas, elabora con cierta minuciosidad (seguramente bajo el instinto de su condición de médico) una teoría de las pasiones, desplazando la que concierne al actor —de absoluta inspiración oratoria— a la *Epístola* XIII de su *Philosophia*. Salas, por el contrario, comenta con abundante erudición filológica la historia de la tragedia antigua, incluyendo una sugestiva *amplificatio* de los elementos preteridos o apenas esbozados por Aristóteles (la música, el espectáculo, el ornato y, sobre todo, el actor), recodificándolos —y de ahí su interés— en el marco conceptual y hasta lexicográfico del teatro coetáneo a 1633.

López Pinciano es quien de manera más exacta, dentro de la *Epístola* VIII de su obra que dedica al género trágico, sitúa el *movere* en el espacio de la praxis oratoria ya que «el poema que no mueue [...] es una cosa desalmada y muerta. Esta la honra y la vida puesta en manos de vn orador, las quales haze saluas muchas vezes con solo los afectos bien mouidos y impressos», para concluir que «el que esta parte quisiere, acuda [...] a la Rhetórica» (II, pp. 365-366). Asimismo afirmará que «la diferencia que hay entre los temores trágicos a los cómicos es que aquestos se quedan en los mismos actores solos y aquéllos pasan de los representantes a los oyentes» (III, p. 24). Esta transferencia emocional será más efectivo, además, en la medida que se adhiera, en estricta sujeción al decoro posrenacentista, al seguimiento de la naturaleza:

> Diga el poeta en voz miserable la miseria vehementemente; y añádala con las presentes fatigas, y esto no sólo con palabras, sino con las obras [...] y vse de otras assi semejantes, las quales tienen la eficacia de sacar lágrimas, y advierto que sea muy breue el poeta en esta sazón, porque las lágrimas se secan con presteza, y si la acción no pausa estando el ojo húmido, queda muy fría. (II, pp. 341-342)

Pinciano hace una lúcida lectura de la opción aristotélica por administrar el *pathos* (el temor y la compasión) desde la acción y no,

---

[23] Carlson, 1993, p. 66.

como hemos dicho más arriba, desde el mero espectáculo. Su intuición es acertada si, además, sabemos que Aristóteles, al encarecer la excelencia de la tragedia *implexa*, pretendía reflejar también el momento en que empezaron a separarse las funciones del poeta y del actor y en cómo éste fue imponiéndose por encima, incluso, de la dirección escénica. Y es que, ya a finales del siglo IV, se discutía vivamente la oposición de los distintos estilos de interpretación. Una escuela rigurosa, siguiendo la tradición esquilea, se enfrentaba a otra más moderna, que perseguía efectistas exageraciones; lo que, a su vez, desencadenará la reacción de una mayor búsqueda de naturalidad: «El enemigo más antiguo y más peligroso del autor dramático —afirmará H. Bulle— fue y ha sido siempre el más imprescindible de sus ayudantes, el actor»[24]. Por eso, al comparar Aristóteles la epopeya y la tragedia rechaza que la primera deba estar dirigida a un público más distinguido, en tanto que la segunda, por la implicación gestual de la acción de los actores, se dirija a un para público vulgar. Y lo refuta a la luz —podemos interpretarlo así— de su distancia respecto al espectador excesivamente dado a la sugestión melodramática del *eleos* y el *fobos*:

> En efecto, creyendo que los espectadores no comprenden si el actor no exagera, multiplican sus movimientos, como los malos flautistas, que giran cuando hay que imitar el lanzamiento del disco […] Es pues la tragedia, tal como los actores antiguos creían que eran sus sucesores; Minisco, en efecto, pensando que Calípides exageraba demasiado la llamada simio, e igual concepto se tenía de Píndaro; y en la misma situación en que se hallan éstos en relación a aquéllos, está la tragedia en conjunto con relación a la epopeya. Así, pues, dicen que ésta es para espectadores distinguidos, que no necesitan para nada de los gestos, y la tragedia, para ineptos. […] El reproche no se refiere al arte del poeta sino del actor, puesto que es posible que un rapsodo exagere en los gestos, como Sisístratos, […] a continuación no todo movimiento debe rechazarse […] sino el de los malos actores, lo que precisamente se reprochaba a Calípides y ahora a otros, diciendo que imitan a mujeres vulgares. (1461^b-1462^a)

Se abren pues las dos vías esenciales de la interpretación actoral hasta la modernidad. Y se hace preciso buscar sus rasgos teóricos, como

---

[24] Lebsky, 2001, p. 190.

no podía ser de otro modo, no tanto en los documentos de los preceptistas sino en los de los grandes oradores (porque aquéllos leían a éstos con especial intensidad en el Renacimiento y en el Barroco). Cicerón en su *Orator* define, en efecto, estos dos modos de la *actio* (uno regulado por el ingenio y la técnica; otro por el sentimiento y la inspiración):

> Hay, en efecto, dos recursos que bien manejados por el orador hacen admirable la elocuencia. Uno, el que los griegos llaman lo *ético*, se aplica a las naturalezas humanas, a los caracteres y a todo el modo de la vida; el otro, el que ellos llaman lo *patético*, es aquel con que se remueven y excitan las pasiones; en este solo medio tiene su reinado la oratoria. El primer medio es amable, agradable, propio para ganar la benevolencia; el último es vehemente, encendido, impetuoso...[25] (*Orator*, p. 128)

Ya advertimos la inclinación de López Pinciano por los recursos del *ethos*, templados por la técnica y la abstracción del decoro naturalista: el gesto y el ademán debe considerar «la persona, el tiempo y el lugar», siendo la regla de oro la verosimilitud, sin dejar por ello mostrar emocionalmente «las entrañas del poema» ya que conviene «al actor mire la persona que va a imitar y de tal manera se transforme en ella, que a todos parezca no imitación sino propiedad». Y al asumir la lección de los oradores insiste en que «según el affecto que se pretende, es diferente el mouimiento que enseña la propia naturaleza y costumbre». Su divisa máxima siempre será, así, mirar y considerar «la naturaleza común» aconsejando al actor, por encima de cualquier otra regla, seguir «a la naturaleza, a la qual sigue toda arte, y ésta, más que ninguna, digo la poética, de la qual los actores son los executores» (III, pp. 281-289). Su exigencia de mantener el *pathos* dentro de unos límites («si la acción no pausa, estando el ojo húmido, queda muy fría») enlaza no sólo con la condena aristotélica de las exageraciones histriónicas sino con la denuncia ciceroniana en *De Oratore* de los acto-

---

[25] «Duo sunt enim, quae bene tractata ab oratore admirabilem eloquentiam faciant. Quorum alterum est, quod Graeci *ethikón* vocant, ad naturas eas ad mores et ad omnem vitae consuetudinem accomodantum; alterum, quod idem *pathetikón* nominant, quo perturbantur animi et concitantur, in quo uno regnat oratio. Illud superior come, iuncundum, ad benevolentiam conciliandam paratum; hoc vehemens, incensum, incitatum...» Citaré siempre por la ed. de Tovar y Bujaldón (1992, p. 53).

res sobreactuados, esgrimidores de dedos y patadas en el suelo («supplosio pedis»), frente al modelo de actor por excelencia, Roscio:

> Esa admiración y encendidos elogios que el discurso despierta tenga alguna zona de sombra y trasfondo para que parezca que resalta y sobresale más lo que está iluminado. Nunca recita Roscio el siguiente verso con los gestos de que es capaz:
>
> *pues el sabio para virtud recompensa pide, no botín*
>
> sino que baja el tono del todo, para que en el próximo:
>
> *¿pero qué veo?, de hierro cercado los sagrados lugares ocupa*
>
> pues hace un inciso, y quedarse mirando y sentir admiración y estupor. Y aquel otro verso
>
> *¿Qué protección buscaré?*
>
> ¡qué suave!, ¡qué distendido!, ¡qué poco teatral! [...] que tenga una elegancia sólida y austera, no dulzona y pasada de punto. (*De Oratore*, III, 101-103, ed. cit. pp. 420-21)[26]

González de Salas, sin embargo, hace honor en este sentido al título de su tratado: una nueva idea de la tragedia antigua, asentada sobre la noción de *pathos*. Frente a la naturalidad técnica que Cicerón propugnaba en la cita anterior, se acoge a la comunión con la poéti-

---

[26] Seguimos la ed. de J. Javier Iso (2002, pp. 420-421). Texto latino según la ed. de S. Galmés (1931, II, p. 34): «Sed habeat tamen illa in dicendo admiratio ac summa laus umram aliquam et reecessum, quo magis id, quodo erit iluminatum, exstare atque eminere videatur. Nunquam agit hunc versum Roscius eo gestu, quem potest: *nam sapiens virtuti honorem praemium, haud praedad petit* / sed abicit prorsus, ut in proximo: / *sed quid video? Ferro saeptus possidet sedis sacras* / incidat, aspiciat, admiretur, stupescat. Quid ille alter: / *qui petam praesidi?* / quam leniter, quam remisse, quam non actuose! [...] ut sabitatem habeat austeram et solidam, non dulcem atque decostam...». Recuérdese el testimonio de Plutarco (1957, p. 34): «V. [...] Dícese que, estando en la parte de la elocución no menos sujeto a defectos que Demóstenes, puso mucha atención en observar al cómico Roscio y al trágico Esopo. De éste se cuenta que, representando en el teatro a Atreo cuando deliberaba sobre vengarse de Tieste, como pasase casualmente uno de los sirvientes en el momento en que se hallaba fuera de sí con violencia de los afectos, le dio un golpe con el cetro y le quitó la vida; no fue poca la fuerza que la representación y la acción teatral tomó para persuadir la elocuencia de Cicerón, como que de los oradores que hacían consistir el primor de ésta en vocear mucho solía decir con chiste que pro flaqueza montaban en los gritos como los cojos en un caballo...».

ca horaciana a la que Cicerón también acude como *De Oratore* procedimiento psicagógico: «Y no es fácil conseguir que el juez, de acuerdo con tus pretensiones, sienta ira ante algo si tú mismo das la impresión de llevarlo con calma. Ni odiará a quien tú quieres que odie si antes no te ve a ti mismo abrasado por el odio. Y no se dejará llevar por la piedad si tú no le das muestras de tu dolor con tus palabras, con tus pensamientos, con tu voz, con tu expresión, en fin, con tus lágrimas»[27]. Por eso se adhiere a la teoría horaciana, solemnizando la fusión de las personas del poeta y del representante que, según él, puede inferirse del texto de Aristóteles:

[...] ha de procurar el poeta, con cuanta diligencia le fuera posible, vestirse de aquella apariencia y afectos naturales que quisiere exprimir y imitar en su composición; porque naturalmente son muy poderosos a mover en las otras personas sus pasiones aquellos que así las padecen. Y, por eso, el que está congojado congoja a quien le mira; y concibe ira el que mira al airado. Este lugar han procurado hacer más dificultoso sus expositores, queriendo que de su original se induzga que hable en él el Filósofo expresamente de los representantes, siendo cierto que no hay inconveniente alguno para que sea el poeta a quien instruye con este precepto, pues las palabras griegas no lo contradicen. Fuera de que, como luego veremos, pudiera sin inconveniencia en esta ocasión hablar de ambos: del poeta, digo, y del representante... (II, p. 622)

Y por eso, en su paráfrasis aristotélica, injerta el entusiasmo agustiniano por la impostada emoción del actor (*Confesiones*, III, 2, 2):

El dolor de las desdichas y calamidades que los hombres aborrecen es apetecible cuando ellas en el teatro se ven representadas, y que aman el padecer aquel dolor y lástima, y el mismo dolor es su deleite. De donde procede que, cuanto es más excesivo aquel sentimiento suyo, tanto estiman más y alaban al que lo representa; y, al contrario, le vituperan y re-

---

[27] «Pues no puede ocurrir que el oyente pueda sentir dolor, odio, envidia, que pueda temer algo, que pueda inducírsele al llanto o a la piedad, sin que parezca que todos esos sentimientos que el orador quiere hacer sentir al juez estén grabados a fuego en el propio orador [...] Pues la misma naturaleza del discurso que se utiliza para conmover el animo de los demás conmueve al propio orador más incluso que a cualquiera de sus oyentes» (Cicerón, 2002, II, 189-191, pp. 286-287).

prehenden llenos de fastidio si el dolor que sintieron en sí fue pequeño. Pero entonces, cuando más se congojan y lastiman, asisten más atentos y lloran, alegrándose en su mismo llanto. (II, p. 583)

Salas se convierte en el tratadista de su tiempo que presta mayor atención al papel del actor trágico, verdadero conducto o *arcaduz* entre el dramaturgo y el espectador:

> Porque el que verdaderamente padece algún afecto mueve el mismo en los otros; y esto lo conseguirá el poeta cuando, vestido de aquellos afectos, exprimiere, figurare y imitare a la persona que los padece, en quien, sin duda, si la hubiere imitado y figurado bien, quedarán comunicados y como transferidos sus afectos proprios. [...] Aquella persona, pues, intermedia entre el poeta y el auditorio, en quien el poeta influyó sus pasiones cuando la figuraba y exprimía, *será el arcaduz y conducto* por donde comunicará el poeta al auditorio sus pasiones y afectos. De donde ya entendemos por cuál medio quiere enseñar Aristóteles que podrá comunicar el poeta al auditorio las pasiones y afectos humanos que él tuvo cuando escrebía. Conociendo de nuestro discurso que éste es el representante [remite en nota a *Poética*, (1455ª)], que usurpa entonces las misma figura del poeta para la comunicación de las pasiones. Y así, en esta acción, lo que parece conviene al uno es también para el otro conforme, porque se reputan ambos por uno mismo. Y el representante viene a ser también aquella figura intermedia (pues la representa en el teatro) a quien comunicó sus afectos el poeta. [...] El poeta con el afecto de ira pintó a Hércules, en quien quedó el afecto impreso; el representante hace después las figura de Hércules, y viene a comunicar su afecto el poeta al auditorio por medio del representante, que es uno mismo con el poeta y con el Hércules figurado. (II, p. 623)

Tal como hace el Pinciano (que traslada su teoría actoral a un capítulo distinto al de la preceptiva trágica), Salas dedicará la sección IX de su obra a extenderse sobre el papel del representante (diferenciándolo del de los mímicos y danzarines, lo que no hace Aristóteles) extendiéndose en una reconstrucción (no por arqueológica menos apasionante) de su técnica que, por supuesto, enmarca en un constante rozamiento intertextual con la del orador. Con la palpable inspiración ciceroniana y de Luciano de Samosata en su *De Saltatione*, hace desembocar, como lo había hecho el Pinciano, el mapa de las emociones y afectos pergeñada desde Aristóteles a Horacio en la *Institutio*

Oratoria pues «no es pequeño argumento el persuadir Quintiliano que el nuevo orador se entregue algún tiempo a la disciplina de los buenos representantes, que le instruyan en los gestos y acciones, y en la que fuere elegante pronunciación […] Así también, en correspondencia, los ilustres representantes frecuentaron no menos a los oradores cuando defendían las causas de sus clientes» (II, p. 688). ¿Acaso no fue asombro de las tablas, ya en el siglo XVII, el célebre Damián Arias de Peñafiel —intérprete, por cierto, de Federico en *El castigo sin venganza* de Lope— del que nos cuenta José de Alcázar en su *Ortografía Castellana* (1690) que «tenía la voz clara y pura y la memoria firme, la acción viva. Diera lo que diera, en cada movimiento de la lengua parece que tenía las gracias y en cada movimiento de la mano, la musa» y que «concurrían a oírle excelentísimos predicadores para aprender la perfección de la pronunciación y de la acción»[28]?

Pero Salas hace algo más: recompone las aisladas referencias al actor en la *Poética* y las amplía, aunque no lo puntualice explícitamente, con la *Retórica*:

> Quintiliano, pues, digo que enseña los medios [*De institutione oratoria*, VI, 2] con que se puede contraer en el ánimo los afectos naturales; y Horacio, el modo con que después se expriman y signifiquen, que éste es con las palabras, siendo de las pasiones interiores intérprete la lengua. Como si yo, para pintar airado a Aquiles, o muy consolidada y agravada de penas a Hécuba (discurro yo así), procurase informar interiormente mi espíritu con la pasión de ira y con la de congoja. […] La diligencia mayor, según es mi sentimiento, para que podamos mover afectos en los otros es que los movamos primero en nosotros mismos; porque será posible que parezca ridícula nuestra representación y imitación del llanto, de la ira y de la indignación si la significamos sólo con las apariencias y con las palabras, y no con la verdadera pasión del ánimo. […] Por eso es necesario que, en las cosas que deseáremos parezcan verdaderas, representemos los afectos de tal suerte que parezcamos nosotros mismos muy semejantes a los que padecen verdaderamente aquellos afectos […] ¿Quedará airado, si el que pretende irritar la ira no se irritó primero? ¿Enterneceráse con lágrimas el que mirare mis ojos endurecidos y enjutos? (II, pp. 624-625)

---

[28] Citado en Sánchez Escribano y Porqueras Mayo, 1971, p. 335. Para más noticias de Damián Arias, ver *Genealogía*, 1985, pp. 55-56.

Pero, sobre todo, muestra una suma inteligencia al poner en conexión la masa erudita que da cuerpo a su discurso con la práctica escénica del siglo XVII, desde la que piensa y para que la se expresa. Se afana en establecer la ilación entre la antigüedad y el sistema actoral de su época, siempre en el deseo de insistir en el actor creativo que, al modo stanislasvkiano, está prefigurando: «Buen intérprete de Aristóteles es Quintiliano, y más advirtiendo que instruye allí a su orador, autor de la oración y de la acción de ella; el que la compuso, y el que la refiere y representa. [...] Cuando no hubiera sido también costumbre de la Antigüedad *que fuesen los mismos poetas trágicos los representantes principales de sus tragedias* [...] *cosa hoy no poco vista en nuestra comedia.* Pero, de cualquier manera, o siendo los representantes los autores, o no siéndolo, hubo de ser parte muy importante para la excitación de los afectos en el auditorio la viva y afectuosa acción de los que representaban» (II, p. 625).

Es pues la teoría de los afectos, al modo de la imitación naturalista como en el Pinciano o al modo de la interiorización emocional suscrita por González de Salas, la que aloja, en el teatro español de los siglos XVI y XVII, la inexistente *ars* sistematizada del actor que tanto se ha echado de menos al indagar en su genealogía documental. Cierto es que en esta Sección IX de la *Nueva idea* no se extiende sobre la concreta aportación del actor al canon trágico (ya lo hace en la parte definitoria del género); pero apunta, con todo, a una síntesis. En primer lugar refiriendo esta contribución a la teoría emocional de los afectos:

> También por los efectos se puede colegir la eminencia de su acción afectuosa, [...] que era muy ordinario el ver en grande copia derramando lágrimas al auditorio cuando sucedía representarse algún caso desastrado. [...] Cerca de cuánto importe el vestirse verdaderamente de aquel afecto que se pretende comunicar a otro, dice que él propio [Cicerón, *De Oratore*, Lib. 2] vio muchas veces representantes que, acabando de hacer la figura de alguno cuyos sucesos habían sido lastimosos, salían aún después llorando del teatro. Con tanto ardor se movían entonces en aquello que querían representar, que llegaba ya más a ser en ellos sentimiento interior que engañosa apariencia... (II, p. 689)

En segundo lugar, insistiendo en equiparar la capacidad de conmoción del poeta y del representante, llegando a recordar al poeta trágico Pupio, cuyas obras calificó Horacio de *lagrimosas* «porque (como añade el escoliante antiguo) compelían a llorar a los que las vían representadas. [...] Pero sin duda se perdiera toda la excelencia del poeta si después no le ayudara la representación». En tercer lugar, anudando constantemente la experiencia histórica y erudita con la práctica escénica coetánea. Así, cuando insiste en que muchos poetas trágicos en Atenas, a su vez, eran excelentes representantes «como hoy lo vemos en la propia suerte de nuestros teatros, donde no pocas veces son autores de las comedias los que las representan» (II, p. 690). O, cuando, sin dejar de alabar a las *representantas* de su propia época, sugiere que el género era sólo idóneo para los varones, de los que debían valerse «para las Medeas, Andrómacas, Hécubas y otras semejantes figuras, por necesitar la representación trágica de gran pecho y vociferación [...], y dificultosamente para esto se hallarán mujeres suficientes» (II, p. 700).

Finalmente, y siempre bajo glosas de Quintiliano o Cicerón, distingue con agudeza los registros del actor trágico, como opuesto al actor cómico: la de aquellos «había de ser grave, y con pausa, y la de estos más apresurada» y diferencia «los propios compases y figuras del andar y del moverse entre los personajes que pueden introducirse en las acciones del teatro» (II, p. 690). Cabe aquí lo que treinta cinco años antes había escrito el Pinciano sobre la imitación de «vna persona trágica y graue» porque «las personas graues y trágicas se mueuen muy lentamente; las comunes y cómicas, con más ligereza»; y «si está desapassionado, puede mouer la mano con blandura [...] y si está indignado, la mouerá más desordenadamente» (III, pp. 281 y ss.).

Sólo hay una excepción —pero significativa— frente a la tumultuosa emocionalidad que Salas reclama al actor: la referida al estilo y al lenguaje. Aunque reconoce que, del mismo modo que el actor trágico se eleva en el *coturno* lo debe hacer en su modo de hablar, advierte que la «soberbia y furor en el lenguaje» y el «horror de la elocución intrincada y tenebrosa» (II, pp. 641-642) no deben dejar de encarecer la claridad. Aquí aflora el Salas posicionado plenamente en el frente anticultista denunciando que «cuanto uno es más inferior en el ingenio, tanto procura enfurecerse más su estilo y encumbrarse, como lo que son de pequeña estatura se empinan sobre los pies [...]

Así es cierto que los que escriben con hinchada elocución, perverti-
da y de ruido grande en las palabras [...] pecan de cualquier manera
afectada» (II, p. 646). Y, volviendo de nuevo sus ojos al presente, advierte sobre este peligro a los actores de su tiempo: «Los cómicos están más preservados hasta hoy de esta pestilente influencia: quiera el
Hado propicio liberarlos de su contagio» (II, p. 643). No es casualidad que, poco antes, al publicar Lope *El castigo sin venganza* en 1631
—década en la que la *comedia heroica*, de exaltada efusión lírica, se impone como modelo autóctono de lo trágico— no sólo destierre los
nuncios y coros sino, ya en el propio texto de la pieza, «aquellos [poe-
tas] transformadores, / muchas manos, ciencia poca / que echan cin-
tar por la boca, / de diferentes colores» (I, vv. 29-32)[29].

En esta tragedia al modo español parece cerrarse pues, asimismo,
esa tradición de actor que requería, en cuanto a su estilo, la tragedia
clasicista de un Argensola, un Cueva o un Virués, cuyos versos, así lo
interpretó donosamente Enrique Funes, no podían declamarse «sino
como Dios y el consueta dieran á entender á los pobres cómicos, sin
antecedente alguno nacional que les diese idea de la interpretación artística de trágicos horrores, a patada por coma, a lágrima y suspiro por
verso de once sílabas, y a desplante por punto...»; obligándoles a aga-
rrarse «a las alturas tragicómicas de su desesperación, no sin aullar es-
drújulos ni sin poner al desdichado cómico a prueba del mal de las
montañas», porque los personajes de las tragedias de Virués «harto necesitaban intérpretes con pulmones de toro, resistencia de coraza de
buque, ó gran arte para respirar y para sostener con movimientos, actitudes y entonaciones el interés del público»[30]. Tres siglos después de
Salas el propio Ramón Mª del Valle Inclán reclamará todavía al actor
la dignidad y no el furor para enfrentarse al *pathos* griego:

> Los gestos son el lugar común de todos los malos actores. Las másca-
> ras, cómicas o trágicas, tienen su mayor eficacia en ser inmutables. La ges-
> ticulación desmesurada es melodrama llorón, del ínfimo sainete, de la co-
> media ramplona. La tragedia sólo tiene ademanes y actitudes, regidas por

---

[29] La *Nueva idea de la tragedia antigua*, partiendo siempre de Aristóteles, se extiende asimismo de manera erudita en aspectos que el filósofo deja en sombra. Así dedica la Sección X al aparato trágico y a la historia de las máscaras y la Sección XI a la
descripción de la forma del teatro y a sus máquinas.
[30] Funes, 1894, pp. 230 y 313.

una expresión del rostro sin mudanzas. La escuela de la tragedia son las estatuas griegas[31].

Quizá por eso se muestra tan ambiguamente irónico con María Guerrero, a la que llama «trágica formidable» porque «nadie como ella es capaz de dar un *grito armonioso en un momento de desesperación*»[32]; y es que, según él, tenía «un gesto tan *espantoso*, tan *trágico*, tan *monstruosamente grande que no es posible imitarla...*». Claro que sobre Margarita Xirgu fue más severo: cuando en plena representación de *El hijo del diablo* de Joaquín Montaner, un parlamento de la actriz mereció la cerrada ovación del público, se oyó la voz tremebunda de Valle gritando «¡Mal, muy mal!»[33].

Pero retrocedamos otra vez a la tragedia clásica española. ¿Cómo podemos conjeturar el modo en el que los dramaturgos gestionaban la inducción del *ethos* y del *pathos* del *homo tragicus* en el actor? Sin duda haciéndose cargo, desde su propia percepción, de la tradición que, a su vez, arrastra la cultura de los preceptistas. Porque, aunque lejos ya de la tragedia clásica, los personajes que conforman se enfrentan al mismo sentido destructivo de un conjunto jerarquizado de valores sociales que hacen inevitables, también en su tiempo, los procesos agonales de dilemas sin solución ética y, por tanto, de marcado sesgo patético. Podemos pensar que Cervantes o Lope o Calderón, asumiendo con mayor o menor reticencia el sistema teatral en el que deben componer sus obras —sistema en el que el autor/actor se revelan decisivos— podrían encontrarse en la misma enojosa situación en la que Aristóteles denunció no ya sólo la peligrosa supremacía del especta-

[31] Valle Inclán, «La importancia artística del cinematógrafo», *ABC*, 19 de diciembre de 1928 (1994, p. 339).

[32] Valle Inclán, «Por esos mundos», Madrid, 1913 (1944, p. 129), comentando el ensayo de *Voces de gesta* en 1913, los subrayados son nuestros. En «El Duende de la Colegiata» (*Heraldo de Aragón*, 2 de marzo de 1912), cuenta que le comentó Fernando Díaz de Mendoza que llevó a Villaespesa entre bastidores y cuando la vio actuar de esa guisa «dio un grito, se asustó y corriendo salió del teatro espantado...» (1994, p. 97).

[33] Entrevista con Salvador Martínez Cuenca, «Lo que debe de ser el teatro español», *El Imparcial*, 8 diciembre de 1929, (en 1994, p. 415). Le niega la capacidad interpretativa de los clásicos y desde luego de las obras del Siglo de Oro; lo que no obsta para que después elogiara su trabajo y el de Enrique Borrás en *Divinas palabras* dirigida por Cipriano Rivas Cherif (*El Sol*, 25 de marzo de 1933, en 1994, p. 562).

culo «y los trastos», sino también la profusión de lances patéticos que contraviniera la lógica de la acción de la tragedia *implexa*: esto hacen —como indica en su *Poética*— «los malos poetas espontáneamente, y los buenos, a causa de los actores; pues, al componer obras de certamen y alargar excesivamente la fábula, se ven forzados muchas veces a torcer el orden de los hechos» (1452ª). ¿Cómo explicar, si no, esos *pasos* o *lances*, espléndidos soliloquios (patéticos o no) de, por ejemplo, las actrices que estribaban su lucimiento en imponentes tiradas de versos? Pensemos en los discursos de Rosaura en *La vida es sueño*, de Mencía en *El médico de su honra* o en el planto tras su violación de Tamar en *Los cabellos de Absalón*.

Sí: importa el sistema teatral en el que se produce una tragedia. Pero, con todo, el dramaturgo incuba en sus textos —no puede hacerlo de otro modo— las marcas precisas para que la tragedia siga residiendo en la acción. La propuesta de Cervantes se quedará, sin duda, del lado del Pinciano y su tamizada perspectiva de los afectos de acuerdo con la naturaleza. En *Pedro de Urdemalas* (1615) pone en boca del protagonista un breve tratado actoral en el que tanto el registro cómico como el trágico se edifican sobre la afortunada expresión —de profunda raíz ciceroniana— del *descuido cuidadoso*: la *negligentia diligens* ciceroniana, trasunto del *ars celare artem* de Quintiliano o el *cuidadoso descuido* —en la intuitiva versión del Boscán, a partir de *El Cortesano* de Castiglione— con que se deseaba manifestar el sentido naturalista y contenido de la imitación artística y que llegaría a convertirse en un principio fundamental de la estética moderna surgida desde el Renacimiento en todas las artes plásticas, incluido el teatro. Una expresión que González de Salas vierte en otra afortunada paráfrasis al encomiar al actor que logra sublimar su emoción en «la fuerza y la *verdad artificiosa de su fingimiento*» (II, p. 689) pero que persigue, cargando en este caso la intensidad en el verismo, el mismo significado:

> Con *descuido cuidadoso*,
> grave anciano, joven presto,
> enamorado compuesto,
> con rabia si está celoso.
> Ha de recitar de modo,
> con tanta industria y cordura,
> que se vuelva en la figura
> que hace de todo en todo. (III, vv. 2907-2923)

Cervantes, al menos aquí, está mucho más cerca de Shakespeare que Lope o que Calderón (o, incluso, que de la emocionalidad de Salas). No por casualidad los contemporáneos del escritor inglés bramarán contra el exagerado histrionismo impulsado desde la oratoria. John Marston en *Antonio's Revenge* (1600) parodia este lamentable registro henchido de patética retórica: «¿Tendría que enloquecer, / o retorcer mi rostro con la mímica; / patear, maldecir, llorar, / encolerizarme y romperme el pecho? [stampe, curse, weepe, rage, & then my bosome strike...] / Fuera esta imitación simiesca, como la de un simple histrión [Away this apish action, player-like]» (I, 5). De ahí también que el autor de *The Puritan* (1607) bramara contra el «stalking-stamping Player, that will raise a tempest with his tongue, and a thunder with his heeles» (III, 4)[34]. Por el contrario, Ben Jonson aconsejaría a los actores no una imitación muerta («dead imitation») pero sí actuar libremente, con *descuido* («act freely, carelessly»). Y el propio Shakespeare (que, no olvidemos, fue actor) se pronuncia del mismo modo en *Troilo y Cresida* (I, 5) cuando Ulises se queja a Agamenón de la forma en la que los ridiculiza Patroclo, «semejante a un comediante fanfarrón que tiene todo su talento en las corvas y que cree hacer una maravilla al entablar un diálogo entre su pie y la madera del tablado que patalea, simula tu grandeza por alguna mímica lastimosa y sin veracidad alguna»[35]. O en *Ricardo III*, al imitar Buckingham «al más perfecto trágico, hablar, mirar detrás de mí, espiar por todas partes, estremecerme el ruido de una paja, como presa de hondo recelo. Tengo a mi disposición miradas espectrales, sonrisas forzadas...» (III, 5)[36]. «Nature yeelds more than Art» decía Champan en *Gentleman Usher* (1601). Por ello en la célebre escena del tercer acto de *Hamlet*, éste dará su lección magistral de actuación naturalista a los actores *trágicos*, en referencia crítica al estilo rígido y arcaico de Marlowe y de los actores de su compañía rival (*Admiral's Men*):

---

[34] Gurr, 1994, pp. 98 y ss. También George Champan ataca la exageración del actor en *The Widow's Tears* (1605): «Este tenso lamento sepulcral, como un actor sobreactuado, es groseramente afectado, y, desde luego, tan alejado de la vida, que en sí misma se muestra artificial...».

[35] Shakespeare, 1969, p. 1409.

[36] Shakespeare, 1969, p. 772.

Te ruego que recites el pasaje tal como lo he declamado yo, con sol-
tura y naturalidad, pues si lo haces a voz en grito, como acostumbran muchos de vuestros actores, valdría más que diera mis versos a que los vo-
ceara el pregonero. Guárdate también de aserrar demasiado el aire, así,
con la mano. Moderación en todo, pues hasta en medio del mismo to-
rrente, tempestad y aun podría decir torbellino de tu pasión, debes tener
y mostrar aquella templanza que hace suave y elegante la expresión. [...]
No seas tampoco demasiado tímido; en esto tu discreción debe guiarte.
Que la acción responda a la palabra y la palabra a la acción, poniendo un
especial cuidado en no trasponer los límites de la sencillez de la
Naturaleza, porque todo lo que a ella se opone se aparta igualmente del
propio fin del arte dramático, cuyo objeto, tanto en su origen como en
los tiempos que corren, ha sido y es presentar, por decirlo así, un espejo
a la Humanidad [...][37].

Por su parte Lope muestra al actor (por ejemplo en el comienzo
de El castigo sin venganza) el paradigma del registro trágico de manera tan concisa como perfecta cuando el Duque de Ferrara y sus acompañantes escuchan la voz de una actriz (identificada con la italiana
Isabella Andreini, muerta ya en 1604) ensayando una escena: «Si es
Andrelina, es de fama. / ¡Qué acción! ¡Qué afectos! ¡Qué extremos!»
(I, vv. 195-196). Aquí se exprime toda la tradición de la actio retórica
en su vertiente gestual y verbal que, como sabemos, ya en Lo fingido
verdadero (ca. 1608) le había permitido crear un actor emotivo al modo
de Stanislavsky, amasado en la memoria sublimada de los afectos de
Aristóteles, de Horacio y del Pinciano, pero traspasando la pared de
la contención:

---

[37] Shakespeare, 1969, pp. 1361[b]-1362[a]. Anteriormente, en el segundo acto, Hamlet
expresa la necesidad de que la tragedia, tal como hemos dicho más arriba, nos diga,
incida en nuestro propio yo. Cuando invita a uno de los actores recién llegados a recitar el pasaje de la muerte de Príamo a manos de Pirro (lo que hace con energu-
ménica retórica), medita: «¿No es tremendo que este cómico, no más que en ficción
pura, en sueño de pasión, pueda subyugar así su alma a su propio antojo, hasta el punto de que por la acción de ella palidezca su rostro, salten lágrimas de sus ojos, altere
la angustia de su semblante, se le corte la voz, y su naturaleza entera se adapte en su
exterior a su pensamiento?... ¡Y todo por nada! ¡Por Hécuba! ¿Y qué es Hécuba
para él, o él para Hécuba, que así tenga que así tenga que llorar sus infortunios? ¿Qué
hará él si tuviese los motivos e impulsos de dolor que yo tengo? Inundaría de lágrimas el teatro...» (p. 1357[b]).

> Así el representante, si no siente
> las pasiones de amor, es imposible,
> que pueda, gran señor, representarlas;
> una ausencia, unos celos, un agravio,
> un desdén riguroso y otras cosas
> que son de amor tiernísimos efectos,
> harálos, si los siente, tiernamente;
> mas no los sabrá hacer si no los siente.
>
> (II, vv. 1276-1283)

Es el «mueva a sí primero, el que hubiera de mouer a otro», del Pinciano porque, como éste dice, «los más helados suelen tal vez derretirse al calor de la compasión, como lo vemos cada día en essas tragedias» (I, p 173). Muy cerca de Salas, las características del actor trágico al modo de Lope se despegan también de las demasías del horror senequista para adentrarse, como ya requería José Pellicer de Tovar, «no en lo melancólico y fúnebre de la lástima que dispone [...] para suspensión del auditorio», sino en la persuasión del discurso heroico y lírico, que será el que introduzca la vivencia trágica del personaje y, con él, del actor y del espectador. Cuando Casandra (otra vez en *El castigo sin venganza*) se queja del abandono erótico del Duque de Ferrara (II, vv. 996-1072), su criada Lucrecia dice: «Tu discurso me ha causado / lástima y admiración» (II, vv. 1074-75). Como Rosaura, tras escuchar las décimas de Segismundo: «Temor y piedad en mí / tus razones han causado» (I, vv. 173-174). *Lástima* y *temor, admiración* y *piedad*: ¿no remite esta terminología (emocional, corporal), más que a una inhabilidad o desconocimiento de la tragedia, a una lectura exacta de Aristóteles? Por eso la develadora inclusión de la gestualidad del actor en el discurso: «El haberlo adivinado / el *alma* le dijo al *pecho*, / el *pecho* al *rostro* causando / el *sentimiento* que *miras*» (II, vv. 1307-1310) —dirá Federico. A partir de ese momento *El castigo sin venganza* es un espacio en cuyas paredes, abiertas a la contemplación catártica del espectador, rebotan constantemente el *temblor* y la *turbación*. Casandra describirá a Federico «turbado» (II, vv. 1831-37). Ella misma «tiembla» en el agónico terror del castigo humano y divino que la amenaza (II, vv. 1976-80); un hombre «todo turbado» entrega al Duque el memorial delator (III, v. 2482); Federico se «turba» y «tiembla» cuando se dispone a atravesar con su espada a Casandra oculta por un tafetán (III, vv. 2964-65); Aurora se horroriza «turbada» ante el cuerpo exánime de los amantes (III, v. 3003). Lope sabía lo que escribía: *turbado*, *turbada* están perfectamente recogidos en su potencial sígnico y teatral en la definición que de los términos nos da Sebastián de Covarrubias en su *Tesoro de la lengua castellana*: un cierto género de espanto o *aglayo*, que quita en cierta manera el sentido, perturba la razón y altera la memoria. Donde «aglayo» vale por el pasmo, espanto y cortamiento causado alguna súbita novedad. ¿Tenemos aquí una de las claves de la celebridad interpretativa de María del Riquelme que, aun «desaseada» y «no linda», como sugería Lope (es decir, sin destacar por su belleza ni extravagancia de aliño), era, sin embargo, «singular en los afectos, por camino que no imita a nadie, ni aun se podrá hallar quien la imite»[38]?

Hemos hablado de *mostrar* (la gestualidad de la *perturbatio*) y de *decir* (atrapando en la retórico los efectos y los afectos). Y es que Albin Lesky recuerda que la tragedia ha surgido del espíritu griego, y «por ello el dar cuenta de las cosas, el *logon didonai*, forma parte de sus elementos constitutivos. Por ello oímos también a las grandes figuras del teatro ático expresar con palabras, con celo incansable y a menudo largos discursos, los motivos de sus acciones, las dificultades de sus decisiones...»[39]. *Dar cuenta en palabras* es retórica: una retórica trágica confiada a los actores. No se trata de pensar en los actores españoles estudiando la *Retórica* de Aristóteles antes de pisar las tablas (tampoco imagino, por lo que luego se verá, a un actor francés subrayando la *Eloquentiae sacrae et humanae parallela*, editada constantemente desde 1619 hasta 1643, antes de representar a Racine). Se trata de que, por el contrario, ha sido la retórica la que ha asumido el teatro como referente. Lo había reconocido Cicerón:

> ¿Qué puede haber más ajeno a lo real que la poesía, la escena, una pieza teatral? Y sin embargo con frecuencia he visto en tales espectáculos cómo a través de la máscara parecían arder los ojos de al fin y al cabo un actor cuando decía aquello de
> *¿te has atrevido a separarlo de ti o a entrar en Salamina sin aquél?*
> *¿tampoco has temido el semblante de tu padre?* [...]

---

[38] «Carta a una persona desconocida», del 4 de septiembre de 1633 (1985, p. 291). Sobre las soberbias cualidades trágicas de María Riquelme, en su facilidad de mostrar la turbación del rostro, ver Rodríguez Cuadros, 2003.

[39] Lebsky, 2001, pp. 46-47.

parecía decirlo entre lágrimas y sollozos. Y si aquel actor, a pesar de actuar todos los días, sin embargo no podía representar la escena sin dolor,
¿por qué creéis que Pacuvio al escribirlo mantuvo un estado de ánimo
apacible y tranquilo? En modo alguno pudo suceder. Pues más de una
vez he oído —y dicen que Demócrito y Platón lo dejaron en sus obras—
que no puede darse ningún buen poeta sin que haya fuego en su interior y sin un cierto soplo de locura[40].

Y la idea penetrará desde entonces en cualquier tratado sobre la
materia. Algunos pasajes del tratado de Juan Luis Vives *De ratione di-
cendi* (1532) no dejan dudas al respecto:

> En la moción de los afectos sosegados, el lenguaje será el corriente, el
> sencillo, a tono con el afecto que quiere despertar, flexible, modesto, tran-
> quilo, grave. En los afectos apasionados, *las traslaciones serás ásperas, arras-
> tradas, traídas de lejos, como las que hay en las tragedias* [...] Al enojo y a la
> exaltación *convienen palabras retumbantes, amenazadoras, compuestas de mucha
> otras, como en la tragedia*, dice Horacio, las bambollas y los vocablos ses-
> quipedales. A la acrimonia y a la vehemencia conviénenle la oración cor-
> tada y la prolongación del aliento; *el ritmo uniforme de aliento conviene a la
> controversia* [...] El desbordar repentino de una pasión revela un espíritu
> cargado y desbordante, impotente de comedirse y contenerse y de no
> echarse afuera...[41]

Y no podía ser de otro modo si recordamos, una vez más, que
Aristóteles saca el dominio verbal de la *perturbatio* fuera de la *Poética*
para remitir a la *Retórica*[42], espacio en el que sitúa los modos de la elocución, «cuyo conocimiento corresponde al arte del actor y al que
sabe dirigir las representaciones dramáticas; por ejemplo, qué es un
mandato y qué es una súplica, una narración, una amenaza, una pre-

---

[40] *De Oratore*, II, 193-196. Se refiere a la tragedia Teucro de Pacuvio y seguramente al actor Esopo pues Cicerón en *De la adivinación* (I, 80) menciona la ardiente
mirada de este actor. Ver Cicerón, 2002, pp. 288-289.

[41] Vives, 1992, pp. 751-752.

[42] «Lo relativo al pensamiento puede verse en nuestro tratado sobre la *Retórica*,
pues es más propio de aquella disciplina [...] Son partes de esto demostrar, refutar,
despertar pasiones, por ejemplo compasión, temor, ira y otras semejantes. [...] Pues
¿cuál sería el provecho del orador si las cosas pareciesen atractivas sin necesidad del
discurso?» (1456ª-1456ᵇ).

212 LA ESPANTOSA COMPOSTURA

gunta, una respuesta y demás cosas semejantes» (1456[b]). No cabe pues extrañarse de que uno de los grandes actores trágicos del teatro isabelino, Edward Alleyn (1566-1626) se quejara precisamente de su carencia de formación retórica y declamatoria, sobre todo si sabemos que en la misma época Thomas Heywood en su *Apology for Actors* (1612) comentaba su experiencia en Cambridge, donde los jóvenes estudiantes se entrenaban en ejercicios de sofística declamatoria en las tragedias, comedias históricas y pastoriles en las que tomaban parte, consiguiendo el decoro «of speech and its atendant gestures [that] had must had its effect on the theatrical foreground»[43].

Probablemente hubieran manifestado la misma queja los actores de la tragedia áurea, sobre todo de la calderoniana. Pero se atuvieron, otra vez, a lo empírico, a la ciencia de transmisión oral que se impone ante el vacío de una preceptiva oficial; cierto es que el recurso melodramático era la opción fácil. Pero se les ofrecía un texto en el que la emocionalidad estaba inserta en unas marcas de acción elocutiva radicalmente exigentes, como las exclamaciones parentéticas ahogadas (indicando evidentes apartes y cambios de tono) que entrecortan el discurso, pero que resultan un preciso código de identificación psicológica entre el público y el personaje. Imaginemos, por ejemplo, la escena de *De un castigo, tres venganzas* en la que Manfredo encuentra a Flor con una daga en la mano y la actriz que la interpreta debía enfrentarse a estos versos:

> Si me ha dejado la voz
> el suceso, ella me valga.
> Señor, estando (¡estoy muerta!)
> hablando (¡soy desgraciada!)
> con mis damas (¡oh infelice!)
> me quedé (¡desdicha extraña!)
> durmiendo sobre esta silla,
> cuando de aquesta ventana
> (¡qué asombro!) me despertó
> el ruido, y vi (¡qué desgracia!)
> entrar un hombre por ella.
> (¡El temor me tiene heladas
> las razones en el pecho!)

[43] Gurr, 1994, p. 96.

Este (¡ay cielos!) la luz mata
lo primero, y luego llega
a mí, donde (¡ay Dios!) aguarda
triunfar de tu honor y el mío...[44]

Calderón conducirá la tragedia a los términos dilemáticos de los requerimientos morales en conflicto. Y el actor deberá somatizar y verbalizar esta devastadora deliberación. El héroe calderoniano puede desgarrarse energuménicamente en la acción, como Ludovico Enio en *El purgatorio de San Patricio*:

Turbado aquí
(si de esto, señor me acuerdo),
muda fallece la voz,
triste desmaya el acento,
el corazón a pedazos
se quiere salir del pecho,
y como entre oscuras sombras
se erizan barba y cabello[45].

Los actores trágicos de Calderón ya no necesitan tanto «pulmones de toro» como técnica de respiración: exigentes marcas de acción elocutiva, como las citadas exclamaciones parentéticas ahogadas que resultan un preciso código de acción corporal que traspasa la pared entre el personaje y el público. Por eso se advierte al *oyente* (que oye) más que al espectador (que ve), al final de *El médico de su honra*: «Y de la mayor desdicha / de la tragedia más rara / escucha la *admiración* / que *eleva, admira y espanta*...» (III, vv. 2822-2825). Pero Calderón radicaliza aún más su modelo trágico. El inextricable conflicto trágico se incuba en la palabra, se acota con el magistral torniquete de la retórica, sobre todo a partir de la década de 1630, en un tránsito consciente desde las concesiones melodramáticas y populistas a un producto artístico a la búsqueda de espectadores de mayor rango intelectual para el que el *pathos* se vehiculara no sólo en el horror asimilable por el espectador medio de los corrales (dispuesto al alivio de una alienante catarsis, como el que parecía desdeñar Aristóteles) sino

---

[44] Calderón de la Barca, 1987, vol. II, p. 47[b].
[45] Calderón de la Barca, 1987, vol. II, p. 183[ab].

con la expectativos de un enriquecimiento retórico. Puede ser cierto, pues, que la creciente presión de los moralistas impusiera «un control racional de la afectividad» y, en consecuencia, unos personajes que debían ir «perdiendo pasión, envarándose en poses de contenido intelectualismo»[46]. Y que, por lo tanto, el dramaturgo haga convivir en su diseño teórico al actor mimetizado con el horror turbulento y tremendista y al que vincula la escenotecnia emocional con el debate teológico y moral; de ahí que la tragedia española alcance su madurez definitiva como género en las obras que sitúan la honra como motor de la acción. La tesis planteada por José M.ª Ruano, en un trabajo temprano (pero lleno de intuición) sobre la tragedia calderoniana, adquiere así, considerada a la luz del énfasis afectivo y retórico que, sobre todo con la *Nueva idea* de González de Salas, se impone a partir de 1630, un singular relieve:

> Desde el punto de vista del lector o espectador ilustrado [...], estas tres obras [se refiere a *El médico de su honra*, *A secreto agravio, secreta venganza* y *El pintor de su deshonra*] son, por consiguiente dramas religiosos que tratan, en primer lugar, de la punición de unos individuos por el pecado de adulterio espiritual y por la apropiación de un atributo divino: la venganza; y, en segundo lugar, del castigo impuesto colectivamente a la sociedad del honor por su responsabilidad parcial en el crimen cometido. A esta misma conclusión llegaría también el espectador no ilustrado aunque por muy diferente camino, ya que la parodia religiosa sería seguramente comunicada por medios más emotivos que intelectuales. De ello se encargarían los actores mediante sus gestos y acciones, y el director de escena o *autor de comedias* con la *mise en scène*. Como quiera que esto sea [...] existe un doble proceso, que variaría de espectador a espectador y que podría tener lugar durante o después de la representación, primero, de identificación [...] con la consiguiente purgación de las emociones y, segundo, de distanciamiento intelectual o emotivo...[47]

De este modo el tan comentado rigor silogístico de Calderón es producto de la construcción de un objeto estético, la tragedia, que tiene que ver con el «nosotros» o el *nostra res agitur* social y que privile-

---

[46] Profeti, 2000, p. 109.
[47] Ruano, 1983, p. 171.

gia un alto modelo retórico donde el destinatario experimente artísticamente un debate moral, tal vez arbitrariamente envilecido pero, por ello, más teatral. Será el actor el encargado de *declamar* o *recitar* públicamente este debate, poniéndolo a prueba en el foro del escenario. Y en este punto es donde la tragedia española vislumbra, con insólita capacidad humanizadora, lo que los autores de la tragedia clasicista francesa harán de modo más rotundo: considerar la *persona* o *máscara* del héroe trágico no como un artefacto de madera y cuero sino como una *máscara de palabras* doctas construidas a expensas de lo que la retórica llamaba *figurae*, esto es, la acción de la palabra, sea diseñada con precisión silogística, sea inmersa en las simbolizaciones. Es el marco en el que autores como Corneille o Racine pretenden en estos años señalar el modelo retórico de las élites[48]. Steiner en *La muerte de la tragedia* nos dirá que «no cabe duda de que la falta de acción física de la tragedia clásica francesa pone en el lenguaje toda la carga del significado»[49]. Pero nuestros dramaturgos del Siglo de Oro sí que percibieron que la acción física del actor le convierte en un elocuente estratega del lenguaje que, a la manera del Aristóteles retórico y de Cicerón y Quintiliano, hiciera del verso un asalto a la razón y a ellos mismos *arcaduces* y mediadores entre ese asalto y el espectador.

Lo extraño es que George Steiner, capaz de trazar con precisión el itinerario de la tragedia con Aristóteles y Horacio, con el provisional encandilamiento del patetismo senequista y con los breviarios divulgadores que desde la *Poetica d'Aristoleles vulgarizata* de Ludovico Castelvetro proliferan desde 1570, capaz de reconocer su revigorización cuando un dramaturgo no permita escapar en su obra «residuo alguno de emoción, ninguna energía de palabra o gesto que sea inconsecuente con el efecto final» y que exige que la tragedia se verifique en *el gran teatro del mundo* (en castellano en el original)[50], acabe acogiéndose a la opinión de Ferdinand Brunetière (1849-1906) según el cual «el estudio del teatro debe incluir el siglo XVII español y los isabelinos, pero que el estudio de la tragedia sólo exige prestar atención a los griegos y a los clasicistas franceses». Y anuncia la muerte de

---

[48] Ver Fumaroli, «L'eroismo cornelliano e l'ideale della magnanimità», en 1990, pp. 137 y ss. Y, más recientemente, Chaouche, 2001.

[49] Steiner, 2001, p. 40.

[50] Steiner, 2001, p. 21.

la tragedia sin citar al Pinciano o a González de Salas o a Cervantes o a Lope. Es verdad, claro, que cita a Calderón, si bien de manera esporádica, como cuando afirma que «después de Calderón de la Barca el teatro español se sume en la modorra»[51]. Creo, con todo respeto, que Steiner, como Brunetière, están equivocados.

[51] Steiner, 2001, pp. 39 y 82 respectivamente.

BIBLIOGRAFÍA

ABRIL, G., *Análisis crítico de textos visuales. Mirar lo que nos mira*, Madrid, Síntesis, 2007.

ARENDT, H., *La condición humana*, Barcelona, Paidós, 1993.

ARISTÓTELES, *Poética*, ed. A. García Yebra, Madrid, Gredos, 1974.

— *Retórica*, ed. Q. Racionero, Madrid, Gredos, 1990.

BORGES, J. L., *El Aleph*, Madrid, Alianza Editorial, 2002.

CALDERÓN DE LA BARCA, P., *El mágico prodigioso*, ed. B. W. Wardropper, Madrid, Cátedra, 1985.

— *El médico de su honra*, ed. D. W. Cruickshank, Madrid, Castalia, 1981.

— *Obras Completas*, ed. Á. Valbuena Briones, Madrid, Aguilar, 1987, 3 vols.

CARLSON, M., *Theories of the Theatre. A Historical and Critical Survey, from the Greeks to the Present*, Nueva York, Cornell University Press, 1993.

CERVANTES, M. de, *Pedro de Urdemalas*, ed. N. Spadaccini y J. Talens, Madrid, Cátedra, 1986.

CHAOUCHE, S., *L'art du comédien. Déclamation et jeu scénique en France à l'âge classique (1620-1680)*, Paris, Honoré Champion, 2001.

CICERÓN, *De Oratore*, ed. S. Galmés, Barcelona, Fundación Bernat Metge, 1931. 3 vols.

CICERÓN, *Orator*, ed. bilingüe A. Tovar y A. R. Bujaldón, Madrid, CSIC, 1992.

— *Sobre el Orador*, ed. y traduc. J. J. Iso, Madrid, Gredos, 2002.

DÍAZ FERNÁNDEZ, J. R. (ed.), *Tres tragedias de venganza. Teatro renacentistas inglés*, Madrid, Gredos, 2006.

DÍEZ REGAÑÓN. J. M., *Los trágicos griegos en España*, Valencia, Anejos de la Universidad de Valencia, vol. XXIX, 1955-1956.

ECO, U., «De Aristóteles a Poe», en *Nuestros griegos y sus modernos*, ed. B. Cassin, Buenos Aires, Manantial, 1994, pp. 205-219.

FROLDI, R., «Experimentaciones trágicas en el siglo XVI español», *Actas del XI Congreso de la Asociación Internacional de Hispanistas. 19-23 agosto 1986*, ed. S. Neumeister, Frankfurt am Main, Vervuert Verlag, 1989, pp. 457-467.

FUMAROLI, M., *Eroi e oratori. Retorica e drammaturgia secentesch e*, Bolonia, Il Mulino, 1990.

FUNES, E., *La declamación española*, Sevilla, Tipografía de Díaz y Carballo, 1894.

Genealogía, origen y noticias de los comediantes de España, ed. de N. D. Shergold y J. E. Varey, Londres, Támesis Books, 1985.

GONZÁLEZ DE SALAS, J., *Nueva idea de la tragedia antigua [1633]*, ed. L. Sánchez Laílla, Kassel, Reichenberger, 2003, 2 vols.

GURR, A., *The Shakesperan Stage. 1574-1642*, Cambridge, Cambridge University Press, 1994.

HEGEL, G. W. F, *Esthétique*, Paris, Librérie Générale Française, 1997.

HORACIO, *Poética*, ed. A. González Pérez, Madrid, Editora Nacional, 1984.

KAUFMANN, W., *Tragedia y filosofía*, Barcelona, Seix Barral, 1978.

LEBSKY, A., *La tragedia griega*, Barcelona, El Acantilado, 2001.

LÓPEZ PINCIANO, A. *Philosophia Antigua Poética*, ed. A. Carballo Picazo, Madrid, CSIC, 1973, 3 vols.

NEWELS, M., *Los géneros dramáticos en las poéticas del Siglo de Oro. Investigación preliminar al estudio de la teoría dramática en el Siglo de Oro*, Londres, Támesis Books, 1974.

PLUTARCO, *Vidas paralelas. Demóstenes-Cicerón-Demetrio-Antonio*, Madrid, Espasa Calpe, 1957.

Poetas dramáticos valencianos, Madrid, RAE, 1929, 2 vols.

PROFETI, M. G., «De la tragedia a la comedia heroica y viceversa», *III Congreso Internacional de Teatro. Tragedia, Comedia y Canon. Vigo, 16-17 marzo 2000, Theatralia*, III, 2000, pp. 99-122.

RAMOS TORRES, R., «Homo tragicus», *Política y sociedad*, 30, 1999, pp. 212-240.

RODRÍGUEZ CUADROS, E., «Cuando Lope quiere, Calderón también: palabra y acción en la tragedia española del Siglo de Oro», en *Tragedia dell'Onore nell'Europa Barocca. XXVI Convegno Internazionale. Roma, 12-15 settembre 2002*, ed. M. Chiabò y Federico Doglio, Roma, Edizione Torre d'Orfeo, 2003, pp. 63-105.

RUANO, J. M., «Hacia una nueva definición de la tragedia calderoniana», *Bulletin of the Comediantes*, 35, 2, 1983, pp. 165-180.

SÁNCHEZ ESCRIBANO, F. y PORQUERAS MAYO, A., *Preceptiva dramática española del Renacimiento y del Barroco*, Madrid, Gredos, 1971.

SHAKESPEARE, W., *Obras Completas*, ed. y traduc. L. Astrana Marín, Madrid, Aguilar, 1969.

STEINER, G., *La muerte de la tragedia*, Madrid, Azul Editorial, 2001.

VALLE INCLÁN, R. M. del, *Entrevistas, conferencias y cartas*, ed. J. y J. del Valle Inclán, Valencia, Pretextos, 1994.

VEGA, Lope de, *Cartas*, ed. N. Marín, Madrid, Castalia, 1985.

— *El castigo sin venganza*, ed. A. Carreño, Madrid, Cátedra, 1990.

— *Lo fingido verdadero*, edición M. T. Cattaneo, Roma, Bulzoni, 1992.

VEGA, M. J. (ed.), *Poética y teatro. La teoría dramática del Renacimiento a la Posmodernidad*, Pontevedra, Mirabel Editorial, 2003.

VIVES, Luis, *Obras completas*, ed. L. Ribes, Madrid, Aguilar, 1992.

ZUNINO GARRIDO, C., «Rhetoric and Truth in The Spanish Tragedy», *Sederi. Journal of the Spanish Society for English Renaissance Studies*, 2001, 12, pp. 341-348.

JOSÉ RUIBAL:
TRES VERSIONES PARA BALLET
DE OBRAS CALDERONIANAS

Luciano García Lorenzo
CSIC, Madrid

Unos meses antes de la celebración en 1981 del Congreso internacional sobre Calderón y el teatro español del Siglo de Oro tuve la
agradable visita de uno de los dramaturgos españoles más importantes
en aquel momento y que ha quedado también como nombre importante en la historia del teatro español del pasado siglo: José Ruibal.
Este escritor, nacido en 1925 y muerto en el año 2000, ha sido incluido por la crítica entre los dramaturgos simbolistas de su tiempo y
coetáneo generacionalmente de esa generación realista, que ocupa un
lugar muy destacado en la historia teatral de la segunda mitad del siglo
xx. Ruibal vivió durante años en Buenos Aires y Montevideo, algunos
en Estados Unidos y entre unos países y otros intentando en España
hacer llegar su teatro a los espectadores españoles, aunque lográndolo
sólo en muy pocas ocasiones y, sobre todo, a través de los denomina-
dos teatros independientes. Ruibal, dueño de un mundo alegórico,
grotesco, de hondo significado humano y de reiterado compromiso
social y político, puede estar al lado de Francisco Nieva o Romero
Esteo en cuanto a su dominio de un lenguaje de intensa significación,

pero teniendo también muy en cuenta el plano escenográfico, siempre jugando un papel importante y de gran relevancia visual y significativa[1]. Autor de numerosos títulos, Ruibal escribe sobre todo en
los años sesenta sus mejores y más conocidas obras, entre las cuales *El
hombre y la mosca* es las más reconocida por la crítica. Cansado y con
buenas dosis de desencanto, el escritor dejará poco o a poco de estar
presente no sólo en la escena sino en la escritura teatral, ofreciendo a
partir de los setenta algunos textos, pero sin que el público español
tenga la oportunidad de verlos repetidos en las salas[2].

Comenzaba yo relacionando la visita de Ruibal con Calderón y
efectivamente así era. Ruibal quería unirse a las celebraciones calderonianas y venía a preguntarme cómo podría materializar un proyecto
que me expuso muy entusiasmado. Había escrito varias versiones escénicas para ballet de diferentes obras de Calderón y estimaba que esas
obras podrían ofrecerse durante 1981, pues los espectáculos resultantes
serían muy diferentes a lo que se proyectaba, saltando la consabida barrera de los montajes teatrales convencionales que se habían anunciado por parte tanto de la iniciativa pública como de la privada[3]. Le

---

[1] Escribe, y no es el único momento, Ruibal: «... el escenario debe ser considerado como un elemento expresivo y como parte integrante del lenguaje escénico.
Esto es algo tan fundamental que Brecht llegó a decir que, cuando tenía el escenario, tenía la obra. Ese ámbito lo condiciona todo. Ampliando la onda, podríamos señalar que el escenario cumple una función desencadenante: según sea el escenario,
así será la obra, Creo que durante la gestación de una obra teatral, la idea no se con-
cretiza mientras no se hace visible el escenario», Ruibal, 1990, p. 17.

[2] Sobre el divorcio entre el público y los autores que fueron encuadrados bajo el
calificativo de simbolistas ha escrito César Oliva: «Pero el espectador de este momento, y de muchos otros del teatro español, no estaba para exigencias. Acostumbrado
a la comunicación directa y sin metáforas, no perdió ni un minuto en aceptar a la
generación simbolista, que quedó más para los teatros independientes, aunque ni siquiera éstos les mostraron demasiada inclinación, sobre todo aquellos que necesitaban una mínima rentabilidad en sus producciones. Cuando en la década socialista de
los años ochenta, los llamados autores simbolistas llegaron a los escenarios comerciales de forma ocasional, comprobaron el lógico rechazo del público. Lógico no por
calidad, que de eso no se trata, sino porque su lenguaje en nada se correspondía con
cuanto se habían acostumbrado a ver», Oliva, 2003, p. 234. Las ideas de Ruibal sobre
el teatro pueden leerse en su edición de *Teatro sobre teatro*, ya citado; también, más
particularmente sobre el suyo, en Ruibal, 1970, p. 15. Para la actitud de Ruibal, Sabas
Martín, 1987, y Berenguer, 1995.

[3] Ver Luciano García Lorenzo y Manuel Muñoz Carabantes, 2000a y 2000b.

prometí poner todo mi interés en ello y, efectivamente, fue una más de las innumerables gestiones que hice durante dos o tres años para arropar el Congreso y colaborar, en la medida de lo posible, a que los actos en homenaje a don Pedro fueran más allá del oficialismo que continuamente se repite en este tipo de acontecimientos. La ilusión de Ruibal era, sobre todo, que su interpretación calderoniana fuera conocida en España, pero también confesó su enorme interés porque los hispanistas —no olvidemos que él enseñaba en esos momentos en San Antonio— que se iban a reunir en Madrid pudieran opinar de sus versiones. El fracaso fue total, sumándose a otros que a mis espaldas cargué, pues las visitas que hice personalmente o acompañado de Ruibal en diferentes organismos públicos no tuvieron el más mínimo eco[4]. Si el dramaturgo luchaba por estrenar sus obras en España y el silencio era la norma habitual, sus versiones calderonianas en el silencio también quedaron en aquel ya lejano 1981, y no sólo en España. Efectivamente, en noticias aparecidas por entonces en la prensa se dice que diez versiones de Ruibal sobre otras tantas obras calderonianas serán presentadas en un Festival, dedicado al autor de *La vida es sueño* en San Antonio, Texas. Estas piezas se presentarían en ingles y traducidas por Gregory Rabassa; por las noticias que tenemos, las obras no se presentaron, y el propio Rabassa, en carta personal, nos ha comunicado que tampoco llegó a traducirlas[5]. Pero a pesar de todo esto, algo hubo de positivo en los encuentros que tuve con el escritor gallego, pues unas decenas de folios permanecieron en el cajón de mi mesa como testimonio de las conversaciones con Ruibal; se trataba de los textos mecanografiados de las tres obras que escribió y que nunca llegaron a los escenarios: *La vida es sueño, La hija del aire* y *A secreto agravio secreta venganza*. Estos textos nunca tampoco han sido publicados o, al menos, no tengo constancia de ello, y la verdad es que un tanto de sorna habría en que así fuera, cuando debe haber no pocas obras teatrales de Ruibal sin publicar y, lamentablemente, tampoco es fácil acercarse a su producción, pues no hay ediciones recientes de las obras que aparecieron hace años y ya sin presencia en las librerías[6].

---

[4] He contado alguna de estas experiencias en García Lorenzo, 1987.

[5] Ver Samaniego, 1981.

[6] Es el caso de la edición de Cátedra, citada, y que llegó a tener cinco reimpresiones, aunque la última es ya de 1990.

La descripción de estos textos y que ofrezco por primera vez es la siguiente:

1. LA VIDA ES SUEÑO. Y debajo dice: «a Mary Ann Bruni, breve cielo, mujer al fin calderoniana». Al final: «José Ruibal / San Antonio, Texas, enero 1980»
(Son cuatro folios numerados y a una sola cara).
2. «LA HIJA DEL AIRE / por José Rubial / Escenificación para ballet basado en la obra de Calderón». Y debajo dice: «a la memoria de Mary West». Al final: «San Antonio (Texas) 19 de junio 1980»
(Son 29 folios numerados y a una sola cara).
3. «A SECRETO AGRAVIO SECRETA VENGANZA por José Rubial / escenificación para ballet sobre el tema de Calderón. Y debajo dice: «a Karen Goetting desde cada palabra»
(No conservo la última hoja de esta copia, pero con toda seguridad está firmada más o menos en la misma fecha. Serían, pues, 30 los folios, también numerados y a una sola cara).

Puedo completar estos datos diciendo que Mary Ann Bruni es, desde hace mucho tiempo, una prestigiosa fotógrafa, muy unida al mundo mexicano y referencia continua en acontecimientos de carácter cultural de Texas y muy especialmente de la ciudad de San Antonio. Bruni estudió en la Universidad Complutense de Madrid, se especializó en teatro español medieval y renacentista, aunque luego su interés se dirigió hacia la fotografía, llevando a cabo numerosas exposiciones como la dedicada a *Los pastores*[7], en la cual unió sus conocimientos de la literatura medieval y clásica, especialmente con pastores como protagonistas, a las imágenes captadas en el mundo rural mexicano. Bruni ha contribuido y no poco a las culturas española y del país azteca, por lo cual justo es que se le concediera hace años el Lazo de Isabel la Católica por parte del Gobierno español.

Mi intención, claro está, es dar a conocer estos textos calderonianos de Ruibal lo más pronto posible. En esta ocasión, y dada la extensión de dichos textos, me voy a detener sólo en uno de ellos, el

---

[7] El interés de Bruni por México ha sido constante. Por otra parte, su sensibilidad hacia los más oprimidos y necesitados le ha llevado a fotografiar grupos sociales marginados o en situaciones especiales, como es el caso de la exposición dedicada a Kurdistán. De ella nació el libro *Journey through Kurdistan. Text and photographs*, Austin, Tex., Texas Memorial Museum, 1995.

primero cronológicamente que escribió y, por ser el más breve, el que mejor se adapta al tiempo limitado de una conferencia como la que ustedes escuchan ahora. Se trata de *La vida es sueño*, una escenificación que sin duda satisfizo y mucho a Ruibal y que abrió la puerta a las dos posteriores, considerablemente más amplias, pues *La vida es sueño* se compone de 120 versos, mientras *La hija del aire* pasa de 800 y *A secreto agravio secreta venganza* está en torno a los 1200. Son versos libres los de las tres obras, en los cuales la musicalidad es patente, pero buscando más en ellos una estructura que facilite la comprensión por parte del lector, incluso de una forma visual, por lo que encontramos líneas con una sola palabra en no pocas ocasiones, pretendiendo con ello acentuar el valor significativo de ese término. De todas maneras, en *La vida es sueño* este empleo del verso libre es mucho más acentuado, ya que en las dos obras restantes Ruibal ofrece largas tiradas con versos de una misma medida e incluso se somete a la repetición de estrofas tradicionales en series de mayor o menor extensión. Por otra parte, Ruibal prescindirá de la puntuación en sus tres versiones, buscando con ello la mayor limpieza posible en sus textos y la implicación del receptor en la lectura con el esfuerzo complementario que supone la ausencia de ayuda que ofrece la puntuación.

Para un mejor entendimiento de lo que Ruibal ha querido hacer con su acercamiento a *La vida es sueño*, permítaseme recordar algunas de las afirmaciones básicas que se han llevado a cabo por la crítica a la hora de acercarse a la obra calderoniana. La primera de ellas, esencial para nuestro propósito, es tener presente esa división en dos partes y que marca la construcción de *La vida es sueño*: por una parte, la historia vivida por Segismundo en relación con Basilio, Clotaldo, Estrella, Astolfo, etc.; la segunda sería el conflicto que tiene a Segismundo y Rosaura como protagonistas. No está de más recordar, aunque tópico es ya para los calderonistas, que esta segunda acción dramática fue desde Menéndez Pelayo muy denostada y, aunque ya Wilson, Sloman, Sciacca, Whitby, Hesse y, sobre todo, Enrique Rull[8], le fueron dando desde hace años la importancia que merece, todavía hoy podemos observar que, a la hora de ofrecer un estudio del texto en trabajos de

---

[8] Rull, 1980. Los trabajos de esos estudiosos (Wilson, Sloman, Sciacca, Whitby, Hesse…) son adecuadamente citados por Rull (p. 45, nota 4), y repetidamente ofrecidos en ediciones posteriores de la obra calderoniana.

conjunto (historias de la literatura, historias generales o parciales del teatro, etc.) lo único que prácticamente merece atención del historiador es el primero de los conflictos, olvidando en algunas ocasiones el segundo o resumiéndolo en unas escasas líneas. Eso sucede, y son sólo unos cuantos testimonios, en la, por otra parte tan querida y admirada, *Historia del teatro* de Ruiz Ramón, en la cual no se cita a Rosaura ni una sola vez; escasísima es la atención que le presta el infatigable Arellano en la suya y muy significativo es lo que encontramos al leer el capítulo consagrado a Calderón en la *Historia del teatro español* publicada por Gredos recientemente y donde Aparicio Maydeu dedica cinco líneas a esta denominada segunda acción: «La trama secundaria protagonizada por Rosaura, Astolfo y Estrella, en torno al perdido honor de la primera, sigue a pies juntillas el modelo de la comedia de enredo, y sustenta con su proximidad a los gustos del espectador barroco la compleja arquitectura conceptual de la trama principal»[9].

Bien es verdad que, al lado de estos testimonios, es necesario dejar constancia de toda una corriente de interés en torno a la importancia de Rosaura en la obra calderoniana, conformando para algunos críticos de los últimos años no sólo la parte más cercana a la comedia convencional del XVII, sino también siendo este personaje referencia ineludible para entender el conflicto trágico protagonizado por Segismundo. Los trabajos publicados recientemente por Lourdes Bueno pueden ser la mejor prueba de estas afirmaciones nuestras[10], aunque el testimonio más significativo está en palabras de Ruano de la Haza. Entresacamos algunos párrafos de las páginas que dedica a Rosaura en su edición de la Editorial Castalia y que estimamos son el mejor testimonio de esta actitud: «La crítica ha observado que sus destinos [el de Rosaura y Segismundo] están estrechamente enlazados: la recuperación de la identidad social de Rosaura y de su honor depende[n] de Segismundo, pues sólo con la derrota de Basilio pueden desbaratarse los planes que ha trazado de casar a Astolfo con Estrella. Asimismo, como hemos visto, Rosaura es esencial en el proceso de desarrollo intelectual de Segismundo, pues ella es la clave que le permite dar coherencia a lo que él creía una existencia fragmentada y desconcertante [...] Rosaura es otro personaje complejo y contradic-

---

[9] Aparicio Maydeu, 2003, p. 1133.
[10] Bueno, 1998 y 2003.

torio de *La vida es sueño* […] Aunque la escena con su padre en la tercera jornada no alcanza la cota emocional de la de Segismundo con Basilio en la segunda, Rosaura, que a menudo aparece como demasiado cerebral, demasiado silogística, demasiado *discreta*, logra conmovernos al mostrar indirectamente una desesperación que no puede expresar con palabras. Débil y fuerte, emocional y cerebral, con atributos femeninos y masculinos, Rosaura es un personaje profundo y complicado que no ha recibido, de parte de críticos y actores, la atención que merece»[11].

Otro aspecto que me gustaría dejar sobre la mesa es recordar los momentos de la obra en que Segismundo aparece teniendo como interlocutora a Rosaura. Como es sabido, tres son esas secuencias: la primera en la también Primera jornada (vv. 103-272): encuentro, monólogo de Segismundo y conversación con Rosaura; la siguiente en la Segunda jornada y Segismundo ya en Palacio declarando su atracción por la dama (vv. 1548-1723), y la última en la Tercera jornada (vv. 2690-3015) reparando su honor y casándola con Astolfo.

La obra de Ruibal, por su parte, está claramente estructurada en dos partes y toma de Calderón sólo las dos primeras situaciones, prescindiendo, y así era necesario teniendo en cuenta su interpretación del texto, de la secuencia de la última Jornada. La primera parte comprendería hasta el verso 35 y sería la interpretación que Ruibal hace de la primera aparición de Segismundo, siguiendo de cerca los versos de Calderón. Efectivamente, Segismundo aparece «entre una naturaleza hosca y bramante», ignorante de todo y de sí mismo, de su cuerpo y también de su ánima. Segismundo va adquiriendo fuerza, va ganando experiencia, fuerza y conocimiento, y a ello están dedicados los cinco primeros versos, para inmediatamente componer Ruibal una serie de estrofas con una clara correlación y paralelismo, comenzando con una aseveración para acabar cada una de ellas, por medio de la proposición «pero desconoce», limitando, casi negando, las afirmaciones anteriores. Segismundo «contempla», «reconoce» «se encuentra», pero siempre al final mostrará su ignorancia, su desequilibrio, su inseguridad y, sobre todo, como dirá inmediatamente Ruibal, «su confusión». El autor va a tomar los elementos de que se sirve Calderón en el consabido monólogo con que se presenta Segismundo al encontrarse con

---

[11] Ruano de la Haza, 2000, pp. 56-57.

Rosaura y sus acompañantes, dedicando los primeros versos a *tierra y celos*:

> 7   Contempla la tierra que pisa
> Los cielos los cielos que se abren inabarcables
> Pero desconoce su lugar entre la tierra y los cielos

Sigue Ruibal con motivos calderonianos y los versos siguientes tendrán como referencias a *arroyos y mares*:

> 10   Reconoce las aguas de los arroyos
> oye el bramido de los mares
> grandiosos y remotos
> pero no sabe el destino del río y de los mares

Fieras y aves, también en la interpretación de Ruibal tomadas las dos del monólogo de Segismundo:

> 14   Se encuentra en los rugidos de las fieras
> en el canto de las aves
> pero desconoce el ritmo de su propia armonía

Las *flores*, motivo también calderoniano en su monólogo, tendrán su adecuada utilización por Ruibal, como la naturaleza sigue apareciendo con el viento:

> Reconoce árboles y flores
> ve sus brillantes frutos y colores
> oye el viento que todo lo mece
> 20   pero desconoce el destino de su propio movimiento

Y todas las referencias, resumidas por Calderón en los versos finales de su obra, serán también compendiadas por Ruibal en versos anafóricos, que son constantes en esta versión, como también aparecerán con frecuencia en las otras dos obras a las que se ha acercado el dramaturgo. Escribe Ruibal:

Y así se lanza
se pierde entre la tierra y los cielos
entre los ríos y los mares
entre los rugidos y los cantos de las aves
25   entre la selva oscura y el brillo perfumado de las
[flores

Si *La vida es sueño* calderoniana ha sido siempre puesta como testimonio de ese claroscuro barroco, que define como nota esencial la literatura y el arte de la época, también José Ruibal a ese claroscuro vuelve, utilizando la luz y la sombra como metáfora de la existencia y para mostrar la vorágine que domina a Segismundo, el caos que lo envuelve, las contradicciones en que se debatirá a través de gran parte de la obra... Rosaura describe la salida de Segismundo de la cueva (vv. 85-101) con la alternancia luz-sombra que usará repetidamente en su intervención («breve luz, pálida estrella, rayos, luz dudosa, reflejos...» pero también «tenebrosa, obscura habitación, prisión obscura...»). Los versos últimos de esta primera parte del texto de Ruibal siguen ese manifiesto contraste que ya declara Rosaura, finalizando con las consecuencias de esa salida de las tinieblas, pero lo lejos que todavía está Segismundo de poder entrar en el reino de los resplandores:

La luz del sol le ciega con sus rayos de fuego
La sombra le espanta con sus densas tinieblas

No sabe si es verdad lo que miran sus ojos
lo que tocas sus manos
30   lo que oye su oído
lo que llega a su olfato
lo que gusta a su boca

Vacila
gira sobre sí mismo
35   la confusión le invade y queda a su impotencia
[reducido

El protagonismo a partir de este momento lo tendrá Rosaura. Ella será el elemento redentor de Segismundo, de ella se enamorará y las imágenes que Ruibal va a emplear en los siguientes versos seguirán la oposición luz-sombra de los anteriores, pero, naturalmente, intensificándose la primera. Rosaura será luz, será vida, será —con hermosa imagen— la crisálida que estalla armoniosa y a la que quiere abrazar Segismundo, logrando de esta manera dejar atrás la oscuridad de la caverna y dejándose cegar por el resplandor que destila la mujer. Y en la línea de construcción paralelística del texto calderoniano que tanto tiene presente, el dramaturgo recoge todos los elementos con los que ha jugado hasta el momento para identificar este presente:

la tierra es firme
el cielo transparente
los ríos cristalinos
50 los mares ondulantes
los rugidos sonoros
las aves armoniosas
los árboles amables
las flores olorosas
55 la oscuridad no existe
la luz Rosaura la convoca

Segismundo, embelesado por la presencia de Rosaura, enamorado de la diosa en que su idolatría la ha convertido, quiere acercarse a ella, quiere besarla, quiere sentirla, pero la mujer escapa de su lado, huye de su tacto y de su mirada, recuerda pero no escucha sus palabras... En torno a Segismundo hay vacío, hay nada. El hombre vuelve a la confusión, regresa a la cueva y al mísero candil, a la inseguridad y al fracaso, al agotamiento y la impotencia. Segismundo regresa al sueño desde la vivencia de una realidad convertida en ensueño y con la mujer en el espejo de una frágil existencia. De nuevo, Segismundo, más impotente que nunca, tendrá que aceptar su fracaso ante los bosques, los pájaros, los animales, los ríos y los mares... Y será así menos que ellos porque es soledad, es silencio.

El segundo amanecer de Segismundo corresponde, como adelantamos, a su despertar en Palacio en la segunda jornada de la obra. Ruibal en diez versos describirá muy poéticamente el transparente universo que vivirá el Príncipe frente a la ceguera de su inmediato pasado, su fuerza renovada, la vida que se le ofrece desde el poder y la armonía. El dramaturgo ofrece este mundo de nuevo con imágenes que tienen a elementos del texto de Calderón como motivos:

Luego todo comienza a cambiar en su entorno
el hosco suelo se deviene de flores alfombrado
la oscuridad del cielo en transparentes lámparas
la selva tenebrosa se resuelve en tapices
80   lejanos paisajes las aguas y los mares
los brutos y las aves en bucólicas fábulas plasmados
las rocas se han fundido en un trono radiante
las primitivas pieles en deslumbrantes ropas
los bramidos del orbe en giros musicales

Y la causa, claro, es Rosaura, de nuevo la luminosa imagen de
Rosaura convertida en divinidad deslumbrante, devenida otra vez en
la luz, en la admiración y el deseo.

Rosaura es ya una diosa
a su paso todo emite sonidos nunca oídos
brillos nunca igualados
colores infinitos
110   trinos desconocidos de las aves.

Y Segismundo la seguirá, intentará rozar con sus dedos la piel de
la mujer, conocer el sabor de su cuerpo, hacer realidad celo, pasión,
fuego… Pero Rosaura juega entre la burla y la provocación del paraíso, huye y se acerca, llama y se aleja, en una secuencia que, efectivamente, se ha repetido en mil coreografías de ballets con dos cuerpos
buscando el encuentro y condenados inmediatamente a la distancia:

Al fin la alcanza
ella se mueve ondulante entre sus brazos
suena su cuerpo
hay aroma en su pecho
130   caricias en sus manos
sus labios se abren al fuego en Segismundo
con ansia
con deseo de apagarlo
o de morir quemados por un rayo

Pero todo, de nuevo, es un sueño. Y su final, otra vez, la vuelta a
la confusión y al dolor. El caos, la destrucción, la puerta que se abre

ante el infierno:

> Y luego caen en un vertiginoso laberinto
> oscuro nido de gritos y de fuegos extraños
> 140 las luces y las sombras se baten alocadas
> devorada
> la música armoniosa por crueles bramidos
> el sol desaparece de los cielos

Rosaura no se ha ido por la generosidad de Segismundo. En realidad, Rosaura —la mujer, el amor— no ha existido nunca. Ha sido un fruto más del sueño, de la ilusión convertida en pesadilla del hombre, en este caso de un hombre llamado Segismundo.

Nos gustaría, para cerrar este análisis, señalar que Calderón no está sólo presente en el contenido, en el significado de la obra de Ruibal. Nuestro dramaturgo, admirador apasionado de la producción de don Pedro y, sobre todo, de sus obras más densas, más filosóficas y de más intensas preguntas, sigue también al autor de *La vida es sueño* al componer su versión y la estructura binaria, las correlaciones y paralelismos que marcan la producción calderoniana —tantas y tantas veces estudiado todo ello— conformarán también este versión para ballet de Ruibal. Efectivamente, no es sólo la arquitectura claramente dividida en dos partes de la pieza, a su vez también cada una de ellas en otras dos, sino los recursos de que se sirve para la composición de sus muy libres estrofas y de una manera muy evidente la de muchos, muchísimos versos, ofrecidos con esa estructura binaria que hemos mencionado. Poner ejemplos sería reproducir gran parte de su texto, por lo que citamos únicamente el comienzo de la obra y remitimos a la trascripción del texto que figura al final de este trabajo para ratificar nuestras afirmaciones:

> Segismundo va brotando
> entre una naturaleza hosca (1) y bramante (2)
>
> Nada sabe de sí
>   en cuerpo (1) y alma (2)
> 5   Se va moviendo (1) y va ganando (2) destreza
> una destreza que le sigue ignorada
>
> Contempla la tierra (1) que pisa

los cielos (2) los cielos que se abren inabarcables
pero desconoce su lugar entre la tierra (1)
                              [y los cielos (2)
Etc., etc.

A MODO DE CONCLUSIÓN

Y vamos acabando. Hemos hecho la pequeña historia de las obras
de uno de los escritores más interesantes que el teatro español ha
tenido en las últimas décadas. Un dramaturgo hoy casi en el olvido,
con escasísima atención por los estudiosos, unas cuantas líneas en los
estudios teatrales de carácter general y, claro, muchísimo menos en las
historias de la literatura. En la escena, como decíamos al principio,
poco, poquísimo, y hoy nada. Fue el destino de quien se salía de la
rutina a la hora de buscar nuevos caminos estilísticos con sus obras y
de quien se atrevía a traspasar con los contenidos la barrera primero
de la censura y luego de la pereza intelectual. Por eso, prestar atención a estos textos con Calderón en el espejo era necesario por su interés y porque moralmente resultaba una obligación. Y tres son las
conclusiones fundamentales que podíamos extraer de nuestro acercamiento a *La vida es sueño*. En primer lugar, su originalidad, pues no
conocemos que existan versiones escénicas para ballet de la que es
considerada nuestra más importante obra dramática. Sí hay música que
se ha creado sobre la obra calderoniana y hay también óperas, como
la que hemos dado a conocer recientemente, compuesta por un músi-
co norteamericano y estrenada sólo en parte precisamente en este
país[12]; pero no conocemos versiones como la de Ruibal, a la cual, por
supuesto, le falta la música.

La segunda consecuencia es que se trata de unos textos inéditos y
prácticamente desconocidos, que *La vida es sueño* se verá impreso por
vez primera como colofón de nuestro trabajo, por lo que podrá ser
leído tanto por los interesados en la obra de Ruibal como en la de
Calderón. Creemos que obrar así contribuye a conocer ese acer-

---

[12] García Lorenzo, 2006. En este trabajo recordamos otras óperas como la de
Cristòfor Taltabull (1906), Gian Francesco Malipiero (1943) y la de Tomás Marco, estrenada el 18 de julio de 2003 en el Corral de Comedias de Almagro y en el marco de su Festival de teatro clásico.

camiento a los clásicos que algunos dramaturgos han tenido a lo largo de su carrera, dejando evidencia creadora de sus lecturas y de los nombres que son necesarios para entender su producción[13].

En tercer lugar, en fin, por el interés que supone la interpretación de una obra por otra parte tan interpretada. Ruibal (creo que ha quedado bien explícito en las páginas precedentes) se define por el carácter trágico de *La vida es sueño*. En su texto no es Segismundo quien, en un acto de voluntad, deja libre a Rosaura; en Ruibal, el protagonista es Segismundo enamorado, pero sin respuesta a ese amor; es la existencia del hombre condenado a vivir en el desamor y en el olvido del otro, es el destino a no sentir jamás el divino temblor del placer y de la caricia, es la condena a tener que mascar el silencio de las palabras que nunca llegan... Es volver a la caverna, a la sombra, a las tinieblas. Es la soledad del alma. La obra calderoniana puede ser un drama o una tragedia, un drama trágico o una tragedia cristiana, pero lo que resulta apasionante es que un dramaturgo de la segunda mitad del terrible siglo XX, y al filo del centenario de Calderón de la Barca en 1981, quiso dejar testimonio, y testimonio trágico, de lo que él había leído como tal.

---

[13] Entre los más cercanos, un dramaturgo muy calderoniano es Ernesto Caballero y su obra más emblemática, *Auto,* es buen ejemplo de ello. En 1984 estrenó *Rosaura (el sueño es vida, mileidi),* un divertimento, un derroche de imaginación, un ejercicio actoral, sobre textos de Calderón y de Shakespeare. En 2000 volverá a *La vida es sueño* con *En una encantada torre*, escrita e colaboración con Asun Bernárdez, y que es una amarga reflexión sobre el poder. Esta última se publicó en *ADE teatro* (83, noviembre-diciembre 2000, pp. 129-145) y un año más tarde por la Asociación de autores de teatro.

Bibliografía

Aparicio Maydeu, J., «Calderón», en *Historia del teatro español*, dir. J. Huerta Calvo, Madrid, Gredos, 2003, vol. I, pp. 1097-1147.

Berenguer, Á., Introducción a *José Ruibal. El hombre y la mosca*, Madrid, La Avispa, 1991.

— «José Ruibal y la tradición del teatro de resistencia», en *Teatro español contemporáneo: autores y tendencias*, coord. A. de Toro, Wilfried Floeck, 1995, pp. 191-216.

Bonnin Valls, I., *El teatro español desde 1940 a 1980. Estudio histórico-crítico de tendencias y autores*, Barcelona, Octaedro, 1998, pp. 203-210.

Bueno, L., «Rosaura o la búsqueda de la propia identidad en *La vida es sueño*», *Bulletin of Hispanic Studies*, 76, 1999, pp. 365-382.

— *Heroínas con voz propia: el discurso femenino en los dramas de Calderón*, Cáceres, Universidad de Extremadura, 2003.

Campbell, Y., «Rosaura, la representación antitética de la virtud en *La vida es sueño*», en *Siglos dorados. Homenaje a Agustín Redondo*, coord. P. Civil, Madrid, Castalia, 2004, vol. I, pp. 177-182.

De Armas, F., *The Prince in the Tower. Perceptions of «La vida es sueño»*, Lewisburg, Bucknell University, 1993.

García Lorenzo, L., «Calderón a partir de 1981», *Anthropos*, 1987, número extraordinario 1, dedicado a Calderón de la Barca, pp. 169-174.

— «*La vida es sueño* y la ópera: *Life is dream* de Lewis Spratlan y James Maraniss (1975-1978)», en *El Siglo de Oro en escena. Homenaje a Marc Vitse*. Toulouse, PUM/Consejería de Educación de la Embajada de España en Francia, 2006, pp. 335-349.

— y M. Muñoz Carabantes: «El teatro de Calderón en la escena española (1939-1999)», *Bulletin of Hispanic Studies*, LXXVII, 2000, pp. 421-433; ampliado, también en *Estado actual de los estudios calderonianos*, Kassel, Reichenberger/Festival de Almagro, 2000, pp. 351-382.

Lázaro Carreter, F., Prólogo a *José Ruibal. El hombre y la mosca*, Madrid, Fundamentos, 1977.

Martín, S., «José Ruibal: el teatro como experiencia radical», *Cuadernos hispanoamericanos*, 449, 1987, pp. 144-148.

Naald, A. C. van der, *Nuevas tendencias en el teatro español. Matilla. Nieva. Ruibal*, Miami, Ediciones Universal, 1981.

Nieva, Francisco, «Cuatro obras de José Ruibal», *Primer acto*, 109, Junio 1969, pp. 62-63.

Oliva, César, *Teatro español del siglo del siglo XX*, Madrid, Síntesis, 2003.

Phillips, E. M., *Idea, signo y mito: el teatro de José Ruibal*, Madrid, Orígenes, 1984.

Rico, F., «El teatro es sueño», en *Breve biblioteca de autores españoles*, Barcelona, Seix Barral, 1990, pp. 201-234.

Ruano de la Haza, J. M.ª, Introducción a P. Calderón de la Barca, *La vida es sueño*, Madrid, Castalia, 2000. La primera edición de 1994.

Ruibal, J., «Un teatro como totalidad poética», *Insula*, 289, septiembre 1970, *Teatro sobre teatro*, Madrid, Cátedra, 1975.

Rull, E., Introducción a P. Calderón de la Barca, *La vida es sueño*, Madrid, Alhambra, 1980.

Samaniego, F., «La institución Festival Calderón, de San Antonio (Texas) difunde la cultura española hispánica en EE. UU. El teatro calderoniano se representará en adaptaciones de José Ruibal», *El País*, 20 enero 1981.

Sánchez, J. A., Introducción a *José Ruibal. Otra vez los avestruces*, Murcia, Universidad, 1991.

Wellwarth, G. E., *Spanish Underground drama*, Pennsylvania State University Press, 1972, pp. 21-37.

— «José Ruibal: dramatic symbolist», *Estreno*, 1, 1975, pp. 32-35.

APÉNDICE

Ofrecemos, en las páginas que siguen, el texto de la obra de José Ruibal, reproduciendo las hojas mecanografiadas que han llegado hasta nosotros. Lo único que hemos hecho es numerar los versos para seguir mejor la lectura de nuestro trabajo.

LA VIDA ES SUEÑO

a Mary Ann Bruni, breve cielo,
mujer al fin calderoniana

Segismundo va brotando
entre una naturaleza hosca y bramánte

Nada sabe de sí
        en cuerpo y alma

Se va moviendo y va ganando destreza   5
una destreza que le sigue ignorada

Contempla la tierra que pisa
los cielos los cielos que se abren inabarcables
pero desconoce su lugar entre la tierra y los cielos

Reconoce las aguas de los arroyos   10
oye el bramido de los mares
        grandiosos y remotos
pero no sabe el destino del río y de los mares

Se encuentra en los rugidos de las fieras
en el canto de las aves   15
pero desconoce el ritmo de su propia armonía

Reconoce árboles y flores
ve sus brillantes frutos y colores
oye el viento que odo lo mece
pero desconoce el destino de su propio movimiento   20

Y así se lanza
se pierde entre la tierra y los cielos
entre los ríos y los mares
entre los rugidos y los cantos de las aves
entre la selva oscura y el brillo perfumado de las flores 25

La luz del Sol le ciega con sus rayos de fuego
la sombra le espanta con sus densas tinieblas

No sabe si es verdad lo que miran sus ojos
lo que tocan sus manos
lo que oye su oído   30
lo que llega a su olfato
lo que gusta su boca

- 2 -

Vacila
        gira sobre si mismo
    la confusión le invade y queda a su impotencia reducido   35

A su lado surge una mujer
                        Rosaura hermosa
que llega repentina y sin saber a dónde

Rosaura
        al abrirse al sol de Segismundo   40
estalla rítmica al salir de su crisálida

Segismundo la mira entusiasmado
            nunca ha visto ni oído
            en la tierra o en el cielo
                                tan bello y soberano   45
Con su presencia todo cobra sentido
            la tierra es firme
            el cielo transparente
            los ríos cristalinos
            los mares ondulantes   50
            los rugidos sonoros
            las aves armoniosas
            los árboles amables
            las flores olorosas
            la oscuridad no existe
            la luz Rosaura la convoca   55

Lleno de plenitud
Segismundo quiere besar a su diosa

De pronto se le escapa
                ya no está donde estaba   60
la busca y no la encuentra
la llama y el eco se traga sus palabras

Siente que se ha perdido y no encuentra sus ojos
sus manos
                sus palabras   65

Busca y busca
sólo encuentra el vacío
sólo el espacio encuentra de la nada

Cansado y ya perdido
cae derrumbado en confusión y ensueño   70
bajo el imperio de las oscuridades de la tierra y el cielo
de la selva
            las aves
                los ríos
                    los brutos y los mares   75

- 3 -

Luego todo comienza a cambiar en su entorno
    el hosco suelo se deviene de flores alfombrado
    la oscuridad del cielo en transparentes lámparas
    la selva tenebrosa se resuelve en tapices
    lejanos paisajes las aguas y los mares   80
    los brutos y las aves en bucólicas fábulas plasmados
    las rocas se han fundido en un trono radiante
    las primitivas pieles en deslumbrantes ropas
    los bramidos del orbe en giros musicales

Segismundo se despierta rodeado de halagos   85
        todo está a su servicio
        todo le reverencia y ante él se doblega

Se siente poderoso
pero no acierta a determinarse

Surge otra vez Rosaura   90
más bella
más radiante que en la estadía pasada

Segismundo la ve surgir como milagro
                            milagro
que llena de resplandor su vida   95
                            milagro
que llena los infinitos espacios de su alma

Se reconoce en ella
sabe de sus sentidos
las cosas son sus cosas   100
sus pies sus pies
            la tierra repite sus pisadas
los objetos entienden sus deseos
                        los vinos
                            los manjares   105

Rosaura es ya una diosa
        a su paso todo emite sonidos nunca oídos
        brillos nunca igualados
        colores infinitos
        trinos desconocidos de las aves   110

Ella se mueve altiva
en un trono de gasas y nubes celestiales

Segismundo comienza a seguirla
llevado de un impulso atractivo
cuyo objeto no se dibuja claro   115

- 4 -

Ella juega al encuentro
            al desencuentro
colmado el rostro de tan dichoso estado

El la sigue la sigue
           la persigue   .
y ella se vuelve cada vez más esquiva   120

El la persigue entonces con celo declarado
y ella burla el acecho entre bromas y veras

El la sigue persiguiendo con pasión encendida
con fuego que le desborda acrisolado   125

Al fin la alcanza
           ella se mueve ondulante entre sus brazos
           suena su cuerpo ·
           hay aroma en su pecho
           caricias en sus manos
           sus labios se abren al fuego en Segismundo 130
           con ansia
           con deseo de apagarlo
           o de morir quemados por un rayo

Segismundo sueña   135
           abrazado a Rosaura
su entrega de posesión colmada ·

Y luego caen en un vertiginosos laberinto
oscuro nido de gritos y de fuegos extraños
las luces y las sombras se baten alocadas   140
devorada
la música armosniosa por crueles bramidos
el Sol desaparece de los cielos

Y todo todo
golpea los ojos trastornados   145
           ella no está
              se ha ido
no se sabe
no se sabe si en vuelo o caminando

Y las cosas vuelven a su primario ser y estado   150
        Segismundo
      envuelto en toscas pieles
          sueña
          sueña
la confusión que ha vivido o soñado   155

José Ruibal
San Antonio, Texas, enero 1980

II

COMUNICACIONES

LA CONFIGURACIÓN CORTESANA COMO DESTINO TRÁGICO EN CRISTÓBAL DE VIRUÉS. EL VITUPERIO DE CELABO EN *LA GRAN SEMÍRAMIS*

Ignacio López Alemany
University of North Carolina, Greensboro

La tragedia, de acuerdo a Terry Eagleton, emerge de civilizaciones cuyas creencias se encuentran en un cruce de caminos entre el destino y la libertad, entre la política y la moral personal, entre la verdad y la simulación[1]. Una gran porción de la literatura del Humanismo y del Renacimiento tiene que ver precisamente con el examen del concepto de la libertad de la conciencia y su papel en la definición del hombre y también de la mujer, como individuos en sociedad. En la tragedia *morata* de *La gran Semíramis* escrita por el capitán valenciano Cristóbal de Virués, cuando el telón está a punto de caer, Celabo (un soldado veterano de guerra metido a cortesano) se encuentra precisamente en esa misma disyuntiva trágica: entre el cálculo prudente y la sinceridad, entre la obediencia cortesana y la actuación en conciencia. Si opta por la primera, colaborará en la perpetuación de la tiranía. Si se decanta por la segunda, su propia muerte y el caos político

---

[1] Eagleton, 2003, pp. 107-108.

son las consecuencias más probables. En este momento, Celabo se viste de héroe trágico para contemplar de una vez el recorrido de su vida pasada y, lo que es más importante, cómo su futuro se abre en dos caminos, de un lado aquel que a pesar de poder vislumbrar por un instante y que anhela, sabe que no puede alcanzar: la salida de la corte para poder llevar una vida sincera, y del otro, un porvenir atrapado en una dinámica cortesana de la que abomina, pero de la que sabe no puede escapar. Sobre ese momento crucial en el que Celabo se reviste con una de las características principales del héroe trágico —ese *augenblick* que decía Northrop Frye[2]— se fundamenta mi elección del personaje de Celabo y no Semíramis —como viene siendo habitual hasta ahora— para descansar la clara intencionalidad moralizante de esta obra.

La crítica moral de la corte que realiza Celabo en su denuesto de la tercera jornada no es un tema original de Cristóbal de Virués, sino que debe de enmarcarse dentro de la progresiva decadencia que sufre la consideración moral de la corte como institución, y no ya de los vicios de sus cortesanos como sucedía en la crítica medieval inaugurada por el *Policraticus* de John of Salisbury, que condenaba prácticas como la caza, el lujo y la bebida y otras que igualmente distraían a los cortesanos de los principios básicos de la moral cristiana[3]. Sin embargo, aunque estas críticas podían en algunos casos resultar severas, lo cierto es que al centrarse en actividades lúdicas realizadas por los cortesanos o soberanos de la corte y siempre con la intención de prevenir un excesivo alejamiento de la religión, de igual manera reforzaban la legitimidad de la corte como institución, si bien con el deber de perfeccionarse para cumplir la alta misión que tenía encomendada.

Una de las explicaciones más habituales para justificar el estatus y privilegios de los cortesanos viene recogida en la leyenda de Marco Curcio Romano. De acuerdo con esta leyenda, durante el período de la República de la antigua Roma, una grieta se abrió en mitad de una plaza. Al poco la grieta comenzó a agrandarse y a escupir fuego poniendo en peligro la totalidad de la ciudad de Roma. El oráculo indica a los sabios que la grieta únicamente se cerrará cuando la ciudad sacrifique le aquello que sea de más valor para la República. Al oír

---

2 Frye, 2000, p. 213.
[3] Bumke, 2000, pp. 415-423.

esto, el general Marco Curcio, que se encontraba sobre su caballo y vestido con su armadura, salta junto con su montura dentro del abismo y éste se cierra, salvando a la ciudad de Roma del desastre. De aquí se infirió que el soldado armado y sobre su caballo era lo más valioso. Luis Milán, en la carta prefacio con que dedica su libro *El cortesano* (1561) a Felipe II, hace uso de esta leyenda para tratar de demostrar que la naturaleza del cortesano contemporáneo es la misma que la de aquel abnegado héroe romano y, después de relatar esta misma leyenda, continúa explicando que[4]:

> Las armas de este cavallero [cortesano] han de ser un yelmo de consideración, que sea bien considerado en los dichos y hechos, y una goleta de temperancia, que no coma sinó para bivir…Y un peto animoso… con un bolante diligente, porque no se pierda lo bien hecho por negligencia…

Pero el uso de esta leyenda romana que establecía la genealogía cortesana en tan noble cuna, no fue exclusivo de los escritores españoles, sino que también algunos pintores como Hans Holbein el joven, por ejemplo, la utilizó en uno de sus retratos de Eduardo VI de Inglaterra en cuyo fondo se puede ver a Marco Curcio arrojándose a la sima[5]. También, Hendrick Goltzius realizó un grabado del héroe romano para su serie *Roma Triumphans* (1586) para Rodolfo II de Holanda[6].

Es, por tanto, claro que la reputación de la institución cortesana se fundamentaba en el hecho de presentar al monarca y a los cortesanos como si de un nuevo Marco Curcio se tratasen. Sin embargo, la consideración moral de la corte moderna varía notablemente en el camino que va desde la configuración áulica como centro de la alta cultura y prestigio en *Il Cortegiano* de Castiglione (1527), hasta la corte como asiento del poder político del estado en la *Ragion di Stato* (1589) de Giovanni Botero. Mientras Castiglione se muestra optimista acerca de la influencia que el hombre de corte puede tener sobre el monarca a través del arte, la gracia y la *sprezzatura*, hacia el final de siglo,

---

[4] Milán, *El Cortesano*, p. Aii.
[5] Waagen, 1854, p. 431.
[6] Melion, 1995.

la popular *Civile conversazione* de Stefano Guazzo (1574) hará de la esquizofrenia de la vida cortesana impuesta por la disimulación y autovigilancia una de sus dianas más predilectas[7]. Esta esquizofrenia hace que el sujeto cortés, a la vez que se relaciona con los otros cortesanos, haya de tratar de verse a sí mismo como si fuera una tercera persona, de manera que pueda predecir la manera en que sus comportamientos serán juzgados por los demás y actuar conforme a ello... eso sí, con gracia y calculada naturalidad, en definitiva, con *sprezzatura*[8].

La obra de Giovanni Botero, sobre premisas similares a las de Guazzo, pero desde la perspectiva de la teoría política, explica las negativas consecuencias del modelo de gobierno de Maquiavelo según el cual, el poder —fin último de lo político— tiene su propia lógica autónoma, con lo que las decisiones políticas no se siguen de premisas religiosas o morales. Al asentar el poder político así entendido en un cuerpo de gobierno cortesano, las relaciones entre los hombres de la corte dejarán igualmente de regirse por premisas religiosas, morales o, incluso de bien común, para ser guiadas por intereses personales. La consiguiente literatura moral traslada la crítica de los vicios individuales al examen de la propia configuración de la corte moderna o maquiavélica como causa del envilecimiento de sus cortesanos al convertir el egoísmo, la simulación y la prudencia calculadora en «virtudes» necesarias para la supervivencia en la corte[9].

Virués describe a Celabo en la primera jornada de *La gran Semíramis* como un valiente y ejemplar soldado, en cierta manera, un héroe. Sin embargo, tras entrar en la corte y lograr la confianza de Semíramis, se corrompe y es manejado a su antojo por la tirana reina. Cuando el otrora soldado se da cuenta de la imposibilidad de conciliar las «virtudes morales» con las «virtudes cortesanas», nos deja el extenso testimonio de una conciencia atormentada por su indigencia, esto es, por su ausencia de medios para regenerarse. Por esta razón, el llamado vituperio de Celabo debe ser estudiado como arrebato de una conciencia que se siente de tal manera atrapada entre la lógica de la moral personal y la del poder político que únicamente le permite elegir entre los extremos: el heroísmo que conduce a una muerte segura, o

---

[7] Martin, 2004, pp. 104-116.
[8] Snyder, 1996, pp. 319-320.
[9] Elias, 1993, p. 141.

la cobardía que le asegura un lugar privilegiado en la corte de Zameis Ninias.

La Gran Semíramis es tal vez la tragedia de Virués más estudiada. Razón de ello tal vez sea su arquitectura, su prólogo en el que se indica su novedad estructural, su pedigrí clásico, etc. Gran parte de los estudios, como es natural, se centran en su personaje principal (Mérimée, Sargent, Atkinson, Hermenegildo, Weiger, Crapotta, Sirera, Serrano Deza, Lara Garrido). Verdaderamente Semíramis conecta de un modo fatal las tres jornadas y las tres tragedias dándoles la unidad necesaria. En la primera parte, este personaje histórico-legendario, es causa remota de la muerte de Menón, general del rey Nino de Asiria, al enamorarse éste último de ella y arrebatársela a su subalterno que concluirá la jornada con su suicidio. En la segunda, Semíramis maquinará la muerte de su nuevo esposo, Nino, con la intención de robarle su autoridad real. Para ello logrará convencerle para que le ceda por un período de cinco días sus poderes, simbolizados en el trono, la corona y el cetro[10]. Con sus primeras órdenes como reina, logra deshacerse de su esposo y encerrar en el templo al hijo de ambos y heredero del trono, Zameis Ninias. En la tercera y última jornada, una vez que Semíramis se siente segura en el trono gracias a sus numerosas victorias militares y logros de gobierno, decide liberar a su hijo del encierro en el templo. Al poco nacerán en la reina deseos incestuosos hacia su hijo que, asqueado, acabará por cobrarse la vida de su madre y hacerse con el reino asirio.

Desde las prolijas narraciones de Justino y Diodoro Sículo, la opinión sobre la reina asiria ha basculado entre los pocos que, como Castiglione en su *Cortegiano*[11] o el Lope de Vega de *Las bizarrías de Belisa,* la citan como un caso singular de ambición y estrategia militar[12], y los que, por el contrario, ven en ella la encarnación de una monstruosa inmoralidad. Tal es el caso de Dante, que la describe en su *Infierno* como el más extremo ejemplo de lujuria[13], Muzio Manfredi en *La Simiramis Tragedia* y, por supuesto Virués cuyo «moralismo intransigente», en palabras de Díez Borque, se ceba no únicamente en

---

[10] Hermenegildo, 1994, p. 20.
[11] Castiglione, 1994, III, pp. 34-35.
[12] Lope de Vega, *Las bizarrías de Belisa,* I, vv. 126-136.
[13] Alighieri, *Divina comedia,* V, pp. 55-57.

la pasión amorosa de Semíramis, sino también en su ambición y ejercicio tiránico del poder[14], aspectos que, más adelante se repiten, aunque con notables variaciones en las dos partes de *La hija del aire* de Calderón.

Para Caparrós Escalante, el exceso en la caracterización del personaje retratado por Virués repercute en la eficacia moralizadora del valenciano ya que, como en el resto de sus tragedias, «naufraga en la incontinencia dramática: retrata monstruos, no seres humanos»[15]. También Gwynne Edwards sostiene en su introducción a *La hija del aire* que el elemento trágico de la obra de Virués se encuentra subordinado de tal forma a su propósito moralizante que en ningún momento el valenciano parece querer expresar la trágica naturaleza de la vida humana[16]. Sin embargo, aunque admitamos ambos juicios del tratamiento de Semíramis, no está en absoluto claro que la intención moralizadora o trágica de esta obra haya de recaer necesariamente en este personaje. Escribe el capitán valenciano en el prólogo que[17]:

> Así el poeta, con divino ingenio,
> ya en una invención cómica alegre,
> ya con un caso trágico admirable,
> nos hace ver en el teatro y sena
> las miserias que traen nuestros pechos
> como el agua del mar los bravos vientos.

Es decir, que por encima del interés de la biografía de la reina asiria, Virués desea actuar como conciencia de «nuestros pechos»: los de los espectadores que acuden a ver la representación y del suyo propio. Si Semíramis no nos sirve para nuestro examen de conciencia, habremos de buscar otras posibilidades. Además de a ella, encontramos a Celabo como hilo que cose estas tres «tragedias encadenadas» (como denomina Crapotta[18] a las tres jornadas de esta tragedia) y, en todas ellas, desempeña un papel relevante. Será él quien en la primera parte esté al frente del pequeño grupo que ponga en práctica la idea de

---

[14] Díez Borque, 1990, p. 117.
[15] Caparrós, 1986, p. 51.
[16] Edwards, introducción a *La hija del aire de Calderón*, 1970, p. liii.
[17] Virués, *La gran Semíramis*, 2003, vv. 9-14.
[18] Crapotta, 1983, p. 53.

Semíramis de alcanzar por sorpresa las almenas de la fortaleza de Batra
(I, vv. 175-225). En la segunda, será pieza clave en el magnicidio (II,
vv. 960-91) y ocultación del cadáver de Nino (II, vv. 1485-86), toda
vez que Semíramis le ha concedido la plaza de capitán de su guardia
personal (II, v. 901). En la tercera y última jornada, una vez más, re-
cibirá el encargo de ocultar y «dar al fuego» el cadáver de la reina para
que Ninias pueda sucederla.

Alfredo Hermenegildo nos explica en su introducción a esta tragedia que «el ejercicio tiránico del poder por parte de quienes lo ejercen lleva consigo al mismo tiempo la aparición de un vacío de poder
que es ocupado y manipulado por los cortesanos ambiciosos, que se
mueven empujados por motivaciones exclusivamente personales y
egoístas»[19]. Esos egoísmos —propios de todo cortesano— hacen presa de aquel que en la primera jornada fue descrito como valiente, es-
forzado y honrado soldado (I, vv. 178-83) y en la segunda jornada,
sin embargo, cae en la tentación de traicionar la lealtad a su rey Nino
a cambio de una promoción en su carrera. Celabo llegará incluso a
afirmar en su conversación con Zopiro[20]:

> Deje el reino Nino y sea
> Semíramis Reina ahora
> y, si a los dos nos mejora,
> cien mil años le posea.
> Aunque la casa se arda,
> no niegues que es ser mejor
> tú camarero mayor,
> yo capitán de la guarda.

Estos últimos versos de «Aunque la casa se arda / no niegues que
es ser mejor / tú camarero mayor, / yo capitán de la guarda» resumi-
rán esa sustitución de la unicidad moral de la Edad Media por la dualidad moderna que Virués quiere condenar.

En la tercera jornada y tragedia, la conciencia de Celabo parece
empezar a sentirse incómoda, a tenor de su larguísimo denuesto de la
corte (III, vv. 1722-1921) que, como escribe Hermenegildo en la in-

---

[19] Hermenegildo, introducción a Virués, *La gran Semíramis*, 2003, p. 29.
[20] Virués, *La gran Semíramis*, 2003, II, vv. 1172-1179.

troducción a su edición[21], resulta «radicalmente antiteatral». Celabo no hace únicamente una diatriba, sino también un severo examen de conciencia. Este examen le conduce al arrepentimiento por la evidente falta de trabazón entre sus ideales y su comportamiento en palacio. La crítica de la vida cortesana que se hace podría parecernos estereotipada en sus temas, puesto que son los clásicos de la doblez, el chismorreo, la adulación, la envidia, etc.; en definitiva, elementos que ya formaban parte de la tradición medieval de crítica a la vida cortesana. No obstante, la condena aquí no se hace de los individuos que pueblan la corte, sino de la propia configuración cortesana que los corrompe y a la cual Celabo llega a calificar de «caos» que «se compone / de todo cuanto la quietud destruye» (III, vv. 1830-1831) lo que, unido a la visceralidad del lenguaje, nos hace pensar que Virués no tiene intención de reiterar antiguos tópicos, sino de resucitarlos.

Virués, en este antiguo soldado, parece querernos mostrar los peligros inminentes del modelo cortesano una vez que el ideal humanista de una corte presidida por un piadoso y sacrificado rey, aconsejado por bien preparados y virtuosos hombres, ha sido enterrado con la radicalización de las políticas de control ideológico desde la segunda década del reinado de Felipe II. Por eso, lo más significativo de este parlamento de Celabo no es ya la crítica de vicios individuales, sino la de un modelo de corte donde se entretejen multitud de relaciones basadas en el servicio y merced que se escapan a los límites morales, jurídicos y formales de toda posible definición de qué sea la corte. Una crítica, en definitiva, de un modelo que sitúa a esta configuración cortesana como centro de gobierno del estado y en la que los grandes valores, los grandes «activos», del buen cortesano no son la discreción o el valor (III, v. 1839), sino el artificio y la maña (III, v. 1841), la doblez, la sagacidad, la adulación y el chisme (III, vv. 1834-1837) ya que el rey no busca consejeros sabios, sino cortesanos sumisos. El caso más palmario lo encontramos en Janto, Creón, Troilo y Oristenes, integrantes de un Consejo real que se muestra igualmente dócil en las manos de Nino que en las de Semíramis e incluso, más adelante, Ninias[22].

---

[21] Hermenegildo, introducción a Virués, *La gran Semíramis*, 2003, p. 51.

[22] Hermenegildo, 1994, p. 19; también en Hermenegildo, Introducción a *La gran Semíramis*, 2003, pp. 51-55.

Para que esta crítica sea eficaz, Virués nos presenta una realidad cortesana que no es únicamente la de la lejana Asiria. Muy perspicazmente nos advierte Alfredo Hermenegildo que en esta tragedia hay también «un ejercicio de ocultación, de simbolización y de metaforización de la verdad histórica, la que les tocó vivir a Virués y a los demás autores trágicos de fin de siglo. Desde esta perspectiva, las tragedias de Virués, y las de una buena parte de los dramaturgos finiseculares, se convierten en documentos fieles del estado de la conciencia con que un grupo de intelectuales españoles... pretendió hacer frente a la realidad política que le rodeaba»[23].

Virués, que en el prólogo ya ha explicado que habla «a las miserias que traen nuestros pechos» dentro de estos juegos de simbolización, apela a nuestra propia conciencia a través de la de Celabo, que nos recuerda su inmoralidad y su trágica imposibilidad de superarla por hallarse prisionero de la corte: «Bien es, memoria, que me representes / estas *miserias*, por quien yo me veo / verter del corazón amargas fuentes, / aunque en pasarlas con valor me empleo» (vv. 1810-1813). Celabo, que afirma en su parlamento que la libertad es el mayor tesoro (v. 1769), parece darse cuenta repentinamente de que el servicio al monarca y su propia participación en el engranaje cortesano son las causas de su miseria y esclavitud moral, pues reflexiona: «Y si es miseria estar generalmente / sujeto el hombre como está el vasallo, / quien en particular lo está, ¿qué siente?» (vv. 1770-1772). Todo ello invita a pensar que sus acciones en el futuro vayan a encontrar mayor coherencia con sus convicciones. El momento de la verdad llega cuando en el cierre de esta tragedia, el nuevo monarca Zameis Ninias se dirige a él y a Diarco con las siguientes órdenes:

Tomá esta llave, abrí esa puerta, y fío
de los dos esto y fiara mi vida.
Ese sangriento cuerpo muerto y frío
es mi madre, no en ave convertida.
Y de este caso y del intento mío
yo os haré relación larga y cumplida.
Ahora vamos con presteza luego

---

[23] Hermenegildo, 2003, p. 396.

a dar ese lacivo [*sic*] cuerpo al fuego.
(vv. 2340-2347).

La acción de la tragedia se acaba aquí. Nada se nos dice de lo que después hace Celabo cuando se encuentra en la encrucijada moral de obedecer y someterse al dictado del monarca —en este caso Ninias— o, por el contrario, seguir sus convicciones morales.

Virués, aunque no de un modo tan prominente como Calderón en *La hija del aire,* también se enfrenta con la oposición libertad/destino. Aunque no sea en el rango del monarca, la disyuntiva en que se encuentra Celabo entre la moralidad medieval y la moderna, además, podría servir para personalizar ese «factor compensatorio» que Hermenegildo sitúa en el pueblo como un intento de Virués por neutralizar el efecto desestabilizador que tiene su grave acusación contra el tirano durante toda la obra[24].

Al concluir la tragedia, y aunque nada se diga, todos sabemos que Celabo y su compañero obedecerán al nuevo monarca y retirarán el cuerpo yaciente de Semíramis y, de esta forma, contribuirán a la perpetuidad del modelo tiránico de gobierno. La tragedia personal de Celabo —que se encuentra íntimamente ligada al destino de la corte asiria y, por extrapolación, a la española y a las europeas— es una huella más de un momento cultural que, como preludio del Barroco, empieza ya a sentirse atrapado entre la verdad y la apariencia, entre la conciencia y la prudencia calculadora. La conciencia de Celabo y su caída moral ponen delante de nuestros ojos, aunque sea por un instante, la magnitud de trágica de la propia configuración cortesana.

---

[24] Hermenegildo, 1981, p. 910 y 2003, p. 398.

BIBLIOGRAFÍA

ALIGHIERI, D., *Divina comedia*, ed. G. Petrocchi y L. Martínez de Merlo, Madrid, Cátedra, 2006.

BUMKE, J., *Courtly Culture. Literature and Society in the High Middle Ages*, trad., T. Dunlap, Woodstock, NY, Overlook Press, 2000. [Original en alemán, 1986.]

CALDERÓN DE LA BARCA, P., *La hija del aire*, ed. G. Edwards, London, Tamesis, 1970.

CAPARRÓS ESCALANTE, L., «Desbordamiento de la personalidad y horror moral en *La gran Semíramis*, de Virués», *Epos*, 2, 1, 1986, pp. 49-58.

CRAPOTTA, J., «The Unity of La Gran Semíramis», *Creation and Re-Creation. Experiments in Literary Form in Early Modern Spain*, ed. R. E. Surtz y N. Weinerth, Newark, Juan de la Cuesta, 1983, pp. 49-60.

CASTIGLIONE, B., *El cortesano*, ed. M. Pozzi, Madrid, Cátedra, 1994.

DÍEZ BORQUE, J. M., *Los géneros dramáticos en el siglo XVI. (El teatro hasta Lope de Vega)*, Madrid, Taurus, 1990.

EAGLETON, T., *Sweet Violence. The Idea of the Tragic*, Oxford, Blackwell, 2003.

ELIAS, N., *La sociedad cortesana*, Madrid, Fondo de Cultura Económica, 1993. [Original alemán, 1939.]

FRYE, N., *Anatomy of Criticism*, Princeton, Princeton University Press, 2000.

HERMENEGILDO, A., *La tragedia en el Renacimiento español*, Barcelona, Planeta, 1973.

— «La responsabilidad del tirano: Virués y Calderón frente a la leyenda de Semíramis», *Calderón. Actas del Congreso Internacional sobre Calderón en el Teatro Español del Siglo de Oro*, ed. L. García Lorenzo, Madrid, CSIC, 1981, pp. 897-911.

— «La semiosis del poder y la tragedia del siglo XV: Cristóbal de Virués», *Crítica Hispánica*, 16, 1, 1994, pp. 11-30.

— «Cristóbal de Virués y la figura de Felipe II», *Criticón*, 87-89, 2003, pp. 395-406.

MARTIN, J. J., *Myths of Renaissance Individualism*, New York, Palgrave Macmillan, 2004.

MELION, W. S. «Memorabilia aliquot Romanae strenuitatis exempla: The Thematics of Artisanal Virtue in Hendrick Goltzius's *Roman Heroes*», *Modern Language Notes*, 110, 5, 1995, pp. 1090-1134.

MÉRIMÉE, H., *El arte dramático en Valencia. Desde los orígenes hasta principios del siglo XVII*, trad. O. Pellissa Safont, Valencia, Institució Alfons el Magnànim, 1985. [Original francés, 1913.]

SARGENT, C., *A Study of the Dramatic Works of Cristóbal de Virués*, New York, Instituto de las Españas, 1930.

Serrano Deza, R., «De la tragedia renacentista a la tragedia barroca: las Semíramis de Virués y Calderón», *El escritor y la escena IV*, Ciudad Juárez, Universidad Autónoma de Ciudad Juárez, 1996, pp. 69-75.

Sirera, J. L., «Rey de Artieda y Virués: la tragedia valenciana del Quinientos», *Teatro y prácticas escénicas II: la comedia,* London, Támesis, 1986, pp. 69-101.

Snyder, J. R., «Il disincanto del corpo. Simulazione e dissimulazione nella *Civile Conversazione*», en *Stefano Guazzo e Casale tra Cinque e Seicento*, ed. D. Ferrari, Roma, Bulzoni, 1996, pp. 311-324.

Lope de Vega, F., *Las bizarrías de Belisa*, ed. E. García Santo-Tomás, Madrid, Cátedra, 2004.

Virués, C. de, *La gran Semíramis. Elisa Dido,* ed. A. Hermenegildo, Madrid, Cátedra, 2003.

Waagen, G. F., *Treasures of Art in Great Britain*, London, John Murray, 1854, vol. II.

Weiger, J. G., *Cristóbal de Virués,* Boston, Twayne, 1978.

EL USO DEL *ORDEN* Y EL *DESORDEN* COMO TÉCNICA DE EXPRESIÓN ESTÉTICA EN *LA NUMANCIA*

Martha García
University of Central Florida

Al creador de la primera novela moderna, Miguel de Cervantes y Saavedra, se le ha otorgado un lugar irrefutable en el canon por su capacidad narrativa y creadora. Ahora bien, en cuanto al teatro cervantino concierne, la crítica ha tenido que vencer multitud de obstáculos y retos de carácter interpretativo antes de poder analizar y presentar nuevas aportaciones a este género. Existen muchas escisiones y ambivalencias que provocan que su obra dramática no se perciba tan nítidamente. De hecho, no fue hasta el siglo XIX cuando se prestó mayor atención a su obra teatral y hoy en día, debido a las diversas herramientas crítico-teóricas con las que contamos, podemos apreciar y distinguir con mayor claridad y exactitud el valor de su legado como dramaturgo. Mi enfoque en este trabajo se centrará en *La Numancia* como obra dramática y procurará mostrar el uso del *orden* y, por consiguiente, la necesidad imperiosa del dramaturgo de valerse del *desorden* —a manera de un marco antitético— y su función dentro de la obra como utensilios teatrales en la construcción del teorema dramático cervantino.

El argumento de *La Numancia* se encuentra íntimamente ligado a la historia; no obstante, ha sido escrito desde una perspectiva distinta, a la luz de la distancia temporal —puesto que fue creada siglos después de que el sitio numantino acaeciera— con personajes esbozados a la luz de la estética teatral. Mi intención aquí radica en reflexionar sobre cómo los distintos componentes dramáticos de esta tragedia funcionan como mecanismos internos codificados en base a la representación escénica de la idea de *equilibrio* y *desequilibrio,* a través de la antítesis donde los personajes, la acción y el espacio —físico y temporal— en que se realizan conforman la obra dramática. Para lograr tal fin me valdré del concepto de *orden* en su sentido clásico y su aplicación en dicha obra con la finalidad de elaborar una posible aproximación a esta tragedia.

¿Qué nos dice la historia sobre el sitio numantino? Basándonos en los registros y estudios hechos por Espinosa y Hermenegildo, la conquista de Numancia, situada estratégicamente en el centro de la Península ibérica y de Celtiberia, data del año 137 a. C. con la campaña del general romano Caius Hostilius Mancinus, la cual fracasó[1]. Los numantinos defendieron a toda costa su territorio de los ataques de sus oponentes por mucho tiempo hasta que en el año 133 d. C. Scipio Aemilianus logra derrotar al pueblo numantino por inanición[2]. Repasemos ahora muy brevemente el argumento de *La Numancia* de Cervantes. La ciudad se encuentra en sitio desde hace años por la intervención romana, sin embargo, a pesar de ese hecho no han sido vencidos aún por los soldados de Escipión. Dadas las circunstancias, el general romano que gozaba de fama y prestigio militar decide acelerar el proceso y propone un combate a muerte. Los numantinos, sabiendo que la derrota se aproxima, antes que rendirse deciden suicidarse de forma colectiva e incendiar la ciudad. Al entrar los romanos lo que encuentran es un cuadro de desolación y restos mortales. Quizás la escena más escalofriante es la del niño que al ser el único superviviente se arroja a la hoguera de fuego desde una torre siendo presenciado por sus oponentes.

Me planteo entonces una interrogante: ¿podríamos considerar *La Numancia* una tragedia? En el sentido medieval clásico se entiende por tragedia la exposición de eventos sucesivos en la vida del protagonista que lo hacen caer en (des)gracia hasta culminar en un final funesto, donde el personaje no posee ningún control sobre los acontecimien-

---

[1] Hermenegildo, 1976.
[2] Espinosa, 1924, p. 187.

tos que le sobrevienen, al contrario, pareciera ser un objeto a merced del sino. Se conduce al sujeto de la estabilidad a la inestabilidad, del orden al caos, de la abundancia a la escasez, de un estado de contentamiento a un estado de lamentación. En primer lugar, en el orden clásico, la tragedia grecorromana se percibe supeditada a un mundo cósmico donde la acción de los individuos —como elementos intrínsecos de un conjunto universal— desemboca en el beneplácito de los dioses; es decir, que el deseo individual como tal pareciera no existir, lo que se fomenta es el deseo —puesto en acción— de un ente superior, la deidad, quien posee la suma potestad de crear, modificar o alterar el destino individual y colectivo[3]. Desde la perspectiva clásica, Aristóteles en la *Retórica* lo expresa de esta forma —«lo que ocurre general, mas no absolutamente» (I, 1357)— con lo que se proyecta la idea de lo verosímil puesto que aquí lo más probable sería lo que debería prevalecer, los dioses en control del destino colectivo y poético. Ahora bien, en *La Numancia* se registra un cambio en este orden, puesto que son los numantinos quienes de forma conjunta cambian el curso de la historia, la transforman, la modifican. Vemos cómo un grupo de individuos toma control de su pueblo y al decidir suicidarse desestabiliza el orden anterior establecido por el clasicismo griego. Aquí *no* son los dioses quienes deciden de forma absoluta, sino un conjunto de individuos. Esta idea aparece claramente en el texto cuando Escipión aconseja a su ejército con las palabras «cada cual se fabrica su destino», «no tiene aquí Fortuna alguna parte» (I, vv. 57-58). Vemos un cambio radical en la estructura de la jerarquía preceptista. La toma de decisión individual desemboca en la acción que transforma el destino colectivo. Friedman exalta y conduce a estos personajes a un nivel de supremacía al catalogarlos de meta-dramáticos, puesto que determinan su propio *rol* en la historia reescribiéndola y adaptándola a un escenario militar, mientras se subordinan al destino que se les dicta, con lo que se logra la creación de un registro, un documento impreso y la puesta en escena de un hecho histórico que de no ser gracias al género dramático podría correr el peligro de pasar desapercibido por la historia universal[4].

---

[3] Maestro, 2000.
[4] Friedman, 1980.

En segundo lugar, la tragedia en el orden helénico se presenta como una reacción al desorden. Cualquier elemento que distorsione el orden divino conlleva implícitamente a la tragedia, independientemente de su explicación, sea ésta científica o literaria. No así desde la perspectiva judía y cristiana. Específicamente dentro de la óptica neo-testamentaria la tragedia es el resultado de la ausencia de justicia, lo que denotaría una posible explicación de la causa y su correspondiente efecto. En *La Numancia* se caracteriza al personaje de Escipión como el enemigo, el antagonista, que persigue a toda costa la victoria del ejército romano, al precio que fuera necesario:

> Pienso de un hondo foso rodeallos,
> Y por hambre insufrible he de acaballos.
> No quiero yo que sangre de romanos
> Colore más el suelo de esta tierra;
> Basta la que han vertido estos hispanos
> En tan larga, reñida y cruda guerra. (I, vv. 319-324)

Al morir el más débil y hacerlo de forma colectiva se recupera el equilibrio a través de la consumación y se restablece así la justicia poética en la obra. Incluso el antagonista reconoce la restauración de ese orden al experimentar la anagnórisis. Cervantes, como dramaturgo y estratagema, lo coloca en una posición vulnerable dentro de la acción dramática y que lo obliga a exaltar el valor numantino:

> ¡Oh! ¡Nunca vi tan memorable hazaña!
> ¡Niño de anciano y valeroso pecho,
> Que, no sólo a Numancia, mas a España
> Has adquirido gloria en este hecho;
> Con tu viva virtud, heroica, extraña,
> Queda muerto y perdido mi derecho.
> (IV, vv. 2401-2406)

La catarsis se produce entonces en el lector —y por extensión en la audiencia— a través del sacrificio grupal y no por el terror que les impone la estrategia militar romana, de la misma manera que en el cristianismo se obtiene la salvación a través del sacrificio del cordero en la cruz.

Desde una perspectiva aristotélica, vemos en *Virtudes y Vicios* que Aristóteles coincide con Platón en el hecho de que el alma contiene tres partes, la sabidurí —como manifestación excelsa de lo racional— caballerosidad y valentía, templanza y autocontrol de los apetitos carnales, todo lo cual daría como resultado un alma llena de justicia, abundancia y magnitud. En contraste, el vicio, la irracionalidad y la cobardía conforman el alma poseída de injusticia, esclavitud y falta de raciocinio. La cobardía, aclara Aristóteles, es el vicio de la pasión, no de la razón, que hace a los hombres amedrentarse por la aprehensión, sobre todo en lo relacionado con la muerte (p. 1982). Podemos decir entonces —sin temor a equivocarnos— que *no* es el caso de Numancia, cuyo pueblo prefiere morir antes que ser vencido por aquellos que desean apoderarse de su territorio. Más adelante, en este mismo apartado, Aristóteles contrasta la cobardía con la valentía: el valiente no se inquieta por el inminente peligro de muerte, decide tomar riesgos de ser necesario y escoge una muerte noble, con lo cual se le concede ser partícipe activo de la victoria (p. 1983). Es esto precisamente lo que observamos en *La Numancia*. Se infiere, entonces, que Cervantes recupera el equilibrio en la acción dramática y el orden estético, a través de una coherencia muy bien articulada de los elementos de la tragedia clásica e inserta su propio concepto de la justicia dramática renacentista subordinada a la razón, a la toma de decisión y a la majestuosidad artística.

En tercer lugar, en la tradición clásica senequista se perfilan personajes carentes de la más mínima demostración de emociones humanas; incluso este atributo hubiese sido tachado de inapropiado dentro del concepto preceptista. En *La Numancia* ocurre precisamente lo opuesto. Las emociones humanas proyectadas en diferentes niveles discursivos y dramáticos hacen de esta tragedia una obra de esencia universal. La guerra puesta en escena de una manera tan vívida produce en el espectador de cualquier tiempo el mismo sentir que las audiencias experimentaron al presenciar esta obra en el siglo XVI. Para Séneca, el personaje debería permanecer impune e intacto ante el dolor de la tragedia. Para Cervantes, la tragedia es la que moldea al personaje, lo fortifica, lo vigoriza y lo obliga a salir en busca de justicia y así obtener su redención. Son numerosos los ejemplos que encontramos en el texto sobre el despliegue de las emociones humanas. Nombraré sólo algunos a manera de ilustración: la amistad entre numantinos, Marandro y Leonicio, las relaciones amorosas, Lira y Marandro, la búsqueda del honor, la lucha contra el hambre y la desolación, la valentía de las mujeres numantinas, el heroísmo y la lista podría continuar.

Cabe aquí detenerme en el *rol* de los personajes femeninos: vemos la intervención de las mujeres, no sólo a un nivel puramente doméstico y tradicional, sino que Cervantes las esboza y proyecta como componentes imprescindibles en el terreno militar. Mientras la ausencia de la mujer es evidente en lo que se refiere a la participación romana en esta obra, su presencia resulta imborrable en la acción numantina. Cervantes se ocupa de perfilar a la mujer celtíbera en concordancia con el sitio numantino, por lo que se le concede un papel importante dentro del teorema teatral. Son precisamente los personajes femeninos los que influyen en la toma de decisiones de los masculinos y son quienes los dirigen hacia la resistencia ante el invasor. Incluso desde el punto de vista histórico se ha perfilado al pueblo numantino conformado por tribus y clanes bastante autónomos y hasta anárquicos, que impedían un estado de orden y estabilidad social. Es invariablemente la amenaza de la guerra la que provoca su reunión y fortaleza y el personaje femenino el que propicia el diálogo que conllevaría al acto heroico del suicidio unitario. En la jornada tercera son las mujeres quienes disuaden a los soldados numantinos de no enfrentarse en combate al ejército romano. Mientras algunas apelan al derecho a la subsistencia, al honor y al privilegio de ser libres, otras ruegan que se les incluya en la labor militar y hasta que se les conceda la oportunidad de acompañar a los soldados al campo de batalla. Todo esto se trasluce en la destreza y habilidad persuasiva de cada una de ellas. Es así como Cervantes logra efectuar un estudio interino de la mujer que restaura la simetría entre ambos géneros: el femenino y el masculino y el consecuente paralelo intertextual e indiviso entre la historia y la tragedia.

Podemos ver asimismo que el diálogo entre los numantinos se diferencia en gran medida de los encontrados en otras obras de su mismo período, puesto que estos personajes se encuentran bajo la influencia del sitio romano. El Numantino 1° exclama:

> Pues yo con todo el pueblo me prefiero
> hacer de lo que Júpiter más gusta,
> que son los sacrificios y oblaciones,
> si van con enmendados corazones. (vv. 611-694)

El Numantino 2º añade:

[...] Si tiene el Cielo dada la sentencia
de que en este rigor fiero acabemos,
revóquela, si acaso lo merece
la presta enmienda que Numancia ofrece.
(vv. 611-694)

Nótese que estos dos personajes no poseen nombre propio ni patronímico que los identifique; este anonimato alegoriza el sentido de temor imperante y muy propio de situaciones bélicas, depositando la importancia en el mensaje implícito y no tanto en los interlocutores del diálogo. El Numantino 1º hace referencia a la mitología romana (Júpiter), el Numantino 2º invoca a un poder superior (Cielo con mayúscula). Notamos una convergencia: mientras el primero podría funcionar aquí como metáfora de la Grecia clásica, el segundo evocaría la Época Moderna con la referencia antes propuesta del libre albedrío. Se procura restaurar ese orden divino del que se les ha privado, debido a los estragos que el hambre les impone a través de una estrategia militar *no* justificada. Buezo refiriéndose a los romanos en su estudio *La Numancia cervantina* comenta:

En efecto nos decepciona su falta de iniciativa. La destrucción de Numancia se debe únicamente, tal como la presenta Cervantes, a la propia voluntad de los numantinos pues, conscientes éstos de la superioridad numérica de los romanos, e interpretadas las señales y los agüeros que anuncian el desastre inevitable, se disponen a morir con honor antes que permitir ser tomados como esclavos y ver ultrajadas a sus esposas. (p. 25)

Continuando con el tema del diálogo, sabemos que la tragedia, como género dramático, se conforma de una gran cantidad de estilos, géneros y sub-géneros anteriores y el diálogo en sí constituiría uno de sus componentes. Peñalver Gómez explica que la filosofía platónica conlleva también una multitud de temas y estipulados: «Es que los *Diálogos* mantienen una vigilancia crítica constante —que se expone, y al mismo tiempo, se ejerce, precisamente mediante la forma misma de "diálogo"— frente a la conversión del pensamiento en doctrina»[5].

[5] Peñalver Gómez, 1986, p. 14.

Cervantes construye ese diálogo de una forma centralizada —en su mayor haber— bajo una sola temática, el cerco numantino y sus repercusiones, a nivel público y privado. Por lo tanto, *La Numancia* en sí refleja un retablo de la guerra con sus múltiples consecuencias, pone de manifiesto el diálogo que se articula en circunstancias bélicas y que difiere en gran manera del que tendría lugar fuera de estos parámetros e incluye figuras grecorromanas alegóricas, todo lo cual hace que se eleve esta obra a un nivel canónico digna de todos los tiempos.

Una vez expuesto lo anterior podríamos concluir que Cervantes evita imitar los modelos puramente senequistas, los cuales ponían más énfasis en la declamación en escena carente de emociones humanas, donde la tragedia debía ser concebida y aceptada al estilo estoico sin intervención de la lógica o causalidad. El concepto de unidad nacional resucita a través del teatro y la tragedia contribuye así a la restauración del *equilibrio*. Y contesto a la pregunta que formulo al inicio: basándome en la lectura expuesta aquí, *La Numancia* funcionaría como un nuevo enunciado de una reestructuración del antiguo sentido del orden que determinaba una relación vertical descendente —Dios como un ser supremo en control total del destino del ser humano—; Cervantes redefine este modelo y lo presenta en escena de manera multidimensional e ígnea: vertical y horizontal, es decir el ser humano en relación consigo mismo, el otro y lo divino. La distancia temporal le otorga el sentido de perspectiva histórica, dotándole con la habilidad de reinterpretar los hechos sin haber sido partícipe de los mismos, con lo cual se adjudica la construcción de la obra trágica en beneficio de ambas dialécticas: el análisis histórico y la creación literaria. En suma, el sitio numantino constituye la tragedia en sí repleta de caos, desorden y desajuste social. Cervantes convierte esta tragedia histórica en una obra teatral a través de la organización de los hechos, la reivindicación del pueblo celtíbero y la majestuosidad del arte escénico. De igual forma, el dramaturgo, aunque incluye alusiones grecorromanas, inserta a la vez técnicas dramáticas que restauran el orden que se encontraba ausente en la historia —como materia de estudio— debido a la *injusticia* impuesta al pueblo numantino, puesto que en realidad no han cometido ningún acto que merezca ser sancionado, y el sacrificio humano conduce a la restitución de la *justicia* con lo que se obtiene la euritmia en la obra y el reconocimiento efusivo del público áureo.

BIBLIOGRAFÍA

ARISTÓTELES, *Retórica*, trad. Q. Racionero, Madrid, Gredos, 1990.
— *On Virtues and Vices*, trad. H. H. Rackham, Cambridge, Harvard University Press, 1996.
BUEZO, C., «La *Numancia* cervantina», *Cervantes y su mundo III*, ed. A. R. Lauer y K. Reichenberger, Kassel, Reichenberger, 2005, pp. 19-30.
CERVANTES, M. de, *El cerco de Numancia*, Madrid, Cátedra, 1984.
ESPINOSA A. M., «Viajes por España: IX. Numancia», *Hispania*, 7, 1924, pp. 187-190.
FRIEDMAN, E. H., «Role and Reality: The Question of Identity in Cervantes' "Comedias"», *Pacific Coast Philology*, 15, 1980, pp. 19-25.
HERMENEGILDO, A., *La Numancia de Cervantes*, Madrid, Sociedad General Española de Librería, 1976.
MAESTRO, J. G., *La escena imaginaria, Poética del teatro de Miguel de Cervantes*, Madrid, Iberoamericana, 2000.
PEÑALVER GÓMEZ, P., *Márgenes de Platón. La estructura dialéctica del diálogo y la idea de exterioridad*, Murcia, Publicaciones de la Universidad de Murcia, 1986.

DE HIPÓLITO A MARCELA, DE LO DIVINO
A LO HUMANO: LA CRUELDAD
Y LA POÉTICA DE LO TRÁGICO★

Carmela V. Mattza
University of Chicago

Comentando acerca de *La Numancia* de Cervantes, Jesús González Maestro establece la diferencia entre la tragedia clásica y la tragedia del Siglo de oro español en términos estéticos. Según González Maestro, la modernidad de *La Numancia* consiste en su capacidad de ver la crueldad del hombre consigo mismo como el principio de interpretación de la tragedia moderna:

> En la tragedia clásica, los principales homicidas eran los dioses. La muerte violenta confirma una autorización o un designio divinos. En una tragedia moderna, y la *Numancia* de Cervantes ocupa un lugar de privilegio en este contexto, los únicos homicidas son los propios seres humanos [...] la estética cervantina nos muestra cómo la modernidad toma

★ Mi agradecimiento a los profesores F. de Armas, L. García Lorenzo, E. Friedman, M. García y J. Parrack por sus preguntas, comentarios y sugerencias ofrecidos durante la discusión de esta comunicación. Igualmente quiero agradecer al Prof. R. Conn por conversar conmigo una temprana versión de este ensayo.

conciencia de lo que habrá de ser para el futuro la interpretación de la experiencia trágica: el reconocimiento de la crueldad del hombre contra sí mismo[1].

En esta comunicación presentaré las razones que me llevan a considerar la historia de Grisóstomo y Marcela como una tragedia, donde lo trágico tiene su origen no tanto en la voluntad o deseo individual del sujeto como en la realidad colectiva necesaria para materializar ese deseo[2]. Me interesa examinar lo trágico en el episodio en cuestión no desde la subjetividad o privacidad volutiva de sus personajes principales, sino desde el espacio público que supone el funeral de Grisóstomo. Este espacio permite al lector acceder a la historia desde una experiencia colectiva que hoy podríamos llamar intersubjetiva y que sirve como el escenario de un drama moderno cuya comprensión se hace posible cuando detenemos la mirada en su teatralidad[3].

Mi argumentación tiene dos partes. En la primera, mostraré esos aspectos de la historia de Grisóstomo y Marcela que me permitan reconocer la situación teatral que hace del funeral de Grisóstomo el escenario de una representación trágica[4]; luego pondré esa «teatralidad» revelada o descubierta en diálogo con la tragedia clásica griega. Mi in-

---

[1] González Maestro, 2006, p. 148.

[2] Me refiero a la historia que se desarrolla en los capítulos, XII, XIII y XIV de *El ingenioso Hidalgo Don Quijote de la Mancha*. De ahora en adelante, *Don Quijote*. Citaré los pasajes utilizando la edición preparada por Francisco Rico, 1998. Ver abajo la bibliografía.

[3] Entiendo el termino intersubjetivo tal y como Gadamer lo presenta en la introducción a *Philosophical Hermeneutics*: «Hermeneutics has its origin in breaches in intersubjectivity. Its field of application is comprised of all those situations in which we encounter meanings that are not immediately understandable, but require interpretative effort» (1977, p. xii). En gran medida este carácter intersubjetivo es recogido por Margaret Greer (2002) en su conceptualización de las tragedias españolas como una experiencia colectiva: «But more significant departure from classical form, given the nexus between the shape of a culture and its tragic form, is that Spanish tragedias often involve collective responsibility and suffering rather than the destruction of a single hero» (p. 352).

[4] Estoy tomando prestado de Guillermo Díaz-Plaja, 1963, el término «situación teatral». En «El *Quijote* como situación teatral», Díaz-Plaja examina los pasajes «cuando Cervantes produce momentos literarios en que lo novelístico propende a lo teatral» y se pregunta «¿hasta qué punto [Cervantes] procede a una alteración radical de sus contenidos estéticos?», p. 39.

terés es lograr una mejor comprensión de la presencia de una poética de la crueldad, que, dejando la esfera de lo divino para establecerse en el ámbito de lo humano, establece las bases de lo que con Jesús González Maestro podríamos llamar un paradigma estético diferente, es decir, moderno.

I

El carácter dramático y teatral de *Don Quijote* ha sido ya indicado por la crítica, pero muy discreto es aún el interés por la historia de Marcela y Grisóstomo desde esa perspectiva[5]. Sin embargo, son varios los elementos o factores que invitan a considerar la historia desde una perspectiva teatral. El primero aparece al inicio del capítulo XII cuando uno de los mozos anuncia que Grisóstomo ha muerto de amores por Marcela esa mañana. En seguida se nos informa que en su testamento el pastor ha indicado cómo su funeral debe ser llevado a cabo:

> y es lo bueno, que mandó en su *testamento* que le enterrasen *en el campo como si fuera moro*, y que sea al *pie de la peña donde está la fuente del alcornoque*, porque, según es fama y él dicen que lo dijo, aquel lugar es adonde él la vio la vez primera [6].

La declaración escrita dejada por Grisóstomo funciona como el texto o guión de una historia cuyo personaje principal es él mismo. Su funeral es su testamento escenificado. La representación ha sido contemplada por el otrora estudiante de Salamanca en un amplio sentido, pues no sólo ha tomado en cuenta el lugar —el escenario es la fuente del alcornoque— y los personajes —sus amigos—, sino también al autor o los autores que puedan llevarlo a cabo. En este sentido, Grisóstomo se convierte en el escritor y actor de una tragedia de la que no puede ser su *autor ejecutivo*, es decir, no puede dirigirla o ponerla en escena[7] quizás porque su autoría tiene como condición

---

[5] Sobre la diferencia entre tragedia y teatralidad, ver Hermenegildo, 2001. Entre los trabajos dedicados a estudiar el carácter teatral presente en *Don Quijote*, ver: Syverson-Stork, 1986; Díaz Plaja, 1965; Wasserman, 1999.

[6] Cervantes, *Don Quijote*, vol. 1, p. 128.

[7] «Autor» según el *Diccionario de autoridades* de 1726, «es la cabeza y principal de la farsa que representa las comedias en los corrales o teatros públicos en cuyo poder

una nueva visión, distinta a la que pertenece «La canción desesperada». El mismo Grisóstomo nos informa acerca de los límites de la forma o estilo de esta canción como medio capaz de transmitir su experiencia. Ella es puesta en evidencia desde el momento en que no puede ser llamada canto (son) sino «ruido»:

> Escucha, pues, y presta atento oído,
> no al concertado *son*, sino al *ruido*
> que de lo hondo de mi amargo pecho,
> llevado de un forzoso desvarío,
> por gusto mío sale y tu despecho[8].

un ruido que a través de onomatopeyas nos hace participe de su fiereza:

> El rugir del león, del lobo fiero
> el temeroso aullido, el silbo horrendo
> de escamosa serpiente, el espantable
> baladro de algún monstruo, el agorero
> graznar de la corneja, y el estruendo
> del viento contrastado en mar instable[9]

Todos estos sentimientos confundidos exigen para ser propiamente cantados nuevas maneras o formas, porque lo que se trata de transmitir no es solo la pena, sino la pena cruel:

> mezclados en un son, de tal manera,
> que se confundan los sentidos todos,
> pues *la pena cruel* que en mí se halla
> para cantalla pide *nuevos modos*[10]

Crisóstomo es consciente de que para transmitir su pena no puede contar con los medios tradicionales de la canción pastoril. Tiene que idear una manera de comunicar aquello que la mera canción escrita

---

entra el caudal que adquieren para su mantenimiento y para repartirlo entre los cómicos». La bibliografía, desde hace dos o tres décadas, es muy amplia.

[8] Cervantes, *Don Quijote*, vol. 1, p. 147.
[9] Cervantes, *Don Quijote*, vol. 1, p. 147.
[10] Cervantes, *Don Quijote*, vol. 1, p. 147.

o recitada no puede transmitir, porque el contenido de su experiencia —los sentimientos que quiere comunicar— rebasan los límites de esa forma. Por eso, que la canción desesperada sea recitada o transmitida en medio del funeral no es un hecho fortuito. El funeral es el espacio necesario para crear las condiciones de posibilidad que permitan transmitir la pena cruel. En este sentido, se puede decir que el funeral es una puesta en escena necesaria para que la pena cruel se pueda manifestar o realizar. El funeral es una representación en sí misma unívoca o singular y no muy fácil de llevar a cabo, porque viene cruzando los bordes de lo aceptable y permisible dentro de la época:

> Y también mandó otras cosas, tales, que los abades del pueblo dicen que no se han de cumplir ni es bien que se cumplan, porque parecen de gentiles[11].

Pero antes de seguir adelante es necesario esclarecer el significado de esa pena cruel que se menciona en el poema. Sabemos por Crisóstomo que ella tiene que ver con ruido, con la manera que los animales tienen para comunicarse o la manera como la naturaleza se hace sentir. Si recordamos la etimología clásica de la palabra «cruel» podremos ver que esa descripción onomatopéyica no es fortuita. En efecto, «cruel» viene del latín *crudel* y éste del griego *krudel* que significa crudo o aquello que aún no ha sido cambiado por ningún proceso de preparación o manufacturación. *Crudel* o cruel se refiere al estado natural no alterado por el proceso de cocimiento, refinamiento o temperatura. Por eso, lo crudo se opone a lo maduro o al desarrollo[12]. El adjetivo —aplicado a los estados mentales o afecciones del alma— se refiere a aquellas ideas o sentimientos que no han sido di-

---

[11] Cervantes, *Don Quijote*, vol. 1, p. 128.
[12] Durante el medioevo, *crudel* fue percibido como sinónimo de violento porque refiere al estado salvaje y la conducta de un animal que no ha sido domesticado. Ver Baraz, 2003, pp. 4-5. La definición de cruel que se encuentra en el *Diccionario de Autoridades* recoge en parte el significado apuntado por Baraz: «adjetivo de un termino inhumano, sangriento, feroz y sin piedad» (p. 655). En el *Tesoro de la lengua castellana* de Covarrubias, asocia el término con los vocablos latinos *crudelis, durus, inhumanus, ferus* y da la siguiente definición: «Muerte cruel, la que se da con impiedad, haciendo padecer al que muere con mucho dolor y sentimiento, haciendo con él gran estrago y carnicería» (fol. 171r).

geridos o comprendidos por el sujeto que la padece. La pena cruel es, pues, una experiencia emocional que aún no ha sido comprendida o razonada en su totalidad. Es esa experiencia descrita en términos de sentimiento —o conjunto de sentimientos— de profunda y primitiva confusión lo que Grisóstomo intenta comunicar y no puede porque desborda la forma poética de la canción, ya que aparece como anterior al propio lenguaje. La llamada pena cruel es imposible de ser cantada o descrita en toda su realidad de caos y confusión; no hay canción o manifestación lírica que permita expresar correctamente o transmitir sin pérdida de sentido y contenido todo lo que la experiencia de la pena cruel encierra.

La experiencia inefable de la pena cruel muestra la necesidad de encontrar un vehículo por donde transmitir eso que la lírica de la poesía y la lógica de la narrativa juntas no pueden. De la misma manera, la muerte de Grisóstomo permite convocar a un funeral cuya característica más importante es su espacialidad intersubjetiva: no sólo es un espacio para ver, sino también para ser visto. En eso consiste su espectacularidad y así lo confirman los amigos cercanos de Crisóstomo, que son los encargados de llevar a cabo la puesta en escena o representación del funeral, un acontecimiento de gran pompa, es decir, un espectáculo:

> A todo lo cual responde aquel gran su amigo Ambrosio, el estudiante, que también se vistió de pastor con él, que se ha de cumplir todo, sin faltar nada, como lo dejó mandado Grisóstomo, y sobre esto anda el pueblo alborotado; mas, a lo que se dice, en fin se hará lo que Ambrosio y todos los pastores sus amigos quieren, y mañana le vienen a enterrar con gran pompa adonde tengo dicho. Y tengo para mí que ha de ser cosa muy de ver; a lo menos, yo no dejaré de ir a verla, si supiese no volver mañana al lugar[13]

Otro factor importante que nos permite rescatar el carácter teatral del pasaje es el deseo constante y consciente de los personajes por aparecer vestidos (o disfrazados) y representarse (o actuar) como pastores. Porque no sólo es Marcela y Grisóstomo quienes se han disfrazado de pastores, sino también aquellos que vienen al funeral:

---

[13] Cervantes, *Don Quijote*, vol. 1, pp. 128-129.

Y no hubieron andado un cuarto de legua cuando al cruzar una senda vieron venir hacia ellos hasta seis pastores vestidos con pellicos negros
y coronadas las cabezas con guirnaldas de ciprés y de amarga adelfa. Traía
cada uno un grueso bastón de acero en la mano. Venían con ellos asimismo dos gentiles hombres de a caballo, muy bien aderezados de camino, con otros tres mozos de a pie que los acompañaban[14]

Desde una perspectiva filosófico-hermenéutica, la muerte de
Crisóstomo puede ser entendida como un metatexto, que a través de
la parodia sugiere la muerte de un género literario[15], pero también
como la manifestación del deseo desesperado por encontrar un camino
o vehículo dentro del género o tradición que el metatexto critica, que
permita cantar o transmitir en plenitud esa experiencia que ha sido
descrita como una gran confusión de sentimientos y emociones. Es
ese conjunto de estados mentales que tienen un marcado origen en
la sensibilidad —así lo muestran las onomatopeyas que plagan «La canción desesperada»— lo que el poema intenta transmitir.

Grisóstomo está buscando un vehículo adecuado para transmitir la
pena cruel. Pero su búsqueda al mismo tiempo lleva consigo una crítica con respecto a la capacidad del lenguaje —como voz (poesía) y
pensamiento (novela)— de poder transmitir esa experiencia nueva. Así
pues, la representación de la «pena cruel» exige un nuevo contexto,
una nueva forma de materialización: no es sólo un evento para escuchar o pensar, sino también para ver. Grisóstomo quiere mostrar la
crueldad que aflige su pena, es la realidad del adjetivo «cruel» lo que
le exige ir a los límites de los modos o formas literarias comúnmente
utilizadas para expresar la pena. Sin embargo, el pastor, otrora estudiante de Salamanca, no puede ser el autor ejecutivo de su propio funeral. Son sus amigos, los pastores, quienes llevan a cabo su representación y los que deciden no quemar los poemas de Grisóstomo.
Uno de ellos en particular, Vivaldo, es quien, notando la existencia de
«La canción desesperada», decide leerla para que así quede testimonio
de la muerte humana a causa del Amor. Pero con la aparición de
Marcela en el funeral, la historia donde se cuenta la muerte humana
a causa del Amor queda puesta en entredicho. Marcela aparece en este

---

[14] Cervantes, *Don Quijote,* vol. 1, p. 135.
[15] Por ejemplo, el del teatro pastoril inaugurado por Juan del Encina.

espacio colectivo que supone el funeral y busca defenderse de la acusación de «cruel», es decir, de ser la causante de la muerte de Grisóstomo, deslindando o eliminando así la posibilidad de que lo sucedido pueda ser interpretado como una tragedia clásica, es decir, como resultado de la intervención del o de los dioses, en este caso, del dios Amor. La intervención de Marcela niega la posibilidad de entender la muerte de Crisóstomo como una tragedia en su sentido clásico —la muerte por causa de la tiranía de o los dioses— y nos invita a considerar esta historia como la inversión de un topos trágico clásico. Ese *topos* es el núcleo temático del *Hipólito* de Eurípides y que brevemente pasaré a presentar en la segunda parte de este artículo.

II

Quizás las obras que mejor representen la descripción de tragedia clásica ofrecida por González Maestro son tanto *Medea* como *Hipólito*, ambas en la versión de Eurípides, cuyas obras gozaron de amplia circulación durante el Medioevo y el Renacimiento, primero en ediciones latinizadas y luego en traducciones a lenguas vernáculas[16]. Además, me parece importante señalar que es la versión griega de la tragedia, tal y como aparece en la obra de Eurípides, la única que responde al concepto de tragedia clásica descrita por González Maestro. En las versiones latinas ofrecidas por Séneca la intervención de los dioses como origen de la trama desaparece. Por supuesto, esto último no supone la negación de la influencia de Séneca en el desarrollo de la literatura española aureo-secular[17], al contrario, nos revela la necesi-

---

[16] Estoy pensando no sólo en las versiones latinizadas editadas en Venecia, sino también en las traducciones al Latín de las tragedias de Eurípides por parte del filólogo Gullielmo Xylander (1568), cuya entera producción filológica fue cuidadosamente escrutada por el Tribunal de la Inquisición, como se testimonia en la edición del Indice de 1640, reimpresa en 1672 en Madrid (*Index librorum prohibitorum et ex-purgandorum novissimus. Pro Catholicis Hispaniarum Regnis Philippi IV. Antonii a Sotomaior... jussu ac studiis, luculenter & vigilantissime recognitus*, Madrid, D. Diaz, 1667).

[17] Acerca de la presencia e influencia en los dramaturgos españoles de los imitadores italianos de Séneca, ver Hermenegildo, 1973, p. 22: «En la España del siglo XVI no había, como en Italia, una doctrina establecida sobre la tragedia, ni en realidad se tenía mucho interés por estas teorías. Los pocos estudios de la preceptiva que se hicieron en este campo eran de los mismos escritores, exceptuando el caso de Pinciano,

dad de continuar el camino de investigación ya iniciado y así ampliar nuestro conocimiento sobre las diferentes fuentes de inspiración que sobre lo trágico están presentes en la obra cervantina.

La indiferencia que siente Hipólito hacia Fedra en la versión de Eurípides se convierte en la historia de Marcela y Crisóstomo en la pasión desesperada de Crisóstomo y la falta de interés alguno por parte de Marcela. En la historia de Hipólito contada por Eurípides queda claro que es la *hybris* de Afrodita provocada por la impiedad de Hipólito la causante de la historia trágica que castiga además a Fedra y Teseo. Hipólito no quiere honrar a Afrodita, es decir, no quiere crecer o madurar y, por tanto, vivir en la ciudad, sino que prefiere permanecer en el bosque al servicio de Afrodita. Fedra, incendiada por la pasión que Afrodita le ha despertado por Hipólito, lo manda llamar e intenta incitarlo o seducirlo. El rechazo de Hipólito hacia Fedra provoca que, de manera despechada, ella lo acuse de violación ante Teseo.

En la historia de Cervantes esa furia o *hybris* no se realiza en un sujeto, sino en la imposibilidad de que la relación entre dos sujetos se realice. Si entendemos *hybris* como desequilibrio o desvarío, vemos que ese desequilibrio se produce en ambos, Marcela y Crisóstomo, y que la impiedad es un acto recíproco: ambos son impíos no hacia los dioses, sino hacia otro ser humano. Porque es a través de la impiedad o la falta de reconocimiento o respuesta a la voluntad de otro ser humano como Marcela y Crisóstomo desatan el núcleo de una tragedia, que tiene su origen en la necesidad de establecerse como sujetos de deseo: Marcela quiere ser poeta y Crisóstomo quiere a Marcela. La imposibilidad de reconciliar el deseo individual dentro del espacio colectivo se puede entender como consecuencia inmediata de la crueldad humana. Ella hace que el sujeto entienda al otro solo como un objeto y, por eso, el sujeto se vuelve incapaz de entender y reconocer al otro como sujeto de deseos.

La crueldad es, pues, la piedra de toque para imaginar y entender que la tragedia humana tiene su origen en el querer desmedido de la voluntad sobre la realidad. Así se anuncia al final de la novela ejem-

Cascales y algunos otros. Fueron contactos un poco esporádicos con la antigüedad clásica. En la segunda mitad del siglo, los dramáticos españoles tienen ya una relación íntima con las poéticas aristotélicas de los preceptistas italianos (Robortello, Vicenio Maggi, Scaligero, etc.) pero aunque admiraban a Aristóteles generalmente siguieron en la práctica a los imitadores italianos de Séneca».

plar *El amante liberal*, cuando Ricardo afirma que «no es posible que nadie pueda demostrarse liberal con lo ajeno»[18]. Es en el reconocimiento del otro como sujeto de deseos donde se encuentra la posibilidad de formar con él una unidad de sentido y, por tanto, de armonía, que restaure la belleza del mundo o cosmos y nos ayude a vivir de manera más humana.

[18] Cervantes, *Novelas ejemplares*, p. 214.

BIBLIOGRAFÍA

BARAZ, D., *Medieval Cruelty: Changing Perceptions, Late Antiquity to the Early Modern Period*, Ithaca, London, Cornell University Press, 2003.

CERVANTES, M., *Don Quijote de la Mancha*, ed. F. Rico, Barcelona, Crítica, 1998, 2 vols.

— *Novelas ejemplares*, ed. J. B. Avalle-Arce, Madrid, Castalia, 1982, 2 vols.

COVARRUBIAS, S., *Primera parte del Tesoro de la Lengua Castellana o Española*, Madrid, por Melchor Sánchez, a costa de Gabriel León, 1674.

DÍAZ-PLAJA, G., «El Quijote, como situación teatral», *Cuestión de límites; cuatro ejemplos de estéticas fronterizas (Cervantes, Velázquez, Goya, El cine)*, Madrid, Revista de Occidente, 1963.

— «Don Quijote, tema teatral» en *Ensayos escogidos*, Madrid, Ediciones de Revista de Occidente, 1965, pp. 122-133.

Diccionario de la lengua castellana, en que se explica el verdadero sentido de las voces, su naturaleza y calidad, con las phrases o modos de hablar, los proverbios o refranes, y otras cosas convenientes al uso de la lengua [...] compuesto por la Real academia española, vol. 2, Madrid, Imprenta de F. del Hierro, 1729.

EURIPIDES, *Philipp Melanchthon, and Wilhelm Xylander. Euripidis tragoediae, quae hodie extant, omnes, latine soluta oratione redditae, ita ut uersus uersui respondeat*, Francofurti: apud L. Lucium, 1562.

GADAMER H. G., *Philosophical Hermeneutics*, ed. D. E. Linge, Berkeley, University of California Press, 1977.

GONZÁLEZ MAESTRO, J., «Cervantes frente a los tragediógrafos españoles», *Don Quijote across Four Centuries*, ed. C. B. Jonson, Newark, Juan de la Cuesta, 2006, pp. 137-151.

GREER, M., «Spanish Golden Age Tragedy», *A Companion to Tragedy*, Malden, Oxford, Victoria, Blackwell, 2005, pp. 351-369.

HERMENEGILDO, A., *La tragedia en el Renacimiento español*, Barcelona, Planeta, 1973.

— *Teatro de palabras. Didascalias en la escena española del siglo XVI*, Lleida, Edicions de la Universitat de Lleida, 2001.

SOTOMAYOR, A., *Index librorum prohibitorum et expurgandorum novissimus. Pro Catholicis Hispaniarum Regnis Philippi IV. Antonii a Sotomaior... jussu ac studiis, luculenter & vigilantissime recognitus*, Madriti, Ex typographaeo Didaci Diaz, 1667.

SYVERSON-STORK, J., *Theatrical Aspects of the Novel: A Study of Don Quixote*, Valencia, Albatros Hispanófila, 1986.

WASSERMAN, D., «Don Quixote as Theater», *Cervantes: Bulletin of the Cervantes Society of America*, 19, 1, 1999, pp. 125-130.

DE SITIOS Y SITIADOS: EL SUBGÉNERO BÉLICO COMO NUEVA TRAGEDIA

Benjamín Torrico
Kansas State University

El tema bélico goza de especial difusión en las artes españolas de los siglos XVI y XVII, coincidiendo con un periodo inacabable de guerras que se extiende desde el reinado de Carlos I hasta el del último Habsburgo. En las artes plásticas, ninguna obra es más emblemática del periodo —junto con *Las Meninas*— que la famosa *Rendición de Breda* de Diego Velázquez que, acompañada de otros lienzos de tema guerrero, adornó el Salón de Reinos del palacio de Buen Retiro. El mismo interés se observa en las artes dramáticas. Cuando el término generalmente utilizado para una obra fue el de «comedia», las obras bélicas, a las que el término era difícilmente aplicable en un sentido original y riguroso, puesto que el tema parece adaptarse más a lo trágico, abundaron tanto como la guerra misma abundó en la realidad de la Monarquía. En el caso de Lope, por ejemplo, las obras bélicas se cuentan por decenas; y es que siendo el tema tan cercano al público y al poder, «los poetas, al componer, se pliegan al deseo de los espectadores»[1], como formuló Aristóteles.

---

[1] Aristóteles, *Poética*, p. 172.

Independientemente de la vieja y nunca cerrada discusión sobre la propiedad y cobertura del término «comedia», y a falta de un texto teórico específico de la magnitud de la *Poética* de Aristóteles, es pertinente examinar el subgénero bélico según el modelo trágico, única teoría dramática dotada de autoridad y extensamente conocida. Otra razón para elegir esta aproximación es que los textos bélicos aparecen en copias que a veces anteponen al título simple los términos «tragicomedia de», delatando una duda teórica y un problema de identidad. Finalmente, la óptica del análisis aristotélico es pertinente porque sabemos que tal perspectiva fue compartida por los contemporáneos. Así, en *Philosophia antigua poética,* Alonso López Pinciano presenta un texto casi experimental, pues mezcla la forma epistolar con la dialógica, en el que se discute la *Poética* de Aristóteles. Subrayo la elección de formas discursivas por el Pinciano porque en sí misma significa que se presenta la *Poética* como *disputatio*, no *lectio*; como teoría y no como preceptiva. En definitiva, como susceptible de discusión. Sobre esta base propondré que, en la comedia bélica, además de encontrarse elementos trágicos que la acercan al modelo aristotélico, aunque sin jamás adaptarse por completo a él, se incluyen también fábulas que cumplen tales preceptos a rajatabla. Estudiaré las características de estas fábulas intercaladas, y presentaré unas conclusiones sobre su función, originalidad y significado en la evolución del teatro español.

Siguiendo el primer precepto aristotélico, este teatro bélico es la mímesis de un referente contemporáneo y ampliamente conocido: la guerra. Por ello es también, y en principio, verosímil. Mímesis y verosimilitud son algunos de los rasgos básicos que, según Aristóteles, son exigibles a la obra trágica. Tal ocurre en el caso de *La Numancia* de Miguel de Cervantes (1582); en ella se representan, se mimetizan, los hechos del asedio y caída de la ciudad del mismo nombre a manos de Escipión el Africano. Ya Frederick de Armas se ocupó, en *Cervantes, Raphael and the Classics,* de la relación de esta pieza con lo aristotélico, con la historiografía, y con un posible contacto italiano de Cervantes con un manuscrito de *Los Persas* de Esquilo, que justificaría el protagonismo colectivo en la obra.

Como fábula, *La Numancia* se abre con la imposición de disciplina al ejército romano por parte de su general. En esa misma dureza, Escipión rechaza la petición de términos de los numantinos (y habría que notar que, en términos aristotélicos, ese momento señala el fin del nudo y el principio del desenlace en la misma jornada primera). Los personajes alegóricos de España, el Duero y tres afluentes aparecen para glosar presente, pasado y futuro de la vieja Iberia. En tanto, los numantinos deciden proponer la solución del conflicto mediante combate singular (lo que es también rechazado por el romano) y celebrar un sacrificio que, además, resulta fallido por la aparición de un diablo que arrastra consigo la víctima. Mientras toda la población sufre un hambre terminal, mujeres y doncellas se ofrecen para perecer junto a sus hombres. Preparándose para morir, los numantinos empiezan a quemar sus bienes en la plaza, en cuya hoguera arrojan los cadáveres de las víctimas del hambre. Todo esfuerzo es inútil ya que los que no mueren de hambre deciden morir por sus manos antes que ser tomados por los romanos. Cuando estos entran en la ciudad, su último habitante se lanza de una torre y les priva con ello de la victoria. La obra se cierra con declamaciones por los personajes alegóricos de la Guerra, el Hambre y la Enfermedad.

Siguiendo los principios aristotélicos, *La Numancia* sería una tragedia por cuanto es mimesis, lo que la hace además verosímil... Y tanto, que su fábula es histórica y nada hay más verosímil que lo real. Se diferencia de la historia que la inspira en que, dando lugar a la *poiesis*, no cuenta lo que ha sido, sino lo que podría ser. En cuanto a la épica, *La Numancia* se aleja de ella en que no es narrativa. *La Numancia* es, decididamente, imitación de acción esforzada y completa, de cierta amplitud, que usa un lenguaje con ritmo, armonía y canto. Lleva a cabo la purgación de afecciones —el amor patrio, el honor— mediante la compasión y el temor ante los horrores de la fábula misma. Pero la obra presenta también desviaciones graves del modelo trágico aristotélico: es imperfecta por estar basada en un lance patético y no en peripecia o agnición; excede en tres días al modelo de uno propuesto por Aristóteles; no hay unidad de fábula, ya que esta se rompe por la aparición de personajes alegóricos. La aparición de un demonio y la resurrección de un muerto por un mago son difícilmente creíbles, rompen la unidad de acción y constituyen peripecias menores. Por último, existe el problema del protagonismo colectivo.

Tales supuestas imperfecciones sólo lo son si se privilegia la pauta aristotélica sobre la creación, y tienen explicación desde los propios conceptos aristotélicos cuando estos no se interpretan como preceptiva. Así, y junto a la explicación ya mencionada de De Armas, sobre el contacto del autor con un manuscrito de protagonista colectivo, tal protagonismo puede explicarse también desde el mismo concepto de mímesis, y desde la relación entre tragedia, épica e historia. La imitación de un hecho protagonizado por una colectividad ha de tener, necesariamente, carácter colectivo. Si además se establece que el trágico crea (*poiein*) sin narrar y con cierta licencia creativa, en oposición tanto a la magnitud épica de lo que narra, como a la historia, que narra y restringiéndose a los hechos, se hace claro que estas supuestas desviaciones no son tales, sino más bien variaciones intencionalmente desarrolladas con y sobre los mismos conceptos de la *Poética* y desde su comprensión. Privilegiar la mímesis permite la aceptación de un protagonismo colectivo, de modo que el concepto aristotélico prima sobre el precepto.

El mayor problema de *La Numancia* en relación con la *Poética* es la aparición de personajes imaginarios, alegóricos e inexplicables, que además de romper la verosimilitud de la fábula, no se ajustan a la caracterización según Aristóteles: no son buenos, apropiados, ni cumplen las leyes de semejanza ni de la consecuencia. Desde España y el Duero, hasta Guerra, Enfermedad y Hambre, todos sirven para sustanciar las virtudes de los numantinos y, sobre todo, para la identificación de los mismos con la España contemporánea. La Guerra, por ejemplo, dice: «Sé bien que en todo el orbe de la tierra / seré llevada del valor hispano en la dulce ocasión que estén reinando / un Carlos, y un Felipo, y un Fernando»[2], aludiendo a monarcas pasados, presentes y futuros[3]. La presencia de tales personajes se explica, en cambio, en relación con el contexto renacentista en que florecen alegorías y emblemas y en que personajes dramáticos emblemáticos participan en actos públicos y privados, civiles y religiosos.

Pero hay, además, una historia de amor que merece atención por sí sola: la fábula de Lira y Marandro. En pleno apogeo de los sufrimientos de los numantinos, Lira confiesa a su amado Marandro que desfallece de hambre y dolor. El intrépido mozo rompe el sitio y sale a robar pan del campo romano durante la noche, con el consiguiente riesgo de su vida. En efecto, sus dos compañeros pierden la vida en

---

[2] Cervantes, *La Numancia*, p. 57.
[3] Incidentalmente, esta mención del Fernando permite datar la composición de la pieza ya que el Príncipe de Asturias murió en 1578.

el intento, aunque numerosos romanos quedan también muertos. Pero cuando Marandro regresa al interior de la ciudad lo hace sólo para recoger las últimas palabras de Lira. Su hecho de armas ha sido vano. Se trata de una fábula completa, con peripecia, que mueve a compasión y ordenada en nudo —la promesa de amor de los jóvenes, y desenlace— todo lo que ocurre desde que el asedio se endurece.

El alejamiento de Aristóteles por parte de Cervantes es, en realidad, una utilización de los conceptos de la *Poética* para producir un teatro novedoso, conveniente al contexto, útil a la República y apto para el comercio, pero la innovación resulta de una productiva asunción de los principios anteriores y no de un abandono o rechazo. Así lo prueba el aprovechamiento de lo aristotélico en toda la obra, mientras que la tragedia misma se convierte en un episodio subordinado al proyecto general. La fábula de Lira y Marandro es acaso una demostración de que se puede hacer tragedia estricta cuando se quiere. Pero esta reflexión no es suficiente para afirmar la influencia de lo trágico en el subgénero bélico. Antes de 1614, Lope de Vega escribe *El asalto de Mastrique*, que representa el asedio y toma de una ciudad flamenca, Maastrich, rebelde a una Monarquía Católica que se siente autorizada a su posesión en virtud de derechos dinásticos. La ciudad es, además, luterana: rebeldía política y religiosa son inseparables.

Lope inicia su comedia con un parlamento, cargado de fuerza, en que un soldado se lamenta de la guerra y el hambre. Además de estos «pensamientos» patéticos, se reiteran por toda la pieza argumentos como la legitimidad hereditaria del rey o la alabanza a los españoles por su desprecio a la vida, y a menudo en boca de los rebeldes. Cuando hay tareas físicas, los más altos oficiales son los primeros en dar ejemplo. La obra termina con la crueldad del saqueo, habitual en cualquier ciudad que no se entregaba. Todos estos elementos obedecen a la necesidad de provocar, como escribió Aristóteles, compasión o temor. Como ocurría en la *Numancia*, la fábula lo es de hechos épicos, si bien la representación sustituye a la narrativa. La asociación épica se produce también en los caracteres: en el caso de Alejandro Farnesio, duque de Parma y general de la fuerza, se le compara con Alejandro Magno tanto por su valor como por su nombre. Los personajes están poseídos de su valor y los parlamentos comparan a los capitanes con héroes clásicos. Por otra parte, el problema de la verosimilitud está resuelto al tratarse de sucesos recientes y conocidos por el público, y de un modo más satisfactorio que en la *Numancia*, pues no hay hechos fantásticos. La cuestión del protagonismo colectivo se resuelve por el mismo principio de mímesis al que ya me referí al hablar de *La Numancia*.

El mayor alejamiento de la *Poética* es el hecho de que los protagonistas no son los sitiados sino los sitiadores, hecho difícil de eludir por el propio peso del hecho histórico y porque el interés de la hazaña es precisamente el de la conquista. De ahí que la *techné* de Lope abra la comedia con las conmovedoras palabras de un soldado sitiador. A la ya señalada recurrencia de estos temas se unen las bombas, balas, contraminas y carencias que los españoles sufren durante el asedio, y que se concretan especialmente en la muerte de un soldado en una explosión, entre los miembros cercenados de otros muchos, y otro soldado que vive con el dolor constante de una herida en la pierna. Todos estos predicamentos caracterizan a los españoles como héroes pacientes (de *pathos*), y no como aventureros en una prepotente comodidad de invasores. En espíritu se sienten abocados al triunfo, pero en la práctica no son vencedores hasta haber puesto la bota sobre la muralla, lo que recuerda la definición del lance patético que contempla Aristóteles como uno de los argumentos trágicos, aunque inferior a la peripecia y la agnición. Es aplicable a todo el subgénero bélico y que hace de la comedia bélica una forma, aunque imperfecta, de tragedia.

Hasta aquí los rasgos que se ajustan a la *Poética*. Acaso más productivos resulten los que divergen, que pueden resumirse en la ruptura de la unidad de acción y la calidad del desenlace. Para empezar, en la comedia existe una historia menor, acaso galante, en la que Marcela, mujer de un soldado, aparece vestida de hombre y llega a alcahuetear a Aynora, otra mujer de un soldado y mal hombre, para hacer que le deje y se «asiente» con un oficial. Este pequeño argumento es una distracción de la fábula y una ruptura de la unidad de acción por un simple momento cómico (lo debió ser a ojos de la época); no sólo esto, sino que además viola un principio de la caracterización según Aristóteles: «es posible que el carácter sea varonil, pero no es apropiado a una mujer ser varonil y terrible»[4]. Marcela/ Marcelo, además de vestir como un hombre, pasa perfectamente por tal, hasta el punto de que, para ejercer su alcahuetería sobre Aynora, se vale de la atracción y la pasión que esta segunda siente por ella/él. También,

---

[4] López Pinciano, *Filosofía antigua poética*, p. 179.

en un momento de ataque, es Marcela/o quien primero quiere lan-
zarse a la carga tirando de espada. Estas violaciones relativas al personaje, a sus peripecias incrustadas en la comedia como única distracción de la fábula, responden a algo así como la teoría aristotélica
reducida al absurdo, pues contradicen sistemáticamente todos los principios aristotélicos que pueden. Completa perfectamente este cuadro
anti-aristotélico el que la insignificante historia de Marcela termine
con lo que a Aristóteles le parece el nivel más elevado de tragedia: la
agnición. Coincidiendo con la caída de Mastrique, una ahora también
travestida Aynora descubre la verdadera identidad —genérica— de
Marcela. En otras palabras: la agnición se rebaja de desenlace trágico
perfecto a colofón de una historia cómica, fuera de la fábula principal y llena de personajes que el filósofo juzgaría inapropiados y
grotescos. Las aventuras de Marcela coinciden demasiado con las formas aristotélicas como para no ser intencionales. Irónicamente, lo más
aristotélico de la obra podría ser la subversión de los dictados del filósofo; nada puede mostrar mayor conocimiento de tales principios ni
confirmar mejor que son utilizados conceptualmente que la capacidad de subvertirlos, lo cual implica el conocimiento y uso de los conceptos de la *Poética*. La fábula de Marcela puede leerse, como la de
Lira y Marandro, como la intercalación de una fábula perfectamente
trágica aunque subvertida en el caso de Marcela, como la imagen en
un espejo.

El último problema es el del desenlace. La comedia no tiene nudo
en el sentido aristotélico puesto que se inicia con una circunstancia,
el sitio, que hace el desenlace inevitable. Tal circunstancia es el punto
que Aristóteles considera final del nudo e inicio del desenlace, con lo
que toda la pieza sería, por definición, un desenlace que culmina con
el paso desde la desdicha —la dureza del campo— a la dicha —la victoria. Ello no excluye en rigor el carácter trágico de la pieza aunque
sí sería, conforme a la *Poética*, técnicamente muy imperfecta.

En resumen, el *Asalto* está informado por conceptos que provienen
de la tragedia, si bien utilizados por el poeta a su arbitrio, como instrumentos y no como modelo estricto que seguir. Una vez asumidos,
son más bien utilizados como herramientas para la formación de un
drama nuevo que sirve a la vez para la información y el entretenimiento. No podía esperarse otra cosa del autor del *Arte nuevo*. La introducción progresiva de elementos que rompen con el modelo aris-

totélico, como el elemento fantástico en la *Numancia*, o el cómico con todas sus complicaciones en el *Asalto*, sería indudablemente un atractivo para el público, y se ajustan a la opinión de Fadrique, uno de los personajes que dialogan en la *Philosophia antigua poética* cuando se pregunta «Si esta especie de acción trágica, que decís, mezclada de cómica puede ser bien acostumbrada, y que enseñe mejores costumbres, y la más deleitosa de todas, ¿por qué no será la mejor de todas?» (p. 340). También el Pinciano, aún permaneciendo aristotélico, se permite el cuestionamiento de los principios de la *Poética*, acaso iniciando un proceso de reinterpretación que se prolonga durante al menos dos siglos y de forma privilegiada en la praxis del drama bélico. Por su naturaleza, los argumentos —fábulas— de este subgénero mueven a compasión y a temor que nacen de la fábula misma, y no del aparato. Son miméticos de su referente y se construyen de modo no narrativo. En lo esencial son perfectamente trágicos. Pero los poetas, por necesidad de la propia mímesis, han de asumir desenlaces en los que se alcanza la dicha en vez de caer en la desgracia, lo que coincidiría con la definición más popular de la tragedia. Aristóteles llama a esto *imperfecto*, pero es una imperfección que produce un trabajo de experimentación que se aleja gradualmente del formulismo aristotélico hasta el punto de hallar placer en su subversión. Al incluir en las piezas fábulas perfectamente trágicas, o trágicas sólo en lo formal pero de efecto cómico, se produce un efecto como el de la mezcla de géneros (bodegón, escena doméstica y sagrada) en la pintura de Velázquez: virtuosismo, superación de las barreras genéricas y creación. El subgénero bélico, en especial en las piezas de asedio, se configura como nueva tragedia y como género de experimentación.

BIBLIOGRAFÍA

ARISTÓTELES, *Poética*, ed. V. García Yebra, Madrid, Gredos, 1992.
DE ARMAS, F. *Cervantes, Raphael and the Classics*, Cambridge, Cambridge University Press, 1998.
CERVANTES, M. de, *La Numancia*, en *Diez comedias del siglo de oro*, ed. J. Martel y H. Alpern, Illinois, Harper & Row, 1985.
LOPE DE VEGA, F., *El asalto de Mastrique*, ed. M. Menéndez Pelayo, Madrid, Ediciones Atlas, 1969.
LÓPEZ PINCIANO, A., *Filosofía antigua poética*, ed. J. Rico Verdú, Madrid, Turner Libros, 1998.

TRAGEDIA, TRAGICOMEDIA, COMEDIA: ¿EL GÉNERO COMO PATRÓN DE COMPOSICIÓN Y DE RECEPCIÓN DE LAS *PARTES XVI* Y *XX* DE LOPE DE VEGA?

Florence d'Artois
Casa de Velázquez, Madrid

Sabido es que, a finales del siglo XVIII, la familia de Sessa encargó a Ignacio de Gálvez, su bibliotecario, la copia de la colección de manuscritos de piezas de Lope de Vega. Ocurre que la ordenación de estas copias en cuatro volúmenes ha merecido un comentario de Silvia Iriso Ariz, a quien debemos una interesante hipótesis: «los textos elegidos [...] se encuadernan siguiendo un criterio genérico: comedias en los dos primeros volúmenes, mientras que la piezas de carácter trágico se dejan para el IV»[1].

De las ocho piezas que encierra el volumen IV de la colección Gálvez, siete llevan efectivamente la etiqueta *tragedia* o *tragicomedia*. Estas etiquetas eran autógrafas. Dicha práctica no era para nada corriente: si se prescinde de las *tragedias* y *tragicomedias* lopianas, las ocurrencias de semejantes etiquetas en la producción de los demás dramaturgos del período se cuentan con los dedos de una mano. Habría mucho que decir sobre las implicaciones de esta presencia o ausencia

---

[1] Iriso Ariz, 1997, p. 115.

de etiquetas, pero, en el presente trabajo, me gustaría centrarme en un punto más preciso: la función de estas etiquetas genéricas en el dispositivo editorial de las *partes* de comedias de Lope. La hipótesis que quiero debatir nace de una observación muy parecida, en el fondo, a la que Silvia Iriso formulaba a propósito de la colección Gálvez. Escudriñando la distribución de las comedias con etiquetas entre las diversas *Partes* de comedias de Lope nos encontramos con que hay una concentración inhabitual de *tragedias* o *tragicomedias* en dos de las *partes* que preparó el mismo Lope: la *Parte XVI* y la *Parte XX*.

No es nada improbable que en el contexto del neoclasicismo, y poco después de que Montiano publicara su *Discurso sobre las tragedias españolas* (1750), Ignacio de Gálvez ideara una organización genérica de sus copias que desembocara en un volumen de *tragedias*. En el caso de las *Partes XVI* y *XX* de Lope, en cambio, la cuestión es mucho más delicada. La pertinencia de la categoría de *tragedia*, en pleno triunfo de la comedia nueva es cuestionable. También puede parecer absurdo que algo que para Lope no fue nunca un patrón de escritura dominante, ni mucho menos —la tragedia—, viniera a ser un principio de organización del libro. Por fin, la misma idea de una coherencia interna de la *parte* de comedias va en contra de la idea más difundida sobre la cuestión, ya que se suele pensar que la organización de las *partes* era un proceso aleatorio que no dependía de factores estéticos sino de factores económicos y prácticos.

Todos estos elementos nos remiten al espectro del anacronismo: ¿Acaso no estaríamos proyectando sobre un objeto que le es ajeno una preocupación moderna, la del «Libro» como meta-estructura divinizada por los decimonónicos, sus descendientes y la crítica? No es imposible, pero, pese a todo, creemos que en el caso de estas dos *partes* la hipótesis de una coherencia interna es defendible.

¿COHERENCIA O COINCIDENCIA? LAS *PARTES XVI*, XX EN SU CONTEXTO

Presentes ya en el manuscrito autógrafo, las etiquetas genéricas autógrafas de las *tragedias* y *tragicomedias* lopianas se mantuvieron casi siempre en las *partes:* treinta y cinco piezas fueron publicadas bajo este rótulo inusual[2]. Doce aparecieron en *partes* que no preparó Lope, bien

---

[2] Para un elenco aproximativo de las mismas, ver Morby, 1943, pp. 187-189.

sea antes de que emprendiera personalmente la publicación de su teatro, bien sea después de su muerte. Pero, en su inmensa mayoría[3], estas obras fueron publicadas en *partes* preparadas por el Fénix. Su publicación se concentró entre la *Parte XIV* en 1620 y la *Parte XXI*, publicada póstuma en 1635, pero ideada por Lope desde 1625, antes de que se prohibiera por diez años la publicación de obras teatrales en Castilla[4].

No deja de llamar la atención un hecho: cuando durante este mismo período, el número de comedias etiquetadas era en promedio del orden de dos por *partes*, las *Partes XVI* (1621) y *XX* (1625) conllevaban cada una seis obras etiquetadas, es decir que las *tragedias* y *tragicomedias* ocupaban la mitad del volumen.

La arquitectura respectiva de cada una de estas dos *Partes* es la siguiente (van en cursiva las obras etiquetadas):

Parte XVI
1. *El premio de la hermosura, tragicomedia.*
2. *Adonis y Venus, tragedia.*
3. Los prados de León.
4. Mirad a quien alabáis.
5. Las mujeres sin hombres.
6. *La fábula de Perseo, tragicomedia.*
7. *El laberinto de Creta, tragicomedia.*
8. La serrana de Tormes.
9. *Las grandezas de Alejandro, tragicomedia.*
10. La Felisarda.
11. La inocente Laura.
12. *Lo fingido verdadero, tragicomedia.*

Parte XX
1. La discreta venganza.
2. Lo cierto por lo dudoso.

---

[3] Son veintiséis.

[4] En el prólogo de la *Parte XX* en 1625, Lope anunció la aparición de la *Parte XXI*. Cuando el consejo levantó la prohibición en 1635 Lope se apresuró a retomar su empresa donde la había dejado, preparando para la imprenta las *Partes XXI* y *XXII*, pero no le dio tiempo a verlas estampadas.

3. Pobreza no es vileza.
4. *Arauco domado, tragicomedia.*
5. La ventura sin buscarla.
6. *El valiente Céspedes, tragicomedia.*
7. El hombre por su palabra.
8. *Roma abrasada tragedia.*
9. Virtud, pobreza y mujer.
10. *El rey sin reino, tragicomedia.*
11. *El mejor mozo de España, tragicomedia.*
12. *El marido más firme, tragedia.*

En el caso del teatro de Lope es imposible contemplar de la misma manera las primeras *Partes* que se publicaron, al menos en teoría, a iniciativa de impresores y libreros (hasta la *Parte VIII*), y aquellas partes que al contrario supervisó el mismo dramaturgo (de la *Parte IX* a la *XX)*. En este segundo grupo, la presencia del Fénix y su declarada voluntad de tomar el control del proceso editorial de su teatro, reduce significativamente el papel que pudieron tener los fines meramente mercantiles[5]. Dentro de este contexto, la preparación de las *Partes XIII* a *XX* fue objeto de un mayor cuidado, ya que a partir de la *Parte XIII* (1620) Lope dedicó cada una de las comedias de una misma parte a un destinatario preciso al que elogiaba a través de una breve dedicatoria que precedía al texto de la comedia. En la dedicatoria a Pedro de Herrera de la última comedia de la *Parte XV*, *El caballero del milagro*, se puede leer una declaración muy interesante que tiende a demostrar que Lope colocaba estas dedicatorias en función de una «arquitectura» precisa, lo cual puede haber influido en la misma organización del volumen.

> *Comencé* esta décima quinta parte de mis comedias con el nombre del insigne Jurisconsulto, don Francisco de la Cueva y Silva, y *doyle fin* con el de V. M. por engastarla en dos tan preciosas piedras, y porque entre los dos, como en tan alta esfera, sirva mi voluntad de línea equinoccial, círculo verdadero, y no imaginario, como el celeste, que pasa por medio del mundo de Levante a Poniente, en igual distancia de los dos Polos, para

---

[5] Sobre la historia editorial de las *partes* de Lope remito a Dixon, 1996, y al conjunto de los prólogos de las ediciones del grupo Prolope.

que el sol de tales ingenios iguale en mi amor el suyo, como el del cielo en ella los días y las noches[6].

Además de presentar unas etiquetas genéricas inhabituales, los títulos de las comedias de la *Parte XVI*, al apuntar hacia un mismo universo referencial, el de la mitología[7], la definen como un conjunto autónomo y coherente con respecto a su contexto inmediato: las *Partes XV* y las *Partes XVII*, probablemente preparadas durante el mismo año, en 1620. Su historia editorial también estuvo marcada por una serie de anomalías que inducen a pensar que fue objeto de un esmero muy particular. Con respecto a las *partes* precedentes, se observa en la *Parte XVI* una orientación muy marcada en la elección de los dedicatarios hacia el mundo de la Corte, empezando por el mismo conde de Olivares, dedicatario de la primera obra del volumen —una *tragicomedia (El premio de la hermosura)*— seguido por el duque de Pastrana, recipiente de la segunda obra, una *tragedia (Adonis y Venus)*. Pero sobre todo, según Case[8], Lope habría sustituido en 1621 las dos comedias que había colocado en la posición inaugural y final en 1620 por *El premio de la hermosura, tragicomedia* y *Lo fingido verdadero, tragicomedia*, dos piezas particularmente apropiadas a los dos dedicatarios que el contexto inmediato político y literario le obligaba a alabar: el conde de Olivares y Tirso de Molina.

La composición de la *Parte XX*, publicada en 1625, comparte ciertas de las características de la *Parte XVI*. Por una parte, la estructuración inusual del volumen en dos subpartes[9] delata cierta preocupación por la arquitectura del mismo. Por otra, a la continuidad esbozada por las etiquetas genéricas, se suma, en esta *parte*, una homogeneidad temática complementaria en torno a la Historia ya que todas las *tragedias* y *tragicomedias* dramatizan un evento histórico. En 1625, Lope que fra-

---

[6] Lope de Vega, *El caballero del milagro*, en *Decimaquinta parte de las comedias de Lope de Vega*, 1620, fol. 279v.

[7] Siete de ellas son comedias mitológicas: *El premio de la hermosura, tragicomedia; Adonis y Venus, tragedia; Las mujeres sin hombres; La fábula de Perseo, tragicomedia; El laberinto de Creta, tragicomedia; Las grandezas de Alejandro, tragicomedia; Lo fingido verdadero, tragicomedia.*

[8] Case, 1975, pp. 139-141.

[9] El título exacto de la parte es: *Parte veinte de las comedias de Lope de Vega Carpio, divida en dos partes.*

casó cuatro años antes en su intento de obtener el cargo de cronista de la corona, solicitó el cargo de cronista de Indias[10]. Ahora bien, siendo la Historia, en palabras del mismo Lope, la materia privilegiada de la tragedia[11], este género dramático era el más conveniente para ilustrarse en el ámbito de la Historia. Y no por casualidad, es una *tragedia*, *Roma abrasada*, la pieza que Lope dedica en la *Parte XX* a Gil González de Ávila, el cronista de Felipe IV. Este interés conjunto por la tragedia y la Historia no es una excepción limitada a esta *Parte XX*, sino que parece haber sido una de las preocupaciones de los años 1625-1627, unos años en los que Lope compuso[12] y publicó su *Corona trágica* (1627), es decir, para retomar el término que acuñó Lope a propósito de su *Jerusalén conquistada*, una «epopeya trágica» que relata la vida y el martirio de María Estuardo.

LA GRANDEZA TRÁGICA

Los primeros versos de este poema definen un sistema de mitificación recíproca: el poema alaba la grandeza del dedicatario, el papa Urbano VIII, e intenta mimetizarla recurriendo a la *elocutio* y la *inventio* más elevadas. Esta asociación muy visible de un estilo determinado con el elogio de una figura poderosa aclara retrospectivamente, creemos, el proceso de publicación de las *tragedias* y *tragicomedias* en las *Partes XVI* y *XX*. De hecho, no puede ser azaroso que la aparición de las obras etiquetadas en las *Partes* sea concomitante[13] con el inicio de la publicación con dedicatorias.

Nos es imposible saber si Lope, sus lectores y su público tenían una idea suficientemente precisa de la tragedia como para que

---

[10] Ver Weiner, 1986, vol. II, p. 730.

[11] «Por argumento la tragedia tiene / la Historia, y la comedia el fingimiento», Lope de Vega, *Arte nuevo de hacer comedias en este tiempo*, p. 137, vv. 111-112.

[12] El poema se publicó en 1627 pero Lope pudo haber emprendido la redacción antes. Como término *a quo* se suele avanzar la fecha de 1625 ya que incluye un soneto que versa sobre el ataque de Cádiz por los ingleses que tuvo lugar en octubre de 1625. Ver Lope de Vega, *Rimas humanas y otros versos*, p 687, nota 336. Este soneto también aparece en la comedia de *La moza de cántaro* cuya fecha de composición Morley y Buerton sitúan hacia 1625.

[13] El fenómeno es estadísticamente significativo entre la *Parte XII-XIII* y *XX*, es decir en las *partes* publicadas con dedicatorias.

pudiéramos hablar al respecto de una verdadera conciencia genérica. Pero que no hubiera una poética ni una práctica bien definida del género, como lo era en el mismo período, por ejemplo, la francesa, no quiere decir que el género hubiera muerto ni que la tragedia dejara de participar de un día para otro de todo el sistema de representación de la época. La categoría, vigente en el siglo XVI, persistió probablemente bajo la forma de un estereotipo. La definición que recibía el término, en 1611, en el *Tesoro* de Covarrubias[14], indica que a este estereotipo se asociaban dos grandes rasgos definitorios: la idea de final desgraciado, y también, la idea de grandeza.

La idea de grandeza trágica es una herencia de los manuales de retórica medievales. Para jerarquizar los distintos tipos de poema, estos manuales que se fundaban en el sistema de Donato, conocido como *rota Virgilio*, tomaban por principal criterio clasificatorio la *elocutio* (humilde, mediana y alta). Ahora bien, como este sistema no distinguía los modos de enunciación (*narratio* o *drama*) ni los tipos de *dispositio*, la tragedia se concebía como una simple modalidad de la épica y se le otorgaba la misma superioridad. Lope comparte esta representación jerarquizada de los géneros, y el estereotipo de la grandeza trágica es una constante en sus declaraciones teóricas, desde *El arte nuevo*[15] hasta la dedicatoria de *Las almenas de Toro* a Guillén de Castro. En este texto, que publica en 1620, es decir el mismo año en que estaba preparando la *Parte XVI,* la idea de la superioridad de la tragedia casi llega a desembocar en la definición de una jerarquía del público respectivo de cada género: Lope pide disculpas a Guillén de Castro por no dedicarle la tragedia que correspondería a un genio tan elevado, ilustre por sus tragedias, al mismo tiempo que recalca al contrario la perfecta adecuación del «humilde estilo de la comedia» con el «bárbaro vulgo» de los corrales[16].

---

[14] «Tragedia: una representación de personajes graves como dioses en la gentilidad, héroes, reyes y príncipes, la cual de ordinario se remata con alguna gran desgracia», Sebastián de Covarrubias y Horozco, *Tesoro de la lengua castellana o española*, 2006, pp. 1483-1484.

[15] Lope de Vega, *El arte nuevo de hacer comedias*, p. 134.

[16] Ver Case, 1975, p. 105.

IMAGEN DEL GÉNERO, IMAGEN DEL DEDICATARIO, IMAGEN DEL POETA

Volvamos a nuestras *partes*. ¿Qué pasa entre la fecha de la aprobación de la *Parte XVI* en septiembre de 1620 y su publicación en otoño de 1621? El 31 de marzo de 1621 muere Felipe III y, con el nuevo rey, se adueñan del poder en la Corte nuevas personalidades en la estela del conde de Olivares. Estos acontecimientos políticos intervienen en un contexto en el que Lope, que goza ya de una fama incontestable, quiere contrarrestar la popularidad de Góngora y está deseando más reconocimiento. Esta ambición se cifra, en 1620, en sus pretensiones para el cargo de cronista real que quedaba vacante a raíz de la muerte de Pedro de Valencia. La muerte de Felipe III convierte el círculo de influencia del conde de Olivares en el objetivo prioritario de su estrategia promocional. Sabemos que en 1621 este contexto lo llevó a sustituir a su amigo López de Aguilar, dedicatario original de la *Filomena*, por una persona particularmente influyente en la Corte, la dama de la nueva reina, Leonor de Pimentel. Lope seguirá por esa senda a lo largo de los años 1620 con la publicación en 1624 de la *Circe* que dedica al conde de Olivares, de los *Triunfos divinos* en 1625 que dedica a la condesa de Olivares y, por fin, la ya mencionada *Corona trágica* en 1627.

Esta estrategia promocional instrumentaliza todo un sistema de representaciones y de imágenes que funcionan como un juego de espejos: imagen del texto, imagen del dedicatario, imagen del autor. Ahora bien, la imagen del texto se construye esencialmente a través de su enmarcamiento en un horizonte genérico preciso. Desde esta perspectiva, resulta muy interesante ver cómo, en la segunda parte de la *Filomena*, a la hora de evocar los grandes hitos de su obra, Lope no menciona un texto cualquiera, sino al contrario unos textos que, de acuerdo con las representaciones de la época, eran los más prestigiosos. Lope se pinta ante todo como un poeta épico, con algún que otro *excursus* por la lírica, cuando despacha en apenas tres versos el tipo de texto por el cual se hizo verdaderamente famoso: las comedias y los romances.

Con su materia y estilo sublimes, los poemas mitológicos que publica en aquellos años (*La Filomena*[17], *La Andrómeda*, *La Circe*...) tien-

---

[17] Sobre esta función de «mitificación» de la mitología, remito a Ruiz Pérez, 2005, pp. 195-220. En la misma línea, García Reidy, 2006 recalca el papel de las referencias

den exactamente al mismo fin y la *tragedia*, por la grandeza que le es asociada, es la faceta más noble de una actividad dramática de la que Lope también debió de querer aprovecharse.

Hacia una fenomenología de la lectura: ¿del libro al texto?

En las *Partes XVI* y *XX*, la combinación del género de la *tragedia* o de la *tragicomedia* con una *inventio* mitológica o histórica refuerza con creces la eficacia de la estrategia autopromocional del Fénix. En un extremo, para funcionar, esta estrategia, no requiere la lectura del texto. Todo se juega prioritariamente a nivel del libro. Los dos volúmenes se construyen de manera tal que salten a la vista los nombres de los ilustres dedicatarios —mencionados en el índice y luego, por segunda vez en la portada de cada pieza; las etiquetas genéricas que sorprenden y destacan por ser inhabituales; los títulos que convocan, al menos en la *Parte XVI*, un universo referencial muy peculiar, el de la mitología.

Es harto probable que el lector haya percibido esta idea de grandeza. En cambio, es más delicado saber si esta percepción llegó a cuajar en una lectura genérica. Si la tragedia parece haber sido un patrón de composición para estas dos *partes*, a todas luces no fue el único. Las coherencias temáticas que hemos señalado en las dos *partes*, en torno a la mitología y la Historia, son la marca de otros patrones movilizados conjuntamente. De hecho, Lope no parece haberse propuesto escribir específicamente un volumen de *tragedias*, sino más bien un volumen cuyas obras destacaran por su extraordinaria grandeza y seriedad. El género no fue, por tanto, el fin, sino más bien un medio.

Pero, la tragedia, tal y como se tradujo su movilización a nivel del libro, era probablemente el medio más inmediatamente eficaz, por ser, mediante las etiquetas, el más visible. En la portada de cada obra, la etiqueta genérica, mencionada en mayúsculas, y que vuelve a aparecer casi inmediatamente en el listado de personajes, atrae de inmediato la mirada del lector. La disposición de las *tragedias* y *tragicomedias* en la arquitectura de las dos *partes* también reforzaba la visibilidad del género. En la *Parte XVI*, por ejemplo, son *tragicomedias* las piezas que

clásicas en la estrategia promocional de Lope en los prólogos y dedicatorias de sus *partes* de comedia.

ocupan los lugares que el mismo Fénix consideraba como más desta-
cados: el inaugural y el final. Al principio de la *parte*, la sucesión inmediata de dos obras etiquetadas podía contribuir a asentar la tragedia
como patrón de lectura, lo mismo que, más tarde, su reagrupamiento
de dos en dos (*El Perseo* y *El laberinto de Creta* en 5 y 6, y *Las grandezas
de Alejandro* y *La Felisarda* en 8 y 9 aunque esta última no fuera explícitamente tragedia). Pese a todo, una vez abierto el libro y entabla-
da la lectura detallada de cada pieza, es probable que el género no lle-
gara a mantenerse entre los patrones de lectura dominantes. Para
determinarlo, habría que intentar escribir, en la estela de W. Iser, una
«fenomenología de la lectura» que estuviera atenta no sólo a la arquitectura de las *partes*, sino a los varios motivos textuales susceptibles de
suscitar el reconocimiento por el lector de la traza de la tragedia.

El marco genérico construido por el libro tal vez fue suficiente
para orientar la lectura en esta dirección, tal vez no. Varios elementos
pueden haber dificultado este proceso. La lectura se iniciaba con los
índices. Ahora bien, aunque estos índices, por citar tan sólo un ejemplo, hacían hincapié en los nombres de los dedicatarios (mencionados
en mayúsculas con una *mise en page* particularmente cuidada), igno-
raban las categorías genéricas por más que la etiqueta de *tragedia* o
tragicomedia formara parte del título de la obra. Por descontado, la vigencia de la tragedia como patrón de lectura de las piezas de Lope no
sólo dependía de la capacidad del libro, ni siquiera del texto para hacerse reconocer como tal, sino también de las competencias infinitamente
variables de sus lectores. Y la fenomenología de la lectura que hemos
delineado en este último apartado y que esperamos poder profundizar,
ya no sólo a nivel del libro sino también del texto, deberá remitirse
constantemente a estas competencias variables.

Recalcando el papel de la organización del libro y del etiquetaje,
mi intención no fue demostrar que la *tragedia*, en la obra de Lope, no
era más que un *label* comercial, ni mucho menos. Sólo quise señalar,
centrándome en la materialidad muy concreta de la *parte* de comedias, uno de los múltiples campos que afecta la «genericidad»[18].
Constatar este desbordamiento de la «genericidad» del texto al libro,

---

[18] En una perspectiva definitivamente no fixista de los géneros literarios, los teóricos de los géneros afines al pragmatismo han forjado el término de «genericidad».
Jean Marie Schaeffer propone, por ejemplo, «une étude qui n'a plus pour objet les

permite levantar, creo, parte de las aporías a las que parecen condenados los estudios que abordan el problema de la tragedia en la obra
de Lope desde una perspectiva estrictamente poetológica.

genres comme classe de textes, mais la généricité comme élément de la production
des œuvres» (Schaeffer, 1989, p. 149).

BIBLIOGRAFÍA

CASE, T. E., *Las dedicatorias de Partes XIII-XX* de Lope de Vega, Madrid, Castalia, 1975.

COVARRUBIAS y HOROZCO, S. de, *Tesoro de la lengua castellana o española*, ed. I. Arellano y R. Zafra, Madrid-Frankfurt am Main, Iberoamericana-Vervuert, 2006.

DIXON, V., «La intervención de Lope en la publicación de sus comedias», *Anuario Lope de Vega*, II, 1996, pp. 45-64.

GÁLVEZ, I. de, *Comedias de Lope de Vega Carpio* [BNM Ms. 22422, 22423, 22424], 1762.

GARCÍA REIDY, A., «Lope de Vega y la apología de su musa: autoridades clásicas *pro domo sua*», *Anuario Lope de Vega*, 12, 2006, pp. 127-140.

GIULIANI, L., «La Cuarte parte: historial editorial», en *Comedias de Lope de Vega. Parte IV*, coord. L. Giuliani y R. Valdés, Lérida, Milenio-Universitat Autònoma de Barcelona, 2002, pp. 7-30.

— «La Tercera parte: historia editorial», en *Comedias de Lope de Vega. Parte III*, coord. de L. Giuliani, Lérida, Milenio-Universitat Autònoma de Barcelona, 2002, pp. 11-49.

— y V. PINEDA, «La Sexta parte: historia editorial», en *Comedias de Lope de Vega. Parte VI*, coord. V. Pineda y G. Pontón, Lérida, Milenio-Universitat Autònoma de Barcelona, 2005, pp. 7-53.

IRISO ARIZ, S., «Estudio de la colección Gálvez: fiabilidad y sentido de los apógrafos de Lope de Vega», *Anuario Lope de Vega*, 3, 1997, pp. 99-143.

ISER, W., *L'acte de lecture, théorie de l'effet esthétique*, trad. E. Sznycer, Bruxelles, Mardaga, 1985.

MONTIANO, A. de, *Discurso sobre les tragedias españolas*, Madrid, Juan de Orga, 1750.

MORBY, E. S., «Some observations on «tragedia» and «tragicomedia» in Lope», *Hispanic Review*, 11, 1943, pp. 185-209.

RUIZ PÉREZ, P., «Lope en la *Filomena*: mitografía y mitifación», *Anuario Lope de Vega*, 11, 2005, pp. 195-220.

SCHAEFFER, J.-M., *Qu'est-ce qu'un genre littéraire?*, Paris, Éditions du Seuil, 1989.

VEGA, L. de, *El arte nuevo de hacer comedias*, ed. E. García Santo-Tomás, Madrid, Cátedra, 2006.

— *La Circe*, en Lope de Vega, *Obras poéticas*, ed. J. M. Blecua, Barcelona, Planeta, 1969, pp. 915-1318.

— *La corona trágica vida y muerte de la serenísima reina de Escocia María Estuarda*, ed. M. G. Paulson y T. Alvarez-Detrell, York, South Carolina, Spanish Literature Publications Company, 1982.

— *Decimasexta parte de las comedias de Lope de Vega Carpio...*, Madrid, viuda de Alonso Martín–Alonso Pérez, 1621.

— *Decimaquinta parte de las comedias de Lope de Vega Carpio...*, Madrid, viuda de Alonso Martín-Alonso Pérez, 1621.

— *La Filomena, Obras poéticas*, ed. J. M. Blecua, Barcelona, Planeta, 1969, pp. 553-913.

— *Jerusalén conquistada*, ed. A. Carreño, Madrid, Fundación José Antonio de Castro, 2003.

— *Parte veinte de las comedias de Lope de Vega Carpio...*, Madrid, viuda de Alonso Martín-Alonso Pérez, 1625.

— *Rimas humanas y otros versos*, ed. A. Carreño, Barcelona, Crítica, 1998.

WEINER, J., «Lope de Vega, un puesto de cronista y *La hermosa Ester*», *Actas del VIII Congreso de la Asociación Internacional de Hispanistas,* Madrid, Istmo, 1986, vol. II, p. 723-730.

LA DESGLOSADA DE *LA ESTRELLA DE SEVILLA*: LA MUERTE DEL AUTOR Y LA CONSTRUCCIÓN DEL TEXTO

John C. Parrack
University of Central Arkansas

Al considerar las dos versiones conocidas de *La Estrella de Sevilla*, la crítica tradicionalmente ha examinado las nuevas intervenciones de la versión larga —la llamada desglosada— como evidencia en el perpetuo debate sobre la autoría de esta *comedia*. ¿Es de Lope de Vega como sugieren los últimos versos de la versión corta (la suelta)? ¿Es de Andrés de Claramonte ya que su nombre poético —Clarindo— reemplaza a Lope al final de la desglosada? Históricamente, la crítica ha estudiado defectos poéticos como el acento antiestrófico[1], la versificación y la presencia de «Clarindo» en los más de quinientos versos exclusivos de la desglosada. El objetivo casi siempre ha sido el de buscar correspondencias extratextuales para poder avanzar una teoría más definitiva de autoría, sin recordar —en las palabras de Roland

---

[1] El acento antiestrófico es un defecto en el cual hay un acento prosódico que cae en la sílaba inmediatamente anterior al último acento prosódico del verso, según Cabrera, 1974, p. 11.

Barthes— que el autor está muerto. Según Barthes: «L'*auteur* est un personnage moderne, produit sans doute par notre société dans la mesure où, au sortir du Moyen Age,...elle a découvert le prestige de l'individu»[2]. La organización de este mismo congreso, así como mi presencia en un panel dedicado a Lope de Vega afirma, como dice Barthes, que nuestra cultura todavía es «centrée sur l'auteur, sa personne, son histoire, ses goûts, ses passions»[3], sin reconocer hasta qué punto el texto dramático áureo es mediado por una multiplicidad de voces y manos. Una de éstas obviamente es la del dramaturgo —*l'auteur*—pero también tenemos que admitir el papel del *autor* —el término áureo— el cual actuaba como productor, director y editor del texto dramático[4]. En el caso de *La Estrella de Sevilla*, este proceso de escribir, pulir y editar esconde las voces individuales que han participado en la construcción de la comedia actual.

El texto que avanza la desglosada es inestable, porque el conjunto de voces lo construye y destruye al mismo tiempo. Por un lado, esta edición contiene unos quinientos veintiséis versos que no están en la edición suelta[5]. Su construcción del texto, en este sentido, es literal. Sin embargo, esta contribución de material dramático es problemática, porque la desglosada también es la versión menos fidedigna que poseemos. Tanto esta versión, en su totalidad, como sus 526 versos exclusivos corrompen el ritmo y la versificación mediante varios tipos de errores de prosodia. En contraste con el lenguaje pulido y formal de la suelta, la desglosada modela un lenguaje popular y oral como resultado de una trayectoria manuscrita u oral[6]. Los errores son muchos y la variación ortográfica interna es notable («assí» y «ansí»). Aparte de los descuidos poéticos, hay errores de lectura o tipografía así como formas populares basadas en la metátesis y la asimilación. Aunque plausibles en el siglo XVII, son formas que no se estandarizaron en el español moderno y que han perjudicado la recepción de la desglosada por los críticos que se ocupan de buscar la perfección textual. Algunos de los ejemplos más significativos son los siguientes:

---

[2] Barthes, 1984 [1968], pp. 61-62.

[3] Barthes, 1984 [1968], p. 62.

[4] McKendrick, 1992 [1984], pp. 189-190.

[5] A su vez, hay cinco versos (vv. 395, 1270-1272, 1405) que están en la suelta pero ausentes de la desglosada.

[6] Oleza, 2001, p. 47.

	la desglosada	verso	La lectura corregida / la suelta
	«Bien»	1807	«Si en»
	«aquí»	1820	«a mí»
	«a Sevilla»	2052	«una silla»
lectura / tipografía	«marfin»	2061	«marfil»
	«bueno»	2383	«vuelto»
	«gustarás»	2389	«gastarás»
	«matalle»	1410	«matarle»
	«labor»	1563	«valor»
	«defeto»	1808	«defecto»
	«dezilde»	1845	«dezidle»
formas populares	«el escalera»	1942	«la escalera»
	«seguilda»	1980	«seguidle»
	«hizistis»	2304	«hicisteis»
	«anduvistis»	2351	«anduvisteis»
	«metelde»	2498	«metedlo»
	«aceto»	2962	«acepto»

¿A qué se deben estos descuidos? ¿La mano de los que se encargaron de la producción de la edición, la de un segundo dramaturgo responsable de unas interpolaciones apócrifas o la de un sólo dramaturgo original? Ya que hay pocas respuestas definitivas a estas cuestiones, deberíamos plantear de nuevo la cuestión de la autoría y comparar la desglosada críticamente con la suelta.

Al enfrentarnos a esta tarea, tenemos que abarcar la misma pregunta que Michel Foucault: ¿Qué es un autor (o dramaturgo)? A mi modo de ver, nos obligamos primero a reconocer que nuestra propia obsesión con la autoría contribuye a una expansión peligrosa del concepto. A partir de la publicación de la versión larga por Raymond Foulché-Delbosc en 1920, la crítica ha debatido la primacía de la suelta o la desglosada. Muchos creen que la versión original es la breve y atribuyen el material dramático de la desglosada a otro dramaturgo y momento de composición. La justificación es doble: primero, la versión breve fue la única que circulaba entre la crítica durante tres siglos; segundo, el material de la desglosada sufre de los problemas poéticos mencionados y modifica varios aspectos temáticos de la comedia. Menéndez Pelayo y Carmen Hernández Valcárcel, por ejemplo, atribuyen la versión breve a Lope de Vega y el material de la desglosada a Claramonte. Joan Oleza comparte la atribución de los versos de la desglosada a Claramonte pero considera la versión breve como anónima, mientras Alfredo Rodríguez López-Vázquez le atribuye toda la obra al dramaturgo murciano.

Teorías de autoría	
Autor	Crítico
Claramonte	S. Leavitt (1931) A. Rodríguez López-Vásquez (1983, 1991, 1996)
Lope de Vega (destruido por Claramonte) (revisado por Claramonte)	E. Hartzenbusch (1853) E. Cotarelo y Mori (1930) M. Menéndez Pelayo (1949) C. Hernández Valcárcel (1996)
Ruiz de Alarcón	C. E. Aníbal (1934) R.L. Kennedy (1975)
Vélez de Guevara	J. Hill (1939)
Anónimo (revisado por Claramonte)	J. García Varela (1991) H. Sieber (1994) J. Oleza (2001)

Lo que motiva, sobre todo, estas teorías de autoría es la calidad literaria. El problema con esta hipótesis es que el autor ahora se reduce a —y se define como— un cierto nivel de valor literario, como si un dramaturgo menor no fuera capaz de escribir una obra de alta calidad o, de la misma manera, que Lope no pudiera escribir una comedia mala. Lo mismo pasa con teorías basadas en estudios de la versificación o la visión filosófica que se plantea. El dramaturgo es más que sus tendencias como versificador y puede modelar visiones contradictorias de las cuestiones del día. Como Foucault sugiere en su discusión de la *fonction-auteur*, es problemático definir el autor a base de la unidad estilística o la coherencia filosófica[7]. Por eso, tenemos que reconocer que el uso de la décima en la primera escena y el alto porcentaje del verso romance no son datos que identifiquen al autor ni eliminen a Lope de Vega. Sólo demuestran que la versificación de *La Estrella* no coincide con el *corpus* lopesco. Aunque me parece improbable que Lope sea el autor, no podemos concluir nada de manera definitiva. Una importante ventaja de aceptar que el autor está muerto en términos literales y teóricos es que nos enfrentamos con los varios textos de la comedia y sus múltiples lectores extra e intratextuales[8]. A lo largo de esta ponencia, nos limitaremos a las dos versiones de *La Estrella* para plantear una visión de su posible génesis y el papel de la desglosada.

Una de las cuestiones fundamentales versa sobre la función y el carácter de los versos exclusivos de la desglosada. ¿Son material original o parte de una refundición posterior? Aunque la evidencia filológica no apoya esta teoría actualmente, sugiero que consideremos el material de la desglosada como descendiente de un arquetipo original perdido de la obra y la suelta como otro descendiente que padeció luego cortes editoriales y otras enmiendas estilísticas. Una razón es puramente estructural. Después de Lope de Vega, la comedia como fenómeno literario y cultural consta de tres jornadas y aproximadamente tres mil versos[9]. La desglosada contiene 3029 versos en contraste con los 2503 de la suelta. Aparte de esta justificación estructural, la suelta se diferencia por mejorar la versificación, simplificar la

---

[7] Foucault, 1969, p. 86.
[8] Fischer, 1996, p. 164.
[9] McKendrick, 1992 [1989], p. 73.

caracterización de los personajes y matizar la crítica del monarca. En primer lugar, la suelta no contiene tantos errores de versificación. Hay bastantes pasajes de la desglosada que contienen un descuido de lógica, personaje, rima o versificación (vv. 1113-16, 1220-24, 1659-66, 1685-86, 2279-80, 2360-61). Como otros críticos se han concentrado en este aspecto del lenguaje, consideramos aquí el efecto literario de las supresiones o interpolaciones que distinguen las dos versiones.

Las diferencias temáticas que marcan la desglosada giran en torno al lenguaje metafórico, la caracterización de Sancho IV como un rey deshonrado, la representación de Sevilla como un pueblo noble y la culpabilidad parcial del hermano Busto. A diferencia de críticos como Menéndez Pelayo, no creo que estos cambios afecten a la comedia de una manera superficial sino orgánica. Oleza tiene razón al decir que la desglosada tiene una «pasión amplificatoria»[10], pero esta afirmación sugiere que el material de la desglosada cumple una función puramente ornamental y retórica. En el caso de la astrología, sin embargo, esta diferencia tiene un impacto significativo. Al analizar los versos exclusivos de la desglosada, concluyo que 94 versos —es decir, el 18%— contribuyen a la metáfora astrológica que establece un paralelo entre la acción de la comedia y la función del universo[11]. El ejemplo más notable aparece en los versos 81-100 de la primera escena ausentes en la suelta. En estas dos décimas, Sancho IV y Arias discuten sobre dos de las mujeres que han captado la atención del monarca al entrar en la ciudad. Es significativo, porque esta diferencia reduce el número de mujeres de siete a cinco, destruyendo la correspondencia que existe entre las mujeres y los siete planetas del sistema ptolemaico[12]. Se alude más tarde a esta conexión astrológica al principio de la segunda jornada, cuando el rey y Natilde caminan secretamente por los pasillos de la casa de Tabera (vv. 951-960):

NATILDE   Busque tras mí vuestra Alteza
            lo oscuro del corredor,

[10] Oleza, 2001, p. 53.

[11] Los versos de la desglosada que se relacionan con la metáfora astrológica son 81-100, 181-190, 211-220, 488-509, 952-960, 1250-1259, 1310-1314, 1330-1333, 1657-1658, y 2074-2077.

[12] De Armas (1994) y Burke estudian la conexión entre Estrella y el séptimo planeta Saturno.

> *que así llegará a sus bellas*
> *luces.*

REY   Mira mis locuras,
> pues los dos, ciegos y a oscuras,
> vamos a caza de estrellas.

NATILDE   *¿Qué Estrella al Sol no se humilla?*

REY   *Aunque soy don Sancho el Bravo,*
> *venero en el cielo octavo*
> *esta Estrella de Sevilla. (Vanse.)*[13]

Hablando con su hermano Busto unas escenas más tarde, Estrella subraya este punto al sugerir que ella es una estrella del firmamento (la octava esfera). Como le dice a Busto: «Estrella fija he sido / en el cielo de mi honor, / de quien los rayos recibo» (vv. 1310-14). En la suelta, esta metáfora se reduce casi por completo y se destruye el simbolismo del nombre Estrella así como la expansión dramática que aporta.

Otro cambio significativo versa sobre la culpabilidad de los diferentes personajes. La desglosada, por su parte, representa una crítica mucho más directa del rey Sancho IV[14]. En la suelta, el rey es responsable de las acciones trágicas que ocurren. Pero su culpa es una culpa inocente e ingenua. Esta ingenuidad cambia en la desglosada donde hay unos 102 versos —el 19% del material de la desglosada— que revelan no solamente lo que el rey sabe y piensa hacer, sino también la reacción de Sevilla a sus posibles acciones[15]. En la suelta, por ejemplo, Sancho IV persigue a Estrella sin saber que ella está a punto de casarse. En la desglosada, el rey sabe que su comportamiento va a afectar no solamente a la familia Tabera, sino a la del futuro novio,

---

[13] Las palabras en cursiva son el material exclusivo de la desglosada.

[14] Entre otros críticos, Sieber (1994) ha desarrollado la posible conexión entre Sancho IV y Felipe IV. Los paralelos entre los dos son notables. Son el cuarto de su nombre, van a Sevilla al principio de sus reinos y están asociados con un asesinato misterioso en su corte.

[15] Los versos de la desglosada que se relacionan con la caracterización del rey y la ciudad de Sevilla son 469-472, 711-718, 785-788, 1109-1116, 1376-1377, 1422-1426, 1452-1466, 1487-1501, 1567-1571, 1731-1740, 2134-2154, y 2331-2337.

Sancho Ortiz. En un importante pasaje de la desglosada, Busto dice al rey (vv. 706-723):

BUSTO   Señor, son hechas
                 para mi humildad, y vos
                 no podéis caber en ellas,
                 que para tan gran Señor
                 se cortaron muy estrechas,
                 y [no os] vendrán bien sus salas,
                 que son, gran Señor, pequeñas,
                 porque su mucha humildad
                 no aspira a tanta soberbia.
                 Fuera, Señor, de que en casa
                 tengo una hermosa doncella
                 solamente, que la caso
                 ya con escrituras hechas,
                 y no sonará muy bien
                 en Sevilla, cuando sepan
                 que a visitarla venís.
REY   No vengo, Busto, por ella;
                 por vos vengo.

En la desglosada, la deshonra de Sancho IV se manifiesta además en su amenaza del pueblo. Cuando Arias le dice que necesita ser consciente de la reacción del pueblo a sus posibles amoríos, el rey lo rechaza: «*Los que reparando están, / amigo, en lo que dirán, / se quieren dejar morir*» (vv. 470-72). La desglosada subraya más esta crítica del monarca al compararlo irónicamente con «*el Sacro y Augusto César*» (v. 786). Aunque esto podría parecer testimonio de una referencia clásica ornamental, esta alusión es una dura crítica, que marca irónicamente la diferencia entre César y Sancho IV y se manifiesta en las acciones del rey después del asesinato de Busto. Un ejemplo surge cuando Sancho Ortiz rechaza la cédula que el Rey le firmó como irrelevante «*porque donde vos estáis / es excusado lo escrito*» (vv. 1570-1571). La cédula, sin embargo, es importante porque el rey carece de honra personal e intenta evadir su culpabilidad en el asesinato de Busto y su responsabilidad a Sancho Ortiz. Otro momento de ironía encontramos en la tercera jornada, cuando el Rey intenta echarle la culpa a Estrella diciéndole: «*vos la culpa tenéis por ser tan bella*» (vv. 2137-2138);

y luego: «*[Es] ser hermosa, en la mujer, tan fuerte, / que, sin dar ocasión, da al mundo muerte*» (vv. 2148-2149). La otra parte de la crítica del monarca que se desarrolla en la desglosada se basa en la reacción o defensa de Sevilla. Lo que es implícito en la suelta se hace explícito en la desglosada. Un ejemplo notable ocurre en la segunda jornada cuando Busto confronta a su hermana después de su enfrentamiento con el rey. El describe el castigo que le ha dado a Natilde, una esclava de la familia (vv. 1370-1373):

> Cogíla a la puerta, y luego
> puesta en los hombros, camino
> al Alcázar, y en sus rejas
> la colgué por su delito;
> que quiero que el Rey conozca
> que hay Brutos contra Tarquinos
> *en Sevilla, y que hay vasallos*
> *honrados y bien nacidos.*
> Esto me ha pasado, Estrella.

La referencia a Bruto, quien se rebeló contra el rey Tarquino debido a una violación de un pariente suyo, se convierte en una crítica mucho más directa de Sancho IV y establece Sevilla como una ciudad noble capaz de defenderse. Este conflicto entre Sevilla y el rey se desarrolla más en la tercera jornada, cuando Sancho Ortiz niega revelar la razón de haber asesinado a Busto. Le dice a Arias (vv. 2330-2340):

> Haga quien se obliga hablando,
> pues yo me he obligado haciendo,
> que si al callar llaman Sancho,
> yo soy Sancho, y callar quiero.
> Esto a su Alteza decid,
> y decilde que es mi intento
> que conozca que en Sevilla
> también ser reyes sabemos.
>
> ARIAS   Si en vuestra boca tenéis
> el descargo, es desconcierto
> negarlo.

Aparte del juego de palabras en el primer verso exclusivo de la desglosada, este pasaje es importante por la amenaza indirecta que aparece al final. Sevilla se enfrenta al rey y lo va a educar. El último cambio significativo sobre el que me quiero detener tiene que ver con el papel de Busto Tabera. En la desglosada, Busto ya no es inocente al dejar a su hermana sola en casa. Este cambio se revela al final de la primera jornada en una escena que introduce a los amigos de Busto, Iñigo y Manuel. En la suelta, esta conversación versa sobre el nuevo papel de Busto como señor de cámara del rey. Tiene una función totalmente diferente en la desglosada, donde la conversación abarca sus planes para esta noche, la misma noche que Sancho IV piensa conseguir a Estrella con la ayuda de Natilde (vv. 875-900):

IÑIGO	Mucho merecéis, y en ella que no se engaña creed el Rey.
BUSTO	Su llave me ha dado, [puerta] me hace de su cielo, aunque me amenaza el suelo viéndome tan levantado; que como impensadamente tantas mercedes me ha hecho, que se ha de mudar sospecho el que honra tan de repente. *Mas conservando mi honor si a lo que he sido me humilla, vendré a quedarme en Sevilla Veinticuatro y Regidor.*
IÑIGO	*¿Quién es de guarda?*
MANUEL	*Ninguno de los tres.*
IÑIGO	*Pues yo quisiera holgarme.*
MANUEL	*Busto Tabera, si tenéis requiebro alguno esta noche nos llevad y la espalda os guardaremos.*
BUSTO	*Si queréis que visitemos lo común de la ciudad*

yo os llevaré donde halléis
concetos y vocería,
y dulce filosofía
de amor.

Esta escena explica la ausencia de Busto y revela una semejanza significativa con el rey. Busto también quiere gozar de la vida aunque en los barrios pobres de la ciudad. Como resultado, Busto irónicamente es otra figura culpable, ya que abandona su responsabilidad y posibilita la entrada del rey.

Estos cambios tienen varios efectos. Crean ambigüedad en la caracterización de Busto, expanden la crítica directa de Sancho IV y establecen más claramente el conflicto entre la ciudad de Sevilla y el rey. A mi modo de ver, estas diferencias se asocian más con un texto que no iba a ser representado en corral. Por eliminar la crítica del monarca y simplificar la caracterización de los personajes, la suelta constituye un texto más cercano a la representación dramática. En fin, las conclusiones a las que llego, como toda observación con respecto a *La Estrella de Sevilla*, son nada más una contribución a problemas que ahí siguen y que necesitan más discusión. Sin embargo, el estado de la cuestión queda claro: nos hace falta insistir por ahora en el anonimato de *La Estrella*. Atribuirlo tanto a Lope, como a Claramonte o a Guevara, puede imponer una óptica interpretativa que restringe nuestros intentos críticos. Como dice Barthes, «[d]onner un Auteur à un texte, c'est imposer à ce texte un cran d'arrêt, c'est le pouvoir d'un signifié dernier, c'est fermer l'écriture»[16]. Cuando estudiamos *La Estrella de Sevilla*, nos enfrentamos a un texto que desafía todo intento de cierre crítico.

---

[16] Barthes, 1984 [1968], p. 65.

BIBLIOGRAFÍA

ANÍBAL, C. E., «Observations on *La Estrella de Sevilla*», *Hispanic Review,* 2, 1934, pp. 1-38.

BARTHES, R., «La mort de l'auteur», *La bruissement de la langue,* Paris, Seuil, 1984 [1968], pp. 61-67.

BURKE, J. F., «The *Estrella de Sevilla* and the Tradition of Saturnine Melancholy», *Bulletin of Hispanic Studies,* 51, 1974, pp. 137-56.

CABRERA, V., «*La Estrella de Sevilla*: Prosodic Evidence of Interpolations in the Text», *The USF Language Quarterly,* 12, 1974, pp. 11-14.

CLARAMONTE, A. de, *La Estrella de Sevilla,* ed. A. Rodríguez López-Vásquez, Madrid, Cátedra, 1991.

COTARELO Y MORI, E., «*La Estrella de Sevilla* es de Lope de Vega», *Revista de Archivos, Bibliotecas y Museos,* 7, 1930, pp. 12-24.

DE ARMAS, F. A., «Black Sun: Woman, Saturn and Melancholia in Claramonte's *La Estrella de Sevilla*», *Journal of Interdisciplinary Literary Studies,* 6, 1994, pp. 19-36.

La Estrella de Sevilla, ed. J. M. Hill, Boston, D. C. Heath and Company, 1939.

FISCHER, S. L., «The Authority of the Text», en *Heavenly Bodies: The Realms of La Estrella de Sevilla,* ed. F. A. de Armas, Lewisburg, Bucknell University Press, 1996, pp. 163-180.

FOUCAULT, M., «Qu'est-ce qu'un auteur», *Bulletin de la Société française de Philosophie,* 64, 1969, pp. 73-104.

GARCÍA VARELA, J., «La destrucción del Rey en *La Estrella de Sevilla*», *Romance Languages Annual,* 3, 1991, pp. 449-53.

LOPE DE VEGA CARPIO, FÉLIX. *Comedias escogidas de Frey Lope Félix de Vega Carpío,* ed. J. E. Hartzenbusch, Madrid, Atlas, 1946 [1853], Biblioteca de Autores Españoles, vol. 24.

HERNÁNDEZ VALCÁRCEL, C., «Intertextuality in the Theater of Lope de Vega», en *Heavenly Bodies: The Realms of La Estrella de Sevilla,* ed. F. A. de Armas, Lewisburg, Bucknell University Press, 1996, pp. 181-194.

KENNEDY, R., «*La Estrella de Estrella,* Reinterpreted», *Revista de Archivos, Bibliotecas y Museos,* 78, 1975, pp. 385-408.

LEAVITT, S., *The Estrella de Sevilla and Claramonte,* Cambridge, Cambridge University Press, 1931.

MCKENDRICK, M., *Theatre in Spain: 1499-1700,* Cambridge, Cambridge University Press, 1992 [1989].

MENÉNDEZ PELAYO, M., *Estudios sobre el teatro de Lope de Vega,* Santander, CSIC, 1949, vol. 4.

OLEZA, J., «La traza y los textos. A propósito del autor de *La Estrella de Sevilla*», en *Actas del V Congreso de la Asociación Internacional del Siglo de Oro,* ed.

Christoph Strosetzki, Frankfurt, Iberoamericana Vervuert, 2001, pp. 42-68.

RODRÍGUEZ LÓPEZ-VÁZQUEZ, A., «*La Estrella de Sevilla* y Andrés de Claramonte», *Criticón*, 21, 1983, pp. 5-31.

— «The Analysis of Authorship: A Methodology», en *Heavenly Bodies: The Realms of La Estrella de Sevilla*, ed. F. A. de Armas, Lewisburg, Bucknell University Press, 1996, pp. 195-205.

SIEBER, H., «Cloaked History: Power and Politics in *La Estrella de Sevilla*», *Gestos*, 9, 1994, pp. 133-45.

CHIVO EXPIATORIO, NACIÓN Y COMEDIA EN *LAS PACES DE LOS REYES* Y *JUDÍA DE TOLEDO* DE LOPE DE VEGA

Javier Lorenzo
East Carolina University

Toda la crítica que se ha acercado al texto de *Las paces de los reyes y judía de Toledo* de Lope de Vega ha notado el lugar especial que esta obra ocupa en la dramaturgia lopiana. *Las paces*, que relata la historia de los amores entre el rey castellano Alfonso VIII y la judía Raquel referida ya por Lope en el libro XIX de la *Jerusalén conquistada* (1609) y recogida en el material legendario y pseudohistórico de las crónicas medievales, presenta una imagen dignificada y compasiva de la minoría judía que contradice la reputación de Lope como escritor antisemita y ultraortodoxo que transmiten otras obras del Fénix[1]. Como Catherine Diamond ha comentado recientemente, «none of the

---

[1] *Las paces de los reyes* fue escrita probablemente entre los años 1610-1612 y apareció impresa en 1617 en la *Séptima parte de las comedias*. Para las fuentes de la obra, ver Menéndez Pelayo, 1923, pp. 129-161 y las páginas que Castañeda (1971, pp. 13-23) dedica al tema en la introducción a su edición de la obra. Para la cuestión del antisemitismo en la obra dramática de Lope ver los trabajos de María Rosa Lida de Malkiel, Swietlicki, Beusterien y también los comentarios de Heiple con respecto a

Christians come off as particularly noble in this play... In contrast, Raquel is elevated to a tragic heroine» (p. 139). Esta traslocación de valores a la que se refiere Diamond se atribuye en el discurso de la crítica a la ingenuidad y la devoción amorosa de Raquel por el monarca castellano, que la exime de su culpa como adúltera y la enaltece automáticamente al apartarla de la oscura esfera de intereses, venganzas y maquinaciones políticas en la que se ven envueltos los otros personajes de la obra[2]. La imagen positiva de Raquel (y por extensión de toda la minoría hebrea) que Lope nos presenta en *Las paces de los reyes* parece depender, pues, del carácter apolítico de la judía y de su distancia y marginación de la esfera pública, sobre la que su conducta no parece ejercer el más mínimo impacto[3].

Tal percepción, sin embargo, ignora el papel político central que Raquel desempeña en la obra. La ejecución de la judía a manos de la reina Leonor y los nobles castellanos en el acto tercero tiene, como discutiré en estas páginas, el mismo efecto regenerativo sobre el *corpus* político que el filósofo y crítico literario René Girard atribuye a la inmolación del chivo expiatorio en los mitos y rituales de diversas religiones: supresión de tensiones internas en el seno de un grupo y afianzamiento de las diferencias religiosas y étnicas que definen la identidad del mismo. En efecto, la muerte de Raquel en el texto de Lope

la reacción del Fénix a los procesos inquisitoriales y autos de fe celebrados en julio de 1632 en la Plaza Mayor de Madrid.

[2] Así lo creen, por ejemplo, de Armas, que señala lo injusto de la muerte de Raquel y la atribuye a su capacidad para simbolizar las «fuerzas disarmónicas» (1978, p. 73) que amenazan al reino, y Diamond, que se apresura a exonerar, siguiendo la opinión de María Rosa Lida de Malkiel, la conducta de la judía: «her loyalty to Alfonso and her unfaltering love expiate her» (1999-2000, p. 139).

[3] Prueba de esta falta de impacto atribuido a la judía es el hecho de que, hasta la fecha, solamente se haya considerado a Alfonso como verdadero agente político en la obra. McKendrick reduce incluso la figura de Raquel a una especie de pálido trasunto del Duque de Lerma: «It would be going too far, perhaps, to see the beautiful, tragic Jewess Raquel as a deliberate, if incongruous, cipher for the greedy self-serving Duke of Lerma, but the relevance of a king allowing himself to be distracted of his duties by an attachment to a subject so great... could not have been lost on the audience» (2000, p. 46). Solamente William McCrary se ha referido a la importancia política de Raquel en la obra, pero sin ahondar en sus consecuencias y únicamente como telón de fondo a su reflexión sobre la transformación heroica de Alfonso al final de la misma: «The transformation of Alfonso from the arrested *rey-niño* into the *rey-héroe* begins with the murder of Raquel» (1973, p. 7).

permite, por un lado, la reconciliación matrimonial de los monarcas (como indica el propio título de la obra) y, por otro, el relanzamiento de la política de guerra santa y «sangre limpia» que define la identidad del reino de Castilla. Esto convierte a la judía, paradójicamente, en soporte y catalizador del *ethos* nacional castellano y también en emblema de la comedia de Lope, cuya práctica dramática se distingue, como es sabido, por el uso de finales reconciliatorios que eluden la catástrofe prescriptiva de la dramaturgia clásica y en los que el orden social y político queda convenientemente restablecido[4]. Este tipo de desenlace resulta solamente posible en *Las paces* gracias a la muerte de Raquel, lo cual otorga a este personaje femenino un papel crucial en el diseño dramático e ideológico de la obra, papel que Lope intenta estratégicamente contrarrestar, como discutiré al final de este artículo, por medio de la visita que un ángel hace al rey Alfonso tras la muerte de la judía para apaciguar su ira y forzar su reconciliación definitiva con la reina Leonor. La visita del ángel, tan criticada por su uso arbitrario y forzado del *deus ex machina*, responde claramente a motivos ideológicos y tiene más que ver, en mi opinión, con el deseo calculado por disminuir el peso político que la figura de Raquel tiene en la obra que con un posible defecto estructural o compositivo de la misma[5].

Antes de examinar el papel protagónico que Raquel juega en la obra de Lope como chivo expiatorio conviene tener una idea clara del significado que René Girard atribuye a este concepto en su teoría cultural y antropológica[6]. La figura del chivo expiatorio aparece, según Girard, en los mitos y rituales de todas las religiones y culturas y con-

---

[4] Para el impacto ideológico de este tipo de finales reconciliatorios en la dramaturgia de Lope son interesantes las páginas que Cascardi escribe al respecto en su libro *Ideologies of History in the Spanish Golden Age*, 1997, pp. 17-46, donde analiza de forma específica el caso de *Fuenteovejuna*.

[5] Los comentarios más severos suscitados por el uso del *deus ex machina* en la obra son los ya lejanos de Montesinos, 1922, p. 178 y Vossler, 1933, p. 262.

[6] La versión que aquí ofrezco de la teoría de Girard es necesariamente panorámica y simplificada e intenta aglutinar de forma coherente las ideas que se exponen en tres textos principales: *Violence and the Sacred, The Scapegoat* y *Things Hidden Since the Foundation of the World*. De estos tres, el último es especialmente valioso, ya que expande y clarifica, por medio del formato de la entrevista, las ideas vertidas en los dos anteriores.

stituye el último estadio en una cadena de agresiones que enfrentan a dos rivales antagónicos dentro del mismo grupo y que amenazan con destruir la cohesión y subsistencia del colectivo al anular las diferencias y distinciones (raciales, sociales, religiosas, etc.) que articulan la identidad y el funcionamiento del mismo. El orden y la armonía social en este contexto sólo pueden preservarse a través de la elección de una víctima propiciatoria que o bien no pertenece al grupo o bien ocupa un lugar marginal dentro del mismo y por tanto carece de toda capacidad para el desquite o la venganza. Esta víctima encarna, de un modo u otro, la falta de diferencia que amenaza al grupo y su sacrificio se lleva a cabo siempre a través de un acto de agresión colectivo que, en opinión de Girard, 1987, p. 24, garantiza la supervivencia del grupo al acaparar y disipar la violencia que lo perturba y posibilitar, de esta forma, la continuidad o renovación del orden establecido:

> The community affirms its unity in the sacrifice, a unity that emerges from the moment when division is most intense, when the community enacts its dissolution in the mimetic crisis and its abandonment to the endless cycle of vengeance... the nature of this sacrificial resolution is not difficult to comprehend; the community finds itself unified once more at the expense of a victim who is not only incapable of self-defense but is also unable to provoke any reaction of vengeance; the immolation of such a victim would never create fresh conflict or augment the crisis, since the victim has unified the community in its opposition; the sacrifice is simply another act of violence, one that is added to a succession of others, but it is the final act of violence, its last word.

Lo que permite situar al personaje de Raquel en la órbita de la teoría antropológica de Girard no es simplemente, como veremos, el hecho obvio de su pertenencia a una minoría marginada y constantemente perseguida en España y en otras sociedades europeas, ni su muerte como resultado de un crimen colectivo en el acto tercero, sino su papel instrumental en la resolución de la dinámica de violencia y disgregación interna que Lope escenifica en *Las paces de los reyes* y la peligrosa anulación de diferencias que su figura y su comportamiento encarnan en la obra.

El problema de la violencia en la obra de Lope aparece puesto claramente de manifiesto al comienzo de la misma. El primer acto nos presenta a un Alfonso niño que ha sido aclamado como rey por un sector de la nobleza toledana y que ha decidido desafiar la autoridad de su tío, el regente Fernando II de León, y la de su padre, cuyo testamento no le permite ser proclamado monarca hasta los quince años, tomando posesión del castillo de Zurita para hacer valer su autoridad real. La crítica ha censurado cervantinamente la inclusión de este primer episodio en la obra por su violación de la unidad aristotélica de tiempo (el rey infante que aparece en el primer acto contrasta marcadamente con el rey barbado que aparece en los siguientes) y solamente ha valorado en términos positivos la precoz sensibilidad amorosa que Alfonso exhibe en su flirteo con Doña Costanza durante el asedio a Zurita, sensibilidad ésta que luego le jugará una mala pasada en su encuentro con Raquel en el acto segundo[7]. Este primer acto de la obra sirve sin embargo, en mi opinión, para algo más que para confirmar el repudio lopiano por la preceptiva clásica o para pronosticar la futura infidelidad del monarca con la judía. Lo que Lope nos presenta en este segmento inicial del texto es un conflicto de perfiles parricidas (recuérdese a este respecto que Alfonso viola la voluntad paterna al ser proclamado como rey y que la figura de su tío es aquí, como regente, un sustituto del padre) que se ajusta perfectamente a la dinámica de venganza y disolución de diferencias que, según Girard, culmina con la inmolación del chivo expiatorio y que aparece frecuentemente representado en el género de la tragedia[8]:

It is the act of reprisal, the repetition of imitative acts of violence, that characterizes tragic plotting. The destruction of differences is particularly

---

[7] Esta censura del acto primero es, con diferencia, el tema que más tinta crítica ha hecho correr sobre la obra. Para Soons, Sainz de Robles y Castañeda el acto inicial carece de una conexión clara con el resto de la pieza. Para Darst, McCrary, Leavitt, de Armas y Strout este segmento de la obra resulta, sin embargo, esencial para la unidad de la misma. Las razones que estos críticos aducen para justificar esta postura son biográficas (Leavitt), arquetípicas (Darst), temáticas (de Armas), tipológicas (McCrary) y genéricas (Strout).

[8] El tema del parricidio está presente también, como William McCrary observa, en la traición que Dominguillo, criado de Lope de Arenas, comete contra su señor en el acto primero (traición ésta que permitirá a Alfonso conquistar el castillo de Zurita) y más tarde en la relación entre el rey y Raquel, que viola la ley del padre celestial.

spectacular when the hierarchical distance between the characters, the amount of respect due from one to the other, is great —between father and son, for instance. (Girard, 1977, p. 47)

La resolución del conflicto parricida y retributivo que enfrenta a Alfonso y su tío Fernando en el primer acto no aparece claramente expresada o dramatizada en la obra de Lope. Al principio del acto segundo nos enteramos por boca de Garcerán Manrique, privado de Alfonso, que el joven monarca ha quedado, al parecer, «libre y vengado» (p. 984) de su tío y que ha marchado a Tierra Santa para recobrar el santo sepulcro en compañía de otros príncipes cristianos. Lo que el texto de Lope parece querer reprimir en el acto primero (la representación de un enfrentamiento violento entre dos miembros no ya del mismo grupo, sino del mismo clan familiar) retorna, sin embargo, con vigor añadido en los actos segundo y tercero, en los que el tipo de antagonismo que enfrenta a Alfonso y Fernando, simétrico y anulador de diferencias, se ha convertido en un fenómeno endémico que salpica y contagia a la mayoría de los personajes centrales de la obra. La pasión por Raquel que despierta en Alfonso la visión de la judía bañándose desnuda a orillas del Tajo en el acto segundo establece efectivamente una red de oposiciones internas en el texto que se desarrolla en varios frentes: el conflicto de celos y honor que enfrenta a Raquel y la reina Leonor por un lado; el conflicto marital entre Alfonso y Leonor por otro; y finalmente el conflicto generacional y dinástico que enemista a Alfonso con su hijo, el príncipe Enrique. La magnitud de este antagonismo general que atraviesa la obra de Lope es tal que incluso se extiende a personajes y situaciones imaginarias, como la que describe el infante Enrique al hablar de un posible conflicto con un hipotético vástago nacido de la relación entre Raquel y Alfonso: «que de aquesta esclava Agar / saldrá algún Ismael / tan bastardo como él, / que me pretenda matar» (vv. 2060-2063).

La invocación tipológica a la rivalidad entre Isaac e Ismael en el capítulo 21 del *Génesis* que el príncipe Enrique hace en estas líneas le añade un tono atemporal y abstracto al problema de la violencia en la obra de Lope[9] que es necesario tener en cuenta para interpretar la

---

[9] Otras referencias tipológicas en la obra son a Adán, Jacob, David, y don Rodrigo y La Cava. William McCrary ha notado la fecundidad de este procedimiento discur-

muerte de Raquel en el acto tercero. La crítica ha interpretado tradicionalmente el asesinato colectivo de la judía como el resultado de la
combinación de dos motivos específicos y convergentes: la razón de
estado, que exige la eliminación de la hebrea para que Alfonso vuelva a prestar atención a los asuntos del reino (en especial al avance de
los moros, que han tomado Ciudad Real y amenazan con cercar
Toledo), y la venganza de la reina Leonor, impulsada por el honor y
los celos. Esta interpretación coyuntural ignora, sin embargo, que la
judía encarna de forma general en *Las paces* el principio básico sobre
el que se articulan todas las rivalidades y antagonismos de la pieza: la
falta de diferenciación, que asegura la distinción entre los personajes
y el mantenimiento de las jerarquías que hacen funcionar el sistema
político y social al que dichos personajes pertenecen. Esta falta de
diferenciación, tan evidente por lo que respecta las categorías de edad
y rango en las disputas entre Alfonso y Fernando y entre Alfonso y
su hijo, y a las categorías de sexo, etnia y religión en los enfrentamientos entre Alfonso y Leonor y entre ésta y la amante del
monarca, tiene, como digo, su máxima expresión en la figura de
Raquel, a la que Lope convierte en emblema mismo de la disimilitud en su texto[10]. El colapso de toda distinción básica que la judía encarna en la obra comienza con el comentario que Raquel hace a su
hermana Sibila a propósito de su filiación étnica, comentario que motiva la ascendencia inglesa de la reina Leonor, hija de Ricardo Corazón
de León y entregada por éste a Alfonso en reconocimiento a sus
proezas en Tierra Santa:

---

sivo en *Las paces* (que él rebautiza como *homologous retrospection*) y le ha atribuido un
lugar preeminente en el diseño estructural de la obra: «It is this art of homologous
retrospection that consistently transmutes a simple plot, having to do with the *niñeces* and *mocedades* of a Castilian monarch into a vibrant drama of redemptive election»
(1973, pp. 65-66). De Armas se adhiere también, en cierto modo, a esta visión tipológica de la obra al observar las analogías que unen al rey Alfonso de los actos segundo y tercero con el personaje de Lope de Arenas en el primero.

[10] El colapso de estas categorías fundamentales (edad, rango, sexo, religión y etnia) en la obra de Lope conduce inexorablemente a un conflicto de dobles (Alfonso
vs. Fernando, Raquel *vs.* Leonor, Alfonso *vs.* Enrique, etc.) aspecto éste, según Girard,
típico del tipo de violencia que aparece representado en la tragedia clásica. Ver a este
respecto Girard, 1977, pp. 159-162.

¿Es posible que te agrada
aquella nieve del norte?
¿Qué cosa habrá que reporte,
con una hermosa helada?
. . . .
Yo Sibila, aunque no soy
cristiana, soy española;
que basta esta gracia sola. (vv. 1124-1142)

La celebración que Raquel hace de su españolidad en estos versos implica la anulación de la categoría de raza como elemento segregador y distintivo. Otro tanto sucede con el acervo cultural que separa a la cultura clásica de la hebrea. Los mitos y textos que identifican y distinguen a estas dos culturas quedan confundidos en el diálogo entre Alfonso y Garcerán Manrique que inspira la visión de Raquel en el Tajo a comienzos del acto segundo, donde se mezclan referencias a las ninfas, la Arcadia y la poesía del «dulce Ovidio» (v. 1237) con un recuerdo de la historia bíblica del rey David y su amante Betsabé[11]. Lo mismo ocurre con las categorías de rango y religión, tan importantes en la configuración de la sociedad medieval castellana y también de la del propio Lope, obsesionada permanentemente, como sabemos, con la jerarquía y la confesionalidad de sus miembros. La erosión de ambas categorías resulta patente, por un lado, con la conversión de Raquel al cristianismo justo antes de ser asesinada por la nobleza castellana y con el ascenso social de la judía, aspecto éste notado con ira y suma indignación por la reina Leonor: «Raquel reina, Raquel tiene / de Castilla la corona; / da banderas a las armas, / y a las letras nobles ropas». (vv. 1968-1971)

La elevación de Raquel al estatus de reina, su conversión, precipitada pero no por ello menos real, al cristianismo y la celebración, por encima de toda consideración étnica, de su españolidad sintetizan el colapso y la disolución de diferencias que Lope dramatiza en su obra

---

[11] El recuerdo de esta historia bíblica viene motivada por el escenario (David contempla a Betsabé bañándose también en *Samuel* 2, 11, 1), pero su mención habría de sorprender, creo, al espectador de la obra, que esperaría, quizá, una alusión al mito de Acteón y Diana, especialmente tras la alusión a la poesía del «dulce Ovidio» que Lope hace unas líneas antes.

y que da origen a los conflictos que se representan en ella[12]. Esto convierte a la judía en blanco perfecto del tipo de violencia sacrificial con la que, según Girard, concluyen habitualmente los conflictos de este género, en los que la selección de la víctima viene siempre determinada por su capacidad para encarnar la anulación de diferencias que afecta y colapsa al sistema[13]:

> The signs that indicate a victim's selection result not from the difference within the system, but from the difference outside the system, the potential of the system to differ from its own difference, in other words, not to differ at all. (Girard, 1986, p. 21)

En la teoría de Girard esta víctima sacrificial tiene, como hemos explicado antes, un papel ambivalente, ya que su muerte, si bien violenta, implica la disipación final de toda violencia y posibilita, por tanto, la supervivencia del grupo. Por eso, en muchos casos la figura del chivo expiatorio pasa a ocupar un lugar central en el imaginario social, político y cultural de la comunidad y es incluso venerada como objeto sagrado por los miembros de la misma: «once the victim has appeared, however dimly, the process leading towards the sacred has begun» (1987, p. 100). Esta ambivalencia a la que se refiere Girard está también presente, como me gustaría señalar aquí para concluir, en la obra de Lope, lo cual problematiza considerablemente su dimensión política, ideológica y artística. La relación directa que el dramaturgo

[12] Para la conflictividad asociada a este problema de la falta de diferenciación en el contexto social y político de la época, ver los interesantes comentarios de Fuchs, 2003, pp. 1-20, en su estudio reciente sobre la obra cervantina. Beusterien comenta también a este respecto, y en relación al caso específico de la representación del judío en la comedia áurea, lo siguiente: «Spanish dramatic production paradoxically both discerns Jews while also making them indistinguishable from the Spanish body politic... seventeenth-century Spanish drama, mimetic of popular attitudes, blurs boundaries and is a playing field upon which no one and everyone might be a Jew» (2004, p. 360).
[13] Esta capacidad para anular diferencias es precisamente, según Girard, lo que convierte a los miembros de minorías en blanco habitual de actos sacrificiales: «Religious, ethnic, or national minorities are never actually reproached for their difference, but for not being as different as expected, and in the end for not differing at all» (1986, p. 22).

establece entre la inmolación de Raquel, la reconciliación de los reyes (evidente, una vez más, en el título de la pieza) y la renovación del proyecto de Reconquista al final del texto (la paz entre los monarcas que hace posible la muerte de Raquel preconiza la unidad y la victoria futura frente a los moros en la batalla de Las Navas) otorga a la judía un lugar central en la dinámica política del reino y le confiere un papel instrumental en la articulación de la identidad nacional castellana. A ello hay que añadir, además, que, desde un punto de vista dramático, la disolución de la violencia que posibilita la muerte de Raquel convierte a la figura de la hebrea en símbolo mismo de la comedia de Lope, ya que introduce en la trama ese tipo de final reconciliatorio tan característico de la dramaturgia del Fénix y tan representativo de su hibridez genérica. La judía se convierte pues, de este modo, en el eje sobre el que giran el contenido y el propósito ideológico de la pieza y su propia idiosincrasia artística, realidad ésta cuando menos inquietante para el público de *Las paces* y para el propio Lope, familiar del Santo Oficio desde 1609 y difusor con su *Arte nuevo* de una dramaturgia favorable a las ortodoxias de su tiempo. Tal situación, paradójica y sin duda discordante en el seno de la obra, explica, en mi opinión, la tan reprochada aparición del ángel al final del acto tercero, que amonesta a Alfonso para que abandone sus planes de venganza por la muerte de su amante y para que se disponga, finalmente, a hacer las paces con su esposa. La intervención de este ángel, a cuya exhortación Alfonso responde inmediatamente, tiene como objetivo desplazar a Raquel y minimizar el impacto ideológico y estético que su muerte tiene como chivo expiatorio en la pieza. Con la intrusión del mensajero divino, el papel de la judía como disipadora final de toda violencia y como facilitadora de la reconciliación entre los reyes queda anulado y transferido a la figura angelical, a quien se hace en última instancia responsable del desenlace armónico de la pieza. Tal desenlace no es el resultado, como se ha sugerido, de imperfecciones o faltas técnicas (el uso injustificado del *deus ex machina*), sino de motivos ideológicos que exigen la acomodación de la obra a una ortodoxia a la que Lope, como los cronistas medievales, intenta dar cabida en su texto.

Con ello el dramaturgo comete quizá lo que podría interpretarse como un acto último de conformidad en *Las paces*, pero se trata, en cualquier caso, de un acto que no consigue borrar la autoconciencia

que la obra exhibe con respecto a la realidad y el funcionamiento de
los procesos de violencia y sacrificio en la sociedad a la que pertenece
y al modo en que esos procesos afectan, de forma particular, a las minorías que la integran. Este rasgo de autoconciencia viene a mitigar,
a mi juicio, el conservadurismo final al que la obra se adhiere con la
intervención providencial del ángel, ya que, como señala Girard, la
modernidad de un texto se define precisamente por su voluntad para
exhibir «an ever harsher and more revealing awareness of victimage
mechanisms» (1987, p. 134), peculiaridad ésta que lo distingue del mito,
donde la dinámica del sacrificio queda cubierta bajo el espeso manto
del símbolo. El manto que Lope utiliza para cubrir el papel sacrificial
de la judía en *Las paces* (el providencialismo ortodoxo del ángel) es
de un material mucho menos tupido y arcano que el del mito y es
el producto de un compromiso ideológico que afecta tanto a la obra
del Fénix como a la de sus contemporáneos. El convencionalismo que
exuda ese compromiso deja peligrosamente al descubierto y sin resolver, sin embargo, los problemas estéticos, políticos e ideológicos que
el destino de Raquel como chivo expiatorio introduce en el texto y
cuya dinámica he intentado analizar en estas páginas.

BIBLIOGRAFÍA

CASCARDI, A., *Ideologies of History in the Spanish Golden Age*, University Park, PA: The Pennsylvania State UP, 1997.

CASTAÑEDA, J., Introducción a *Las paces de los reyes y judía de Toledo*, ed. J. Castañeda, Salamanca, Ediciones Anaya, 1971.

BEUSTERIEN, J., Lope de Vega's *Auto sacramental de la circuncisión y sangría de Cristo*: A Focal Point of Anti-Semitism in Seventeenth-Century Spain», *Hispanic Review*, 73, 3, 2004, pp. 357-374.

DARST, D., «The Unity of *Las paces de los reyes y judía de Toledo*», *Symposium*, 25, 1975, pp. 225-235.

DE ARMAS, F., «Passion, Treason, and Blindness in Lope's *Las paces de los reyes*», en *Studies in the Spanish Golden Age: Cervantes and Lope de Vega*, ed. D. B. Drake y J. A. Madrigal, Miami, Ediciones Universal, 1978, pp. 65-75.

DIAMOND, C., «The Redemption of Raquel, the Restoration of Leonor: Sexual Politics and Religious Controversy in Lope de Vega's *Las paces de los reyes y judía de Toledo*», *Journal of Theater and Drama*, 5, 6, 1999-2000, pp. 127-147.

FUCHS, B., *Passing for Spain: Cervantes and the Fictions of Identity*, Urbana y Chicago, The University of Illinois Press, 2003.

GIRARD, R., *Violence and the Sacred*, trans. P. Gregor, Baltimore, The Johns Hopkins UP, 1977.

— *The Scapegoat*, trans. Y. Freccero, Baltimore, The Johns Hopkins University Press, 1986.

— *Things Hidden Since the Foundation of the World*, trans. S. Bann and M. Metteer, Stanford, Stanford UP, 1987.

HEIPLE, D., «Political Posturing on the Jewish Question by Lope de Vega», *Hispanic Review*, 62, 2, 1994, pp. 217-234.

LEAVITT, S. E., «The Composition of Lope's *Las paces de los Reyes y judía de Toledo*», *Romance Notes*, 14, 1972, pp. 139-140.

LIDA DE MALKIEL, M. R., «Lope de Vega y los judíos», *Bulletin Hispanique*, 75, 1973, pp. 73-113.

MCCRARY, S. N., «Theatrical Consciousness and Redemption», en *The Golden Age Comedia: Art, Theory, and Performance*, ed. Ch. Ganelin y H. Mancing, West Lafayette, Purdue UP, 1994, pp. 24-36.

MCCRARY, W. C., «Plot, Action, and Imitation: The Art of Lope's *Las paces de los reyes*», *Hispanófila*, 48, 1973, pp. 1-17.

MCKENDRICK, M., *Playing the King: Lope de Vega and the Limits of Conformity*, London, Támesis, 2000.

MENÉNDEZ PELAYO, M., *Estudios sobre el teatro de Lope de Vega*, Madrid, Librería General de Victoriano Suárez, 1923, vol. 4.

MONTESINOS, J. F., *Lope de Vega: el cuerdo loco*, en *Teatro antiguo español*, Madrid, Impresora de los sucesores de Hernando, 1922, vol. 4.

SAINZ DE ROBLES, F. C., *Obras escogidas de Lope de Vega Carpio*, Madrid, Aguilar, 1958.

SOONS, C. A., *Ficción y comedia en el Siglo de Oro*, Madrid, Artes Gráficas Clavileño, 1966.

STROUT, L.. «Psicomaquia o el conflicto de Eros y Logos en *Las paces de los reyes y judía de Toledo*», en *Studies in Honor of William C. McCrary*, ed. R. Fiore, E. W. Hesse, J. E. Keller y J. A. Madrigal, The Society of Spanish and Spanish-American Studies, Lincoln, Nebraska University Press, 1986, pp. 77-90.

SWIETLICKI, C., «Lope's Dialogic Imagination: Writing Other Voices in 'Monolithic' Spain», *Bulletin of the Comediantes*, 40, 1988, pp. 205-226.

VOSSLER, K., *Lope de Vega y su tiempo*, trad. R. de la Serna, Madrid, Revista de Occidente, 1933.

PRELUDIO ERÓTICO DE UNA TRAGEDIA: EL *ROLE PLAY* EN *LA VENGANZA DE TAMAR* DE TIRSO DE MOLINA

Esther Fernández
Sarah Lawrence College

La venganza de Tamar combina en su esencia tragedia y erotismo de una manera sofisticada gracias al *role-play*, técnica metateatral que además de encerrar distintos niveles y matices eróticos está en estrecha relación con la psicología más íntima de los personajes, como acertadamente ha afirmado Richard Hornby: «Among other things, role playing within the role is an excellent mean for delineating character, by showing not only who the character is, but what he wants to be. When a playwright depiets a character who is himself playing a role, there is often the suggestion that, ironically, the role is closer to the character's true self than his everyday, "real" personality» (1983, p. 67). En la obra que aquí nos ocupa, Amón utiliza el *role-play* para autoconcederse un protagonismo del que carece en su existencia real, a través de tres secuencias metadramáticas de seducción a partir de las cuales recrea una nueva identidad adaptada a las exigencias del momento (Paterson, 1969, p. 14). Estas van desde aparentar ser un rústico hortelano, a un noble enmascarado, a un príncipe enamorado de una princesa amonita y se caracterizan por ser cada vez más complejas en cuanto a su articulación escénica y psicológica culminando inevitablemente en la violación de su hermanastra Tamar.

Lo que pretendo demostrar a través de la presente comunicación es cómo este trágico final no surge gratuitamente sino como un desquicio que se incuba a modo de un preludio erótico, a través de estos tres montajes escenificados a lo largo de la trama, cuyo proceder permite entrever el sutil funcionamiento de la demencia de nuestro protagonista, factor que desencadena la tragedia.

La primera de estas mini-dramatizaciones surge de manera improvisada e instintiva. Amón salta la tapia del serrallo paterno y queda hipnotizado por una voz que actuará como acicate del deseo, al establecer en la mente del protagonista un paralelismo entre la belleza de la voz y el atractivo físico de su anónima emisora. Hechizado por esta misteriosa voz femenina, Amón se acerca torpemente en la oscuridad hasta inevitablemente tropezar, revelando su presencia ante Tamar y su dama de compañía Dina. Pero, para no desvelar en circunstancias tan patéticas su identidad, utiliza el anonimato que le proporciona la noche improvisando el papel del hijo del hortelano, deformando su habla culta por una más vulgar (vv. 461-474). Tanto la oscuridad como el dialecto utilizado funcionan en esta escena como máscaras implícitas que facilitan un *role-play* improvisado, a través del cual nuestro protagonista consigue un primer acercamiento al pedirle a la misteriosa dama que le dé la mano y, acto seguido, besársela a traición[1].

Más avanzada la trama y, después de averiguar el parentesco fraternal que le une con su objeto de deseo, en vez de desistir de sus pretensiones se propone seguir de manera irracional lo que le dicta la pasión, la cual, a partir de este momento pasa a convertirse en una obsesión incestuosa. Para ello, planea un segundo acoso metadramático, pero con un objetivo previamente calculado: despertar en Tamar cierto desconcierto y curiosidad con respecto a su persona. Durante el convite de bodas de Josefo y Elisa, Amón oculta nuevamente su identidad detrás de una máscara, esta vez en el sentido literal de la pa-

---

[1] Este es un acto socialmente trasgresor debido a la «aparente» diferencia de clases entre ambos y sexualmente arriesgado debido a la carga sensual que implica besar la mano a una dama desconocida ya que hasta este punto de la trama Amón todavía desconoce la verdadera identidad de Tamar.

labra. El «rostro» que le pide a uno de sus criados demuestra un cierto grado de anticipada planificación y sofisticación metateatral ausente durante la primera escenificación en el serrallo. Oculto tras el disfraz, Amón recurre esta vez a su habla culta para relatarle a Tamar lo sucedido la noche de su primer encuentro:

AMÓN   Yo sé quien, antes de veros,
                enamorado de oíros,
                los árboles lisonjeros
                movió anoche con suspiros
                y a vos no pudo moveros.
                Yo sé quien besó una mano
                dos veces —¡fueran dos mil!— (vv. 779-785)

Tales palabras desencadenan inmediatamente una reacción de asombro y de curiosidad en su interlocutora respecto a la identidad de este misterioso pretendiente enmascarado, que parece haberla estado espiando muy de cerca: «¿Quién sois vos que habláis ansí?» (v. 809). Ante una tal pregunta, nuestro protagonista no se contenta con responder de manera concisa, sino que alarga malévolamente la ansiedad e incertidumbre de su hermanastra describiéndose a sí mismo a través de una enumeración de enigmáticos conceptos que le revelan como un ser enfermizo, contradictorio y surreal, «un compuesto de contrarios» según sus propias palabras, y más específicamente como:

                Una quimera encantada,
                una esfinge con quien lucho,
                un volcán de nieve helada
                y, en fin, por ser con vos mucho,
                no vengo, Infanta a ser nada. (vv. 810-818)

La abstracción de tales expresiones antitéticas implican la feroz lucha interior que sufre y un complejo de inferioridad que le reduce, como él mismo reconoce, a la «nada».

A través de estas dos primeras improvisaciones metateatrales podemos decir que Amón logra acercarse física y emocionalmente a su hermanastra, adquiriendo paulatinamente el suficiente valor y destreza dramática para llevar a cabo su culminante escena de *role-play*, en la cual Tamar consentirá ser partícipe activa. En este último y definitivo montaje, Amón empieza por recrear un escenario mental cortado a la medida de sus fantasías eróticas y de indiscutibles tintes incestuosos:

AMÓN   Sé tú mi dama fingida;
            consiente que te enamore,
            que te ronde, escriba, llore,
            cele, obligue, alabe, pida,
            que el ser mi hermana asegura
            a la malicia sospechas,
            y mis llamas satisfechas
            al plato de tu hermosura
            mientras el tiempo las borre,
            serás fuente artificial,
            que alivia al enfermo el mal,
            sin beber mientras que corre. (vv. 705-716)

A continuación, nuestro protagonista enumera una serie de imágenes sobre el engaño de los sentidos y sobre el poder de las apariencias:

AMÓN   Mira, hermana de mi vida:
            Aunque es mi pasión extraña,
            como es niño amor se engaña
            con cualquier cosa fingida.
            Llora un niño, y a su ama
            pide leche, y dale el pecho
            tal vez otra, sin provecho,
            donde, creyendo que mama
            solamente se entretiene.
            ¿No has visto fingidas flores
            que, en apariencia y colores
            la vista a engañarse viene? (vv. 669-680)

Los dos primeros espejismos que recrea Amón en tan persuasiva oratoria apelan de lleno a la sensibilidad femenina —lo maternal y la estética floral—, actuando como cebo emocional para convencer a su interlocutora. Sin embargo, esta imaginería visual se vuelve paulatinamente más violenta y falocéntrica a partir de la tercera imagen, adaptándose a unos parámetros masculinos cada vez más personalizados, como los juegos bélicos o el apetito carnal:

Juega con la espada negra
en paz, quien la guerra estima,
engañando con la esgrima
las armas con que se alegra;
hambriento yo he conocido
que de partir y trinchar
suele más harto quedar
que los otros que han comido. (vv. 681-688)

Esta secuencia de imaginería simbólica culmina con el acto de partir y trinchar carne, una metáfora que parece anticipar la violación de la cual será víctima Tamar. Aunque a estas alturas de la trama sería arriesgado afirmar que Amón tiene conscientemente planeado el estrupo de su hermanastra, cabe recordar que las dos primeras escenas metateatrales analizadas dejan entrever un forzado acercamiento físico. Recordemos la escena del harén en la cual Amón toma la mano de Tamar, besándola sin previo consentimiento y su agresiva intromisión verbal durante el convite de bodas. Paralelamente, la violencia discursiva implícita a la que acabamos de hacer referencia con respecto a la contextualización de este tercer y último montaje expresa, por parte de Amón, una sed de sexualidad latente que en cualquier momento amenaza con estallar: «The sexual tension that pervades Tirso's elaboration of the prelude to the rape can be attributed to a rich pattern of erotic imagery (gustatory, visual and aural)» (Welles 349). No obstante, Tamar, convencida por la aparente inocencia del juego y llevada por el apego fraternal, accede a participar en el con la única voluntad de consolar emocionalmente a su desesperado hermanastro.

Para situar a Tamar en este contexto dramático de la representación, Amón adopta el papel de director escénico, al invocar un sugerente decorado imaginario y proponer toda una serie de pautas performativas que ambos deberán coordinar con el propósito de llevar a cabo con éxito su actuación:

AMÓN   Finge que en tu patria estoy,
              y que hablar contigo voy
              al alcázar, donde habita
              tu padre, el rey, que cercado
              por el mío, está afligido;
              y yo en tu amor encendido,

> después de haberte avisado
> que esta noche te he de ver,
> entro atrevido y seguro
> por un portillo del muro,
> y tú, por corresponder
> con mi amor, a recibirme
> sales. (vv. 742-753)

Como refleja este parlamento, Amón específica los distintos estados anímicos que ambos actores deben expresar durante su actuación. Tamar, por ejemplo, esperará ansiosa la llegada de su amante y este, por su parte, entrará «atrevido y seguro» para reencontrarse con ella. Nótese cómo la entrada triunfal que se propone escenificar nuestro protagonista funciona a modo de enmienda de la patética caída sufrida la primera noche que se dispuso a entrar en el harén paterno. Específicamente, subrayemos, por ejemplo, el contraste entre la inseguridad y torpeza que reflejaban sus palabras durante la primera entrada improvisada —«Acercarme quiero, un poco más / mas caí» (v. 450)— y, la actitud decisiva con la que se propone llegar —«atrevido y seguro» (v. 750)— a esta cita clandestina prefabricada.

Siguiendo con este contraste entre el primer intento de acercamiento y esta última dramatización, la naturaleza, que en un principio le había dificultado el acceso, esta vez le facilita, generosa, el reencuentro con su amada. En efecto, la vez que Amón oyó por primera vez la voz de Tamar no contó con ningún tipo de guía en su frustrado intento de orientarse, como atestiguan sus repetidas quejas sobre la ceguera en que le sumió la oscuridad ambiental: «a escuras y de noche» (v. 395), «los ojos cierre» (v. 396), «si por oírte y verte» (v. 406), «si por verla y oírla» (v. 409), «Ay Dios quién mereciese / atestiguar de vista / lo que de oídas sienta» (vv. 414-16), «un ciego dios que vence, / sin ojos y con alas» (v. 430-31), «Mal haya el jardín, amén / la noche triste y obscura» (vv. 679-80). Contrariamente, en esta nueva versión metadramática, Amón, re-crea el efecto de perfecta comunión con el medio natural al personificar a los árboles y establecer un diálogo figurado de complicidad con ellos[2]:

---

[2] Dentro de este discurso laudatorio del medio natural, las hojas emanan ámbar y gotas de oro líquido —«pues el ámbar que vertéis / condensado en gotas de oro»—

AMÓN   Árboles bellos
de este jardín, cuyas hojas
son ojos, que mis congojas
llora amor por todos ellos,
¿habéis visto a quien adoro?
Pero sí, visto la habéis,
pues el ámbar que vertéis
condensado en gotas de oro,
de su vista le heredáis. (vv. 757-765)

Otra diferencia entre el primer asalto improvisado de Amón y este tercer cuidadoso *role-play* es el contraste entre el sobresalto inicial de Tamar al notar la inesperada presencia de un intruso en el serrallo y la ansiosa espera que finge en esta representación. Mientras que en el primer encuentro, Tamar exclama: «Ay, cielos, ¿quién está aquí?» (v. 461), llegando incluso a cosificar a Amón —«¿Qué es esto?» (v. 490)— y a degradarle al rango de rústico hortelano —«Al fin, sois el hortelano» (v. 468)—, en la presente escena, Tamar, coaccionada por las pautas de actuación que recibe, intuye la llegada de su hermanastro («Sois vos, mi bien?», v. 767), sin olvidar mencionar su nobleza —«¿Si habrá el príncipe venido?» (v. 766)—. Por su parte, Amón sumido en su *role-play*, toma una vez más la mano de Tamar y la besa de manera tan verosímil que los límites entre la realidad y la ficción se confunden para ésta cuando exclama: «Paso, paso, / que no os doy tanta licencia» (vv. 788-89). Sin embargo, nuestro protagonista, en vez de aclarar la confusión entre el plano dramático-ficcional y el real, la mantiene perversamente al preguntar: «¿Dícesme eso como a hermano, / o como amante, que ufano está loco en tu presencia?» (v. 790-93). La ambigüedad de esta intencionada pregunta aumenta la turbación de Tamar, la cual se siente cada vez más desorientada en su coaccionada interpretación.

A continuación y siempre dentro de esta tercera y definitiva actuación metadramática, la escena de la despedida de los amantes es lo que lleva este *role-play* a sus últimas consecuencias:

por el mero hecho de contemplar a Tamar, dos metáforas preciosistas con claras referencias eróticas.

AMÓN   Adiós, dulce prenda.

TAMAR   Adiós.

AMÓN   ¿Queréisme mucho?

TAMAR   Infinito.

AMÓN   ¿Y admitís mi amor?

TAMAR   Sí admito.

AMÓN   ¿Quién es vuestro esposo?

TAMAR   Vos.

AMÓN   ¿Vendré esta noche?

TAMAR   A las once.

AMÓN   ¿Olvidaréisme?

TAMAR   En mi vida.

AMÓN   ¿Quedáis triste?

TAMAR   Enternecida. (vv. 809-815)

Si consideramos este diálogo desde una perspectiva puramente visual, sin adentrarnos en su contenido, estructura o significado, resulta
obvio que las intervenciones de Amón en un principio resultan ser
más intensas que las de Tamar. Cabe añadir, además, que las respuestas escuetas de la protagonista, exentas de todo desarrollo argumenta-
tivo están instigadas por el pérfido e intencionado discurso de su in-
terlocutor. Sin embargo, a partir del verso 816 Tamar parece
involucrarse en su papel y volverse más creativa en cuanto a sus intervenciones logrando un cierto grado de complicidad y espontanei-
dad conversacional:

AMÓN   ¿Mudaréisos?

TAMAR   Seré bronce.

AMÓN   ¿Dormiréis?

TAMAR   Soñando en vos.

AMÓN   ¡Qué dicha!

TAMAR   ¡Qué dulce sueño!

AMÓN   ¡Ay mi bien!

TAMAR   ¡Ay caro dueño!

AMÓN   Adiós, mis ojos.

TAMAR   Adiós. (vv. 816-820)

Desde un punto de vista de la forma, este diálogo sigue de cerca las pautas de lo que Ann Ubersfeld, en su estudio sobre las distintas tipologías de diálogos dramáticos, define como un dúo amoroso, caracterizado por[3]:

> Una relación simétrica dual en la que se intercambian el sujeto y el objeto, en la cual entonces, cada uno es objeto (de amor) para el otro. Muy a menudo, el dúo amoroso se caracteriza por *la simetría sintáctica* de sus enunciados que se responden pero también *por la repetición de esos enunciados*, que aparecen como una especie de canto amebeo» (28, énfasis mío).

No será hasta la entrada de Joab, verdadero amante de Tamar, cuando esta perversión dramática queda momentáneamente desenmascarada. Y digo momentáneamente, porque Tamar desengaña a Joab al explicarle como lo que aparenta ser un «amor desatinado» no es más que un remedio terapéutico para consolar emocionalmente a su hermanastro.

Mientras que los verdaderos amantes se reconcilian, Amón observa escondido y, llevado por los celos, en vez de abandonar sus fantasías incestuosas, la envidia le provoca una turbación imposible de reprimir, incitándole a la violenta venganza:

AMÓN   Besar la mano donde el labio ha puesto
                su príncipe, un vasallo, es hecho aleve;
                que el vaso se reserva donde bebe
                el caballo, el vestido y el real puesto.
                Como hermano, es mi agravio manifiesto;
                como amante, a furor mi pecho mueve.
                ¡Ídolo de mi amor, hermana leve!
                ¿Tan presto atormentar? ¿Celos tan presto?
                Como amante ofendido y como hermano
                a locura y venganza me provocas. (vv. 940-949)

---

[3] Sin embargo, si tenemos en cuenta la coacción de los sentimientos de Tamar, la cual se rige por las precisas directivas escénicas de Amón, esta despedida dialogada de los amantes se despoja de toda verosimilitud emotiva en todas y cada una de las intervenciones de nuestra protagonista.

Aunque Amón parece admitir en los versos 944-945 de este parlamento la disociación entre hermana y amante, en el verso 946 el
protagonista vuelve a confundir ambos términos subrayando el ciego
e irreprimible deseo incestuoso que a estas alturas sólo podrá canali-
zarse a través de un acto violento como la violación.

A modo de conclusión cabe matizar que, contrariamente a la mayoría de los personajes tipificados de la comedia, nuestro protagonista se
erige desde sus primeras intervenciones en la obra como un caso pa-
tológico, un «hombre niño» en palabras de Juan Valencia, que «[...]
actuando todavía bajo el poder de un trauma infantil, carece de la
madurez necesaria para funcionar de acuerdo con las normas de la sociedad en que vive» (3) . Amón experimenta una exacerbada infa-
tuación ilusoria que paulatinamente se transforma en obsesión y culmina con la violación de su hermanastra. Sin embargo Tirso no hace
uso de este hecho monstruoso de manera gratuita sino que lo justifica psicológicamente a través de un *role-play* cargado de erotismo, de-
jándonos entrever el funcionamiento de la demencia psíquica Amón.
En otras palabras, la caracterización indirecta pero profunda que logra
la técnica del *role-play* en esta obra otorga a nuestro protagonista lo
que Hornby caracterizará siglos más tarde como profundidad insondable o conplejidad fundamental imposible de definir con certeza (68).
Es precisamente esta imposibilidad de atrapar la esencia más íntima y
psicológica de Amón la que le convierte en un ente de ficción enig-
mático y misterioso, que a la vez que repele sigue hasta hoy fascinán-
donos inexplicablemente.

BIBLIOGRAFÍA

HORNBY, R., *Drama, Metadrama and Perception*, Lewisburg, Bucknell University Press, 1983.

PATERSON, A. K. G., «Introducción», *La Venganza de Tamar*, London, Cambridge University Press, 1969.

TIRSO DE MOLINA, *La Venganza de Tamar*, ed. A. K. G. Paterson, London, Cambridge University Press, 1969.

UBERSFELD, A., *El diálogo teatral*, Buenos Aires, Galerna, 2004.

VALENCIA, J. O., «La función del símbolo en una comedia de Tirso (*La venganza de Tamar*)», *Bulletin of the Comediantes*, 26, 1, 1974, pp. 1-5.

WELLES, M. L., «The anxiety of gender: The Transformation of Tamar in Tirso's *La venganza de Tamar* and Calderón's *Los Cabellos de Absalón*», *Bulletin of the Comediantes*, 47, 2, 1995, pp. 341-372.

EL DUEÑO DE LAS ESTRELLAS DE ALARCÓN: ¿TRAGEDIA O COMEDIA?

Daniel Lorca
University of Chicago

La obra de Alarcón *El dueño de las estrellas* es problemática porque su final contiene elementos cómicos y trágicos. El Rey se casa justo al final y por lo tanto parece que la obra acaba felizmente, pero al mismo tiempo el protagonista muere. La interpretación de la obra depende de la lectura de su desenlace: si damos más importancia a las bodas del Rey, la obra se convierte en comedia, pero si enfatizamos la muerte de Licurgo la obra se convierte en una tragedia. Por ejemplo, Augusta Espantoso-Foley no tiene en cuenta el casamiento final y concluye que la muerte de Licurgo es «tragic and predicted by the stars»[1]. Edward H. Friedman opina que le obra acaba en muerte y que por lo tanto es una tragedia al estilo español, o lopesco: «[it] conforms with Lope's requisites for *tragedia*»[2]. Al mismo tiempo, otros críticos dan más importancia a las bodas finales y llegan a la conclusión opuesta. Por ejemplo, Cinthia Leone Halpern concluye que el final es feliz: «In the end, Lycurgus commits the ultimate act of loyalty to the

---

[1] Espantoso-Foley, 1964, p. 3.
[2] Friedman, 1975, p. 430.

king by committing suicide and leaving Diana free to marry the monarch,... The play ends as it must, with the marriage of Diana to the
king, the only act that can exonerate his tyrannical behavior»[3]. Estas
dos tendencias en la crítica crean un problema a resolver: ¿hasta qué
punto es la obra una comedia o una tragedia? La división de opiniones demuestra que el problema no está motivado por un mero afán
de clasificar la obra, de fijarla dentro de unos parámetros preestable-
cidos: todo lo contrario, la opinión de los críticos demuestra que, según pongamos más énfasis en las bodas del Rey o en la muerte de
Licurgo, la interpretación de la obra cambia radicalmente y que, por
lo tanto, el sentido mismo de la obra se transforma según pensemos
en ella como tragedia o como comedia.

Hay que notar que contrariamente a lo dicho por Friedman, según las ideas de Lope de Vega la obra no es estrictamente trágica.
Edwin S. Morby explica que según Lope una tragedia es «a play based on history or mythology, with exalted actors, of noble origin, and
ending in death»[4], pero la obra no acaba en muerte sino en matrimonio. Desafortunadamente, esta respuesta categórica no tiene en
cuenta que la concepción de Lope *casi* se cumple: el que muere es un
noble, es también el protagonista, la obra pretende ser histórica, la
muerte ocurre casi al final y, por último, el Rey exalta el suicidio de
Licurgo también al final de la obra. Por lo tanto, si hacemos una interpretación un poco flexible de las ideas de Lope, la obra se puede
considerar como una tragedia algo atípica.

La definición de Aristóteles complica más la cuestión: dejando a
un lado las tres unidades, nos dice el filósofo que una obra es trágica
cuando la muerte del protagonista se debe o bien a un error de juicio o a un fallo en su carácter. Pero no es obvio que Licurgo ha cometido (o no) un error de juicio al suicidarse, o que el suicidio se
deba (o no) a un fallo en su carácter. Por ejemplo, mientras que James
A. Parr y Deborah H. Dougherty piensan que el suicidio está bien
justificado[5], Jules Whicker y Manuel Delgado Morales piensan lo
opuesto[6]. En resumen, ya que las ideas de Lope de Vega y de Aristóteles

---

[3] Halpern, 2005, p. 82.
[4] Morby, 1943, p. 199.
[5] Parr, 1974, pp. 206-207, y Dougherty, 1995, pp. 66-67.
[6] Whicker, 2001, p. 135, y Delgado, 1984, pp. 116-117.

no resuelven la cuestión de forma clara, debemos encontrar otra estrategia.

Todos los críticos evalúan la obra desde un punto de vista ético. Algunos sostienen que Licurgo es virtuoso y otros dicen que no, pero todos usan la posible virtud de Licurgo como parámetro. Esto crea una posibilidad: la cuestión se puede resolver si nos concentramos más en el carácter moral de Licurgo y menos en las definiciones. No es que las definiciones se ignoren totalmente, pero el énfasis está en decidir primero cuál es el carácter moral de Licurgo y después en aplicar las definiciones. Desgraciadamente, la cuestión se complica de nuevo: mientras que James A. Parr piensa que Licurgo es como mínimo parcialmente estoico[7], Deborah H. Dougherty analiza el carácter de Licurgo desde un punto de vista que es principalmente aristotélico[8]. Debemos por lo tanto encontrar una característica moral más básica, algo que sea parte de la fundación del sistema moral renacentista. Debemos fijarnos en las implicaciones morales del «soy quien soy».

Tras analizar el «soy quien soy,» una de las conclusiones de Leo Spitzer es que dicho concepto tiene implicaciones morales[9]. Spitzer está en lo cierto: el «soy quien soy» es básico en las relaciones morales durante todo el Renacimiento. Por ejemplo, si uno es un noble y otro no lo es, y si ambos están actuando según son, entonces el noble no puede comportarse como un villano y viceversa[10]. El resultado del «soy quien soy» es un sistema complejo de obligaciones mutuas. Más precisamente, dependiendo de quiénes son los individuos en una situación, dichos individuos están obligados a actuar de cierta forma. Según quiénes son, reciben o dan honor de forma proporcional

---

[7] Parr, 1974, p. 204.

[8] Dougherty, 1995, pp. 55-71.

[9] La obligación moral del «soy quien soy» es evidente en el ensayo de Spitzer cuando concluye en la ultima pagina: «El ser humano (cualquiera que sea su rango social, el papel que le haya designado el director del teatro) debe aspirar, en la medida de sus fuerzas, a imitar la constancia del *Ser* divino» (1947, p. 127).

[10] Parte de ser noble es recibir el honor que un villano ha de darle *porque es noble* y, al mismo tiempo, parte de ser villano es honrar a un noble *por ser villano*. Los siguientes versos de Lope de Vega, citados en el ensayo de Spitzer, basta para demostrar que el «soy quien soy» obliga moralmente a actuar de cierta forma en sociedad: «quien es quien vaya obrando / como quien es, y con esto / de aquella suerte los dos / como quien somos haremos» (1947, p.113).

a lo que son[11]. Si por ejemplo los participantes son un rey y un soldado, es absurdo que se traten como iguales, precisamente porque uno es el rey y el otro es un soldado. En esta situación es justo que en la proporción, el rey reciba mucho más honor que el soldado y el soldado sabe que está obligado a honrar al rey. El resultado es una jerarquización de la sociedad total. La sociedad no solamente está jerarquizada según clases, sino también según quiénes están dentro de esas clases. No es lo mismo ser un Conde casado con alguien de la familia real, que ser un Conde casado con alguien que no forma parte de la familia real.

La importancia del «soy quien soy» en cuestiones morales se aprecia mejor cuando tenemos en cuenta que tanto el estoico como el aristotélico han de preocuparse de las obligaciones socio-morales del «soy quien soy», pero por razones distintas. El estoico piensa que su honor y su fama carecen de importancia porque son distracciones: lo único importante es la virtud, el estado interno del alma. Pero el hecho de que el estoico no se preocupe de su fama y de su honor no quita la obligación de honrar a aquellos que lo merecen *según son*. Por ejemplo, el valido en la obra de Quevedo *Cómo ha de ser el privado* es un estoico y honra al Rey a lo largo de toda la obra porque el Rey es el Rey. El aristotélico piensa que su honor y su fama sí son importantes, pero parte de preocuparse de su honor y de su fama es precisamente honrar a aquellos que lo merecen *según son*. Por ejemplo, la Reina de Inglaterra en *La española inglesa* de Cervantes es aristotélica en el sentido que se preocupa por su honor de reina, pero al mismo tiempo está dispuesta a dar a Ricaredo la mano de Isabela si lo merece[12]. De hecho, el «soy quien soy» es tan básico en la moralidad del Renacimiento que se aplica por igual al Cristianismo: uno está obligado a honrar a Dios de forma completa porque Dios es Dios.

---

[11] Las obligaciones sociales creadas por el «soy quien soy» tienen su origen en la justicia distributiva de Aristóteles. Según Aristóteles «if the persons are not equal, their [just] shares will not be equal; but this is the source of quarrels and recriminations, when equals have and are awarded unequal shares or unequals equal shares. The truth of this is further illustrated by the principle "To each according to his deserts"» (*Nicomachean Ethics*, 1131a20-25). Es decir, lo justo depende de quiénes son los agentes dentro de la distribución.

[12] La reina ofrece la siguiente condición para el matrimonio de Ricaredo e Isabela: «Ni lo estará —dijo la reina— con Isabela hasta que por sí lo merezca. Quiero decir

Dada la importancia del «soy quien soy» en cuestiones morales y sociales, la aplicación de este concepto a la obra para descubrir sus elementos trágicos y cómicos se justifica. Podemos preguntarnos quién es el protagonista y, a continuación, podemos descubrir qué es lo que está obligado a hacer por ser quien es. Una vez que comprendemos sus obligaciones morales y sociales podemos evaluar su decisión final de ir al suicidio y, por último, esta información puede sernos útil para comprender hasta qué punto la obra es trágica o cómica.

El texto nos da mucha información sobre quién es Licurgo. Para empezar, es el mejor legislador de su época por tres razones: El oráculo del Rey de Creta dice que la justicia del Rey depende de encontrar a Licurgo, precisamente porque Licurgo es un gran legislador; al mismo tiempo, Licurgo era respetado hasta tal punto en Esparta que, cuando los espartanos descubren que Licurgo está en Creta, piden su retorno bajo amenaza de guerra[13]; por último, todos consideran que las leyes ideadas por Licurgo en el reino de Creta son justas[14]. Licurgo es también alto de pensamientos, según la definición de Aristóteles, porque se preocupa por su honor y fama, pero solamente cuando se lo merece[15]. El Rey le ofrece premio dos veces antes de que Licurgo haya hecho nada, y las dos veces Licurgo se niega a aceptar[16]. Sólo tras pasar las nuevas leyes de Creta, que todos piensan son justas, pide su merecido premio[17]. Por último, Licurgo sabe su sitio dentro de la escala social según quienes son los personajes: una vez que el Rey de Creta le ordena que sea su valido, Licurgo obedece sin más objeciones porque el Rey es el Rey y como tal ha de ser obedecido[18].

que no quiero que para esto le aprovechen vuestros servicios ni los de sus pasados; él mismo se ha de disponer a servirme y a merecer por sí esta prenda, que ya la estimo como si fuera mi hija» (*Ocho Novelas Ejemplares*, p. 251).

[13] Alarcón, *Comedias*, ed. Hartzenbusch, 1866, p. 274.

[14] Alarcón, *Comedias*, ed. Hartzenbusch, 1866, p. 279.

[15] La definición de Aristóteles de ser alto de pensamientos es «a man is regarded as high-minded when he thinks he deserves great things and actually deserves them; one who thinks he deserves them but does not is a fool» (*Nicomachean Ethics*, 1123b1-5).

[16] Alarcón, *Comedias*, ed. Hartzenbusch, 1866, p. 274.

[17] Alarcón, *Comedias*, ed. Hartzenbusch, 1866, p. 282.

[18] Alarcón, *Comedias*, ed. Hartzenbusch, 1866, p. 274.

Resumiendo, Licurgo, como Licurgo, tiene todas las características de un sabio renacentista. Es cierto que cuando Licurgo estaba disfrazado de villano en el primer acto sus obligaciones cambian, pero, independientemente de sus obligaciones como villano, sigue siendo cierto que Licurgo *como Licurgo* está obligado a comportarse como quien es, un sabio. Esto se confirma en la obra de una forma bastante original: como villano, Licurgo no está obligado a perdonar a Teón (porque como villano no es un sabio) y por lo tanto no le perdona, pero al mismo tiempo, como Licurgo (un sabio), sí esta obligado a perdonar a Teón y, por lo tanto, le perdona. Cuando Licurgo se venga de Teón lo hace no como Licurgo, sino como villano.

Veamos ahora la justificación de Licurgo justo antes de suicidarse. Tras encontrar al Rey en el aposento de Diana, Licurgo dice al Rey: «Pues para que ni te mate, / ni me mates, ni consienta / Vivo mi infamia, ni Esparta / me cobre, ni oprima a Creta, / Yo mismo daré a mi vida / Fin honroso y fama eterna, / Porque los siglos me llamen / *El dueño de las estrellas*»[19]. Es decir, Licurgo no puede matar al Rey porque el Rey *es* el Rey y, como tal, le debe obediencia. Da igual lo que el Rey haya hecho o no con Diana: lo que importa es que es el Rey, lo cual obliga a Licurgo a actuar de una forma determinada. Al mismo tiempo, Licurgo no puede permitir que el Rey le mate porque Licurgo *es* Licurgo y, como tal, es un sabio que no merece morir deshonrado. Licurgo tampoco puede permitir que Creta y Esparta vayan a la guerra por causa suya, porque un sabio no puede permitir que él mismo sea la causa de una guerra y, por lo tanto, por todas estas razones, no le queda más recurso que matarse. Por ser quien es, un sabio, está obligado a matarse[20].

Hay que notar que, gracias al suicidio, el oráculo de Licurgo no se cumple y sí se cumple el del Rey. El oráculo de Licurgo no se cumple porque al suicidarse evita matar a un rey y también evita que un rey le mate porque se mata él mismo. Por lo tanto, ha conseguido ser

---

[19] Alarcón, *Comedias*, ed. Hartzenbusch, 1866, p. 284.
[20] Hay un ejemplo histórico de la conducta de Licurgo: Según la *Apologia* de Platón, Sócrates se suicidó por ser quien es, un sabio que no puede evitar la muerte y seguir siendo un sabio (ver, por ejemplo, *The Collected Dialogues*, p. 26). Ya que la conducta de Sócrates era bien conocida durante todo el Renacimiento, es probable que su ejemplo haya influido tanto a Alarcón como a su audiencia.

exactamente lo que dice ser: «*El dueño de las estrellas*»[21]. Es decir, ha vencido a su destino por ser quien es y como tal merece «fama eterna»[22]. Al mismo tiempo, el oráculo del Rey sí se cumple, porque al final de la obra recibe el título de justo y lo recibe precisamente porque decide casarse con Diana para honrar el sacrificio de Licurgo. Las palabras del Rey dejan poca duda sobre este punto: «La hazaña / Mayor que el mundo celebra. / El mismo se dio la muerte, / De su lealtad y mi ofensa / Forzado. –Licurgo amigo, / Diana, si así consuelas / Tu muerte, será mi esposa; / Que no hay otra recompensa / Desta hazaña»[23]. Es más, el titulo de justo se lo da la persona que más cuenta en la obra, el padre de Diana («En vos [Rey] resplandecen juntas / La justicia y la clemencia: / Dale la mano, Diana»[24].) y es la persona que más cuenta porque, otra vez, *es quien es*: el padre de Diana y el noble más poderoso en el reino.

Si pensamos en todo lo dicho la obra no puede ser una tragedia, según la definición de Aristóteles. La obra acaba bien para Licurgo porque ha conseguido lo más difícil durante todo el Renacimiento: vencer a su destino. Es más, ha conseguido la victoria por *ser quien es,* un sabio. Al mismo tiempo, el Rey, siendo quien es, tiene el mayor grado de autoridad en la obra y, por lo tanto, su opinión positiva del suicidio de Licurgo confirma que el final de Licurgo es un final feliz. La obra también acaba bien para el Rey porque su reputación de justo es merecida al final, y es merecida precisamente porque honra la memoria de Licurgo al casarse con Diana. Todo esto indica que no hay error de juicio en la decisión de Licurgo de matarse; no hay error de juicio, porque su decisión no tiene nada que ver con lo pasado con Teón, ya que ni siquiera se le menciona en su razonamiento final y, por lo tanto, cualquier cosa que haya podido hacer por razones de venganza *como villano* no entra en juego. En pocas palabras, Licurgo es quien es y ha hecho según estaba obligado a hacer como sabio. Su decisión es justa y, como tal, Licurgo merece fama eterna porque ha vencido a su destino.

---

[21] Alarcón, *Comedias*, ed. Hartzenbusch, 1866, p. 284.
[22] Alarcón, *Comedias*, ed. Hartzenbusch, 1866, p. 284.
[23] Alarcón, *Comedias*, ed. Hartzenbusch, 1866, p. 284.
[24] Alarcón, *Comedias*, ed. Hartzenbusch, 1866, p. 284.

En cambio, la concepción de tragedia de Lope casi se cumple, porque sigue siendo cierto que el suicidio de Licurgo ocurre casi al final. Pero cuando se le añade a este suicidio toda la evidencia positiva de un final feliz, es razonable afirmar que, en este caso, el elemento trágico de la muerte del héroe es usado por Alarcón para realzar el valor moral de la comedia. Es decir, al hacer que el final sea casi trágico, el final se hace aun más feliz precisamente porque la tragedia se evita cuando parece que ya era inevitable. Con esto Alarcón consigue dos objetivos: mantener la atención de la audiencia durante toda la obra y dar un ejemplo memorable, basado en el «soy quien soy», de cómo un sabio ha de comportarse para obtener el final más feliz: vencer la influencia de las estrellas y, con su victoria, hacer que un rey se convierta en alguien justo.

BIBLIOGRAFÍA

ARISTÓTELES, «Nichomachean Ethics», trad. M. Oswald, Englewood Cliffs, Prentice Hall, 1962.

CERVANTES, M., «Ocho Novelas Ejemplares», ed. J. Montero Reguera, Barcelona, Área, 2002.

DELGADO MORALES, M., «Significado político de la moral y de la justicia en El dueño de las estrellas», en Josep María Solá-Solé: homage, homenaje, homenatge», ed. V. Aguirre, Barcelona, Puvill, 1984, vol. II, pp. 109-117.

DOUGHERTY, A. D., «Alarcón's Licurgo: A Magnanimous Hero's Honorable Vengeance», Bulletin of the Comediantes, 47, 1995, pp. 55-71.

ESPANTOSO-FOLEY, M. A., «The Problem of Astrology and Its Use in Ruiz de Alarcón's "El dueño de las estrellas"», Hispanic Review, 32, 1964, pp. 1-11.

FRIEDMAN, H. E., «A View of Tragedy and Tragicomedy in Ruiz de Alarcón's El dueño de las estrellas and La crueldad por el honor», Kentucky Romance Quarterly, 22, 1975, pp. 426-441.

HALPERN, L. C., «The Female Voice in the Plays of Juan Ruiz de Alarcón», Bulletin of the Comediantes, 57, 2005, pp. 61-89.

MORBY, S. E., «Some Observations on Tragedia and Tragicomedia in Lope», Hispanic Review, 11, 1943, pp. 185-209.

PARR, H. J., «On Fate, Suicide, and Free Will in Alarcón's «El dueño de las estrellas»», Hispanic Review, 42, 1974, pp. 199-207.

PLATÓN, «Apology», en Collected Dialogues, ed. E. Hamilton y H. Cairos, Princeton, Priceton University Press, 1961, pp. 2-27.

QUEVEDO Y VILLEGAS, F. de, «Cómo ha de ser el privado», en Obras Completas, ed. F. Buendía, Madrid, Aguilar, 1967, vol. II, pp. 592-635.

RUIZ DE ALARCÓN, J, «El dueño de las estrellas», en Comedias de Don Juan Ruiz de Alarcón y Mendoza, ed. J. Hartzenbusch, Madrid, M. Rivadeneyra, 1866, pp. 267-284.

SPITZER, L., «Soy quien soy», Nueva Revista de Filología Hispánica, 1, 1947, pp. 113-127.

WHICKER, J., «A Political Enigma: Juan Ruiz de Alarcón's El dueño de las estrellas and Its Relation to Reformist Politics Under the Olivares Regime», en Culture and Society in Habsburg Spain, ed. N. Griffin, London, Tamesis, 2001, pp. 121-136.

HISTORIA, MITO Y REALIDAD: LA REPRESENTACIÓN DE LO TRÁGICO EN EL TEATRO DE ROJAS ZORRILLA

María Reyna Ruiz
University of Arkansas

A pesar de que al teatro áureo español no se le reconoce por la producción de tragedias, Rojas Zorrilla es uno de los dramaturgos que ha cultivado el género trágico con más intensidad. Las obras elegidas para este estudio parten de tres fuentes temáticas distintas: la historia, el mundo mitológico y la realidad. *Lucrecia y Tarquino* está basada en un famoso suceso de la historia de Roma, la violación de la virtuosa Lucrecia a manos del tirano Tarquino, que termina con el suicidio de la dama romana. *Progne y Filomena* bebe en las fuentes del mito clásico —*Metamorfosis* de Ovidio—, cuyas heroínas buscan venganza a sus traiciones y matan al marido/cuñado violador y adúltero. *Casarse por vengarse* se presenta como una tragedia de honra en la que la inocente Blanca muere aplastada por un falso tabique que el marido celoso acciona para vengarse del supuesto adulterio de su esposa. Para este trabajo analizaré algunos de los elementos trágicos de los tres dramas, es decir, qué los convierte en tragedia —además del desenlace trágico: la muerte—, en qué difieren o se asemejan a la tragedia clásica según el canon aristotélico, y cómo se acercan a la fórmula lopesca que mezcla lo trágico y lo cómico.

Las poéticas renacentistas siguieron como modelos básicos la *Poética* de Aristóteles y el *Ars Poetica* de Horacio, no sin cierta controversia y falta de consenso a la hora de definir los géneros dramáticos e interpretar los textos clásicos. La polémica, sin embargo, no se ha dado por cerrada y el asunto sigue generando nuevos discursos y disquisiciones críticas. Alfonso de Toro resume así las convenciones aristotélicas referentes al género trágico:

> 1. Los personajes son procedencia distinguida del mito o de la historia. 2. La tragedia imita acciones grandes y que producen espanto. 3. El asunto de la tragedia es sublime y procede del mito o de la historia (*res magna*), (*res modica*). 4. La tragedia comienza felizmente y acaba en desdicha. 5. Lengua y estilo de la tragedia son elevados y sublimes (*stilus gravis*). 6. La tragedia tiene la finalidad de provocar 'kátharsis' a través del 'eleos' y 'phobos'. 7. La tragedia tiene cinco actos[1]

Sin intentar redefinir el término ni seguir una línea determinada en cuanto a las pautas neo-aristotélicas, cabe señalar la ausencia de una definición única y fija de la *tragedia*. El teatro del Siglo de Oro apenas cuenta con comedias y tragedias en *estado puro* y, para añadir más confusión utiliza el término *comedia* de forma genérica para todo género dramático —comedia, tragedia o tragicomedia— y espectáculo teatral. A partir de estas oscilaciones terminológicas y con estas premisas, en las tres obras elegidas se puede llegar a cierta conformidad en cuanto a su catalogación trágica, especialmente relacionada al asunto (amor, pasión, celos, muerte), aunque estructuralmente sigan la fórmula lopesca de los tres actos ya implantada a nivel nacional cuando Rojas comienza a escribir sus comedias, y algunos dramas no se ciñan con exactitud a las convenciones de la tragedia citadas anteriormente. *Lucrecia y Tarquino*, escrita probablemente entre 1635 y 1640 según la cronología de McCurdy[2], se remite a la historia clásica y trata del conocido tema de la violación y suicidio de la virtuosa dama romana, vengadora de su propio honor. Los elementos trágicos de la obra son claros. La violencia materializada en la violación y suicidio de Lucrecia son hechos trágicos evidentes, aunque sólo el suicidio se

---

[1] 1998, pp. 207-208.
[2] *Lucrecia y Tarquino*, 1963b, p. 4.

presenta a los ojos del público. La preceptiva dramática del Siglo de Oro dictaba, sin embargo, no mostrar la furia y el ensañamiento en el escenario. Jusepe Antonio González de Salas anotaba en la *Nueva idea de la tragedia antigua* (1633) que la «perturbación o pasión... era sin comparación más estimable cuando se contraía por medio de la misma constitución de la fábula, y no por aquellas otras fieras ejecuciones que necesariamente eran fuera de la arte, sino que leída o escuchada la tragedia sin otro algún artificio moviese y perturbarse los ánimos»[3]. Así, observamos que otras violencias y excesos de poder de la trama política son narradas por los personajes. Ya en la primera escena Sexto relata a su padre cómo tomó el senado de Roma por la fuerza y mató a los veinte senadores que lo componían, perdonándole la vida sólo a Bruto por tomarle por loco. Más adelante, el tirano manda prender a Cloanto por oponerse a su política y ordena que le corten la cabeza. La ejecución no se lleva a cabo en escena pero la orden denota el carácter tiránico e implacable de Sexto.

Por otra parte, la obra está sembrada de indicios, sospechas y agüeros que anuncian el desenlace trágico y además tienen la capacidad de conmover al auditorio. Antes de separarse de su esposa para ir a la guerra, Colatino intuye ciertos peligros relacionados con la separación:

Es el honor tan de vidrio
que si no llega a quebrarse,
teme que el aire le ofenda,
o que el aliento le empañe. (vv. 461-464)[4]

Poco después una paloma herida atravesada con una saeta cae por azar a los pies de Colatino salpicándole con su sangre, siendo ésta la primera vez que aparece la sangre en el escenario. Mientras el aparte de Bruto anticipa los malos presagios, Lucrecia no acierta a comprender los temores de su esposo:

¿Por qué, señor tanto enojo?
¿Sucesos tan naturales
han de matar tu sosiego?
....

---

[3] Citado en Briesemeister, 1983, p. 163.
[4] Cito por la edición de MacCurdy, *Lucrecia y Tarquino*, 1963.

¿Matar un ave es prodigio?
¿Presagio es morir un ave? (vv. 557-559, 565-566)

En la Jornada Segunda otro de los signos que anuncian la tragedia es el incidente del vaso que Tarquino rompe al ir a colocarlo en una bandeja en casa de Colatino. El sonido estrepitoso del cristal hecho añicos se presenta como un signo auditivo que predice el desdichado suceso y provoca el sobresalto en el público. El esposo, azorado, interpreta el percance como un mal presagio y comenta en un aparte:

(¡Qué turbación tan notable!
Si como vidro peligra
el honor, ya tengo ejemplo
que me previene y avisa.) (vv. 1279-1282)

Si la paloma herida y el cristal roto son signos concretos de malos augurios, a lo largo de la obra algunos personajes anticipan las desdichadas acciones mediante el lenguaje y la imaginería asociados a ciertos estados de ánimo. En la Jornada Primera Lucrecia alude al lecho vacío en ausencia del esposo como «bóveda fría» (v. 1170), metáfora del sepulcro y símbolo que anuncia su muerte anticipando el final de la obra en que relata el suceso de su violación: «que en un desmayo penoso / cadáver fui a su torpeza, / mármol frío, inmóvil tronco» (vv. 2117-2119). El *desmayo* representa una muerte prematura; el *mármol frío* se asocia a un cuerpo frío, el *cadáver*, y *el tronco* simboliza el ataúd. La escena evoca el cuerpo violado en el sepulcral lecho.

El carácter tiránico de Sexto se revela tanto en sus pasiones como en las intrigas políticas. Sin embargo, a pesar de la aureola de crueldad que le rodea, Sexto Tarquino aparece como un personaje trágico, un ser dividido que se abandona a su pasión, se debate entre la luz y las tinieblas y se resuelve a conseguir el objeto de su deseo a cualquier precio, si no con ternezas y regalos, «con rigores y violencias» (v. 1604). Consumada la violación, Tarquino relata los hechos a Pericles y se reconoce culpable de su infamia: «Toqué el sol, ofendí al cielo» (v. 1959), y arrepentido declara:

Yo me voy adonde pueda
pedir al cielo que un rayo,

mientras vuelve del desmayo
venganza a su honor conceda. (vv. 2038-2041)

Sexto es el ejecutor del ultraje pero Colatino intuye su parte de
culpa y se lamenta de no haber escuchado las sentencias de Bruto
cuando predice que el marido que ensalza a su esposa «… Busca / su
perdición, su martirio; / que la alabanza despierta / los deseos más
dormidos» (vv. 911-914). Colatino se duele de haberle facilitado la entrada en su casa al tirano —«pues yo le enseñé el camino, / pues yo
le franqueé las puertas» (vv. 1676-1677)—, y la casa se revela como el
hortus conclusus o fortaleza con *porta clausa* representados en la tradición iconográfica mariana como símbolo de pureza y virtud. Sólo el
esposo posee la llave de entrada a ese espacio privado, el cuerpo de
Lucrecia[5].

Al final, la imagen de Lucrecia —«*suelto el cabello y un puñal en la
mano*» (p. 105)— clamando al cielo su venganza, preludia el final trágico y su suicidio:

> Y este riguroso acero
> entre en mi pecho hasta el pomo;
> lave con sangre esta mancha,
> y en desdichados elogios
> digan que de mis desdichas,
> por menor la muerte escojo. (vv. 2150-2155)

Algunos críticos han hablado de la imperfección del personaje de
Lucrecia que, consciente de su virtud y belleza, lleva su castidad demasiado lejos. Dietrich Briesemeister mantiene que la «orgullosa demostración de castidad no es del todo perfecta sino que lleva en sí un
germen de perversión y perdición»[6], y por ello, su arrogante virtud la
lleva a la muerte.

Progne y Filomena fue publicada en 1640 en la *Primera Parte* de sus
comedias y probablemente estrenada el 10 de enero de 1636 en el

---

[5] Mercedes Maroto se remite a Juan Luis Vives y su manual de *Instrucción de la
mujer cristiana* en el que enfatiza la necesidad de reclusión de la mujer en cuerpo y
alma para preservar su castidad, «templo consagrado» del que sólo el marido posee la
llave (1997, p. 334).

[6] 1983, p. 173.

Palacio Real[7]. El mito clásico creado por Ovidio en las *Metamorfosis* se convirtió en la fuente temática de muchas obras durante el Siglo de Oro. Juan de Timoneda contribuyó al mito con la *Tragicomedia llamada Filomena* de 1564 y un romance sobre el mismo tema titulado *Rosa de amores* fechado en 1573. Lope de Vega publicó en 1621 un poema mitológico en octavas reales, *La Filomena*, una versión del mito ovidiano, y entre 1608 y 1612 Guillén de Castro compuso su *Progne y Filomena*, modelo que serviría para la versión de Rojas[8] aunque con algunas variantes. Raymond MacCurdy, pionero en los estudios de Rojas, ha calificado la obra como una de las mejores tragedias del autor y una de las piezas más logradas del teatro áureo de tema mitológico[9].

Desde el principio se vislumbra la violación de Filomena a manos del rey, esposo de Progne, por medio del sueño que ésta tiene. Progne sale a escena con una daga en la mano y clamando por la muerte del esposo traidor. Cuando se da cuenta de la alucinación delirante que le ha provocado el sueño le cuenta a su hermana: «y vi en sueños que mi esposo / violó el templo de tu honor» (vv. 379-380)[10]. Accidentalmente Filomena se corta la mano cuando le va a quitar la daga a Progne, y la sangre de la herida se convierte en otro indicio de las violencias que esperan a Filomena. Pandrión, rey de Atenas ha casado por poderes a Progne con Tereo, rey de Tracia. Hipólito, el hermano de Tereo fue el encargado de negociar el matrimonio, pero enamorado de Filomena cambió los nombres en los retratos de las hermanas, sabiendo que Filomena, la más bella, sería la elegida. Tereo sospecha el engaño de Hipólito y, resuelto a buscar «alivio» a su amor, envía a su hermano a la guerra para alejarlo de Filomena.

En la Jornada Segunda es Filomena quien aparece a medio vestir con una espada en la mano, y le relata la afrenta de Tereo a su hermana. El intento de Tereo ha sido fallido y Filomena consigue escapar de las garras de su agresor. Progne le propone que abandone la Tracia de inmediato y huya a Atenas con Hipólito, quien está de regreso de la guerra. En el bosque donde debe encontrarse con su ama-

---

[7] 1994, pp. 1-3.
[8] Ver Castañeda, 2006, pp. 102-104.
[9] 1968, p. 48.
[10] Cito por la edición de Rodríguez y Roll-Vélez, *Progne y Filomena*, 1994.

do Filomena confunde las señales y el error la conduce a los brazos de Tereo que conocía su plan por medio de un papel que le entregó su criado. De nuevo, la violación no se lleva a cabo en el escenario y el efecto teatral se consigue, a hechos consumados, con la imagen de Filomena ensangrentada, sin chapines, el cabello suelto y echando sangre por la boca debido a la herida que Tereo le inflige en la lengua para evitar que hable[11]. Después de dos años vagando por el monte, Filomena reaparece vestida con pieles[12] y con la daga que le arrebató a Hipólito para escribir su infamia en la arena cuando se vieron en el bosque después de la violación. Ya curada de la herida en la lengua va al encuentro de su hermana y le descubre la infamia de Tereo. Ambas compiten por la dulce venganza y resuelven llevarla a cabo de forma conjunta. En un desenlace excepcional, matan al rey lavando su honor con sus propias manos[13].

En el desarrollo de la acción la intervención de los criados graciosos hace peligrar la integridad trágica de la obra de Rojas. Juanete, caracterizado por su glotonería y Chilindrón conocido por su avaricia forman una pareja que parece estar fuera de lugar y protagonizan una escena escatológica de exagerados tintes cómicos —Juanete sufre los efectos de un purgante que Chilindrón le ha dado en forma de conserva de membrillo—, justo antes de llevarse a cabo la violación de Filomena. Si bien estos personajes tienen la función de romper la tensión dramática y su intervención sería aceptable en términos genéricos en una tragedia de este talante —el contrapunto cómico pue-

---

[11] En las *Metamorfosis* de Ovidio, Tereo le corta la lengua con la espada y Filomena nunca llega a recobrar el habla, por lo que teje la historia de su ignominia en un lienzo que hace llevar a Progne (ver *Metamorfosis*, ed. Álvarez e Iglesias, 2003, pp. 406-16).

[12] La caracterización de Filomena convertida en salvaje a la espera de su venganza la revalida ella misma: «Fiera soy vuestra, montes vigilantes» (v. 339).

[13] Ésta es una de las escasas obras en las que una mujer mata al agresor de su honor. La obra difiere del final de las *Metamorfosis* en el que las hermanas matan a Itis, hijo de Progne, y se lo presentan a Tereo en un banquete especial. El festín antropófago termina con las iras de Tereo al conocer la verdad, y los tres se convierten en aves. En la versión de Guillén de Castro, aunque Tereo arremete contra Filomena y le corta la lengua, la violación no se lleva a cabo. El final feliz con la reconciliación entre ofensores y ofendidos, como indica James Castañeda, sigue el dictado de la escuela de Lope que busca la armonía y el retorno al orden establecido (2006, p. 107).

de existir en la tragedia—, como señala MacCurdy, la tragedia busca otro tipo de catarsis[14].

Casarse por vengarse se publicó en Valencia en 1636 en la *Parte 29* de la colección de *Comedias de diferentes autores*. Ese mismo año apareció publicada en Zaragoza en la *Parte 30* de *Comedias famosas de varios autores* bajo la rúbrica de Calderón, aunque Rojas incluyó la obra en la *Primera parte* de sus comedias, edición que él mismo supervisó[15]. El único uxoricidio de Rojas Zorrilla, fue una de las obras de mayor influencia fuera de España durante los siglos XVI y XVII. Sirvió a Lesage para una de las novelas intercaladas en el *Gil Blas*, «Le mariage de vengeance» (1715-1735), y ésta a su vez fue utilizada como fuente del «Enrico re di Sicilia» de Carlo Goldoni (1737), entre otras composiciones[16].

Casarse por vengarse, con ser la más larga de las piezas estudiadas (más de 3.000 versos), es además la más compleja en cuanto al desarrollo de las emociones de sus protagonistas y sus constantes vacilaciones, y la obra de acción más intrincada por la cantidad de equívocos y errores. Blanca y Enrique han crecido como hermanos y se han declarado amor mutuo. El rey muere inesperadamente y sin descendencia dejando a Enrique, su hermano, heredero al trono de Sicilia con la condición de aceptar a su prima Rosaura como esposa. Blanca conoce el desposorio de Enrique y movida por los celos se precipita a casarse con el Condestable, para así vengarse y provocar los celos de Enrique. El ahora rey sigue visitando a Blanca a escondidas accediendo a una sala secreta mediante un falso tabique que sólo ellos dos conocen. Blanca, resignada a su destino, comienza a temer por su honor y rechaza a Enrique.

Los indicios de un final trágico se presentan mucho antes del desenlace de la obra. Así, en la Segunda Jornada Blanca anticipa su muerte como la mariposa nocturna que atraída por la luz termina abrasada cuando ella misma se quema la mano y apaga la vela accidentalmente. La escena, que continúa en la oscuridad y en la que le ruega a Enrique que deje de visitarla, será el preludio a su sentencia de muerte. El rey

---

[14] 1963a, p. 52.
[15] Mullin, 2007, pp. 3, 4.
[16] MacCurdy, 1968, pp. 73-74.

abandona la estancia al oír un ruido sospechoso y en su lugar es el
Condestable quien presente escucha sus lamentos:

> Déxame, Enrique atrevido,
> que aunque es verdad que a mi esposo
> no reportada aborresco,
> no tampoco, no tampoco
> te quiero, si antes te quise. (vv. 2023-2027)

La luz o la ausencia de luz, se utiliza de modo convencional para
provocar la confusión y el enredo. Cuando llega la luz, Blanca patéti-
camente arrodillada a los pies de su marido se da cuenta, turbada, del
equívoco. La inocencia de Blanca se pone en entredicho a los ojos de
su esposo y, como en este tipo de dramas de honor conyugal, en palabras de María Teresa Julio, las mujeres se vuelven «personajes que vi-
ven angustiosamente atrapadas y han de cargar paradójicamente con
la culpa de una inocencia»[17].

La tensión dramática va en aumento y la Tercera Jornada se abre
con la imagen de una Blanca trastornada —la ropa y los cabellos desor-
denados y una daga en la mano—, que acaba de escapar de la muerte que su esposo había intentado ejecutar. Blanca, sin embargo, no se
salva, ya que al final el marido descubre el tabique falso, hallazgo ca-
sual que le conduce a tramar el 'crimen perfecto' y acabar con ella:

> ¿Esta pared no derribó mi honra?
> ¿No fue instrumento vil de mi deshonra?
> Pues porque sirva al mundo de escarmiento,
> sea castigo lo que fue instrumento,
> porque de esta manera
> viva mi fama, y mi deshonra muera. (3213-3218)

El marido celoso derriba la falsa pared sobre Blanca fingiendo que
ha sido víctima accidental del destino, y queda así vengado mientras

---

[17] «Rojas y el drama de honor: Afinidades y disidencias calderonianas», 2005, p.
922. R. MacCurdy clasifica este tipo de obras como *dramas de honor* «in that the hus-
band tries to kill his wife because she, whether at fault or not, brings dishonor on
him, in his own eyes, by attracting the improper attentions of another man» (1968,
p. 66).

públicamente su honra se mantiene intacta. Es esencial, como señala
María Teresa Julio, que «nadie presuma ni la ofensa ni la venganza»[18].

A pesar de que se ha acusado al teatro clásico español de su incapacidad para la tragedia, después de estudiar estos ejemplos no podemos dejar de admitir el carácter trágico de algunos dramas del Siglo
de Oro. El mismo Lope que abogó por el género mixto de la tragicomedia en su *Arte Nuevo* (1609), en el prólogo de *El castigo sin venganza* (1632) declara: «Esta tragedia está escrita al estilo español, no
por antigüedad griega y severidad latina; huyendo de las sombras, nuncios y coros, porque el gusto puede mudar los preceptos, como el uso
los trajes y el tiempo las costumbres»[19]. Como apunta María Rosa Álvarez, esta proclamación implica la afirmación de Lope hacia dos realidades: «la existencia de la tragedia y la reivindicación de una tragedia «española», distinta de la griega»[20]. En definitiva, y salvando las
variaciones terminológicas: tragedia amorosa, tragedia española, drama
de honor[21], tragedia de honra, y otras, podemos decir que al hablar de
tragedia nos enfrentamos a la imposibilidad de una definición universal o de un modelo único, especialmente en un tiempo y un espacio
alejado de su origen clásico y de las convenciones poéticas de
Aristóteles. El ejemplo de los tres dramas de Rojas indica la existencia de la tragedia en el teatro áureo, ya fuera denominada por sus autores como tal o no. No sólo los personajes pertenecientes a la fábula mitológica o la historia tienen derecho a las prerrogativas de ser
protagonistas de este género, siempre considerado superior. Como se
ha visto, también las escenas de un mundo mucho más cercano a Rojas
pueden contribuir a crear nuevos mitos, nuevos valores y modelos de
tragedia que seguirán progresando a lo largo de la historia de la literatura y continuarán cambiando según los tiempos. Historia, mito y
realidad sirven de telón de fondo para representar tres historias trágicas diferentes, y en definitiva, si hay alguna manera de señalar lo trágico de forma general, concluyamos que «si hay muerte y violencia,
hay tragedia».

---

[18] 2005, p. 925.
[19] Citado en Álvarez Sellers, 1997, vol. 3, p. 460.
[20] 1997, vol. 3, p. 460.

Bibliografía

ÁLVAREZ SELLERS, M. R., *Análisis y evolución de la tragedia española en el Siglo de Oro: La tragedia amorosa*, Kassel, Edition Reichenberger, 1997, 3 vols.

BRIESEMEISTER, D., «El horror y su función en el teatro de Rojas Zorrilla», en *Actas del IV coloquio del G.E.S.T.E. Horror y tragedia en el teatro del Siglo de Oro*, Toulouse, France-Iberie Recherche, 1983, pp. 159-175.

CASTAÑEDA, J. A., «The Classical Legend of *Progne and Filomena* in Spanish Golden Age Theater», en *Critical Reflections: Essays on Golden Age Spanish Literature in Honor of James A. Parr*, ed. B. Simerka y A. Williamsen, Lewisburg, Bucknell University Press, 2006, pp. 102-109.

JULIO, M. T., «Rojas y el drama de honor: Afinidades y disidencias calderonianas» en *Actas del congreso El Siglo de Oro en el Nuevo Milenio*, ed. C. Mata Induráin y M. Zugasti, Pamplona, Eunsa, 2005, pp. 921-929.

MACCURDY, R., *Francisco de Rojas Zorrilla*, New York, Twayne, 1968.

MAROTO, M., «Ya no es Lucrecia, Lucrecia: Woman and limpieza de sangre in Rojas Zorrilla's *Lucrecia y Tarquino*», *Revista Canadiense de Estudios Hispánicos*, 21, 2, 1997, pp. 329-351.

OVIDIO, *Metamorfosis*, ed. C. Álvarez y R. M. Iglesias, Madrid, Cátedra, 2003.

ROJAS ZORRILLA, F. de., *Casarse por vengarse*, ed. L. Mullin, Kassel, Edition Reichenberger, 2007.

— *Lucrecia y Tarquino*, ed. R. MacCurdy, Alburquerque, The University of New Mexico Press, 1963.

— *Progne y Filomena*, ed. A. Rodríguez y S. Roll-Vélez, New York, Peter Lang, 1994.

TORO, A. de, *De las similitudes y diferencias: Honor y drama de los siglos XVI y XVII en Italia y España*, trad. Á. Repáraz Andrés, Frankfurt, Madrid, Vervuert–Iberoamericana, 1998.

EL NEXO FILOSÓFICO DE LA TRAGEDIA
EN *LA GRAN CENOBIA* DE CALDERÓN

Jonathan Ellis
Oklahoma State University

A primera vista, *La gran Cenobia* parece ser simplemente otra comedia cuyo tema principal es el del honor perdido y recobrado. Al
principio de la obra, el Emperador Aureliano insulta a Decio, un general romano, llamándolo cobarde por el conflicto que siente entre servir
a Roma y amar a Cenobia, la reina de Palmira. Al final de la obra,
Decio mata al tirano, vengándose así y a la vez liberando a la gente
del imperio de un gobierno injusto. Sin embargo, la muerte de
Aureliano no debe entenderse solamente dentro de este contexto
como algo merecido y justo, sino también como la caída trágica de
un hombre que pudiera haber escogido el bien y la justicia en vez de
la tiranía, un hombre en quien la prudencia perdió en su lucha con
la ambición. En la personalidad y carácter de Aureliano, Calderón presenta un personaje que no sólo pierde la lucha consigo mismo, con
el microcosmos que debe gobernarse con la razón para no dejarse llevar por las pasiones, sino también la lucha con el macrocosmos, con
el mundo lleno de engaños, difícil de entender y controlar hasta para
el hombre más sabio y prudente. Estas dos luchas pueden contextua-
lizarse a base de la filosofía moral, específicamente el Estoicismo, y la

filosofía escéptica, que abogaba por la imposibilidad de llegar a tener un conocimiento perfecto del mundo en que el hombre tiene que vivir y operar. En una obra mucho más compleja de lo que parece, Calderón ha creado una tragedia filosófica en que la falta de conocimiento, tanto en la esfera moral como en la esfera mundanal, conduce a un fin trágico.

En la primera escena aparece Aureliano, a solas en el bosque, hablando de «aparentes bultos» y «fantasmas» (p. 71)[1]. Ha recibido úna visita, lo que él cree ser una visión del emperador Quintilio, muriendo de heridas recibidas por sus propios soldados, que responden así a su tiranía. Éste le dice que va a ser el próximo emperador y desaparece. Pero unos momentos después, Aureliano encuentra el cetro y la corona sobre una rama, indicando que Quintilio en algún momento sí estuvo presente físicamente para dejarlos en ese sitio. La aparente contradicción puede explicarse de varias maneras. Por ejemplo, Hildegard Hollman simplemente afirma que «la alucinación se hace realidad. La corona y el cetro están a los pies de Aureliano» (p. 47)[2]. Pero también cabe sugerir la posibilidad de que Aureliano se equivoca, tomando por sueño lo que es realidad. Como sabemos, tal equivocación es un tema de suma importancia en Calderón. Esta incertidumbre, la ambigüedad que existe desde el principio de la obra, pone de relieve el conflicto que existe entre la realidad y las apariencias. Estos personajes se ven obligados a lidiar con la naturaleza de la realidad misma, un conflicto basado principalmente en el escepticismo clásico que tanto influía en el barroco español[3].

Otro conflicto surge en el contraste que existe entre en la autorepresentación de Aureliano y la manera en que Calderón lo presenta al público. En la primera escena está vestido con pieles, una imagen común de la época indicando que este hombre, al menos moral y filosóficamente no es hombre sino hombre-fiera, una animal gobernado por las pasiones. Hasta se nombra «rey de fieras» (p. 71).

---

[1] Todas las citas del texto de la comedia provienen del las *Obras completas*, I, ed. Valbuena Briones.

[2] Ver Lauer, 1987, p. 147, que tiene una opinión contraria, sugiriendo que no fue ni sueño ni alucinación: «With a bloodied face, he [Quintilio] appears before the dumbfounded Aureliano and gives him the crown and scepter».

[3] Ver Mujica, 1989, para más información sobre el escepticismo en la época y en Calderón.

Abiertamente se queja de «las pasiones que me oprimen despierto» (p. 71), y declara cuánto ambiciona ser rey de Roma, deseos que le tienen obsesionado soñando con poder y sangre. Sin embargo, cuando encuentra el cetro y la corona, exclama: «Pequeño mundo soy, y en esto fundo / que en ser señor de mí, lo soy del mundo» (p. 72). La contradicción entre palabra y aspecto es obvia para el público, pero no para Aureliano. Al encontrar los símbolos de poder, sólo ha comenzado a satisfacer sus deseos. Se engaña cuando cree haber logrado ser señor de sí mismo[4].

En este mismo engaño radica lo trágico de la figura de Aureliano. A diferencia de Segismundo en *La vida es sueño*, quien experimenta una transformación moral abandonando las pieles de una vez por todas, y dejando así de ser fiera, Aureliano seguirá siendo fiera a través de la obra hasta que sus pasiones lo conduzcan a una muerte merecida. Aun cuando usa vestimenta más civilizada como emperador, dejando a un lado las pieles, Calderón logra comunicar su fiereza al público de otras maneras. Por ejemplo, hay un momento en que Cenobia, ya vencida y tomada presa, intenta seducir a Aureliano con un amor fingido. Ella le mira la cara y grita en un aparte «¡Oh qué bárbara fiereza! / ¡Qué semblante! […] ¡Qué fealdad!» (p. 96)[5]. Esta descripción puede indicar que el Aureliano imaginado y presentado al público por Calderón no es solamente feo moralmente sino también físicamente. De esta manera se evita que se tome por figura noble. En tal caso, el Aureliano de Calderón tal vez refleja las teorías populares de la época sobre la fisonomía, que enseñaba una supuesta correlación entre el aspecto físico por el exterior y el tipo de personalidad por dentro, todo relacionado con los cuatro humores. De hecho, Aureliano se refiere a su propio estado melancólico antes de hacerse emperador (p. 71). En esta exageración dramática de fiereza y fealdad tenemos una figura en quien la transformación moral normalmente experimentada por los héroes calderonianos no puede darse.

---

[4] Como observa Rico en cuanto a Aureliano, «Cuando el hombre no es microcosmos cabal, dueño de sí, el macrocosmos se le rebela», 1970, p. 249.

[5] Hildner, 1982, p. 55, ha sugerido que en este caso la naturaleza fiera de Aureliano resulta ser una ventaja en que los encantos de Cenobia no le afectan. Se asemeja tanto a un animal que no puede apreciar su belleza.

Aureliano demuestra ser completamente incapaz de llegar a conocerse y dominar las pasiones cuando, en un momento determinado, se mira en el reflejo de una fuente para verse con la corona puesta. El Siglo de Oro había heredado dos tradiciones distintas sobre el significado de la imagen reflejada. Por un lado, Séneca dice en sus *Questiones Naturales* que el espejo fue inventado para que el hombre se conociera mejor (I, 17, pp. 3-6). Calderón conocía muy bien esta tradición. En su auto sacramental *El Diablo mudo*, por mencionar un ejemplo, aparece un viejo venerable que se llama el Conocimiento, y trae en la mano un espejo que intenta usar para el bien del Hombre alegórico. Sin embargo, existía otra tradición que dominaba particularmente en la iconografía de la época donde el espejo se relacionaba con la vanidad y su uso no llevaba consigo ningún atisbo del conocimiento propio requerido por la filosofía moral. Aureliano se mira, absorto en su propia imagen, y se nombra Narciso: «Narciso pienso ser de mi fiereza» (72); no aprende nada al ver el reflejo de su propia imagen.

A pesar de su ignorancia de sí mismo, el microcosmos, Aureliano, al menos entiende que el macrocosmos, el mundo exterior que tanto quiere dominar, es un mundo de engaños, apariencias e ilusiones. Cuando la sacerdotisa Astrea llega y lo proclama emperador en nombre de Apolo, él queda por un momento vacilando a pesar de que son exactamente las noticias que deseaba. Cuando los soldados llegan al bosque y, a instancia de Astrea, lo aceptan como emperador, él los toma por «asombros, espíritus, y almas» (p. 73). Duda de la realidad de la situación como si fuera otra visión. Su reacción escéptica es tan obvia que hasta le pregunta Astrea, «¿Qué dudas?» (p. 73). Pensándolo, él decide juzgar la realidad a base de la información que recibe de los sentidos, y dice, «En efectos tan dudosos / ¿pueden mentir los oídos? / ¿pueden engañar los ojos?» (p. 73). No tiene más remedio que aceptar lo que ve y oye, y actuar de acuerdo con lo que percibe ser real, mientras sigue en su duda afirmando que «al cabo todos / los imperios son soñados» (p. 73). Esta actitud refleja una de las doctrinas principales del escepticismo pirrónico, preservado en gran parte en los escritos de Sexto el Empírico, quien dice en su primer libro, «That we adhere to appearances is plain...» (I, p. 21), y más adelante, «Adhering, then, to appearances we live in accordance with the normal rules of life, undogmatically, seeing that we cannot remain wholly inactive». Es decir, que nuestra interacción con el mundo exterior requiere que utilicemos información de los sentidos, pero a la vez, no debemos creer en, ni afirmar la verdad de esa información, manteniendo así una actitud escéptica.

Las dudas de Aureliano, no se limitan a este mundo, sino que alcanzan la esfera divina. Cuando contempla las victorias militares que Cenobia ha tenido inicialmente en su rebelión, condena a los dioses por ser falsos. Específicamente se dirige al dios de la guerra diciendo, «Tú, Marte, que entre acero y entre mallas / eres sangriento dios de las batallas, / ¿cómo tu cuello doma / una mujer que el lauro quita a Roma? / Ni eres dios ni valiente. / Miente tu aspecto, tu semblante miente» (p. 89). Dado que tiene tantas dudas, parece sorprendente cuando acepta como fidedigna una profecía de Astrea que predice su victoria en el campo de batalla. Pero ella le ha dicho lo que quería oír, así que se deja engañar. Cuando pierde la batalla, se vuelve aun más brutal. Cegado por la ira, decide matar a Astrea, aunque ella le explica que inocentemente había malinterpretado la profecía.

La profecía malentendida es otra convención bastante común con una larga tradición. Calderón la utiliza también en *Los cabellos de Absalón* como parte esencial de la tragedia de esa obra. Y no sólo es importante para la literatura española. Existe algo semejante, por ejemplo, en Shakespeare. Millicent Bell, en su estudio sobre el escepticismo en Shakespeare, comenta la importancia de las brujas en *MacBeth*. Según Bell, la ambigüedad de estas agoreras sugiere «the general instability of order in the universe and in man and… a skeptical metaphysics of off-and-on truth»[6]. O sea, una verdad esquiva, que revela una perspectiva escéptica por parte del autor.

Aureliano, entonces, para vengarse de Apolo, arroja a Astrea sobre unas peñas. Ella cae, pero no muere. Se esconde en una cueva, herida, sangrando. Unos momentos después Cenobia pasa por ese mismo sitio; también está herida. De repente, oye los quejidos de Astrea, una voz que parece salir de la nada. La voz habla de una mujer ensangrada que sufrirá traición a manos de un emperador tirano que triunfará sobre ella. Astrea habla de sí misma, pero Cenobia naturalmente aplica lo que oye a su propia situación. Esta escena se sirve de otra convención común, la de una voz profética e incógnita cuyas palabras se

---

[6] Ver Bell, 2002, p. 236.

malinterpretan. En este caso, la ambigüedad es doble, porque lo que se dice sí se aplica a Cenobia; Aureliano triunfará sobre ella debido a la traición de Libio, un hombre de la corte de Palmira que quiere el trono que Cenobia ocupa desde la muerte de su esposo. Lo significante en esta escena tan convencional es que Cenobia rechaza lo que oye. Prefiere creer en su propio valor más que en profecías, y anuncia, «Ilusión fue» (p. 85). Mantiene una actitud escéptica en cuanto a la información que recibe de fuentes sobrenaturales porque contradice lo que ella sabe de sí misma. Es esta contradicción, y su incapacidad de reconocer la verdad cuando la oye, lo que conduce a su caída.

También, vemos casos en la corte de Cenobia donde la verdad le escapa. En un momento llega un soldado, Persio, que se presenta ante la reina con el nombre y los papeles de un soldado muerto, Andronio. Anuncia en un aparte que una de las maneras más eficaces de medrar en la vida es mentir (p. 78). Persio es cobarde, pero con la identidad falsa se puede presentar como hombre valiente, y Cenobia, engañada, anuncia la fe que le tiene: «Yo contigo no más estoy segura» (p. 79). La única función de este soldado en la obra es la de demostrar cuan fácilmente Cenobia se deja engañar por las apariencias. Calderón la presenta como prudente, discreta, disciplinada moralmente, pero donde la prudencia le permite triunfar sobre sus pasiones —a diferencia de A u reliano— no puede triunfar sobre los engaños del mundo. Ella sospecha de Libio, pero no se da cuenta de cuántos la están engañando, o porque se presentan con una identidad falsa o porque están tramando su muerte en secreto. Ella es confiada donde debe ser más escéptica[7].

Volviendo a Shakespeare una vez más, Millicent Bell comenta el famoso pasaje «a tale / told by an idiot, full of sound and fury / signifying nothing». Cuando MacBeth reduce su vida a un cuento contado por otro, Bell opina que demuestra el pensamiento de Shakespeare «at it most skeptic»[8]. Esto tal vez nos ayuda a entender una escena en *La gran Cenobia* donde la reina lee pasajes de un texto sobre sus propias hazañas. Tenemos que preguntarnos, ¿por qué pone Calderón este tex-

---

[7] De Armas ofrece un comentario semejante en su análisis de los nombres de los personajes de la obra: «Cenobia is also deceived by appearances, not understanding that a name does not necessarily reflect the character of the bearer», 1984, p. 77.

[8] Ver Bell, 2002, p. 237.

to dentro de un texto, una historia de Cenobia dentro de una historia de Cenobia. Ella nos da una pista cuando pregunta, «Qué dice la gente de mí?» Responde, «Esto es lo que dice la gente», y empieza a leer. Ella se da cuenta de que sus hazañas no existen como realidad en sí, sino que también existen para ser interpretadas por otros. Una de las justificaciones que ofrecían los escépticos por las cuales era necesario atenerse a esa filosofía se basaba en la idea de que cada ser humano interpreta la realidad de una manera distinta. En los textos escépticos se repetía que el mundo está lleno de opiniones contrarias; la realidad objetiva no existe[9]. Así que tanto Cenobia como Aureliano revelan distintos aspectos del escepticismo filosófico de la obra.

Sobre la tragedia española aurisecular Margaret Greer ha observado que «Character in the best Spanish tragedies... is most frequently revealed... through interaction with other characters; thus identity is shown as constituted by serial process»[10]. Sin embargo, además de fijarnos en las interacciones entre los personajes, a veces resulta preciso tomar en cuenta sus interacciones con la realidad en que tienen que operar. Así es con *La gran Cenobia* de Calderón. La mayoría de la crítica sobre esta obra ha tenido como enfoque las vicisitudes de la Fortuna[11], dado que varias veces los personajes atribuyen sus circunstancias a esa dama. A la vez es importante reconocer el conjunto de ideas relacionadas con el saber: ideas estoicas sobre el conocimiento propio e ideas escépticas sobre el mundo y los dudosos intentos de entender las fuerzas divinas. En fin, Calderón nos enseña algo sobre las limitaciones de la existencia humana que a veces imposibilitan el conocimiento del mundo. Según la filosofía moral, es difícil conocerse a sí mismo, pero no imposible. Cenobia parece haberlo logrado[12]; es

---

[9] Erasmo, por ejemplo, en su *Elogio de la locura*, p. 63, nota la importancia de opinión sobre conocimiento: «For they are quite beside the mark who think that the happiness of a man is to be found in things, as such; it resides in opinion. For such is the obscurity and variety of human affairs that nothing can be clearly known...».

[10] Ver Greer, 2005, p. 360

[11] Ver, por ejemplo, el estudio de Valbuena Briones, 1977, pp. 136-146, y también el analisis de De Armas sobre la importancia de este tema en la obra, 1984, pp. 69 y ss.

[12] Valbuena Briones, 1977, p. 140, ha notado la importancia del dominio propio en Cenobia, refiriéndose a «la habilidad con la que dirge el caballo —emblema simólico del dominio de sí misma por la razón—».

el mundo que la engaña. Aureliano hasta se engaña a sí mismo, y de allí su fin trágico.

BIBLIOGRAFÍA

BELL, M., *Shakespeare's Tragic Skepticism*, New Haven, Yale University Press, 2002.

CALDERÓN DE LA BARCA, P. *Obras completas*, vol. I, ed. Á. Valbuena Briones, Madrid, Aguilar, 1966.

DE ARMAS, F. A., *The Return of Astraea: An Astral Imperial Myth in Calderón*, Lexington, University Press of Kentucky, 1986

ERASMUS, D., *The Praise of Folly*, ed. H. H. Hudson, New Jersey, Princeton University Press, 1941.

GREER, M. R., «Spanish Golden Age Tragedy: From Cervantes to Calderón», en *A Companion to Tragedy*, ed. R. Bushnell, Malden, Blackwell Publishing, 2005, pp. 351-369.

HILDNER, D. J., *Reason and the Passions in the Comedias of Calderón*, Philadelphia, John Benjamins Publishing Company, 1982.

HOLLMAN, H., «El retrato del tirano Aureliano en *La gran Cenobia*», *Hacia Calderón: Cuarto Coloquio Anglogermano*, ed. H. Flasche, K. Korner, y H. Mattauch, New York, Walter de Gruyter, 1979, pp. 46-55.

LAUER, A. R., *Tyrannicide and Drama*, Stuttgart, Franz Steiner Verlag Wiesbaden GMBH, 1987.

MUJICA, B., «The Skeptical Premises of Calderón's *En esta vida todo es verdad y todo mentira*», en *Texto y espectáculo*, Lanham, University Press of America, 1989, pp. 117-126.

RICO, F., *El pequeño mundo del hombre: Varia fortuna de una idea en las letras españolas*, Madrid, Castalia, 1970.

SENECA, *Naturales Quaestiones*, trad. T. H. Corcoran, Cambridge, Harvard University Press, 1971.

SEXTUS EMPIRICUS, *Outlines of Pyrrhonism*, vol. I, trad. R. G. Bury, New York, G. P. Putnam's Sons, 1933.

VALBUENA-BRIONES, Á., *Calderón y la comedia nueva*, Madrid, Espasa Calpe, 1977.

EL CABALLERO DE OLMEDO DE LOPE DE VEGA: REPRESENTANDO LA TRAGEDIA ESPAÑOLA EN LOS ESTADOS UNIDOS

Kerry Wilks
Wichita State University

Al hablar de las representaciones de las tragedias españolas del Siglo de Oro en los Estados Unidos, hay una obra que resalta como la representada con más frecuencia y nos puede servir como muestra del género trágico: *El caballero de Olmedo* de Lope de Vega[1]. En esta obra, como es bien sabido, hay una fusión de lo cómico y de lo trágico. Refiriéndose a este aspecto, Michael McGaha observa: «the play represents an unusually successful combination of tragic and comic elements, which are juxtaposed without destroying dramatic unity»[2]. El debate crítico que con más frecuencia se asocia al *El caballero de Olmedo* es su grado de conformidad con el modo de la tragedia. Aunque reconocemos la importancia de este debate, el objetivo que nos pro-

---

[1] Para los que tengan interés, se puede consultar el catálogo de videos del archivo de «Association for Hispanic Classical Theatre (AHCT)» que guarda copias de muchas de las representaciones teatrales del Siglo de Oro que se han hecho en los Estados Unidos: <http://www.comedias.org/catalog.html>.

[2] McGaha, 1978, p. 451.

ponemos con este estudio no es adentrarnos en él, sino analizar una dificultad particular relacionada al nivel de la representación de la obra. Se trata, más específicamente, de los desafíos que presenta poner en escena esta comedia en los Estados Unidos, desafíos que se originan en las referencias inter y extra-textuales que contiene la obra, así como la yuxtaposición de géneros que hay en ella.

Celia Braxton ha notado que las representaciones de *El caballero de Olmedo* en los Estados Unidos han gozado de un renacimiento al final del siglo pasado: «Performances of the play in both Spanish and English have increased significantly during the 1980s and 1990s in academic and community-based theater»[3]. Teniendo en cuenta esto, hemos escogido tres puestas en escena de teatro universitario: una fue efectuada en inglés y las otras dos en castellano. La primera representación, titulada *The Knight of Olmedo,* realizada en 1989 en el Centro de arte de la Universidad Virginia Commonwealth (UVC), formó parte del proyecto de tesis de maestría del director Nelson López[4]. Se utilizó una traducción al inglés en versos de *iambic pentameter* de Kenneth Stackhouse. López también incluyó una loa, un entremés y música…, casi una fiesta completa para el público de Virginia. López enfatizó al máximo lo cómico en la obra de Lope sin eliminar los momentos de prefiguración en las dos primeras jornadas. Sin embargo, parece que el público se adaptó con dificultad al cambio de tono que llega al final de la tercera jornada; le resultó difícil abandonar la vertiente cómica y se produjeron risas en los momentos más serios de la obra. Y más aún: este problema se repitió a lo largo de las otras dos representaciones estudiadas aquí, clara indicación de un problema de percepción que es central para nuestro análisis.

Las otras dos producciones a que nos referimos se hicieron en castellano; una fue de la Compañía de Teatro de Alburquerque de la Universidad de Nuevo México (1991) y la otra a cargo de la Universidad de Brigham Young (2005)[5]. Alburquerque puso en escena una versión bastante tradicional, casi una 'pieza de museo'. A dife-

---

[3] Braxton, s. f., p. 4. Agradezco la amabilidad de Braxton, ofreciéndome sus trabajos de investigación, que hasta el momento no han sido publicados.

[4] Video VC90 del archivo de AHCT.

[5] Video VC91 del archivo de AHCT para la representación de Alburquerque. La de Brigham Young está en el archivo (y disponible) pero todavía sin número de catálogo por la red.

rencia de la dirección de López para UVC, parece que este grupo intentó enfatizar el aspecto trágico de la obra desde el principio; otra explicación posible es que los actores (y/o el director) adoptaron ese estilo solemne porque se trataba de una obra 'clásica', es decir, tenía que ser 'cosa grave y seria'[6]. La representación de la Universidad de Brigham Young (BYU) era la más atrevida e interesante de las tres. El director, Jason Yancey, hizo cortes en muchos de los monólogos largos, decisión más o menos común hoy día. Sin embargo, se hizo algo que es aún más notable: se eliminaron varias escenas del texto, incluso algunas consideradas claves para la obra desde un punto de vista textual[7]. Yancey incluyó unos apartes en inglés y mucha interacción con el público, rompiendo la cuarta pared para establecer lo que él mismo llama «the rules of the comedia game»[8]. Al mismo tiempo, todo eso se realizó sin muchos cambios en los versos de Lope. En palabras de Laura Vidler, «Yancey creates a production that is, at once, traditional and modern, authentic and innovative»[9].

Una vez delineadas las tres representaciones, pasemos a un análisis más detallado de la manera en que los diferentes grupos teatrales enfocaron las referencias inter y extra- textuales que subyacen en la obra. Cualquier montaje de una obra clásica plantea tomar decisiones respecto a las palabras arcaicas, las alusiones a conceptos ya casi olvidados o las referencias mitológicas e históricas, entre otras. ¿Qué es lo que debe hacer un director? ¿Eliminarlos? ¿Cambiarlos? ¿Dejarlos así porque Lope los incluyó y por eso son sagrados? Quizás respondiendo a este dilema, BYU eliminó los personajes del Rey y del Condestable sin causar ninguna ruptura en el ritmo o la estructura de la obra. ¿Es lógico que eliminemos esta escena? Según Louise

---

[6] Desgraciadamente, este énfasis en lo trágico dio como resultado que la representación misma salió 'trágica'.

[7] Por ejemplo, eliminaron la escena al final de la segunda jornada cuando Alonso le cuenta a Tello su sueño de prefiguración del jilguero y el azor. Entonces, Alonso indicó que había tenido «unos sueños» pero sin describírselos al público.

[8] Vidler, 2006, p. 228.

[9] Vidler, 2006, p. 229. En el mismo artículo, Vidler también nos informa de que la representación «was not designed for an audience of Spanish-speaking comedia professionals, but rather Mr. Yancey has designed the production to be accessible to English speakers as well». Desde nuestro punto de vista, ésa fue una meta bien admirable y una técnica muy apropiada para un público estadounidense, ya que algunos de los que disfrutaban de la representación no sabían ni una palabra de castellano.

Fothergill-Payne la escena entre el Rey, que representa Juan II (1406-54), y el Condestable, que representa Don Álvaro de Luna, aunque parece que en ella no avanza la acción dramática de la obra, «tenía para Lope una importancia extraordinaria...no sólo se relaciona de manera significativa con la tragedia personal del caballero ficticio sino también con la trágica realidad española que vivía la generación de Lope»[10]. Éste es un argumento convincente, pero en realidad no se puede esperar que un público estadounidense tenga un profundo conocimiento de la historia española del siglo XV para captar estas alusiones. Aunque a nivel textual este fondo histórico nos puede ofrecer muchos matices y enriquece las posibilidades de interpretación de la obra con la ayuda de las notas a pie del texto, en el espectáculo el público no puede comprender estos detalles. No obstante, el director tiene que tomar sus propias decisiones para crear su visión de la representación.

A la hora ir componiendo su versión, el director también debe considerar dos elementos de intertextualidad que son sumamente importantes: las alusiones al romance del caballero de Olmedo y a la Celestina de Fernando de Rojas. No es posible ignorar esta intertextualidad subyacente. Como ya sabemos, el público lopesco había conocido la historia del caballero y también inmediatamente reconocería a Fabia como figura celestinesca. La intertextualidad entre la obra de Lope y el texto de Rojas impone cierto modo de percepción, un aspecto ya notado por Frank Casa, que observa: «in this play [Lope] demands a greater degree of collaboration from the audience than in any other play»[11]. No hay duda de que, al igual que el contexto histórico ya mencionado, estos dos temas muy difícilmente encontrarán resonancia por la mayoría del público estadounidense. Sin embargo, no sería acertado afirmar que haya una notable laguna en las representaciones americanas de la obra; se trata más bien de una dimensión de la comedia, que no se puede percibir fácilmente. En las representaciones en español ya mencionadas, Fabia se parece a una gitana y esto tiene sentido porque es una figura reconocible para el público. Y como en los Estados Unidos los gitanos normalmente se asocian con el arte de la adivinación, eso también explica algunos de los elementos so-

---

[10] Fothergill-Payne, 1984, p. 114.
[11] Casa, 1966, p. 235.

brenaturales asociados con ella. Lo que no funcionó bien en ninguno de los montajes fueron las escenas en que se aludía directamente a la brujería asociada con Fabia. En la primera jornada, las actrices de las tres representaciones invocaron al diablo para que «abrase el pecho de esta doncella», pero dejaron la impresión de que no sabían qué hacer con los versos, haciéndolos parecer torpes, sin sentido o de poca relevancia. Recordemos que Fabia es quizás el personaje más controvertido de la obra, siendo para algunos la mensajera de Dios, para otros la sirvienta del Satán o incluso un ser mitológico (una diosa)[12]. La responsabilidad de crear un personaje coherente es tanto de las actrices como de los directores y para lograrlo tendrán que quedar muy claros todos sus parlamentos o se deberán eliminar los versos que no encajen. Esto es importante para cualquier representación de la obra, pero es aún más relevante para un público que no guarda la imagen de Celestina en su memoria colectiva.

Respecto al segundo elemento intertextual, las alusiones al caballero de Olmedo, ¿es necesario que el público conozca la historia antes de ver la obra? Como acabamos de ver con Celestina, es obvio que un público estadounidense no va a compartir la misma experiencia que un público lopesco; es un hecho que no se puede superar. Sin embargo, BYU respondió a este reto con una adición brillante: contaron la historia abriendo la representación con la canción que Lope incluye en la tercera jornada. León Livingston ya destacó la importancia de esta canción cuando afirmó que «es el eje en torno al cual gira la tragedia y en ella radica la principal originalidad de la obra»[13]. Además, como ayuda adicional, los responsables de BYU incluyeron la letra de la canción en el programa y Christopher Lewis (Don Rodrigo) (fuerte voz y gran presencia) ofreció al público los dos primeros versos de la canción al principio de la representación. Lewis cantó la mayoría de los versos pero el público, junto con la compañía teatral, fue invitado a unirse a la canción al llegar a los versos «Que de noche le mataron / al caballero». En ese momento la cuarta pared había desaparecido por completo y el público también era actor. Por otra parte, el grupo de BYU creó la música a partir de un villancico de Antonio de

---

[12] Se puede ver el desarrollo de estas teorías en los artículos de Schafer (mensajero de Dios), Gascón-Vera (Satán) y Powers (diosa).

[13] Livingston, 1971, p. 444.

Cabezón (1510-1566) titulado «El caballero de Olmedo», lo cual dio un toque de 'autenticidad' a la representación[14]. Los otros dos grupos también inventaron una melodía para acompañar la canción cuando ésta aparece en la tercera jornada, pero sus versiones no lograron el mismo encanto. Por ejemplo, la de UVC parecía un canto medieval o un canto litúrgico; la composición de los de Alburquerque era mejor, pero tampoco llegó a conseguir la belleza de la melodía creada por BYU.

Esta canción nos lleva a un problema y que resultó un desafío para las tres representaciones aquí analizadas, ¿cómo se puede llevar al público desde la comicidad presente en las primeras jornadas hacia el final trágico de la tercera? Los ejemplos que hemos comentado muestran la prudencia y el cuidado con que hay que acercarse los textos y evitar hacer saltos bruscos de lo cómico a lo trágico. Hace falta acertar en el tono correcto de las prefiguraciones existentes en el texto de Lope para lograr una transición sutil en la puesta en escena. Eso fue exactamente lo que resultó difícil para los tres grupos e incluso en la representación de BYU, que había planteado la idea de la tragedia al principio de la obra con la utilización de la canción, se escucharon no pocas risas cuando en las últimas escenas Tello lamentaba la muerte de su amo. Quizás aún más sorprendente es que lo mismo ocurrió con la representación de Alburquerque, cuya versión incluía tonos trágicos desde el primer momento. Y la pregunta es obligada: ¿es posible lograr esta transición tan sutil de lo cómico hacia lo trágico? La respuesta, claro está, es afirmativa y el mismo Lope nos ha indicado cómo efectuar este paso... Sólo tenemos que analizar el texto/guión como actores para conseguirlo y veremos que el personaje de Don Rodrigo puede servir de puente para enlazar la comedia y la tragedia y de ahí que el actor representando ese papel necesite matizar y mucho su interpretación[15].

Aunque el concepto de 'method acting' no se originó en el siglo XVII, esta obra nos muestra que Lope sabía escribir para los actores e incluir los 'objetivos' que necesitaban para formar su personaje. El trabajo de mesa relacionado con Don Rodrigo resulta más fácil, porque Lope incluyó la motivación y el desarrollo del personaje en su obra

---

[14] Lewis, 2005, p.41.
[15] Agradezco otra vez a la Señora Celia Braxton sus ideas sobre este aspecto.

y este desarrollo puede llevar al público a un final verosímil y natural. En términos de Stanislavsky, no hay tanta necesidad de crear una
historia de trasfondo ('back-story') para entender la motivación de un
personaje; éste se hace obvio a través de la acción de la obra. Al principio de *El caballero*…, Don Fernando se presenta como segundo galán
o el rival que aparece tantas veces en las comedias de enredo. Cuando
Don Alonso y Don Rodrigo se encuentran en la reja de Inés, empezamos a sospechar que Don Rodrigo no es el típico pretendiente
cargado de valentía, ya que huye de la escena perdiendo su capa con
la prisa. Es en este momento cuando se puede considerar que nace su
odio y su rencor y por eso la conceptualización física del escenario es
importante, cosa que no sucedió en las versiones de UVC y
Alburquerque; Don Rodrigo luchaba en una y en otra con valentía,
hasta perder el duelo y salir del escenario. Por su parte, BYU se acer-
có mucho más a lo que era conveniente hacer, pues Don Rodrigo
huye de la reja sin enfrentarse a Alonso, dejando marcada su cobardía
y aumentando la tensión entre esos los dos rivales. Esta tensión, evidentemente, crece en la escena siguiente, pues Rodrigo confiesa que no
hay más alternativa que matar a Don Alonso… Estos indicadores se-
mánticos, muy relevantes, no aparecían en la representación de Alburquerque, en la cual la imagen de Rodrigo se mantenía uniforme; incluso el comportamiento físico del personaje reforzaba la percepción
de nobleza y valentía. Antes de empezar el diálogo, Rodrigo y Alonso
practicaban la esgrima, quedando Rodrigo retratado como un rival
que luchará noblemente para ganar a su amada. El montaje de UVC
convirtió la escena en un encuentro cómico donde Rodrigo parece
un niño caprichoso en vez de un hombre poseído por los celos.

Leyendo el texto se puede notar que la emoción crece dramáticamente al empezar la tercera jornada, momento que tradicionalmente
ha sido considerado como la entrada a la 'etapa trágica' de la obra.
Rodrigo llega a su estado de mayor humillación cuando Alonso lo
salva del toro e Inés muestra desdén ante su sufrimiento. Rodrigo se
desahoga frente a Fernando con exclamaciones de gran intensidad,
que culminan con su promesa de vengarse de Don Alonso. El actor
de BYU manifestó en este momento mucha emoción, haciendo bien
visibles la violencia y la ira que ya dominan al personaje; eso, por desgracia, no se hizo evidente en las representaciones de Alburquerque y
UVA. En la escena siguiente, en la cual Rodrigo se desahoga frente a

Fernando porque se ha dado cuenta de todos los engaños, cristaliza el motivo de su violencia contra Alonso. Su ira se concentra en Fabia, a quien percibe como bruja malévola que ha destruido el honor de la familia de Leonor. En términos de representación, el parlamento se tiene que ofrecer con intensa emoción y debe mostrar que lo pronuncia un individuo ya decidido a actuar y con suficientes argumentos para ello; el actor de Alburquerque no pudo llegar a esta intensidad y en su intervención había emoción lírica en lugar de ira e indignación.

Todo lo que hemos visto nos lleva a la última escena: la muerte del caballero de Olmedo a sangre fría, seis contra uno, espada contra arcabuz. Si la compañía no ha desarrollado bien la transformación de Rodrigo, tendremos un final poco verosímil y sin sentido, especialmente para un público que no ha escuchado la historia antes de entrar en el teatro. Lope sí incluye lo cómico y lo trágico en *El caballero de Olmedo,* pero también pone de relieve la motivación de Rodrigo, lo que explica el cambio de tono. Muchas de las dificultades a que se enfrentaron las tres representaciones que acabamos de comentar tenían que ver con los saltos que se hacían genéricamente. En realidad, estaban presentes tanto lo cómico como lo trágico, aunque predominaba lo uno o lo otro en cada escena concreta; pero lo fundamental es que, al final, el público tiene que entender porqué muere Don Alonso y los celos extremos y la emoción de un amor no correspondido no resultarían incomprensibles para un público estadounidense del siglo XXI. De hecho, los podemos ver en el cine de Hollywood, en las telenovelas y en las noticias de la vida real. Por consiguiente, no importa si el público percibe o no las referencias intertextuales de personaje histórico, del romance del caballero de Olmedo, así como los elementos celestinescos. Lope escribió una «trágica historia» que todavía resuena hoy día y lo que se debe hacer es seguir únicamente las indicaciones que dejó el autor en su texto: esa es la clave para lograr un acertado montaje en cualquier ciudad de los Estados Unidos o en cualquier otro lugar del mundo.

Bibliografía

Braxton, C., «*El caballero de Olmedo* in the Modern World», en curso de publicación.

Casa, F., «The Dramatic Unity of *El caballero de Olmedo*», *Neophilologus*, 50, 1966, pp. 234-243.

Fothergill-Payne, L., «*El caballero de Olmedo* y la razón de diferencia», *Bulletin of the Comediantes*, 35, 1, 1984, pp. 111-124.

García Lorenzo, L., *Las puestas en escena de «El caballero de Olmedo»*, Olmedo, Ayuntamiento de Olmedo, 2007.

Gascón-Vera, E., «Fabia, Satán, la pasión y la muerte: la tragedia en *El Caballero de Olmedo*», en *Justina: homenaje a Justina Ruíz de Conde en su ochenta cumpleaños*, ed. E. Gascón-Vera y J. Renjilian-Burgy, Erie, ALDEEU, 1992, pp. 59-70.

Lewis, C., «The Music of "Dezilde al caballero": Reconstructing a Legend», en *Lope de Vega's* El caballero de Olmedo: *A BYU Golden Age Theater Production*, ed. D. Wiseman y H. Wiseman, Utah, BYU, 2005, pp. 40-43.

Livingston, L., «Transposiciones literarias y temporales en *El caballero de Olmedo*», en *Homenaje a William Fichter*, ed. D. Kossoff y J. Amor y Vázquez, Madrid, Castalia, 1971, pp. 439-445.

McGaha, M., «The Structure of *El caballero de Olmedo*», *Hispania*, 61, 3, 1978, pp. 451-458.

Powers, H., «Unity in *El caballero de Olmedo*», *Bulletin of the Comediantes*, 27, 1, 1975, pp. 52-59.

Schafer, A., «Fate versus Responsibility in Lope's *El Caballero de Olmedo*», *Revista canadiense de estudios hispánicos*, 3, 1978, pp. 26-39.

Vidler, L., «Reseña de *El caballero de Olmedo*», *Comedia Performance*, 3, 2006, pp. 228-240.

BASILIO O EL OCASO DEL MONARCA-ASTRÓLOGO: JUEGOS DE LA SIMILITUD E INCONVENIENCIAS POLÍTICAS EN *LA VIDA ES SUEÑO*

Nicolás M. Vivalda
Vassar College

En su texto «On the Mimetic Faculty» Walter Benjamin se apresura a dejar en claro que, aunque la analogía opera ya un papel importante en los planes de la Naturaleza, nada se equipara al Hombre a la hora de establecer y producir relaciones de *similitud*. Su espectro de análisis abarca desde las precarias formas miméticas de los niños que desarrollan prematuras facultades lúdicas hasta la gran marea de similitud comprehensiva, que significó (especialmente en los siglos XVI y XVII) la imposición de un modelo de cosmovisión completamente subordinado al mega esquema *macrocosmos/microcosmos*. Lo importante en este rápido pantallazo del componente mimético inherente al pensamiento humano es su resolución inevitable en una inquisición de carácter filogenético: «It must be borne in mind that neither mimetic powers nor mimetic objects remain the same in the course of thousands of years»[1]. El siguiente paso que da así el teórico alemán en su artículo es vincular el surgimiento de la idea de *modernidad* a cierto

---

[1] Benjamin, 1983a, p. 333.

decaimiento, cierta difuminación de los elementos miméticos del proceder intelectual: «For clearly the observable world of modern man contains only minimal residues of the magical correspondences and analogies that were familiar to ancient peoples»[2]. ¿Declive o transformación de las capacidades miméticas humanas? Benjamin sólo lanza la pregunta pero comienza a detenerse en una de sus áreas favoritas de análisis del conflicto: la *astrología*. La alusión a la astrología es la piedra de toque que le permite a nuestro autor delinear el concepto de *«nonsensuous similarity»*, idea que utilizaría luego para emprender un análisis más exhaustivo de la evolución y capacidades del lenguaje humano.

En un texto un poco menos frecuentado, «Doctrine of the Similar» (1933), Benjamin vuelve a la carga sobre la idea de una fuerte transformación del paradigma mimético y esta vez se detiene explícitamente en la astrología:

> Some aspects of astrology may indicate, even if indirectly, the direction in which such a transformation may lie. For as inquirers into the old traditions we must take into account the possibility that human beings might have perceived manifest formations, that is, that objects had a mimetic character, where nowadays we would not even be capable of suspecting it. For example, in the constellations of the stars[3].

Benjamin identifica al advenimiento de la modernidad como punto de quiebra, punto de desvanecimiento a partir del cual comienza a resultar evidente la gradual difuminación de ese *paradigma de similitud*. En definitiva, Benjamin ve en el surgimiento de la astrología y su progresivo deterioro como ciencia un parámetro claro que marca la necesidad de historización del fenómeno mimético.

De extendida significación en el Renacimiento y el Barroco, la astrología como disciplina es tema común en varias obras de Calderón de la Barca. Desde mediados del siglo XIII la astrología se había difundido en Europa, de manera algo amplia y desordenada, participando de manera más o menos formal de la *astronomía*, la *meteorología* y la *astrología judiciaria*, sin lograr muchas veces trazar con ellas límites

---

[2] Benjamin, 1983a, p. 334.
[3] Benjamin, 1979, p. 66.

muy claros. Cada vez que aparece mencionada en Calderón la disciplina se ve ligada a una referencia crítica, en un doble juego que, por un lado, estimula la revitalización del conocido paradigma *macrocosmos/microsmos* —el héroe operando como mero reflejo del nivel *macrocósmico*—, al tiempo que recubre una certera crítica o limitación de ese modelo por el lado de la moral o la teología cristiana. En la obra que nos ocupa, Basilio, el rey de Polonia, es un experimentado astrólogo que constantemente estudia los movimientos de los planetas, no sólo por interés de propio conocimiento personal, sino también con el claro objetivo político de usufructuar sus hallazgos y declarar su conocimiento ante una corte siempre admirada de los fenómenos y análisis que se le presentan. Calderón juega en la obra con una nueva escala de valoración de la ciencia, una escala que destaca el conocimiento científico de Basilio al tiempo que devela la «violencia» ingénita que éste imprime sobre su personaje «real» (utilizo aquí el sustantivo «violencia» en el sentido calderoniano del término, es decir, como circunstancia que refiere a un persona o cosa que guarda en sí características disímiles, contradictorias e incluso problemáticas para la naturaleza de su esencia).

Para la teoría política de la época un rey científico representaba, en buena medida, un rey absurdo, un rey cuyas ocupaciones entrarían en contradicción con el objetivo mismo de su cargo, un rey en cierto grado tan «violento» como el hipogrifo o la clave que presenta a Segismundo como un fatal «compuesto de hombre y fiera». En un extenso monólogo de la escena VI el rey Basilio declara y declama que la ocupación que desvela sus vigilias no es una función de estado, o el aprendizaje de una cualidad ligada de forma directa al perfeccionamiento de su perfil político, sino el desarrollo de esas «matemáticas sutiles» que marcan de forma amenazante el futuro de su vástago. La afirmación suena fuera de lugar en boca de un monarca y se ejerce a contrapelo de los tratados políticos de la época, en tanto enfatiza en un rey una cualidad inesperada, tangencial, *in esencial* a su función como político y, aún más, claramente perjudicial en virtud de sus posibilidades distractivas y evasivas.

Las evidencias de tal enfoque se multiplican desde la esfera de la teoría política hispánica del siglo XVI. En *El político* (1640) Baltasar Gracián declama a los cuatro vientos su clara aberración por los reyes demasiado duchos en ciencias fútiles a los fines de su función de gobierno (la clara víctima de su ataque es el perfil matemático de Alfonso X, aquel que «presumió corregir la fábrica del universo»[4] estando a pique de perder su reino). El controvertido padre jesuita Juan de Mariana había sido ya bastante más directo y crítico con respecto a este tema en su obra *Del Rey, y de la institución de la dignidad real* (1598). La primera parte del libro consta de un análisis global de la educación de los soberanos en diferentes culturas, pero una vez acabada la organización de este catálogo de costumbres, Mariana se inclina por la tradición persa, aquella definida por un *ensamble* balanceado de leyes, letras y mucho de estrategia militar. Muchos «conocimientos humanos» en definitiva, pocas menciones a las «matemáticas sutiles» de las que nos habla Basilio. Para Mariana la instrucción real se plantea en términos de adecuada selección, no hay tiempo ni necesidad de parte del príncipe de profundizar determinadas disciplinas:

> ... se ha de pensar en las otras ciencias y artes, que convienen con especialidad a la dignidad y nobleza real, pues es muy útil que el príncipe niño se instruya en todas estas ciencias, si tuviese tiempo oportuno (...) Más si de tal modo hubiere recorrido todo el campo de las ciencias que no se hubiere detenido mucho en ellas, y tan solo conociese los puntos más esenciales y capitales de las mismas, sin duda alguna éstas le proporcionarán grandes y excelentes ventajas[5].

La focalización desmedida, el encerramiento científico, es siempre desaconsejado, punto de evasión y deformación de objetivos de gobierno. Se advierte, al igual que en Gracián, cierto rechazo frente a la obnubilación provocada por el conocimiento científico. Se trata, sobre todas las cosas, de evitar la «prolijidad», la obsesión por el conocimiento y la obcecación que suele acarrear tan enfrascamiento. La nefasta e inmediata consecuencia de este comportamiento es la pérdida de perspectiva con respecto a la dirección del reino, la ceguera política que suele desencadenar la catástrofe social. Claro que para el Padre Mariana la astrología entra de lleno en esta categoría de ciencias superfluas, insípidas al paladar intelectual de quien pretenda ser un buen gobernante. Cierta función estratégica parece conservar la disciplina en lo que respecta a posibles predicciones del clima o fenó-

---

[4] Gracián, *El político don Fernando el Católico*, p. 49.
[5] Mariana, *Del rey, y de la institución real*, p. 178.

menos naturales, pero nada que deba interesar al rey en demasía. La adivinación queda en cambio expresamente prohibida para el monarca:

> Deseamos que se haga religioso el príncipe, más no queremos tampoco que, engañado por falsas apariencias, menoscabe su majestad con supersticiones de viajes, indagando los sucesos futuros por medio de algún arte adivinatorio, si arte puede llamarse, y no mejor juguete de hombres vanos[6].

La obsesión con la anticipación del futuro solo puede acarrear fuentes de distracción y ocio para con las funciones primordiales del monarca:

> Oh dulcísimo príncipe... evita toda clase de superstición, ten por futilísima y vana toda arte que pretenda aprovecharse del conocimiento del cielo para indagar lo futuro, no emplees nunca en la ociosidad ni en la contemplación el tiempo debido a los negocios[7].

En sus *Empresas políticas* (1640) el escritor y diplomático español Diego de Saavedra Fajardo nos advierte, de forma similar, que el monarca debe, en todo caso, lograr cierto conocimiento global del mundo que lo rodea pero absteniéndose en todo momento de caer en la tentación de practicar la astrología, la excesiva racionalización de los problemas del estado o la predicción del futuro.

La Empresa 6: *Politioribus ornantur litterae*, ilustra en perspectiva este delicado balance del que depende la buena educación del monarca. En el grabado, la gradación política o utilidad de las distintas disciplinas se encuentra representada por unas cuantas espigas de trigo (las ciencias) rodeadas por un cerco de azucenas (las letras y artes liberales). La moraleja reza que a toda ciencia política debe reforzársela con una muy buena base de conocimiento de artes y letras, quedando las ciencias exactas siempre un poco más relegadas:

---

[6] Mariana, *Del rey, y de la institución real*, p. 528.
[7] Mariana, *Del rey, y de la institución real*, p. 531.

Figura 1: «Politioribus ornantun litterae».
Diego Saavedra Fajardo. *Empresas políticas*
(Madrid: Cátedra, 1999) 235[8].

En Saavedra Fajardo se mantiene el imperativo de una educación completa, pues «es un golfo de sucesos el mundo, agitado de diversas e impenetrables causas»[9]; pero la vana detentación de poderes adivinatorios queda igualmente desaconsejada para el príncipe:

> ... es una especie de rebeldía contra Dios y una loca competencia con su eterna sabiduría, la cual permitió que la prudencia humana pudiese conjeturar, pero no adivinar, para tenella más sujeta con la incertidumbre de los casos[10].

Basilio no sólo desoirá el consejo, sino que jugará temerariamente en los límites de las dos grandes ramas que la disciplina detentaba por aquella época: la *astrología legal* y la *astrología judiciaria*. Mientras la primera reconocía cierta inclinación ejercida por los astros, la última proclamaba un determinismo absoluto, claramente contrario a la doc-

---

[8] Saavedra Fajardo, *Empresas políticas*, p. 235.
[9] Saavedra Fajardo, *Empresas políticas*, p. 43.
[10] Saavedra Fajardo, *Empresas políticas*, p. 43.

trina del *libre albedrío*. La advertencia de Saavedra Fajardo es clarísima a este respecto, juzgando a la astrología judiciaria como extremadamente peligrosa desde el momento en que obnubila la visión del monarca, fomentando una falsa asimilación de sus poderes —siempre limitados— a la esfera de lo divino:

> En la Astrología judiciaria se suelen perder los príncipes, porque el apetito de saber lo futuro es vehemente en todos, y en ellos más, porque les importaría mucho, y porque anhelan por parecerse a Dios y hacer sobrenatural su poder; y así, pasan a otras artes supersticiosas y aborrecidas por el pueblo, llegando a creer que todo se obra por las causas segundas, con que niegan la Providencia divina, dando en agüeros y sortilegios, y como dependen más del caso que de la prudencia e industria humana, son remisos en resolverse y obrar, y se consultan más con los astrólogos que con sus consejeros[11].

En *La vida es sueño* la superstición, hija del símil astrológico, ha comenzado a contrastar de plano con el accionar de Segismundo en su devenir como personaje. En el telón epistémico de la obra las correspondencias registrables por esa *razón astral* que Basilio intenta imprimir al análisis de su reino ya no son causas directas ni reaseguros infalibles de los desarrollos materiales. Calderón introduce un punto medio complejo, un *«nodus et vinculum mundi»* de factura netamente moderna que encuentra en el hombre un complejo sistema de tensiones.

Segismundo opera en función de esta nueva perspectiva, menos atado al esquema de un *a priori* filosófico o científico que abierto a una nueva esfera humanista de creatividad, de análisis y producción de nuevas decisiones morales y de gobierno. La *prudencia* y la *industria* que reclama Fajardo son sus instrumentos comunes y le permiten forjar una nueva esfera de razonamiento de vuelo *supra apriorístico*. La elisión sopesada de lo *astral* a favor de una nueva razón de lo *circunstancial,* basada en la experiencia del sujeto cognoscente, le permiten a Segismundo ajustarse mejor a la dinámica del poder y analizar la cambiante situación social de su reino para tomar decisiones más adaptadas y acordes a su investidura de nuevo monarca. La razón llega a Segismundo en circunstancias apremiantes, como sinónimo de responsabilidad

---

[11] Saavedra Fajardo, *Empresas políticas*, pp. 228-229.

social y capacidad electiva, de toma de decisión balanceada por las circunstancias y la experiencia adquirida.

En las antípodas de este modelo programático edificado en la *experiencia* Basilio gobierna de manera «absolutista» descartando errores, correcciones y sin anticipar resistencia alguna al poder de su entendimiento y voluntad. Como el Próspero de Shakespeare, la diversificación de sus intereses es exponencial y termina obstruyendo la capacidad de gobierno del reino. Su narcisismo se ve alimentado por un espejo tiránico en el que la propia voluntad e inteligencia se encuentran deformadas hasta límites absolutos.

Basilio sella simbólicamente la dinámica de su reino eliminando/ignorando los factores molestos, entre los cuales, el libre albedrío de su hijo aparece como la primera víctima. El abismo de lo fatal se enclava muy cerca de esta mirada que lee mal los acontecimientos y presagios, sobreimponiendo un parámetro racional forzado que fracasa y, en su decepción, lleva a la concreción misma del sino que el mismo monarca-astrólogo tanto había intentado impedir. El problema radica en que Basilio lee como astrólogo pero actúa en carácter de rey, *astrologizando* su reino, traspolando modos de interpretación a diferentes realidades, apresurando lecturas y decisiones, eliminando en la voluptuosidad de su afán descifratorio variables y circunstancias que no pueden pasar desapercibidas al modo de entendimiento que se espera de su investidura. Sólo en el drama que rodea a la muerte de Clarín, Basilio parece cuestionar por primera vez su modelo de conocimiento al entender que el cadáver le habla por «boca de una herida», es decir, metafóricamente, como hecho factual de la experiencia que ha comenzado a marcarle el error de su paradigma:

> Que bien (ay cielos) persuade
> nuestro error, nuestra ignorancia
> a mayor conocimiento
> este cadáver que habla
> por la boca de una herida
> siendo el humor que desata
> sangrienta lengua que enseña (vv. 3098-3104)

Basilio no es en este sentido un rey verdaderamente sabio para los espectadores de la obra. Como vimos, tanto en Gracián como en el Padre Mariana, la sabiduría real es un concepto relativo, más cercano

NICOLÁS M. VIVALDA 391

a la idea de un conocimiento pragmático (aprehendido por lección pero también por experiencia), que a la concepción de un saber ideal de verdades abstractas y sin aplicabilidad probable en el campo de acción del soberano. Para Mariana la pedagogía real puede reducirse en última instancia a una clara cuestión de conveniencias, de balance ajustado en esa relación estratégica que se construye entre tiempo disponible, función a desempeñar y tarea específica encomendada al soberano.

En este triple enlace la *prudencia* se convierte en el hilo catalizador, que transforma los principios morales generales en vectores de voluntad aplicables a situaciones cambiantes y casos concretos[12]. En esta *applicatio ad opus* el sujeto prudente debe tomar en cuenta las circunstancias y las condiciones temporales específicas del dilema que se dispone a enfrentar. La irrupción de esta dinámica cognoscente de lo circunstancial encontrará en Maravall una clara definición del perfil del gobernante durante el Barroco: «... mantienen las virtudes morales, pero reconocen y aceptan la novedad de su tiempo»[13]. Parafraseando a Gracián podemos decir que en la escena de un «mundo trabucado» no hay gobernar sin prudencia pragmática.

Basilio insiste en cambio en permanecer como el obtuso rey de la similitud; arrastrando un pesado bagaje de marcas y prácticas miméticas, el monarca se apresura al leer la realidad, se aferra a un nivel obcecado de correspondencias imaginarias, y acaba estableciendo paradigmas de similitudes inexistentes en su afán por probar acertadas las teorías que ha heredado de sus libros. La prudencia y la conveniencia se han esfumado de su esfera de decisión moral y han dejado tras de sí un reguero de muerte e inestabilidad públicas. Basilio no piensa con el cerebro pragmático que se le reclama como monarca, sino con la ortopedia de un terco amor propio intelectual que intenta revalidar, aún a costa de forzar datos o perspectivas, ese saber anterior y supuestamente totalizante. El personaje saltea así trozos, segmentos de experiencia claramente apreciables, en beneficio de una clara arrogancia de la mente que desprecia toda forma de pragmatismo para rendirse a la atracción placentera de las generalidades. El monarca es menos imprudente en su interpretación precipitada de las estrellas que

---

[12] Ver Hildner, 1982, p. 50.
[13] Maravall, 1944, p. 237.

en su errada actitud de conocimiento, la nobleza de su dignidad real se ve distraída y puesta en peligro por un ensimismamiento que bajo ninguna circunstancia corresponde a una investidura real.

Paralelamente, Segismundo acabará convirtiéndose en modelo de *príncipe cristiano*, al verse obligado a forjar su propio destino a partir de la experiencia, del dominio de sí mismo, y de la asunción plena de las obligaciones morales que posee para con su pueblo. El suyo es además un modelo plenamente activo, no hay para Segismundo nuevas instancias de meditación o aislamiento que le permitan reflexionar sobre su particular situación. Una vez acabado, el encierro de la torre ha quedado irremisiblemente en el pasado, su destino es ahora acción, conquista del poder a través de la actividad que solo la experiencia puede engendrar. En el momento de mayor acción dado en la batalla por el reino, prosigue la siguiente reflexión de Segismundo que une *conocimiento* con *experiencia* y acción con *autoconocimiento crítico*:

> pues que ya vencer aguarda
> mi valor grandes vitorias,
> hoy ha de ser la más alta:
> vencerme a mí mismo (vv. 3255-3258)

En contraposición, Basilio yerra al extrapolar de la ecuación su propio valor como observador también humano y activo en el destino de su hijo. No es la predicción la que falla, sino la identificación del mecanismo que llevará a su cumplimiento y el lugar que el mismo Basilio tiene en esta cadena. Extrapolando, obliterando el factor humano, Basilio falla al calibrar las variables de su «experimento», falla en la auto percepción que tiene de sí como observador: «He works on the assumption that he has been objective —and he has— but his failing lies in his ignorance of the subjective»[14].

Calderón ataca la figura del astrólogo Basilio por este flanco, como científico ignorante del valor humano, ilusionista que pretende hacer hipóstasis absoluta del valor de aplicación de un modelo puramente geométrico. La ilusión de realidad que pretende reflejar a partir de este modelo ideal se afirma en un estatus ontológico sobrevaluado, inflamado por la necesidad de buscar una garantía astral a todos los des-

---

[14] Cascardi, 1984, p. 14.

tinos[15]. Basilio, último rey de la similitud, radicaliza el modelo astrológico de Pico della Mirándola, lo vuelve tiránico al negar todo superioridad de la propia voluntad sobre el poder de los astros. No hay aquí lugar para el libre albedrío en el mapa inalterable de las fuerzas que sacuden al universo. Un germen de desesperada asfixia subjetiva se cuela ya en el monólogo inicial de Segismundo: «¿y yo, con más albedrío, / tengo menos libertad?» (vv. 151-152).

El modelo científico se muestra engañoso, el juego de la similitud se cierra en un círculo epistémicamente vacío en el que la extrapolación del factor humano ha de pagarse siempre cara. La lección es siempre de naturaleza humanista, la interdicción al paradigma del símil se vuelve amplia, desnudando el dinámico espectro de una nueva forma de aprendizaje del poder, novedoso camino pedagógico del futuro rey que implica y demanda una refundación epistémica del valor de la experiencia y de la posibilidad de autocrítica que de ella nace.

La «incertidumbre de los casos» se asume en una lección pragmática de perspectivas múltiples donde Segismundo gana por saber reubicarse, re-focalizar su mirada luego de su primera y fallida experiencia como supuesto rey. La perspectiva de Basilio es en cambio siempre opaca -aún para con él mismo-, inaprensible desde el momento en que se ve devorada por la avalancha de un modelo de compresión del mundo autoritario y rayano en su mismo afán de omnipotencia. Su perspectiva «cósmica» de control absoluto sobre la experiencia obtura mecanismos autocomprensivos y reduce el valor de lo subjetivo hasta pulverizar todo intento de autocrítica. Para Segismundo en cambio la esencia de lo subjetivo, su voluntad y sus pasiones —aunque dominadas al final—, constituyen siempre el verdadero disparador que lo lleva a la autorreflexión, la búsqueda de la experiencia, y la superación del oscurantismo de la torre. Sobre el final de la obra Segismundo ha entendido que su voluntad juega el papel principal, no en la contradicción del hado que lo rodea, sino en el cumplimiento de lo predestinado con y por la decisión de los hombres.

Lo predestinado ha de cumplirse, pero siempre en virtud de la acción y la interpretación que los hombres aporten. No hay mediación entre predestinación y libertad sin la confluencia volitiva y pasional

---

[15] Ver Cascardi, 1984, p. 14.

del factor humano. En la batalla final Segismundo no lucha tanto por desmentir intelectualmente a su padre como por «sacar verdaderos a los cielos», hacer cumplir el hado de los cielos, pero en términos humanísticos, no exclusivamente científicos:

> tocad el arma que presto
> veréis mi inmenso valor.
> Contra mi padre pretendo
> tomar armas, y sacar
> verdaderos a los cielos (vv. 2377-2382)

El intelecto, si bien central en sus decisiones finales, no alcanza a cubrir el espectro con su acción soberana, necesita y pide ser trascendido y completado por el ejercicio consciente de la voluntad y el espíritu. El esquema omnipresente de la similitud entra en definitivo ocaso porque un cuestionamiento fervientemente humanista inquiere la naturaleza última de su modelo ontológico:

> ¿y teniendo yo más alma,
> tengo menos libertad? (vv. 131-132)

La gradual disolución de la «doctrina del símil» abre las puertas de una Modernidad compleja, instancia de particular negociación del sujeto cognoscente para con una realidad cambiante, espacio incierto que se asume en una lección pragmática de perspectivas siempre múltiples.

BIBLIOGRAFÍA

ABEL, L., *Metatheatre: A New View of Dramatic Form*, New York, Hill and Wang, 1963.

AYALA, F., «Porque no sepas que sé», en *Calderón y la crítica: historia y antología. Tomo II*, ed. M. Durán y R. González Echevarría, Madrid, Gredos, 1976, pp. 647-666.

BANDERA, C., «El "confuso abismo" de *La vida es sueño*», en *Calderón y la crítica: historia y antología. Tomo II*, ed. M. Durán y R. González Echevarría, Madrid, Gredos, 1976, pp. 723-746.

— «El itinerario de Segismundo en *La vida es sueño*», *Hispanic Review*, 1, 1967, pp. 69-84.

— *Mimesis conflictiva. Ficción literaria y violencia en Cervantes y Calderón*, Madrid, Gredos, 1975.

BARRET, W., *The Illusion of Technique. A search for Meaning in a Technological Civilization*, New York, Anchor Press/Doubleday, 1978.

BENJAMIN, W., «Doctrine of the Similar (1933)», *New German Critique*, 17, 1979, pp. 65-69.

— «On Language as Such and on the Language of Man», *Reflections. Essays, Aphorisms, Autobiographical Writings*, New York, Schocken Books, 1983a, pp. 314-332.

— «On the Mimetic Faculty», *Reflections. Essays, Aphorisms, Autobiographical Writings*, New York, Schocken Books, 1983b, pp. 333-336.

CALDERÓN DE LA BARCA, P., *El mágico prodigioso*, Madrid, Cátedra, 1985.

— *La vida es sueño*, Madrid, Cátedra, 2001.

CASCARDI, A., *The Limits of Illusion: A Critical Study of Calderón*, Cambridge, Cambridge University Press, 1984.

COPE, J., «The Platonic Metamorphoses of Calderon's *La vida es sueño*», *Modern Language Notes*, 2, 1971, pp. 255-271.

DEMETZ, P., «Introduction», *Reflections. Essays, Aphorisms, Autobiographical Writings by Walter Benjamin*, New York, Schocken Books, 1983, pp. vii-xlii.

FOUCAULT, M., *Las palabras y las cosas. Una arqueología de las ciencias humanas*, México, Siglo XXI, 1984.

FOX, D., *Kings in Calderón: A Study in Characterization and Political Theory*, London, Tamesis, 1986.

GRACIÁN Y MORALES, B., *El político don Fernando el Católico*, Zaragoza, Institución «Fernando el Católico», 1953.

HATZFELD, H., «Lo que es barroco en Calderón», en *Hacia Calderón*, ed. H. Flasche, Berlin, Walter de Gruyter, 1973, pp. 25-32.

HILDNER, D., *Reason and the Passions in the Comedias of Calderón*, Philadelphia, John Benjamins Publishing Company, 1982.

MARAVALL, J. A., *Teoría española del estado en el siglo XVII*, Madrid, Instituto de Estudios Políticos, 1944.

MARIANA, J. de, *Del rey, y de la institución real*, Madrid, Imprenta de la Sociedad Literaria y Tipográfica, 1845.

PARKER, A. «Introducción», *Fábula de Polifemo y Galatea. Por Luis de Góngora y Argote*, Madrid, Cátedra, 2000, pp. 15-129.

— *The Mind and Art of Calderón. Essays on the Comedias*, New York, Cambridge University Press, 1988.

SAAVEDRA FAJARDO, D., *Empresas políticas*, Madrid, Cátedra, 1999.

STURM, H., «From Plato's Cave to Segismundo's Prison: The Four Levels of Reality and Experience», *Modern Language Notes*, 2, 1974, pp. 280-289.

VALBUENA BRIONES, Á. J., «El concepto del hado», *Bulletin Hispanique*, 1-2, 1961, pp. 49-53.

WARDROPPER, B. (ed.), *Critical Essays on the Theatre of Calderón*, New York, New York University Press, 1965.

TIRESIAS Y LO TRÁGICO EN *LA HIJA DEL AIRE*

Christopher Weimer
Oklahoma State University

Hace más de dos mil años que nos fascina la figura de Tiresias, el adivino ciego de la ciudad griega de Tebas[1]. En el canto undécimo de *La Odisea*, Ulises viaja al inframundo Hades para pedirle consejos a la sombra de Tiresias; más tarde en la literatura griega, el vidente desempeñará un papel clave en las tragedias de Eurípides y Sófocles. Séneca también lo representa en su *Edipo* y Ovidio cuenta una de las historias de su ceguera en *Las metamorfosis*. Dante lo castiga en su *Inferno* y Milton lo invoca en *Paradise Lost*. En la literatura más moderna, no debemos olvidarnos de su presencia en *The Waste Land* de T. S. Eliot —«(And I Tiresias have foresuffered all / Enacted on this same divan or bed; / I who have sat by Thebes below the wall / And walked among the lowest of the dead.)» (vv. 243-46)— ni del drama surrealista *Les Mamelles de Tirésias* de Apollinaire y su versión operística compuesta por Francis Poulenc. Y hace sólo cinco años que el autor esta-

---

[1] El estudio más exhaustivo de la figura de Tiresias es el de Brisson, 1976. Ver también Brisson, 1997, y Loraux, 1995.

dounidense Jeffrey Eugenides ganó el Premio Pulitzer del 2002 por su novela *Middlesex*, narrada por un protagonista hermafrodita del siglo xx que se compara explícitamente con Tiresias e incluso hace el papel del vidente tebano en una representación de *Antígona*. En este ensayo me propongo examinar la presencia onomástica, simbólica y unificadora de Tiresias en las dos partes de la tragedia de Calderón, *La hija del aire*.

Según lo que nos ha señalado Frederick de Armas en su estudio *The Return of Astraea*, siempre hay que dirigir la atención hacia los nombres calderonianos. La mera presencia de un personaje secundario que se llama Astraea o el breve uso seudónimo del nombre por un personaje principal, un *nom de guerre* adoptado durante la lucha para restaurar la honra perdida, puede subrayar la importancia de la estructura mitológica que apuntala un texto dramático. Por eso es preciso que nos fijemos en el nombre del primer personaje que sale al escenario teatral de *La hija del aire* y el primero que se muere, el del viejo sacerdote de la diosa Venus que ha sido a la vez el carcelero y el «segundo padre» de la epónima protagonista Semíramis: Tiresias. Aun más sugerente es el hecho de que la presencia de Tiresias en la obra calderoniana sea única entre las muchas historias de Semíramis: no cabe duda de que Calderón inventó y nombró a esta figura cuando construyó su propia versión teatral de la vida y muerte de la notoria reina de Babilonia[2]. Muchos de los espectadores y lectores de *La hija del aire* habrían leído por lo menos algunos de los dramas clásicos, poemas y obras en prosa en los cuales Tiresias desempeña un papel. Lope citó en su *Arte nuevo* el análisis del *Edipo Rey* de Sófocles que escribió Aristóteles en su *Poética*; también se conocía el *Edipo* de Séneca. Mucho más importantes fueron *Las metamorfosis* de Ovidio, obra sumamente popular en esa época, traducida varias veces al castellano, y los textos mitográficos de Natale Conti, Juan Pérez de Moya y Baltasar de Vitoria. Calderón sabía que el nombre mismo de Tiresias le llamaría la atención al público, el cual ya tenía una imagen de la figura misteriosa del adivinador.

En la literatura clásica, la figura de Tiresias es a la vez agorero y augurio de la tragedia: predice los eventos funestos mientras que su mera presencia señala la catástrofe venidera. Por eso se debe notar otra

---

[2] Edwards, 1966, p. 187.

vez que el Tiresias de Calderón es el primer personaje que sale al escenario, un anuncio vivo del género de la obra identificado por la voz de Semíramis encarcelada, gritando su nombre y exigiendo que le abra la puerta de su prisión. En el siguiente diálogo entre los dos, se ve que este Tiresias —aunque le falta la ceguera tradicional— comparte unas características esenciales con el Tiresias clásico. Es una figura mediadora entre la esfera divina de los dioses y el mundo de los hombres, vaticinando la tragedia: su cautiva concede que Venus le dijo a él que Semíramis «había de ser horror / del mundo, y que por mí habría, / en cuanto ilumina el Sol, / tragedias, muertes, insultos, / ira, llanto y confusión» (vv. 134-138) y «[q]ue a un Rey / glorioso le haría mi amor / tirano, y que al fin vendría / a darle la muerte yo» (vv. 139-142). Obediente a la voluntad de la diosa, Tiresias ha criado, enseñado y encarcelado a Semíramis en un templo de Venus, escondido en una isleta en un lago de Ascalón; a diferencia de Clotaldo en *La vida es sueño*, él ha tratado de explicarle y justificarle a la prisionera su encarcelamiento para que ella lo entienda y lo acepte. El texto vincula al Tiresias calderoniano con las aves que también sirven a Venus, las cuales defendieron a Semíramis después de su nacimiento y le han traído la comida, mientras muchas fuentes clásicas le atribuyen a Tiresias el conocimiento de la ornitomancia, el arte adivinatorio de descifrar el vuelo y los cantos de los pájaros[3]. Y más importante aún, este Tiresias —muy semejante a su tocayo tebano en los textos de Homero, Eurípides y Sófocles, por no decir muchos otros adivinos— tiene que sufrir el rechazo de sus advertencias. Aunque Semíramis ha escuchado muchas veces las razones de su encarcelamiento e incluso puede recitarlas, todavía insiste en que puede evitar el fin profetizado de su vida: «es error / temerle; dudarle basta» (vv. 146-147). Ni le hace caso el privado del Rey Nino de Siria, Menón, que insiste en liberar a Semíramis de su prisión y sin intentarlo deja a Tiresias sin más remedio que el suicidio:

> Primero
> que las llaves, que conmigo
> están, a hombre humano entregue,
> cumpliendo los vaticinios

---

[3] Brisson, 1997, pp. 108-109.

> de mi Diosa, me daré
> la muerte. (vv. 763-68)

El adivino se arroja en el lago, su función expositoria ya cumplida y la tragedia inevitable ya anunciada.

Sin embargo, en la primera parte del díptico el Tiresias clásico no desaparece del texto tan pronto, porque el Tiresias de Calderón no es el único personaje en el cual se pueden identificar paralelos con el vidente griego: es el primero y el más llamativo de los tres, señalando así la presencia continua y unificadora de su tocayo mayor en el drama aun después de su propia muerte. El segundo es Menón, cuya indiferencia a las advertencias de Tiresias y decisión de liberar a Semíramis lo llevarán a su propia destrucción en la jornada tercera de esta primera tragedia. Como el Tiresias de los griegos, Menón es un consejero real, sirviendo de valido al rey Nino. Al principio de la obra, Menón y Nino vuelven a Nínive por los montes de Ascalón después de muchos triunfos en una campaña militar. Nino le nombra a su privado y general gobernador de Ascalón por sus victorias y, cuando Menón busca información sobre su nueva provincia, oye hablar de la isleta en el lago cercano donde

> hay un rústico edificio,
> templo donde Venus vio
> hacerle sus sacrificios
> bien poco ha; pero cesaron,
> porque Tiresias nos dijo,
> su sacerdote, que nadie
> pisase en todo este sitio,
> ni examinase ni viese
> lo que en él se esconde
> que es cada tronco un horror,
> cada peñasco un castigo,
> un asombro cada piedra
> y cada planta un peligro. (vv. 634-645)

Este cuento le despierta la curiosidad y decide visitar el sitio, pero al llegar allí el viejo sacerdote trata de impedirle la entrada:

> Detén el paso,
> oh ignorante peregrino

que de este sagrado coto
osas penetrar el sitio. (vv. 735-738)

Después de que Tiresias se suicida en vez de abrirle la prisión a
Menón o entregarle las llaves, el privado rompe las puertas del templo, ve a Semíramis y se rinde ante la pasión súbita que su belleza despierta en él:

Alza, Semíramis bella,
del suelo, porque es indigno
que esté en el suelo postrado
todo el Cielo que en ti he visto. (vv. 989-992)

Esta pasión idólatra y desenfrenada no disminuye a lo largo de la
obra, incluso después de que también Nino se enamora de Semíramis
y ella, motivada por la ambición, rechaza el amor del privado para
aprovecharse del amor del rey. Como resultado de este desprecio cal-
culador, en la jornada tercera Menón, ya caído de su alto estado anterior por los celos de Nino, pero todavía enfermo de un amor desesperado, entra otra vez en un sitio prohibido, en esta ocasión los
jardines del palacio real donde ahora vive Semíramis antes de su matrimonio y su ascensión al trono:

Pisando las negras sombras,
imágenes de mi muerte,
con la llave que tenía
de los jardines de Irene
a Semíramis veré. (vv. 2908-2912)

Desafortunadamente, en la oscuridad no encuentra a Semíramis
sino al rey mismo; las palabras de Nino ofrecen un eco de las de
Tiresias cuando Menón insistió en entrar en el templo de Venus, estableciendo así un paralelo entre las dos escenas:

Sabré quién es quien al culto
sagrado de estas paredes,
licenciosamente osado,
a tales horas se atreve. (vv. 2956-2959)

Para los espectadores o lectores perspicaces, especialmente los que ya se habían fijado en la presencia onomástica de Tiresias en el texto, no habría sido difícil notar las semejanzas entre las entradas prohibidas de Menón en los espacios sagrados y una de las historias de la ceguera del Tiresias tebano, una versión que se encuentra en el quinto himno de Calímaco, *El baño de Palas*[4]. Según esta historia, el joven Tiresias entró en la arboleda de Atenea, buscando a su madre, la ninfa Cariclo, e involuntariamente vio a las dos bañándose desnudas en la fuente Hipocrene. Un espectador o lector ya familiarizado con esta narrativa también habría sabido el castigo por esta transgresión: a pesar de las súplicas de Cariclo, Atenea declara que la ley del dios Cronos exige que Tiresias sea privado de la vista. Y sufre así Menón también: aunque Semíramis, para quien el desdichado arriesgó su vida, le suplica clemencia a Nino, es el rey —cuyo poder absoluto corresponde al poder divino de Cronos—quien manda a sus soldados que le saquen los ojos a su rival, acabando en las últimas escenas de la primera parte de la tragedia, en las cuales el valido cegado, echado del palacio a la calle, lamenta la mutabilidad de la fortuna.

Otro paralelo entre el Tiresias clásico y Menón se manifiesta en los últimos momentos de la jornada tercera. Según Calímaco, Atenea le compensa a Tiresias por su pérdida de la vista con una variedad de dones divinos, incluso un bastón para que pueda caminar como si no fuera ciego, una vida mucho más larga y el poder único de guardar su memoria en el Hades[5] —el cual le permitirá aconsejar a Ulises allá en la *Odisea*. Sin embargo, de todos los dones compensatorios de Atenea, el más importante es el poder profético: la clarividencia es, entonces, resultado directo de la pérdida de la vista corporal. Y eso es lo que pasa también en el caso de Menón. En la escena final de la primera comedia, él escucha pero no puede ver la coronación de Semíramis. Él está alabando la buena fortuna de ella cuando es poseído de repente por una voz oracular que predice un futuro muy diferente para la nueva reina:

> Que fui el primero que tuve
> parte en tus aplausos, sea

---

[4] Calímaco, 1980. Ver también Apolodoro e Higinio, 2007, pp. 53-54.
[5] Calímaco, 1980, pp. 80-81.

el primero que pronuncie
tus grandezas; que el querer,
gran deidad, aunque me injuries,
que triunfes, vivas y reines...
Pero aquí mi voz se mude
no a mi arbitrio, sino al nuevo
espíritu que se infunde
en mi pecho, pues me obliga
no sé quién a que articule
las forzadas voces que
ni vivas, reines ni triunfes. (vv. 3281-3293)

Después de perder la visión terrenal, Menón se convierte en otra figura liminal que, semejante al Tiresias de la jornada primera[6], media entre la esfera humana y la esfera divina; al final es un clarividente ciego que predice la caída venidera de un personaje real —es decir, la imagen del Tiresias clásico.

Si Semíramis y Menón son los dos protagonistas de la primera parte de *La hija del aire* con su estructura quiasmática, en la segunda parte la reina no comparte con nadie el centro del escenario. Ya es madre de un hijo adolescente, el príncipe Ninias, y también es viuda —una viuda a quien muchos le echan la culpa de la muerte de Nino, aunque ella lo niega. Ninias ha alcanzado la edad necesaria para suceder a su padre en el trono, pero la ambición que llevó a Semíramis a renunciar al amor de Menón para hacerse reina hoy arde en ella más fuerte que nunca, y por lo tanto ella no tiene la menor intención de abdicar en favor de su débil hijo. A Semíramis le enoja la incapacidad de Ninias, quien es «temeroso por extremo, / cobarde y afeminado» (vv. 420-21), y le disgusta la ingratitud de la gente, que en el pasado alabó los triunfos militares de su reina pero ahora insiste en que no gobierne el país una mujer y una extranjera, por varonil que sea[7]. La virilidad de Semíramis es sin duda su característica principal a lo largo de la obra de Calderón; en la primera parte de la comedia nos parece casi hermafrodita por su mezcla de hermosura femenina, fuerza física masculina y espíritu viril, la cual señala la graciosa Sirene cuando la ve echar un caballo al suelo y grita: «¿Hay tal marimacha?» (v.

---

[6] Ruiz Ramón, en Calderón de la Barca, 1998, p. 31.
[7] Lippman, 1982, p. 51.

1720). La segunda parte del texto extiende y refuerza esta dualidad simultánea de género repetidas veces, tal vez más vívidamente en la escena en la que Semíramis sale para una batalla sin yelmo y con el cabello suelto, vuelve victoriosa y comienza de nuevo a peinarse, porque la guerra había interrumpido su baño. Tampoco se somete Semíramis a la voluntad del pueblo. Después de renunciar su autoridad real, se aprovecha del gran parecido físico que tiene con su hijo para secuestrarlo y suplantarlo en el trono: su identidad verdadera escondida bajo la ropa y la armadura de Ninias, Semíramis vuelve a gobernar el reino sin que la gente lo sepa[8].

En este retrato dramático de una mujer varonil que finge ser hombre se puede percibir por tercera vez la figura clásica de Tiresias: Semíramis es la última Tiresias del texto. Aquí se observa la otra versión popular de su ceguera, que utilizó Ovidio en el mito de Narciso en *Las metamorfosis*[9]. Según esta historia, la diosa Hera le privó de la vista a Tiresias después de que ella y Zeus lo escogieron para resolver una cuestión difícil sobre quién sentía más placer sexual, el hombre o la mujer. La diosa se enojó cuando Tiresias se puso al lado de Zeus, diciendo que las mujeres gozaban de nueve de las diez partes del placer erótico y los hombres una, y lo cegó. Para compensarle la pérdida de la vista, Zeus le regaló el poder adivinatorio. Y ¿por qué escogió a Tiresias esta pareja notoria para arbitrar su pelea? Según Ovidio, Tiresias era único porque había sido hombre y también mujer. En otra arboleda sagrada, Tiresias había tropezado con dos enormes serpientes entrelazadas en la unión sexual. Al golpearlas con su bastón para separarlas, se convirtió en mujer; vivió la vida de una mujer por siete años (en algunas versiones se casó y dio a luz a una hija, la adivina Manto; en otras fue una prostituta famosa) antes de volver a encontrar dos serpientes y golpearlas otra vez, volviendo así a su género original. Según Leonard Barkan, Tiresias es único no sólo por su hermafroditismo en serie, sino también por el hecho de que, a diferencia de casi todas las víctimas de la metamorfosis en el poema de Ovidio, llega a entender y controlar el proceso metamórfico para convertirse

---

[8] Los estudios de la virilidad de Semíramis incluyen los de Fischer, 1982, Hernández-Araico, 1985, Hesse, 1986, Lippman, 1982, y Quintero, 2001.

[9] Ovidio, 1993, pp. 89-90 (Libro III, vv. 316-38). Ver también Apolodoro e Higinio, 2007, pp. 53-54.

en hombre otra vez[10]. Esto es lo que intenta hacer Semíramis al secuestrar y hacerse pasar por su hijo: convertirse en hombre para rechazar los límites políticos impuestos por su género y recuperar el poder masculino. Pero en la tragedia verdadera nunca es posible cambiar lo que está predestinado. Tiresias no entendió que la experiencia única que adquirió en su vida de transgénero lo llevaría a la ceguera, y tampoco entiende Semíramis que su identidad falsa no será nada más que otra prisión[11]. Ni puede reciprocar el amor del único hombre a quien quiere ni puede recibir el reconocimiento público por las victorias que gana; después de su muerte en la última batalla de la obra, los otros personajes ni siquiera se dan cuenta de que el cadáver sangriento no es Ninias hasta que el verdadero hijo de Semíramis sale vivo al escenario.

Ya se notó que la figura clásica de Tiresias casi siempre sirve simultáneamente de agorero y augurio de la tragedia, prediciendo la tragedia mientras que su presencia misma la señala. Así funciona el personaje de Tiresias en la primera jornada de *La hija del aire*, evocando con su nombre y sus palabras a su tocayo tebano. Pero más importante aún, señala también la presencia de las otras historias de Tiresias en el texto, las historias que apuntalan y unen las distintas trayectorias trágicas de las dos partes del drama. En Menón se puede ver al Tiresias de Calímaco que vio algo prohibido sin intentarlo ni quererlo, pero todavía tenía que sufrir las consecuencias; para Calderón es el instrumento inocente de la voluntad divina, desempeñando un papel necesario para que se cumpla el fin profetizado de Semíramis. Y en Semíramis vemos al Tiresias ovidiano, consciente de lo que hace, pero incapaz de entender que sus propias acciones lo llevarán al destino predeterminado: la tragedia de Semíramis consiste en que intenta determinar su propio destino sin darse cuenta de que no es posible cambiar ni evitar el hado.

[10] Barkan, 1986, p. 42.
[11] Hernández-Araico, 1985.

BIBLIOGRAFÍA

APOLODORO E HIGINIO, *Apollodorus's* Library *and Hyginus's* Fabulae: *Two Handbooks of Greek Mythology*, trad. R. S. Smith, S. M. Trzaskoma, Indianapolis, Hackett, 2007.

BARKAN, L., *The Gods Made Flesh: Metamorphosis and the Pursuit of Paganism*, New Haven, Yale University Press, 1986.

BRISSON, L., *Le mythe de Tirésias: Essai d'analyse structurale*, Leiden, E. J. Brill, 1976.

— *Le sexe incertain: Androgynie et hermaphrodisme dans l'Antiquité gréco-romaine*, Paris, Les Belles Lettres, 1997.

CALDERÓN DE LA BARCA, P., *La hija del aire*, ed. F. Ruiz Ramón, Madrid, Cátedra, 1998.

CALÍMACO, *Himnos, epigramas y fragmentos*, trad. L. A. de Cuenca y Prado, M. Brioso Sánchez, Madrid, Gredos, 1980.

CONTI, N., *Natale Conti's* Mythologiae, trad. J. Mulryan, S. Brown, Tempe, ACMRS, 2006.

DE ARMAS, F. A., *The Return of Astraea: An Astral-Imperial Myth in Calderón*, Lexington, University Press of Kentucky, 1986.

EDWARDS, G., «Calderón's *La hija del aire* in the Light of His Sources», *Bulletin of Hispanic Studies*, 43, 1966, pp. 177-196.

ELIOT, T.S., *The Waste Land and Other Poems*, New York, Harvest/HBJ, 1988.

FISCHER, S. L., «The Psychological Stages of Feminine Development in *La hija del aire*: A Jungian Point of View», *Bulletin of the Comediantes*, 34, 1982, pp. 137-158.

HERNÁNDEZ ARAICO, S., «La Semíramis calderoniana como compendio de estereotipos femeninos», *Iberoromania*, 22, 1985, pp. 29-39.

HESSE, E. W., «Calderón's Semiramis: Myth of the Phallic Woman», *Bulletin of the Comediantes*, 38, 1986, pp. 209-218.

LIPMANN, S. H., «The Duality and Delusion of Calderón's Semíramis», *Bulletin of Hispanic Studies*, 59, 1982, pp. 42-57.

LORAUX, N., *The Experiences of Tiresias: The Feminine and the Greek Man*, trad. P. Wissing, Princeton, Princeton University Press, 1995.

OVIDIO, *The Metamorphoses of Ovid*, trad. A. Mandelbaum, New York, Harvest/Harcourt Brace, 1993.

PÉREZ DE MOYA, J., *Philosofía secreta de la gentilidad*, ed. C. Clavera, Madrid, Cátedra, 1995.

QUINTERO, M. C., «Gender, Tyranny, and the Performance of Power in *La hija del aire*», *Bulletin of the Comediantes*, 53, 2001, pp. 155-78.

VITORIA, B. de, *Theatro de los dioses de la gentilidad*, Salamanca, 1620-1623.

EN LA VIDA TODO ES VERDAD Y TODO ES MENTIRA: ¿HACIA LA TRAGEDIA O HACIA LA FARSA?

David J. Hildner
University of Wisconsin-Madison

Aparte de los prejuicios anti-calderonianos de la Ilustración española, uno de los ataques más humillantes contra Calderón en el siglo XVIII lo redacta Voltaire, al «traducir» una de las comedias aparentemente más extravagantes del madrileño, *En la vida todo es verdad y todo mentira*, con doble objetivo declarado: primero, mostrar la primacía y la superioridad de la tragedia *Héraclius* de Pierre Corneille, casi contemporánea de la de Calderón, y, en segundo lugar, demostrar la «démence barbare» de la obra calderoniana. De hecho, incluyó la traducción con comentario en su edición de las obras de Corneille de 1764. Tras haber traducido y criticado con bastante dureza el *Julio César* de Shakespeare, Voltaire, apodado por Antonio Regalado como «gerifalte de la sana razón»[1], somete la comedia calderoniana a una operación semejante, aunque detecta mayor grado de lo absurdo en la obra española. Esta misma «demencia» de Calderón refuerza su postulado de la anterioridad del drama de Corneille, ya que, en palabras de Voltaire,

---

[1] Regalado, 1995, t. 1, p. 696.

«[i]l es bien naturel que Corneille ait tiré un peu d'or du fumier de Calderon; mais il ne l'est pas que Calderon ait déterré l'or de Corneille pour le changer en fumier» [Es muy natural que Corneille haya sacado un poco de oro del estiércol de Calderón, pero no lo es que Calderón haya desenterrado el oro de Corneille para convertirlo en estiércol][2].

Buena parte del ridículo que Voltaire pretende hallar en la pieza se debe a su traducción prosaica y defectuosa y a su comprensión errónea de varias escenas, junto con la posible defectuosidad del ejemplar que le había proporcionado el ilustrado español Gregorio Mayans y Siscar alrededor del año 1762. Por lo tanto, he observado varios momentos en que Voltaire se declara perplejo ante la motivación de uno que otro personaje, mientras que la edición que he manejado yo (la de Don W. Cruickshank), basada en el autógrafo de Calderón, exhibe perfecta claridad. En cuanto a lo intencionadamnte prosaico de la traducción, basta citar un trozo breve para ver cómo Voltaire ha hecho de «perro del hortelano»: vacía el estilo calderoniano de sus rasgos distintivos y expresivos, seguramente por parecerle extravagantes e injustificables, pero se queja y se burla del residuo «llano» que sobrevive a esta operación depuradora. En la Jornada I, uno de los jóvenes moradores del despoblado (al estilo Segismundo), oye por primera vez la armonía de la música instrumental y la compara a los sonidos naturales que surgen siempre en la primavera:

LEONIDO   Pero ¿qué mucho? si aviendo
                   tantas veçes oído en esta
                   soledad la dulçe salba
                   con que la aurora despierta,
                   quando, en la hedad más florida
                   de la hermosa primavera,
                   con más suavidad las auras
                   y los cristales conquerdan,
                   cláusulas a cuyo blando
                   compás, con arpadas lenguas,
                   las aves la vienvenida
                   dan a rosas y azuçenas,
                   risa a risa, llanto a llanto,

[2] Voltaire, t. 6, p. 536.

flor a flor y perla a perla;
nunca en su métrico ridmo
oí música que suspenda
tanto como ésta que oy,
con la ventaja que lleba
lo sentido a lo trinado,
se entiende sin que se entienda[3].

En palabras de Voltaire, que traduzco literalmente al castellano: «Cuando, en la hermosa primavera, los dulces céfiros concuerdan con el ruido de los arroyos, y las gargantas armoniosas de las aves le cantan la bienvenida a las rosas y las azucenas, su música no iguala a la que acabo de oír». (Quand, dans le beau printemps, les doux zéphyres et le bruit des ruisseaux s'accordent ensemble, et que les gosiers harmonieux des oiseaux chantent la bienvenue des roses et des oeillets, leur musique n'approche pas de celle que je viens d'entendre)[4]. Como último ultraje al texto de Calderón, Voltaire casi nunca se refiere a la obra por medio de su título exacto, sino que emplea una y otra vez la expresión «la comédie fameuse» sin darse cuenta de que el equivalente castellano «comedia famosa» era un formalismo que encabezaba casi todos los textos de Calderón y sus contemporáneos en los manuscritos y ediciones originales, y que no indicaba el tono cómico necesariamente. Sin embargo, para Voltaire, se trata de una auténtica «comédie».

A pesar de sus exageraciones, la lectura de esta versión francesa, aunque no merme la apreciación que puedan sentir los lectores por el original, les obliga a verlo, por lo menos, bajo otra óptica. Dicho filtro ilustrado pone en evidencia varios elementos disonantes que le restan gravedad y carácter trágico a este drama semi- o seudo-histórico:

1) Como en casi toda la dramaturgia tardía de Calderón, especialmente en la mitológica, abundan los paralelismos y binarismos de personajes y de situaciones, los cuales responden a ciertas disyuntivas en la temática. Pongo por caso títulos como *¿Cuál es mayor perfección, hermosura o discreción?*, *El escondido y la tapada*, *El acaso y el error* y, sin ir más lejos, el de nuestra comedia, *En la vida todo es verdad y todo men-*

---

[3] Calderón, *En la vida*, Jornada I, vv. 597-616.
[4] Voltaire, t. 6, p. 497.

tira. En este último drama, se puede señalar en primer lugar la pareja de jóvenes, Heraclio y Leonido, ambos separados de sus madres en la infancia, y recogidos ambos por el anciano Astolfo. A estos galanes corresponden dos damas: Cintia, reina de Trinacria, y Libia, hija de un mago y criada en el despoblado, cuyos actos una y otra vez se desarrollan con perfecta simetría. Para colmo de binarismos, Calderón incluye una pareja de graciosos rústicos, Luquete y Sabañón, criados ambos del mago Lisipo. Claro está que abundan comedias calderonianas con dos graciosos, pero lo distintivo aquí es que los dos siempre entren, salgan y hablen al unísono De hecho, el término «dúo» no se emplearía casualmente con referencia a esta dramaturgia tardía, ya que varios críticos han hecho mención de lo «operático» en Calderón. Amén de las zarzuelas suyas, hay innumerables trozos en que las réplicas alternativas (pero de estrecho paralelismo) nos recuerdan los números de conjunto de la ópera. Ya en 1931, Karl Vossler había observado que este rasgo no representa para nada una mera añadidura decorativa, sino que procede intrínsecamente de la naturaleza especulativa y filosófica de su dramaturgia[5].

En cuanto a las situaciones, Calderón hace lo posible y lo imposible para lograr paralelismos contrastados, con merma de lo que Voltaire habría llamado lo «natural». Por ejemplo, en la Jornada II, el ambicioso Leonido se acerca al cuerpo dormido del tirano Focas y saca su puñal con el grito «¡Muera!», al mismo tiempo que su hermano adoptivo Heraclio, sospechando el atentado que piensa cometer Leonido, saca su propio puñal y grita «¡No muera!» Focas se despierta al oír los gritos, pero no sabe distinguir, estando medio dormido, quién ha pronunciado cada una de las exclamaciones. Luego, en el desenlace de la obra, cuando Focas, como tantos otros protagonistas calderonianos, se cae de un caballo, Eraclio, convencido de que el tirano debe morir, exclama «¡Muera!», mientras que Leonido profiere un «¡No muera!» Que el dramaturgo haya creado el paralelismo a próposito nos lo demuestra la reacción de Focas. Recuerda haber visto en otra ocasión a los dos jóvenes con el puñal en alto y haber oído las mismas palabras, sin poder determinar la intención de cada uno. Eraclio explica la

---

[5] «Das Opernhafte in Calderón kommt keineswegs als Zutat von aussen hinzu, sondern tritt aus der spekulativen, philosophischen Natur seiner Dichtung von innen hervor» (Vossler, 1950, p. 208).

repetición de la secuencia dramática mediante una mini-alegoría
teatral:

ERACLIO   Pues no lo dudes agora:
                 que si allí quisiste haçer
                 ensayo de tus trajedias,
                 aquésta la verdad es,
                 y sólo mudó un ensayo,
                 que se trocara un papel.

FOCAS   ¿Qué papel?

ERACLIO   El de Leonido,
                 que allí era el del crüel,
                 y el mío, que era el del piadoso;
                 y tan trocados los ves,
                 que soy el que te da muerte
                 avnque te defienda él[6].

Calderón no se limita, por lo tanto, a repetir segmentos dramáticos con variaciones, sino que hace conscientes a los personajes de
dicha repetición casi alucinante.

Otro factor que, bajo la óptica de Voltaire, le resta gravedad trágica a la comedia es la duda epistemológica, tema omnipresente en las
comedias graves de Calderón. El *pathos* trágico, que prescribía Aristóteles y que Voltaire aceptaba implícitamente, depende de situaciones
concretas de felicidad o de infortunio, basadas en el reconocimiento
de la verdad de ciertos hechos. Entre los ejemplos primordiales en el
drama occidental podríamos citar el descubrimiento por parte de
Edipo Rey de que ha asesinado a su padre y se ha casado con su
madre. Por otra parte, un drama que recalca lo incognoscible de la
realidad, como éste de Calderón, produce principalmente las sensa-
ciones de *suspensión* o de *admiración*.

Cuando el dramaturgo prolonga la duda artificialmente, como en
el presente caso, se debilita en grado correspondiente la posibilidad de
representar los afectos «naturales» que tanto preciaba Voltaire en sus
propios dramas y en el de sus antecesores franceses, Corneille y Racine.
Buena parte de *En la vida* se dedica a una especie de indagación «cien-

---

[6] Calderón, *En la vida*, Jornada III, vv. 1119-1130.

tífica» de parte de Focas y de su colaborador, el mago Lisipo, en la que intentan distinguir cuál de los galanes es hijo del difunto emperador Mauricio y cuál el hijo de Focas mismo. Los resultados de cada etapa del experimento son dudosos hasta las últimas escenas de la obra; dado el título, no podría haber sido otro el procedimiento de Calderón. Cada parlamento, cada acto y cada reacción de Heraclio y Leonido puede interpretarse «a dos visos», es decir, como evidencia a favor o en contra del parentesco con Mauricio. Incluso el «laboratorio» que produce el mago Lisipo en forma de un palacio encantado no da resultados concluyentes. Ni siquiera puede resolver su duda Focas al ver cómo cada uno de los jóvenes reacciona a la noticia, falsa en uno de los casos, de que él es hijo de Mauricio. Cuando Cintia le pregunta: «¿Qué te va diciendo, Focas, / la esperiencia?», responde: «Mucho y nada; / pues me quedo con mis dudas, / al ver que yguales me agradan / en el vno la soberbia, / y en el otro la templança»[7]. De manera que en esta comedia Calderón divide su esfuerzo entre la presentación de una lucha por la sucesión imperial (siendo éste el tema central de la tragedia de Corneille) y la ilustración del concepto epistemológico de que «todo es verdad y todo mentira».

La facilidad con la que Voltaire descarta este aspecto del enredo como mero «jeu de théâtre» nos enfrenta con lo paradójico de la «razón» en el concepto volteriano del teatro. Lo «razonable» de la Ilustración francesa no tolera el intelectualismo de Calderón, tal vez porque la primera tendencia se propone ante todo regular y limitar los materiales con los que trabaja el artífice, declarando «irracional» lo fantástico y lo «inverosímil», mientras que el intelecto de Calderón, tal como se manifiesta en la disposición de los sucesos dramáticos y en el lenguaje de los personajes nobles, acoge los materiales más dispares para someterlos a un razonamiento riguroso. Solo es cierta a medias la afirmación volteriana de que el teatro de Calderón represente «la naturaleza y la imaginación desenfrenadas». Otros, en el mismo siglo XVIII, lo tachan de excesivamente cerebral. Regalado nos advierte sobre la doble falacia que siempre ha existido acerca de nuestro dramaturgo: «En realidad, son dos lados de la misma moneda: un Calderón

---

[7] Calderón, *En la vida*, Jornada II, vv. 1306-1311.

calenturiento poseído de una desarreglada imaginación y un Calderón lo más cercano posible a un ordenador»[8].

Ahora bien, no albergo en este artículo la menor intención de calificar la comedia *En la vida* de fársica, a pesar de que, a mi ver, a Calderón no le habría ofendido que se reconocieran en ella ciertos rasgos cómicos hasta en la conducta y el lenguaje de los protagonistas. Al contrario, la comedia no deja de exhibir cierta *gravitas* mediante una serie de factores que, sin borrar la potencialidad cómica, nos acercan a los posibles criterios de la tragedia:

1) La base del argumento es histórica, en el sentido lato que estaba en vigor en el XVII, un sentido que hoy llamaríamos «histórico-legendario». El problema de la sucesión de Mauricio, emperador bizantino, debido a los rumores sobre un heredero secuestrado en su infancia, ya se había dado en los *Annales ecclesiastici* del cardenal italiano Cesare Baronio. Tanto Corneille como Calderón aprovechan este episodio, actualmente desechado como ahistórico. La obra española no se habría visto, por lo tanto, como «comedia de fantasía», a pesar del amplio uso de la licencia poética en la construcción del enredo. El resultado final, es decir, el acceso de Heraclio al trono imperial, sería, para el segmento culto del público, un suceso de importancia tanto política como religiosa, ya que el mismo emperador ya había aparecido varios años antes en otra comedia calderoniana, *La exaltación de la cruz*, como rescatador de la cruz verdadera de Cristo de manos de los persas.

2) En segundo lugar, la incertidumbre epistemológica que, para los ilustrados, distraía la atención del público de la verdadera «materia trágica» (asuntos de poder, parentesco, amor, vida y muerte, etc.) es, en realidad, fuente de una tragicidad mucho más moderna, como atestiguan protagonistas como Hamlet o el Enrico IV de Pirandello. Nadie ha señalado mejor que Regalado la invalidez de este aspecto de la crítica anti-calderoniana ilustrada e incluso romántica. El caso de Benedetto Croce es ejemplar: este pensador italiano, dada la supuesta incompatibilidad entre las ideas abstractas y la poesía, percibía en la dramaturgia calderoniana una agitada acción bajo la cual yacía un vacío anti-poético (una especie de «much ado about nothing»), pero Regalado replica: «Si leemos "vacío" como "abismo", "caos" o "conflicto" (recordemos la experiencia de Focas), entonces es ese "vacío" el que

---

[8] Regalado, 1995, t. 1, p. 698.

mueve el quehacer poético del dramaturgo y los impulsos de sus personajes»[9]. El *pathos* de la tragedia tradicional se dobla en Calderón con anhelos de conocimiento como en el siguiente parlamento de Focas, en el que muestra cuánto le atormenta no saber cuál de los dos jóvenes es hijo de Mauricio: «Siendo así que en mí no abrá / minuto, ynstante, momento / que no sea siglo, hasta que, / aquilatados sus pechos / en la forja de las oras, / que son crisoles del tiempo, / muestren el oro y la liga, / amor y aborrecimiento»[10]. Nótese el paralelo con el consabido parlamento de Clotaldo al final de Jornada I de *La vida es sueño*: «¡Qué confuso laberinto / es éste, donde no puede / hallar la razón el hilo! » y, más abajo, «...cuando en tan confuso abismo / es todo el cielo un presagio / y es todo el mundo un prodigio»[11].

Finalmente, ¿qué reponder a la objeción neo-clasicista de que, a causa de la energía dedicada a la cuestión epistemológica, *En la vida* no contiene héroes ni activos ni pasivos, es decir que los protagonistas ni llevan a cabo hazañas heroicas ni sufren catástrofes monumentales, con la posible excepción de Focas, asesinado en el último cuadro de la comedia. Me parece que, concediéndose la validez de la objeción, debe repensarse la noción de la heroicidad en sentido barroco, a saber, reconociendo que todos los poderosos y aristócratas de la obra, incluso los de crianza desconocida o rústica, tienen acceso a la penetración intelectual e imagística. A todos los dota Calderón con la facultad de la *agudeza*, tan brillantemente defendida por Gracián. De hecho, según la fraseología del primer discurso del tratado gracianesco, existe una «valentía del ingenio»[12] que realza al ser humano casi al rango de los ángeles: la denomia «empleo de querubines, y elevación de hombres, que nos remonta a extravagante jerarquía»[13].

Basta citar el siguiente raciocino de Focas, personaje generalmente considerado brutal y anti-heroico. Habiéndole prometido a Cintia que ni mataría ni prendería al que resultara no ser hijo suyo, Focas halla la manera perfecta de deshacerse del hijo de Mauricio. Manda poner a Heraclio en un barco y que, antes de desamarrarlo, se le dé barreno,

[9] Regalado, 1995, t. 1, p. 699.
[10] Calderón, *En la vida*, Jornada II, vv. 399-406.
[11] Calderón, *La vida es sueño*, Jornada I, vv. 975-977 y 983-985.
[12] Gracián, t. 1, p. 47.
[13] Gracián, t. 1, p. 51.

asegurando que el barco se hundirá con el tiempo. Así pretende haber satisfecho las condiciones de su promesa. Dice:

> ... desamarrad aquel barco,
> que a la orilla del mar miro;
> dalde vn barreno en entrando
> en él. —Ya le dejo vivo,
> pues no le doy muerte, y ya
> no le prendo, pues le embío
> donde pueda correr todo
> ese campo cristalino[14].

En el ambiente dramático de *En la vida*, a pesar de que no se hallen las condiciones aptas para la caída, la catarsis, ni el empeño individual acostumbrados en la tragedia tradicional, se sustituye una proeza del intelecto y de la imaginación.

[14] Calderón, En la vida, Jornada III, vv. 737-744.

BIBLIOGRAFÍA

CALDERÓN DE LA BARCA, P., *En la vida todo es verdad y todo mentira*, ed. D. W. Cruickshank, London, Tamesis, 1971.

— *La vida es sueño. El alcalde de Zalamea*, ed. A. Cortina, Madrid, Espasa Calpe, 1968, 4.ª ed.

GRACIÁN, B., *Agudeza y arte de ingenio,* ed. E. Correa Calderón, Madrid, Castalia, 1969.

REGALADO, A., *Calderón: los orígenes de la modernidad en la España del Siglo de Oro*, Barcelona, Destino, 1995, 2 vols.

VOLTAIRE, *L'Héraclius espagnol ou la comédie fameuse* [de Pedro Calderón], en *Oeuvres: Théâtre*, Paris, Garnier, 1871, tomo 6, pp. 487-538.

VOSSLER, K., «Calderón», en *Südliche Romania*, Leipzig, Koehler und Amelang, 1950.

LA SILVA EN LA TRAGEDIA DEL SIGLO DE ORO

Leonor Fernández Guillermo
Universidad Nacional Autónoma de México

Parece ser que 1615 fue el año en que la silva hizo su entrada en el teatro del Siglo de Oro, de la mano del más famoso de los dramaturgos de entonces: Lope de Vega[1]. Por esas fechas, tal vez nadie imaginaba que esta forma poética de origen italiano, sin antecedentes dramáticos, acabaría por desplazar, e incluso por eliminar, a estrofas de sólida tradición y prosapia como la octava o el terceto, que llevaban años conduciendo a los oídos de los espectadores los momentos más graves, sublimes y elevados de la escena áurea[2]. Y es que en 1615, la silva, esa forma «sin forma», sin molde, sin reglas, de extensión indeterminada y rimas enlazadas libremente, aparece apenas desempeñando un modesto papel en la comedia, con algunos diálogos de tipo ar-

---

[1] Morley, 1925, p. 528

[2] Aunque hay cinco comedias con partes escritas en silva antes de 1615, esta forma métrica tiene su comienzo real dentro de la obra dramática de Lope en 1623. Ver Marín, 1968. Campana, 2001, p. 256, comenta que en su trayectoria poética, Lope intentó buscar un camino propio en el desarrollo de la silva, un camino en el que puede apreciarse cierta evolución desde su primer intento, a comienzos del siglo XVII, hasta las últimas composiciones escritas poco antes de morir.

monioso. Sin embargo, unos diez años más tarde, a mediados de la década de 1620, la silva había comenzado a adquirir importancia, pues ya se le encomendaban ciertos diálogos con razones serias.

Por entonces, hacia 1625, el teatro en España había comenzado a entrar en una nueva era, la de la renovación en la continuidad, o, como la llama Cannavagio[3], la del «segundo hálito». Mientras que el muy experimentado Lope de Vega seguía escribiendo, el joven Calderón combinaba los elementos heredados con su enorme talento para inaugurar la segunda fase de la comedia del Siglo de Oro[4]. La tendencia a una mayor concisión y esquematización de la técnica dramática era notoria también en la práctica versificatoria, sobre todo en la de Calderón de la Barca. En tanto que el Fénix continuaba utilizando casi todas las formas italianizantes, para Calderón, las octavas, el soneto y el terceto empezaban a ocupar un plano una importancia secundario[5]. Ambos dramaturgos coincidían, para entonces, en reducir sensiblemente el uso de la redondilla y en aumentar el romance, de manera que el metro octosílabo de rima asonante llegó a ocupar más del 50% del total de versos. Lope y Calderón manifestaban así su preferencia por los versos en series continuadas, por encima de las formas estróficas, gracias a los cuales, los parlamentos teatrales ganaban un acento más suave, un ritmo más fluido, una atmósfera atenuada, alejada del golpeteo contundente de la redondilla[6].

Esta preferencia por una forma aestrófica, como el romance, para componer la mayor parte de la comedia, empezó a reflejarse también entre las de origen italiano, sobre todo en el caso de Calderón, y es que la silva representa, según Asensio:

---

[3] Cannavagio, 1995, p. 197.

[4] Arellano, 1995, p. 453. Como afirma este crítico, es ya lugar común en los estudios del teatro del Siglo de Oro apuntar, como sello de Calderón, la depuración de la técnica dramática heredada de Lope, con la que realiza una operación selectiva que lo lleva a una simplificación de la trama y, consecuentemente, a una mayor esquematización y concisión.

[5] Marín, 2000, p. 356.

[6] Consecuentemente, en las comedias escritas por esos años se nota que ciertas funciones más especializadas que había tenido el romance, empezaron a diluirse. Ver Hoffman, 1981, p. 1134

una alternativa a la retórica cincelada y aprisionada del petrarquismo, una
fórmula sin trabas ni tradiciones, cauce posible para toda experiencia, reflexión, movimiento imaginativo o sentimiento [...][7]

Al observar la creciente importancia en el uso de la silva, cabía preguntarse cuál sería el papel que desempeñaba esta forma métrica.
Tomando como punto de partida mi trabajo sobre la versificación en
el teatro de Lope de Vega[8], dirigí mi atención a una de las más bellas
y perfectas obras creadas por el Fénix: su famosa tragedia *El castigo sin
venganza*, escrita en 1631. Lo primero que salta a la vista es que en las
secuencias en silva se presenta siempre un punto problemático. A poco
de comenzada la primera jornada, el conde Federico, en diálogo con
Batín, expresa su disgusto y tristeza por el casamiento de su padre, el
duque. Federico va, dice, con «el alma llena de mortal disgusto, /
camino a Mantua, de sentido ajeno, / que voy por mi veneno/ en ir
por mi madrastra, aunque es forzoso» (I, vv. 252-255). El estado de
ánimo de Federico deja entrever el conflicto íntimo en el que se debate el joven, y que afectará la relación con su padre. En la secuencia
en silvas del segundo acto, otro problema se presenta: esta vez es un
asunto externo que obligará al duque, no sin preocupación, a ausentarse de su casa, pues el papa le ha solicitado que parta a Roma a po-
nerse al frente de su ejército. Al observar estas dos secuencias en silvas en *El castigo sin venganza,* noté que, a pesar de que se trata de
situaciones muy diferentes, muestran algo en común: ambas anteceden
y preparan los sucesos que dan lugar al trágico desenlace: la primera,
el encuentro de Federico con Casandra, y la segunda, la oportunidad
para que la pareja se entregue libremente a un amor que desembocará en la catástrofe que ya conocemos[9].

---

[7] Asensio, 1983, pp. 30-33

[8] Fernández, 2004.

[9] Williamsen, 1978, p. 888, comenta la silva de los versos 234-339 de *El castigo
sin venganza*: «A diferencia de la primera silva de *La vida es sueño*, no existe evidencia interior que nos aclare la razón por qué Lope escogió precisamente este metro.
Tal vez quería poner énfasis en el tono selvático de la escena. Quizá intentaba esco-
ger una estrofa tan obviamente distinta de las redondillas que la preceden para que
la escena así se destacara más». Williamsen hace notar que en *El castigo* se vuelven a
usar silvas en los actos II y III, pero que no son momentos importantes dentro de la
estructura de la obra, pues el clímax está en otro metro, cuando Federico confiesa a
Casandra sus deseos. Sin embargo, señala que la silva del primer acto sí es un mo-

Posteriormente analicé siete obras calderonianas de corte trágico: *El príncipe constante* [fines de 1628?], *El médico de su honra* [1633-35], *Los cabellos de Absalón* [1634], *El alcalde de Zalamea* [1640 o principios de esa década], *La cisma de Inglaterra* [1639-1652], *El mayor monstruo del mundo* [1634] y *A secreto agravio, secreta venganza* [1635]. En ellas encontré que los pasajes en silva aparecían siempre relacionados con la idea de dilema o dificultad, y con estados anímicos de perturbación y tormento íntimo, lo cual daba indicio de que este metro podría estar cumpliendo funciones muy relevantes[10]. En este trabajo comentaré dos tipos de situación dramática enmarcados en secuencias escritas en silva, que revelan cómo, efectivamente, esta forma métrica desempeña un papel clave en el desarrollo del conflicto dramático.

El primero se refiere a momentos problemáticos y/o violentos que preludian sucesos desastrosos, así como a aquellos momentos del drama que sirven para introducir el elemento perturbador, causante del conflicto dramático. El segundo se refiere a aquellas situaciones de gran intensidad dramática en las que se despliega violencia: los personajes padecen física y psicológicamente y se sienten fuertemente presionados por las circunstancias. El ambiente de agitación y turbulencia se desborda, y la tensión dramática alcanza su punto culminante. Estas escenas suelen constituir momentos climáticos en la tragedia.

Algunas secuencias en silvas conforman momentos problemáticos y/o violentos que suelen constituir el preludio de hechos desastrosos —como una batalla, el estallido de una rebelión o el ataque sorpresa durante una invasión— que definirán un desenlace dramático provisional o el desenlace definitivo. Estas secuencias funcionan como

mento clave (ver que Federico rima, en su parlamento *justo-disgusto* dos veces, subrayando su propia actitud frente a las acciones de su padre). Yo estoy de acuerdo con lo que dice Williamsen, pero agregaría que debemos notar en las silvas de *El castigo* que los tres pasajes —contando el de Andrelina (que Williamsen no lo considera silva, y yo, con Kossof [1970, p. 71] sí creo que es silva)— tienen en común el servir de secuencias de preparación, que anuncian (preludian) hechos clave: presenta la situación previa a acontecimientos decisivos, uso que Calderón le daría también, como trato de mostrar en este trabajo.

[10] En Hilborn, 1943, pp. 122-148, puede consultarse una detallada tabla con los diferentes tipos de silva que Calderón utilizó a lo largo de su carrera. Puede observarse cómo nuestro dramaturgo iba cambiando su preferencia por determinado tipo de silva en diferentes épocas; es interesante ver que casi siempre prefirió las silvas de pareados o aquellas en las que los pareados son mayoría.

cuadros preventivos, suelen ser más bien breves y, básicamente, tienen como fin dibujarnos el escenario y presentar una imagen de conjunto del estado anímico de los personajes antes de participar en hechos que implican peligro para sus vidas. Por ejemplo: el cerco que dos ejércitos imponen a los portugueses, sembrando la confusión y la alarma, en *El príncipe constante,* o la guerra contra Otaviano que emprenderá Aristóbulo en *El mayor monstruo del mundo.* También en *Los cabellos de Absalón,* las silvas preceden el ataque de los rebeldes contra Jerusalén; se destaca el entorno físico: el monte y la espesura del bosque, lugar propicio para ocultar acciones innobles, como la revuelta que Absalón ha organizado para vengarse de su padre.

Por otra parte, son frecuentes en Calderón los diálogos y monólogos en silva, cuya función es introducir el elemento perturbador causante del conflicto dramático, o bien, filtrar un elemento perturbador que, aunque no sea el causante del conflicto principal, complica la trama notablemente. Este tipo de situación dramática se observa en *El alcalde de Zalamea, El príncipe constante, Los cabellos de Absalón, El médico de su honra* y *El mayor monstruo del mundo.* Mencionaré sólo los ejemplos más representativos. Tanto *Los cabellos de Absalón* como *El mayor monstruo* comienzan en silvas[11]. De inmediato tropezamos con el elemento problemático: en *Los cabellos* se trata de la «enfermedad» de Amón (su pasión por Tamar), la cual le ha impedido asistir al recibimiento de su padre. En *El mayor monstruo* consiste en un terrible presagio: el puñal que Herodes ciñe dará muerte a lo que él más ama (I, vv. 122-123). En ambas obras, los personajes sufren un intenso desasosiego: David expresa su disgusto y pesar ante la noticia de la enfermedad de su hijo, y Herodes padece celos y dudas que le ocasionan desvelos.

En *El alcalde de Zalamea,* se observa también este procedimiento: justamente cuando el capitán va llegando a la casa de Pedro Crespo empieza el pasaje en silva, el único en este metro en toda la comedia (I, vv. 557-680). El capitán tiene noticias de que Isabel, hija de Pedro, vive ahí y está escondida. Trama cómo hacer para verla: fingirá una pelea con Rebolledo, a quien dice:

---

[11] En *El mayor monstruo del mundo* hay un breve romance cantado, a manera de obertura, del verso uno al 16, así que la acción comienza en silvas, a partir del verso 17.

> Escúchame. Yo intento
> subir a ese aposento
> por ver si en él una persona habita (I, vv. 637-639)
>
> [...]
> por disculparlo más; y así, fingiendo
> que yo riño contigo, has de irte huyendo
> por ahí arriba. Yo entonces, enojado,
> la espada sacaré. Tú, muy turbado,
> has de entrarte hasta donde
> esta persona que busqué se esconde (I, vv. 643-648)

El elemento perturbador que causará el conflicto —el obcecado empeño del capitán por ver a Isabel— se ha introducido. Al final de la secuencia en silva, el capitán ve por primera vez a la hija de Pedro. Los últimos versos dichos por Juan —«Acción fue vana / esconder a mi prima y a mi hermana» (I, vv. 679-680)— señalan que el ingrediente necesario para desencadenar el conflicto dramático se ha añadido a la trama. Es interesante notar que en todos los ejemplos comentados, los pasajes en silva introducen el elemento perturbador sin que éste sea aún algo tangible: se menciona un hecho o un objeto; se alude a una voz o se sugiere una actitud (como la obsesión del capitán en *El alcalde de Zalamea*), pero el elemento perturbador mismo no se hace visible —o sensible— sino hasta después.

El otro tipo de secuencia en silva que sobresale por su importancia en el desarrollo de la tragedia, es el que se caracteriza por incluir diálogos y monólogos de gran intensidad en los que se despliega violencia: los personajes padecen física y psicológicamente y se sienten fuertemente presionados por las circunstancias. En momentos, el ambiente de agitación y turbulencia se desborda y la tensión dramática alcanza su punto culminante. Estas escenas suelen constituir el clímax de la comedia.

A diferencia de los pasajes en silva que se encargan solamente de introducir el elemento perturbador, pero sin llegar a presentarlo abiertamente, estas secuencias exponen ya a los personajes en medio del conflicto mismo. Los vemos viviendo plenamente situaciones graves, riesgosas, amenazadoras, que apuntan hacia su destino final.

La violencia de la guerra suele presentarse también en silvas. Por ejemplo, en *El príncipe constante*, este metro cierra el primer acto (I,

vv. 890-973) con don Fernando, en medio de una batalla, peleando contra el rey moro; el enfrentamiento físico pone de manifiesto la bravura con que ambos esgrimen la espada, y el príncipe, vencido, es hecho prisionero. La tensión dramática es muy fuerte y la comedia alcanza un primer punto climático.

Nuevamente, en el acto III, las silvas conducen el ataque de los portugueses contra los moros, ahora con el rey don Alonso a la cabeza, quien habla de venganza y del azote de muerte que traerá la guerra. En un ambiente estruendoso, de oscuridad y tinieblas, don Alonso y don Enrique se aprestan al combate:

DON ALONSO   ¿Oíste confusas voces
              romper los vientos tristes y veloces?

DON ENRIQUE   Sí, y en ellos se oyeron
              trompetas, que a embestir señal hicieron.

DON ALONSO   Pues a embestir, Enrique, que no hay duda
              que el cielo nos ayuda (III, vv. 2711-2716).

Pero no sólo la turbulencia física es frecuente en secuencias escritas en silva; también la perturbación emocional que prefigura un desenlace trágico encuentra en esta forma métrica un medio adecuado para su expresión. Dos tragedias de honor ofrecen ejemplos muy ilustrativos: *El médico de su honra* (1633-1635) y *A secreto agravio, secreta venganza* (1635). En ambas obras, Calderón empleó las silvas de una manera muy similar: las secuencias en silva de los actos II y III se conectan para seguir la línea dramática de las acciones que incriminan tanto a doña Mencía como a doña Leonor, las respectivas protagonistas de las mencionadas obras, haciéndolas parecer adúlteras ante sus maridos.

Las silvas de las segundas jornadas de *El Médico* y de *A secreto agravio*, comienzan a inundar la escena de una sensación de ambigüedad y confusión que devastará a los personajes. En ambos casos, se trata de escenas climáticas. Mencía, en sueños, observada por su marido, se «delata», cree que quien le habla es don Enrique:

MENCÍA   ¿Qué disculpa me previene...
          [...]
          ... de venir así tu Alteza?

GUTIERRE ¡Tu Alteza! No es conmigo, ¡ay Dios! ¿Qué escucho?

Con nuevas dudas lucho.
¡Qué pesar! ¡Qué desdicha! ¡Qué tristeza!
(II, vv. 1930-1934)

Por su parte, doña Leonor, visitada por su antiguo galán, don Luis, comete la imprudencia de pedirle que se oculte en la sala a oscuras cuando su esposo ha llegado a la casa. La sospecha empieza a adueñarse de don Lope, al igual que sucede con don Gutierre; éste último, ya perdido el control y dominado por los celos, exclama:

[…]
a pedazos sacara con mis manos
el corazón, y luego
envuelto en sangre, desatado en fuego,
el corazón comiera
a bocados, la sangre me bebiera,
el alma le sacara,
y el alma, ¡vive Dios!, despedazara,
si capaz de dolor el alma fuera.
¿Pero cómo hablo yo desta manera?
(II, vv. 2024-2032)

Y don Lope, aunque menos explosivo y tal vez con una capacidad mayor de autodominio, habla por primera vez de la venganza:

[*Aparte*]
Hoy seré cuerdamente,
si es que ofendido soy, el más prudente,
y en la venganza mía
tendrá ejemplos el mundo,
porque en callar la fundo (II, vv. 726-730)

En sus respectivas historias, Mencía y Leonor quedan paralizadas por el miedo; ambas mujeres sienten la fuerte opresión del temor. Pero, mientras Mencía parece experimentar incluso la pérdida del sentido («Miedo, espanto, temor, y horror tan fuerte, /parasismos han sido de mi muerte [II, vv. 2045-2046]), por la mente de Leonor ha pasado la idea de huir, aunque le sea imposible:

LEONOR   ¿Qué haré? Irme no puedo,
                porque en desdichas tantas,

oprimidas las plantas,
cadenas pone el miedo
de cobardes prisiones.
Toda soy confusión de confusiones (II, vv. 752-757)

En *El médico,* al final del acto segundo, la obra alcanza el climax; hay una fuerte tensión dramática; don Gutierre ha decidido matar a su esposa:

GUTIERRE   [*Aparte*]
                  Pues médico me llamo de mi honra,
                  yo cubriré con tierra mi deshonra (II, vv. 2047-2048)

Las secuencias en silvas de las jornadas terceras de estas mismas obras nos remiten a «la otra noche», es decir, a la anterior secuencia en silvas. Desde entonces, doña Mencía y doña Leonor han vivido tristes, dudosas, confusas; ambas expresan su turbación. Sin embargo, las dos damas cometerán una imprudencia: doña Leonor, insensatamente, volverá a ver a don Luis, pues don Lope, su marido estará ausente; Mencía, por su parte, se atreve a escribir una carta a don Enrique para pedirle que no salga de la corte y así evitar la apariencia de que han hecho algo malo. Pero don Gutierre lo interpreta mal y escribe la sentencia de muerte.

Mientras el ánimo de Leonor parece retomar fuerza, Mencía queda aterrada: está totalmente sola, nadie le responde; es el estado máximo de angustia y desesperación:

MENCÍA   [...]
                  Mucha es mi turbación, mi pena es mucha.
                                       (III, v. 2501)

                  [...]
                  ¿Dónde iré desta suerte,
                  tropezando en la sombra de mi muerte?
                                (III, vv. 2506-2507)

Vemos cómo, en ambas obras, las silvas marcan momentos climáticos que concentran la incertidumbre de sus protagonistas y anticipan la intensificación del conflicto. En *El médico de su honra* destacan la discordancia entre la intención real de las palabras escritas en la carta y la interpretación que de ellas hace don Gutierre, y en *A secreto agravio* subrayan la temeridad de Leonor, que persiste en su idea de arriesgarse a ver de nuevo a don Luis, a pesar de las sospechas de su marido.

Además de lo ya comentado, hay que señalar que otra constante que presentan las secuencias en silva en las obras estudiadas, es su adecuación para recrear el clima apropiado a la situación dramática: éste es un ambiente de caos y desorden en que se mueven los personajes y que debe reflejar su estado de alteración. Son pasajes en que los acontecimientos han trastornado sensiblemente la vida de los protagonistas, y se hallan, por ello, en medio de un remolino emocional. Las silvas, entonces, nos transmiten la sensación de anarquía y confusión que los invade, perturbando su estado de ánimo. La relación entre la forma métrica y la idea de caos y enredo ha sido bien explicada por Evangelina Rodríguez Cuadros:

> La congruencia entre la silva y la representación poética de un universo indómito y confuso se da porque esta forma métrica es aestrófica: los versos desiguales, sin regla en la rima, remiten a la idea de desorden y exuberancia[12]

Yo añadiría que, en la silva, los versos liberados de los límites impuestos por una forma estrófica acentúan también la incertidumbre, la sensación de que la gravedad, la agonía, se prolongan. En las obras analizadas, las silvas trazan las pasiones de que son víctimas los personajes: el amor, los celos, la lujuria, la envidia, así como el sufrimiento que de ellas se deriva y que acaba por desbordarlos. El soneto y la octava, formas estróficas simétricas, reglamentadas, tal vez transmitan más la sensación de control y equilibrio y no la alteración y destemplanza que el dramaturgo quiere comunicarnos a través de los parlamentos de tono más trágico pronunciados por sus personajes. El dramaturgo necesita construir una atmósfera que haga más sensibles sus padecimientos. Por eso, frecuentemente, las silvas nos describen un medio ambiente boscoso, selvático; a veces la maleza del monte y los peñascos acentúan la impresión de extravío físico y, sobre todo, moral.

---

[12] Rodríguez Cuadros, 1985, p. 136.

El uso de una forma como la silva, en los momentos de máxima tensión dramática, no es mera coincidencia; la prueba es que no es un hecho aislado y que estas escenas tan importantes presentan características comunes, como la pesadumbre e inquietud propias de las situaciones de extrema gravedad. Así, la silva, terminó desempeñando un papel muy importante en la obra trágica del Siglo de Oro.

428 LA SILVA EN LA TRAGEDIA DEL SIGLO DE ORO

BIBLIOGRAFÍA

ARELLANO, I., *Historia del teatro español del siglo XVII*, Madrid, Cátedra. 1995.

ASENSIO, E., «Un Quevedo incógnito: las Silvas», *Edad de Oro*, 2,1983, pp. 13-43.

CALDERÓN DE LA BARCA, P., *A secreto agravio, secreta venganza*, Madrid, Ebro, 1966.

— *El alcalde de Zalamea*, ed. J. M. Díez Borque, Madrid, Castalia, 1987.

— *El mayor monstruo del mundo*, ed. Á. Valbuena Briones, Madrid, Castalia, 2001.

— *El médico de su honra*, ed. D.W. Cruickshank, Madrid, Castalia, 1981.

— *El príncipe constante*, ed. F. Cantalapiedra y A. Rodríguez, Madrid, Cátedra, 1996.

— *La cisma de Inglaterra*, ed. F. Ruiz Ramón, Madrid, Castalia, 1981.

— *Los cabellos de Absalón*, ed. E. Rodríguez Cuadros, Madrid, Espasa Calpe, 1989.

CAMPANA, P., «La silva en Lope de Vega», *Actas del V Congreso de la Asociación Internacional Siglo de Oro*, Vervuert, Iberoamericana, 2001, pp. 249-259.

CANAVAGGIO, J., *Historia de la literatura española. Siglo XVII*, Barcelona, Ariel, 1995.

FERNÁNDEZ GUILLERMO, L., *El arte de la versificación en el teatro de Lope de Vega*. Tesis doctoral, UNAM, 2004.

HIBORN, H. W., «Calderón's Silvas», *Publications of Modern Language Asociation of América*, 58, 1, 1943, pp. 122-148.

HOFFMAN, G., «Sobre la versificación en los autos calderonianos: *El veneno y la triaca*», *Actas del Congreso Internacional sobre Calderón y el teatro español del Siglo de Oro*, ed. L. García Lorenzo, Madrid, CSIC, 1983, pp. 1125-1137.

MARÍN, D., *Uso y función de la versificación dramática en Lope de Vega*, Valencia, Castalia, 1962.

— «Función dramática de la versificación en el teatro de Calderón», *Estudios sobre Calderón*, ed. J. A. Maydeu, Madrid, Istmo, 2000, vol. I, pp. 351-360.

MORLEY, S. G., «Strophes in the Spanish Drama before Lope de Vega», *Homenaje ofrecido a Menéndez Pidal: miscelánea de estudios lingüísticos, literarios e históricos*, Madrid, Hernando, 1925, vol. I, pp. 505-531.

RODRÍGUEZ CUADROS, E., «Los versos fuerzan la materia: algunas notas sobre métrica y rítmica en el Siglo de Oro», *Edad de Oro*, 4, 1985, pp. 117-137.

VEGA, Lope de, *El castigo sin venganza, El perro del hortelano*, ed. D. Kossoff, Madrid, Castalia, 1993.

WILLIAMSEN, V., «La función estructural del verso en la comedia del Siglo de Oro», *Actas del Quinto Congreso de la Asociación Internacional de Hispanistas*, Burdeos, 1978, pp. 883-891.

MENCÍA (IN)VISIBLE. TRAGEDIA Y VIOLENCIA DOMÉSTICA EN *EL MÉDICO DE SU HONRA*

María M. Carrión
Emory University

> And the policeman said
> «I'm here to keep the peace
> Would the crowd disperse
> I think we all could use some sleep»
> Tracy Chapman, *Behind The Wall*

La puesta en escena del texto dramático de *El médico de su honra* de Calderón de la Barca parece no corresponder en frecuencia y variedad a la monumental recepción que el texto ha recibido al ser considerado literatura dramática. En el siglo XVII, según refleja la valiosa documentación de historia teatral compilada por Shergold y Varey, la compañía de Agustín Manuel representó *El médico* una vez en el Salón de la Reina (p. 159); ahora bien, la obra no consta en los arriendos y contratos de las compañías con la asiduidad con la que se escenificaron otras piezas, tradición que se perpetúa hasta el siglo XXI. Fernanda Andura Varela anota que la compañía de teatro de María Guerrero y

Fernando Díaz de Mendoza, «ejemplo para cualquier compañía aspirante,» montó *El médico* en 1905 en Madrid. La obra no se volvió a representar hasta el 5 de octubre de 1946 cuando Cayetano Luca de Tena la puso en escena con escenografía de Sigfrido Burmann y vestuario de Fernando Chaussa. Tras esa presentación pasaron otros cuarenta años sin que se viera *El médico* en escena, sin duda en gran parte debido a la coyuntura general de los clásicos teatrales en España, los cuales después de los años 40 quedaron agotados, como nota Luciano García Lorenzo, «tras cuatro décadas de interpretaciones, escenificaciones ejemplares e intentos de renovación, todo ello motivado, muchas veces, más por planteamientos previos sobre los textos que por resultados obtenidos sobre las tablas» (p. 428).

Para fines de los años 70 se inició lo que García Lorenzo apoda «una auténtica labor de rescate, que se iba a encontrar con muchos problemas de orden estético y práctico por la falta de una escuela o de una compañía estable que hubiera asegurado una tradición de representaciones» (p. 428). *El médico* sería beneficiario de un «pacto tácito entre intérpretes, crítica y público más exigente» que según el propio García Lorenzo culminó en una renovación de los clásicos teatrales, los cuales entraron de nuevo en la programación del Centro Dramático Nacional y de Almagro (el cual, con sus Jornadas, llegaría a convertirse en la sede del Festival Internacional de Teatro), y en la de grupos y compañías tanto antiguas como recién establecidas (pp. 428-430). Así, en 1986 la Compañía Nacional de Teatro Clásico se inauguró con un montaje de *El médico* en Buenos Aires, con Adolfo Marsillach en la dirección y Carlos Cytrynowski como escenógrafo. En ese año clave para el teatro clásico español en su escena postfranquista *El médico* se representó como broche de oro en una ceremonia de apertura de la nueva época del teatro clásico en escena, si bien, como reconoce García Lorenzo, fue recibida con menos entusiasmo que *La dama duende* y *El alcalde de Zalamea* (p. 431).

Andura Varela piensa que ello se debió a que con su propuesta escénica para *El médico* Marsillach se adelantó «a las posteriores reacciones, tremendamente agresivas por parte de un sector de la crítica, de los estudiosos y de la propia profesión», pero que a pesar de esto con su gesto polémico Marsillach consiguió un resultado positivo, ya que reactivó una olvidada pasión por los clásicos:

A unos disgustaba más que a otros el juego de equívocos con que Marsillach ponía en escena el drama de Calderón: el vestir de gauchos a españoles del siglo XIV, el adornar a las damas con sombrillas japonesas o el introducir en el escenario a cuatro figuras con funciones de tramoya, entre otros 'deslices'. Bueno, por algún lugar había que empezar y ahí estaba el primer deseo cumplido. (p. 148)[1]

A pesar de las escasas puestas en escena y su pobre recepción en las tablas, *El médico* sería la única obra que la CNTC vendría a reponer entre el 1986 y el 1994, como bien apunta García Lorenzo (p. 431). Este nuevo montaje cambió sólo los actores, entre los que se destacó Carlos Hipólito en el fondo de aquella misma escenografía diseñada en 1986 por Cytrynowski, la cual, en palabras de Andura Varela, era «cerrada, dura, con violentos contrastes de blancos y negros», escenario idóneo para comunicar «el aire sombrío de conciencia negra de los personajes anónimos, simbolizando la sociedad represora y encargados de que la ley se cumpla» (p. 153)[2].

Estas pocas puestas en escena (una en el XVII, cuatro en el XX) contrastan abiertamente con la recepción crítica del texto dramático, que ha sido monumental[3]. En efecto, *El médico* es una de las obras clave

[1] La idea de Marsillach se centraba en una provocación para desatar una nueva pasión por los clásicos; en el programa del estreno bonaerense el director afirmaba que «seremos atacados por todas partes: por los esclavos de la métrica, los místicos de la fonética, los puristas de los textos, los ortodoxos del clasicismo… No importan, nuestro deber es colocar esa incómoda primera piedra, si no necesaria, al menos deseable» (citado en Andura Varela, 2000, p. 148).

[2] La representación de esta obra fuera de España amerita un estudio por separado, y se han comentado algunas puestas en escena muy interesantes. En el 2001, por ejemplo, se representa en el Teatro Julio Castillo de la Unidad Artística y Cultural del Bosque en México, con versión y dirección de Aracelia Guerrero, Tolita Figueroa como figurinista, Jorge Ballina en la escenografía y un equipo que colabora para poner en escena un «drama perturbador que denuncia la vanidad del honor mundano» (s. p.).

[3] En el siglo XVII José Calderón de la Barca, hermano de don Pedro, recoge la obra y la entrega a dos impresores de Madrid, María de Quiñones, a costa de Pedro Coello, Mercader de Libros, (1637), y Carlos Sanchez, a costa de Antonio de Ribero, mercader de libros en la calle de Toledo (1641), los cuales la incluyen en su *Segunda parte de las Comedias de Don Pedro Calderón de la Barca, Caballero del Abito de Santiago.* En 1686 Juan de Vera Tassis la edita y se la da a Francisco Sanz para que la imprima; en 1848 Eugenio de Hartzenbusch vuelve a editarla como parte de su colección de

de la historia literaria española, piedra de toque en el canon áureo y motivo de debate para un sinfín de críticos sobre asuntos vitales de aquella edad, tales como el honor, la sociedad estamental, la prudencia e imprudencia, y tradiciones literarias y culturales como el senequismo, el discurso médico, el neoaristotelismo, la Comedia, la novela, y la poesía, entre otros muchos[4]. ¿Por qué esta incongruencia entre la recepción crítica y la teatral? ¿Por qué ha suscitado esta obra tanta introspección, meditación y debate en papel, pero no tanto así cuando se trata del texto en las tablas?

La respuesta, propongo, tiene que ver con la configuración de la cultura visual en el Barroco español, la cual apenas empezamos a recuperar ahora[5]. Más que una hipótesis de trabajo estrictamente estética o formalista —que se plantearía como meta crítica el elucidar cómo se ve el escenario o cómo se oyen ciertos versos al imprimirse

cuatro tomos de todas las comedias de Calderón (tomo I, pp. 347-365); y en el siglo xx Luis Astrana Martín (Madrid, 1932), Ángel Valbuena Briones (Madrid, 1956), Cyril Albert Jones (Oxford, 1961) y Bruce W. Wardropper (New York, 1970) la reeditan. Don William Cruickshank repasa las variantes más importantes del texto (1989, pp. 61-66).

[4] Ana Armendáriz Aramendia ofrece en su *Edición crítica de* El médico de su honra *de Calderón de la Barca* una excelente introducción al complejo laberinto crítico que este texto dramático ha catalizado, tomando en cuenta lecturas ideológicas, moral-religiosas, histórico-políticas, psicológicas, estéticas, y la recepción del drama en España, Alemania, Rusia, Francia e Inglaterra. El capítulo III de esta valiosa edición crítica incluye una «Bibliografía general completa» (pp. 290-338), herramienta imprescindible para entender el impacto de *El médico* como obra literaria dramática.

[5] Meter Ericsson y Clark Hulse editaron hace casi una década una colección de ensayos titulada *Early Modern Visual Culture* que insistía en la primacía de analizar los puntos comunes que unían la raza, el imperio, el cuerpo, las artes visuales y otra áreas de representación cultural en los siglos xvi y xvii en Europa, África y las Américas. Aunque hay una tradición muy rica de estudios enmarcados por los métodos disciplinarios de la Historia del Arte, los cuales han canonizado y periodizado la producción artística visual del Siglo de Oro, no ha sido hasta la segunda mitad del siglo xx cuando se ha empezado a trabajar este campo de estudios en la cultura visual de la edad áurea. Desde los 80 Frederick de Armas y más recientemente Enrique García-Santo Tomás han insistido en analizar las correspondencias entre literatura, teatro, política y artes visuales, el primero en una *opera magna* que versa sobre Astrea, Rafael, Cervantes y los frescos del Renacimiento italiano y la ékfrasis, y el segundo en un bello estudio sobre los *Occhiali politici* que analiza las redes referenciales de óptica, visión y perspectiva en la edad áurea. A menos que se indique lo contrario, las traducciones al castellano en el presente ensayo son de la autora.

en la memoria de los que participan en el evento teatral— mi lectura apunta al entrelazado de lo que Paul de Man llamó «visión y ceguera», esa encrucijada de procesos ópticos y mentales acuñado en la tragedia clásica y reencarnado en lugares y momentos de la historia occidental tan *uncanny* cómo el Siglo de Oro español, el psicoanálisis, o el *New Criticism* en los Estados Unidos[6]. Propongo, más en concreto, explorar el impacto que desde el siglo XVII ha tenido y puede seguir teniendo la figura de Mencía —visible e invisible, y en la negociación de estas dos posibilidades— sobre lo que en inglés se ha teorizado como el *affect*[7]. En el caso de *El médico* la escenificación de las emociones representa unas imágenes muy particulares sobre el amor, los celos, la confianza y la solidaridad, sentimientos clave para la lectura de la tragedia y sus unidades de pulso teatral—a saber, la anagnórisis, la empatía o la compasión.

Entender *El médico* como tragedia, digo yo, empieza por explorar cómo el teatro y su cuarta pared incitan deseos escopofílicos en los públicos para desencadenar una serie de interrogantes sobre las relaciones de poder entre hombre y mujer, en el matrimonio y en las pasiones, para hacer un comentario sobre esa relación supina en la vida humana, que es la que se articula entre la vida y la muerte. Como ya

---

[6] De Man (1996) llama «retórica de la ceguera» al juego interactivo entre lector y texto en el que quien lee articula ciertas conclusiones que, al ser comparadas con la estructura del texto en cuestión revelan contradicciones de las que el lector no sólo no parece tener consciencia, sino que además parece crecer con ellas. Esta ceguera productiva, que de Man expone de manera sistemática en la obra de autores de gran renombre (como Ludwig Binswanger, Georg Lukács, Maurice Blanchot, George Poulet, Jacques Derrida, Jean Jacques Rousseau, Martin Heidegger y Friedrich Hölderlin, entre otros), no es tanto un errar por parte de dichas figuras autoriales, cuanto que es un elemento constitutivo del lenguaje literario (ix). Mi propia labor aquí se empeña en traducir esta producción crítica a una escena primaria de generación de la tragedia, lenguaje literario y teatral que inspirara a Platón, Aristóteles, Calderón y otros tantos autores, para indagar en las implicaciones simbólicas de estas dinámicas de visión y ceguera en *El médico*.

[7] Steven Hutchinson lee con gran acierto las dimensiones de este *affect* o emoción en *Don Quijote*, las cuales le permiten a los lectores experimentar los dichos y hechos de *El ingenioso* como si de su propia experiencia se tratara (2004, pp. 79-83). El texto del *El médico*, a diferencia del de *El ingenioso*, engloba niveles emotivos y referenciales marcados predominantemente por la tragedia que hacen factible el proceso catártico al explorar la relación afectiva de los espectadores, sus lectores, con los signos del texto como escena.

bien dijera Judith Butler el reclamo trágico de Antígona es una crítica milenaria a cómo las sociedades articulan sus filiaciones familiares
entre la vida y la muerte, indagación de la que se hace eco Martha
Albertson Fineman en el campo de las teorías de Derecho de Familia.
El reclamo de Antígona que oye Butler no es el que oyeron Hegel y
Lacan, quienes representaron a la heroína griega como mujer que con
sus discursos y actos desafiantes ante el Estado se convertía en una figura política; en su lugar, la voz de Antígona que escucha Butler es la
que representa «los lazos familiares como la esfera que condiciona la
posibilidad de lo político sin jamás entrar en ello» (p. 2). La relación
entre Antígona y el Estado no es, pues, según Butler, opuesta a la de
Creonte, sino que funcionan de manera interactiva, «los dos actos un
espejo, y no un opuesto, el uno del otro» (p. 10), y así se ve jugar a
Mencía, Leonor, Gutierre y Arias con el Rey y el Infante en *El médico*.

Fineman, por su parte, considera «la madre castrada / neutrada (*neutered*)» una «tragedia del siglo veinte» que interactúa con «la familia sexual», ya que a pesar de los avances en otras áreas del Derecho la madre —dependiente de su relación íntima con su marido como nexo
legal primordial— se ve aún hoy privada de una serie de derechos
que, de valorizarse las relaciones filiales, ella podría reclamar. El derecho a defenderse, que Leonor ejecuta como inalienable en *El médico*,
rompe en su personaje con el cajón trágico en el que en principio se
podría encerrar a Mencía, quien en último término muere, pero que
también se defiende[8]. Al igual que sucede con Mencía, la ambigüedad
que apunta Butler y la castración que articula Fineman son los motivos de las fallas trágicas de estas mujeres, y no la violación de una ley
funeraria o marital —ambas, por cierto, parte de un sistema de leyes
relacionadas con las redes familiares que tanto Sófocles como
Calderón, Butler y Fineman exploran en sus respectivos textos. Este
tema ya se codificó en *El médico de su honra* como una producción
audiovisual estilizada, retorizada, artística, es decir, un drama, de la hon-

---

[8] Como ya he demostrado en una lectura anterior sobre la violencia en *El médico* «Leonor, Coquín, Don Arias, Jacinta, cada uno de los personajes constituye un
estadio de subjetividad en un sistema matrimonial contradictorio y mayormente insostenible, y realizan una variedad de críticas argumentativas sobre la cerrazón impuesta sobre las relaciones maritales por las ficciones regulatorias» de la época, tales
como las narrativas legales sobre la violencia doméstica (pp. 451 y ss.).

ra —o como llamara Melveena McKendrick a este animal literario, una «transferencia mimética» de lo que yo leo como esa escena primaria de la violencia doméstica que, en escena según Calderón, vaticina futuras tragedias que sí son legibles y, por ende, se pueden prevenir[9].

El signo trágico que pretende curar *El médico* no es, pues, meramente la condición de la honra de Gutierre, ni tampoco la política y humana condición del Rey y su lazo familiar con el Infante; así tampoco se trata de un cuerpo literario insuficiente en la modernidad del Barroco, *imitatio* defectuosa de una estructura clásica trágica grecorromana[10]. Como afirmara Raymond Williams, la tragedia se puede entender como una acción, una peripecia que emblematiza una fuerza social que está influida por la cultura, la política, la historia y la ideología: «No se trata de acuñar de nuevo [hoy] el significado universal de la tragedia», sino de localizar la estructura de la tragedia en nuestra cultura (p. 62). Así, propone David Román, la tragedia puede convertirse en el catalítico de ciertas acciones que pueden, como objetos

---

[9] Según McKendrick, para poder apreciar el alcance estético de la representación cómica del honor, sobre todo en su estadio más sublime, el de los dramas de honor, una «plena conciencia de lo contextual lleva a una mejor apreciación textual», ya que no hay evidencia histórica de que el uxoricidio fuera una práctica común (1984, p. 313). Si se acepta esta premisa y se lee el drama de honor no como dato histórico, sino como verdad poética o expresión de un íntimo deseo de los hombres, dice McKendrick, «se hace una distinción importante, pero el centro vital del problema queda sin tocar» (1984, p. 316). La crítica concluye que el honor es para el hombre una manera de explorar una serie de relaciones (consigo mismo, con otros, con el mundo que le rodea, con lo que puede ser), mientras que para la mujer funciona en un universo paralelo en el que se explora su relación consigo misma como individuo y sujeto, y en su vertiente de ser objeto o posesión (1984, p. 317). El honor, en su vertiente teatral y no tanto dramática, constituye para McKendrick una plataforma de representación de conflictos de jerarquías, poder, cambio, pues «la inseguridad del marido que sospecha imita la inseguridad del gran número de nobles excluidos del servicio real por no poder probar su limpieza de sangre o por el miedo a las consecuencias que tal proceso podría traer, una inseguridad nacida en este caso del rechazo y el aislamiento» (1984, p. 321).

[10] Para una introducción a las premisas estéticas y de historia literaria de la tragedia calderoniana y sus contextos tanto español como europeo ver los ensayos de Gail Bradbury, Susan Fischer, Alfredo Hermenegildo, Susana Hernández-Araico, Robert Ter Horst, Raymond MacCurdy, Alexander Parker, José María Ruano de la Haza, Francisco Ruiz Ramón, Ruth El Saffar y Bruce Wardropper.

de gran poder artístico, llevar a cambios sociales. Y he ahí el punto clave de *El médico* en mi lectura, pues más que tragedia modelo para un cuño de proporciones estéticas y/o nacionales, la escena marital que leo—la tragedia de la violencia doméstica —puede permear áreas de cambio social antaño divorciadas del ámbito estético y político.

Esto, en gran parte, tiene que ver con lo que Melveena McKendrick ha visto muy bien como un «anticipo de Brecht» en los dramas de honor calderonianos, que no es otra cosa que la capacidad de estas escenas de uxoricidio de catalizar procesos de enajenamiento, distanciamiento o extrañamiento, «la recreación de una perspectiva desprendida y crítica para con la realidad que se presenta» («Anticipating Brecht», p. 219). Esta perspectiva, como bien dice McKendrick, hace de *El médico* y los dramas de honor «tragedias de su tiempo y el nuestro por su profunda construcción de la inevitabilidad como algo producido por la ingerencia humana (*human agency*), más que por algo más allá de ésta» (p. 234). Así, el llamado código del honor de antaño ha llevado a que se distribuya la labor trágica y se difumine el poder catártico del texto, pero con la ayuda de cierto sector de la crítica se puede empezar a entender ahora, como bien dice Margaret Greer, el sacrificio de Mencía y su potencial de visibilidad[11].

Ahora bien, esta propuesta se entorpece en el marco de la problemática recepción del texto trágico de *El médico* que describí hace un momento. En otras palabras, sin público no hay teatro, aunque se trate de un cuerpo monumental de análisis de textos como literatura dramática; y si los públicos no experimentan la catarsis, la tragedia no opera su función como obra de arte. Como muy acertadamente afirma Page duBois, desde sus orígenes griegos la catarsis es el proceso supremo de limpiar aquello que humanamente se ha contaminado y

---

[11] Al preguntarse quién es el héroe trágico en *El médico*, Greer lee cómo la mujer condenada a muerte en el drama de honor «siempre se asocia con la interioridad, tanto en las estructuras metafóricas de las obras como con las acotaciones clave, de entre las cuales la más espectacular es la exposición de la inocente Mencía, desangrada a muerte, en el acortinado espacio de las apariencias [cuadrado central entre las tablas y el vestuario]» del corral (p. 364). Esta asociación con lo interior como escena tras las tablas ha llevado a que los críticos favorezcan como héroe trágico al marido superviviente y no a la esposa muerta, lo cual, según Greer denota «un juicio de ponerle a uno los pelos de punta que, dentro de la estructura de difusa responsabilidad [propuesta por Alexander Parker] tiene cierta validez» (2005, p. 364).

que, por definición, puede plagar la polis con una propagación sistemática de la enfermedad en juego. El ritual catártico del *pharmakos*,
codificado por signos teóricos y prácticos médicos que la tragedia calderoniana también moviliza, es el proceso que hace la tragedia un *objet d'art* visible no sólo en un nivel óptico o en un plano estético que
se limita a la superficie de las apariencias, sino en una dimensión tanto ética como estética que es visible porque es legible e inteligible.
Según nos recuerda duBois, en el ambito aristocrático ateniense la tragedia era espectáculo religioso que representaba el grupo social de la
élite, signo de producción y reproducción de la democracia que en el
siglo ɪᴠ fue traducido y teorizado por Aristóteles para hacerlo género
artístico. En esta traducción, dice duBois, el filosofo redirige la mirada estética y política de la tragedia hacia el individuo, mirada singular que tiene el potencial de operar el alivio o limpieza de las emociones de cada miembro de público (y, por extensión, potencialmente
también de la sociedad) por medio de la representación de estas mismas emociones.

   En el caso de la recepción crítica monumental de *El médico*, la mirada se ha concentrado mayormente en Gutierre como sujeto trágico, relegando a Mencía a una suerte de limbo hermenéutico que, en
el mejor de los casos, la considera imprudente o reprimida y la reduce a mero instrumento de un relato pseudogenésico en el cual su personaje es costilla de Gutierre, perfecta casada que con su sacrificio restaura la escena primaria del hombre como centro del paraíso y la
mujer como su ayudante o sirvienta. En este marco no ha lugar la traducción del término hebreo como compañera, ni una clara visibilidad de cómo ella también ocupa un centro referencial en la tragedia.
Ante esta tradición interpretativa de *El médico*, mi lectura insta a los
lectores a mirar a Mencía con otros ojos, a probar una lente según la
cual su vida no tiene que ser mero sacrificio literal de toda su persona. Con ello se podrá resistir el fijar la presencia de Mencía en la escena como mero bulto (lo que en inglés se tilda con el apto término de *warm body*), y se podrá evitar que se la elimine como sujeto
visible en la ejecución uxoricida. Como resultado, los espectadores po-
drán ver cómo Mencía contribuye activamente (y no, de nuevo, como
mero *warm body*) a que se incorporen la *hamartia* y la *nemesis* al drama de honor, ya que su activa colaboración con el uxoricidio constituye un signo escénico *sine qua non* de la catarsis trágica en este tipo

de comedias. Ello no quiere decir que Mencía sea suicida o que quiera la muerte que inevitablemente la espera al final de dicho drama de honor; significa, por el contrario, que Mencía se escribe como sujeto agente durante el transcurso de la obra, en vida, y no pide que sus lectores fijen su mirada en la macabra escena de su muerte. Al reparar en los bellos tafetanes que la cubren como medio artístico que evoca su sujeto entre la vida y la muerte, se puede entender más claramente la capacidad que siempre ha tenido Mencía de proyectar un sujeto legible, visible. La reificación del personaje de Mencía, por el contrario, hace que los públicos la rindan invisible, que olviden su persona viva casi de inmediato, o que guarden en su memoria la imagen de un cadáver momificado, favoreciendo la parte más inútil y dañina de una horrible imagen de *giallo* o *gore*. Este ser fantasmático, Mencía, invisible, borra la belleza de la mujer envuelta con teatrales tafetanes entre la vida y la muerte, materia crítica del sentido trágico de la obra y su deseada catarsis que engalanan su perversa belleza, que es objeto de escritura de la dulce violencia de la idea de la tragedia.

Esa Mencía invisible, o visible estrictamente para unos ojos que buscan una representación estática de una escena primaria de violencia doméstica, emblematiza la violencia real que incluso hoy, época de modernidades y posmodernidades, se continúa repitiendo sin que políticos ni policías, ni familias, ni vecinos ni amigos puedan detener al monstruo trágico de esta agresión intramuros. Como dice Tracy Chapman en el epígrafe, lo importante es mantener la paz y dispersar a las multitudes congregadas por el morbo, la curiosidad o un arrebatado ataque de escopofilia. Irónicamente, esta Mencía invisible contradice muchas de las premisas que la crítica ha ido estableciendo con respecto a Calderón como autor, y ofusca el potencial artístico y político del texto calderoniano. En efecto, en virtud de la horma de invisibilidad con la que se ha tratado de disciplinar a Mencía en demasiadas ocasiones no se ha llegado a entender bien el alcance trágico de esta obra. La cura para esta endémica condición interactiva de texto y lector —que De Man apodara «ceguera retórica»— empieza por examinar las intervenciones de Mencía en la obra, de tal manera que podamos considerarla visible, legible y partícipe de esta tragedia médica de la honra, y no primordialmente un mero chivo expiatorio. Esta Mencía, que negocia su (in)visibilidad, está emblematizada por juegos semióticos y proxémicos con los que su personaje señala—con clara voluntad de ser y no ser protagonista de esta tragedia—su ausencia y presencia en escena, así como su calidad de signo letrado en el texto que emblematiza la dureza de ese limbo entre vida y muerte que es señal trágica y cómica de todo ser humano.

Alexander Parker propuso una premisa clave para esta lectura: el que la tragedia calderoniana se sostiene porque la responsabilidad y la culpa de la *hamartia* (que él asocia con obrar mal o *wrongdoing*) son difusas, no se confinan a un solo individuo («Towards», p. 228). Aunque mi lectura difiere de las conclusiones a las que llega Parker, concurro con él en que esta obra, como tragedia, no representa la caída de un personaje singular, premisa propuesta desde fines del siglo XVI por teóricos españoles neoaristotélicos como Alonso López Pinciano, Francisco Cascales, y José Antonio González de Salas. El elemento trágico de *El médico* en la presente lectura superpone la tragedia al *agon* de Gutierre o al *reading character* que lleva a que Isaac Benabú entienda al marido como protagonista, y se concentra en una Mencía que participa activamente en el conflicto dramático, y cuya ingerencia la lleva a resistir ante las fuerzas que la tratan de aniquilar y hacerla invisible (entre las que se encuentra, irónicamente, el *pathos* de su marido —*sleeping with the enemy*). Para leer a Mencía como una voluntad activa que es señal visible de la tragedia de violencia doméstica, aunque no la quiera ni la busque —de ahí el (in)visible de mi título— puede llevar a recuperar aspectos de la obra que atraiga y haga pensar y sentir a públicos diferentes. En cierto sentido, la caída de Mencía desde la torre donde entra en escena invoca de manera *uncanny* aquel suicidio legendario de Melibea tras confesarle a su padre que permitió que Calisto entrara en su huerta, y que había perdido su virginidad, discurso trágico primitivo en el que una mujer funde visión y ceguera como así también lo hace la Mencía que aquí propongo como (in)visible. Ahí, quizás, se puede ver lo que Terry Eagleton ha llamado la «dulce violencia» de la idea trágica en *El médico*, la cual surge de entre las ruinas teóricas de este concepto para moverse entre dos campos referenciales: por una parte el de «libertad, destino y justicia» y por otra, el de «piedad, miedo y placer» (pp. 1-22 y 101-177)[12]. Mencía, en su manera de negociar su (in)visibilidad, moviliza la *imago* que re-

---

[12] Sobre *El médico* Eagleton comenta que es un ejemplo de cómo a algunos «personajes totalmente indignos de pena se les permite que escapen de la justicia», y que

presenta Eagleton de la tragedia, que es «sublime tanto en un sentido humanista como psicoanalítico (placentera, majestuosa, admirable, que sugiere una infinita capacidad y un valor inconmesurable, y a una misma vez castigadora, intimidante, y que nos regresa salvajemente a nuestro lugar», p. 176).

El discurso que emplea Mencía desde el principio de la obra refleja una gran plenitud de visión por su parte, porque aunque su vista no le permite distinguir quiénes son los miembros del confuso tropel que ha entrado en su casa, sí arroja un balance de imágenes vívidas que alcanza a ver desde la torre: un bizarro caballero, un bruto ligero, un penacho de plumas, un sol, unas estrellas, y hasta un campo de flores en primavera. Dicha capacidad de visión se convierte de inmediato en turbación, paso preliminar para la anagnórisis de «una desdicha» que quisiera que fuera un sueño, pues la presencia simultánea del Infante don Enrique, su antiguo amor, y ella en la misma casa de campo donde su marido la guardaba de los fantasmas de su pasado lleva a que ella articule, con visión profética, el temor que le produce el que en ello «va mi honor» (p. 81)[13]. Ante este conflicto generado por la incompatibilidad de su pasado amor y su presente honor, pide «Silencio, / que importa mucho» (p. 80). Su deseo expreso de ver lo trágico en su vida y de significar de entre las ruinas de dicho conflicto (emblemas, quizás, de su conciencia de la ruina de la tragedia como vehículo de expresión) es vehemente, y no duda reconocerlo al quedarse a solas con el público y el inconsciente Infante: aunque su honorable puesto la lleva a reconocer que «soy quien soy», también es este estado una «cárcel de nieve, donde / está aprisionado el fuego, / que ya, resuelto en cenizas / es ruina que está diciendo: / "Aquí fue amor!"» (p. 81). Esta imagen revela lo que Mencía ve en el patético

Gutierre representa este tipo de personajes al ser un hombre «patológicamente celoso […] quien ordena que se sangre a muerte a su mujer por infidelidad, pero a quien se le castiga por dicho crimen con la orden de que se case con otra mujer» (2003, pp. 142-143). Aunque esta lectura tiene mucho de visión, despliega una curiosa ceguera para con ese otro ala de la tragedia que teoriza Eagleton, pues no repara en cómo el personaje de Mencía sí es digno de pena, experimenta un tremendo miedo y a la vez, emblematiza una vida llena de placer y amor que ahora se ve desarticulada por las demandas del honor y su injusto y patético fin, el uxoricidio.

[13] Cito de la edición de Cruickshank en Clásicos Castalia, con el número de página entre paréntesis indicando dónde se encuentra dicha cita en esta edición.

estado de su matrimonio, su *hubris*, que eventualmente producirá la *némesis* que la arropará y rendirá (in)visible. Antes de morir, no empero, Mencía se hace visible, pues como bien reconoce Evangelina Rodríguez Cuadros, «en la soledad que exige la tragedia, el soliloquio de la mujer representada —como representa también para el personaje masculino— ha conquistado el espacio interior, su único momento, paradójicamente, de libertad sentimental» (p. 103).

Así se entiende que Mencía, desde muy temprano en la obra, reconozca que muerte y silencio son una misma cosa, y que ante la visión de su antiguo amante en su propia casa, el fuego interno del amor sólo la puede llevar a reconocer su muerte en vida, lo cual va a resistir durante toda la obra. Ante los requiebros del Infante Enrique, con quien se encuentra a solas en un retrete con un catre «cubierto / de un cuero turco y de flores» (p. 81) que para él ha dispuesto, responde en un aparte que «presto de tantos favores / será desengaño el tiempo» (p. 85). Al entrar don Arias reconoce don Enrique su ardiente deseo, que es caída «acaso, sino agüero / de mi muerte» (p. 87), ante lo cual Mencía se resiste, pues «Quien oyera a vuestra alteza / quejas, agravios, desprecios, / podrá formar de mi honor / presunciones y concetos / indignos de él» (p. 88). A una misma vez, confiesa la liberalidad de los deseos con que don Enrique la cortejó, que como no culminaron en proceso matrimonial llevaron a su honorable rechazo de los avances reales por parte de Mencía, si bien el amor era tan grande, que incluso en el presente se dispone a arriesgar su estado por proteger la salud del Infante: «Y así, en esta parte ya / disculpara, en la que tengo / de mujer, a vuestros pies / humilde, señor, os ruego / no os ausentéis de esta casa, / poniendo a tan claro riesgo la salud» (p. 89).

Don Gutierre entra en escena, cegado por la presencia de la familia real en su casa, y le ofrece la casa a don Enrique, como también le ofrece caballo para reemplazar el de la caída; lo que es aún más, le alega a Mencía que «debí a su caída / el honor que hoy ha ganado / nuestra casa» (pp. 97-98). Ante lo cual, ella le advierte que dicha sumisión al infante y a la corona es enojo para ella, y le plantea el punto trágico de la memoria marital antes mencionado: «¡Oh qué tales sois los hombres! / Hoy olvido, ayer amor; / ayer gusto, y hoy rigor» (p. 98). El punto de esta tragedia se hace más complejo y hermoso al confesarle Mencía a Jacinta lo que sabe sobre sí misma, que es contrapunto de esa memoria corta del caballero: «La mano a Gutierre di, / volvió Enrique, y en rigor, / tuve amor, y tengo honor. Esto es cuanto sé de mí» (p. 101). Esta anagnórisis crítica de sí misma nutre su férrea resistencia a las intrusiones del «amor» presente del Infante, que coincide con el encarcelamiento de don Gutierre en el segundo acto. Al aparecer el marido en escena, el Infante se ve relegado a un «pabellón / que en mi misma cuadra está, huida que Mencía planea con gran visión, pues le muestra al Infante que a pesar de su real sangre ocupa un segundo plano, temor que este nunca había experimentado antes» (p. 130). Ella, por su parte, conjuga su certeza del rechazo a don Enrique con su pretendida esclavitud a su marido «¿Ya, señor, no va una esclava? / Yo lo soy, y lo he de ser, / Jacinta, venme a ayudar» (p. 134). Pero dicho rechazo se ve anulado por la presencia de Enrique en su casa, ante lo cual miente, «Porque / si yo no se lo dijera / y Gutierre lo sintiera, / la presunción era clara, / pues no se desengañara / de que yo cómplice era» (p. 140).

Don Gutierre, no convencido por la pretensión, la abraza con su capa y la daga, imagen emblemática del signo trágico por la fusión visual de la relación proxémica entre los actores que interpretan los papeles de marido y mujer con los signos referenciales del tipo de comedia que habría sido si de veras se tratara de dramatizar la historia de Gutierre (una comedia, en otras palabras, de capa y espada). El abrazo trágico, que no cómico, apunta a la negociación de visión y ceguera que trágicamente sostienen los esposos, y ante el macabro arropamiento del esposo, ella le responde que «al verte ansí, presumía / que ya en mi sangre bañada / hoy moría desangrada», profecía exacta de su muerte que revela su capacidad *uncanny* de prever su futura muerte, y su impotencia ante el aplastante destino que ante ella se cierne (p. 142). Trágicamente, los disfraces y apariciones de Gutierre embozado en el jardín, así como la daga con el emblema de don Enrique, llevan a la confusión por parte de Mencía.

Las sospechas se acumulan, y así se acumula lo que Mencía, al final del segundo acto, reconoce en un aparte como «Miedo, espanto, temor y horror tan fuerte, / parasismos han sido de mi muerte» (p. 171). A pesar de la culpa que indican los signos, Mencía se pronuncia inocente: «Señor, detén la espada, / no me juzgues culpada. / El cielo sabe que inocente muero. / ¿Qué fiera mano, qué sangriento acero / en mi pecho ejecutas? ¡Tente, tente! / Una mujer no mates inocente» (p. 193). El limbo entre la vida y la muerte, ese signo horroroso de la incertidumbre surreal que siempre anuncia la violencia doméstica, adquiere proporciones monumentales al leer Mencía el escrito suplementario de Gutierrre a su pretendida nota al Infante: «"El amor te adora, el honor te aborrece; y así el uno te mata, y el otro te avisa: dos horas tienes de vida; cristiana eres, salva el alma, que la vida es imposible"» (p. 193). Encerrada en su casa sin nadie que la escuche, los hierros de las ventanas la confinan, y queda así, sola, apenada y «tropezando en la sombra de mi muerte» (p. 194).

Tras una breve elipsis en la que el Rey y don Diego intervienen con unos músicos para aliviar la intensidad de la escena del mortífero encierro de Mencía, salen Gutierre y Ludovico, el verdugo con su rostro cubierto. Gutierre lo invita a que entre en la escena sin temor, y que le traspase su capucha de verdugo. Tras amenazarlo por la calle con puñal en el pecho y andar con él divagando por una hora, Gutierre trae a Ludovico a su casa. El recurso escénico de la elipsis ha funcionado, y la pared simbólica detrás de la cual se oculta la violencia doméstica se ha trocado en esa otra pared ritual que es la cuarta pared del teatro. Mencía ha sucumbido al temor que la violencia doméstica inyecta siempre en sus víctimas y cuando Ludovico, por orden de Gutierre, mira en el aposento donde ella se encuentra lo que ve no es la mujer que hasta entonces se había defendido con un arsenal de armas de resistencia que incluían su gran vulnerabilidad y debilidad; en su lugar, la mujer elocuente y de gran visión con la que empieza la obra es, en palabras de Ludovico, «una imagen / de la muerte, un bulto [veo], / que sobre una cama yace; / dos velas tiene a los lados, / y un crucifijo delante. / Quién es no puedo decir, que con unos tafetanes el rostro tiene cubierto» (p. 198). Gutierre identifica esta imagen de Mencía con el bulto que, en solidaridad con su violencia, muchos han eliminado del mapa crítico: esa mujer que sufre en silencio la escena insostenible de la violencia doméstica, por ser *tableaux vivant* o vivo cadáver a quien Ludovico, y los públicos que con él se solidarizan, dan muerte al componer esta escena.

Desaparecida la voz y el rostro de Mencía bajo el efecto trágico de los tafetanes, y con el bulto como única presencia visual de su persona en el escenario se oye la sentencia legendaria del marido, que funde la *poesis* con el horror del clímax de esta tragedia de la violencia doméstica. El momento de la descarga mortífera contra la mujer, que siempre queda tras el muro —«Behind the Wall», como lo canta Tracy Chapman en su desgarrador solo *a capella*— aparece ahora expuesta en todo su esplendor barroco: «Que la sangres, / y la dejes, que rendida / a su violencia desmaye / la fuerza, y que entanto horror / tú atrevido la acompañes, / hasta que por breve herida / ella expire y se desangre» (p. 198). Vencedor de un título bien merecido de príncipe de las tinieblas patético-violentas, Gutierre medita sobre las virtudes de su decisión: las heridas no se pueden ocultar, la sangría había que hacerla, que si alguien lo cuestiona la venda se pudo desatar en la sangría, que el verdugo no sabía quién era la mujer, y que hasta al verdugo estaba dispuesto a matar, por ser médico de su honor, porque «todos / curan a cosa de sangre» (p. 200). Aunque el Rey perdona tanto el asesinato como la mentira, pues su propia familia y el orden social requieren que guarde el secreto, la voz de Mencía regresa de ultratumba en boca de Ludovico, quien dice no saber de quién se trataba por no haberle visto el rostro, pero que sí dijo: «Inocente muero; / el cielo no te demande / mi muerte», últimas palabras que según el verdugo, único testigo ocular de la muerte, Mencía pronunció en su lóbrego tálamo (p. 203).

Rodríguez Cuadros ha visto esta escena muy claramente: la anagnórisis emocional, dice, se transfiere así desde los personajes al público: «Éste puede reconocer la verdad, mientras que los personajes permanecen ciegos en un escenario que ha denunciado cómo la ley de la honra —símbolo mítico de un sistema fundado en la fanática intolerancia— llevada a sus últimas consecuencias se transforma en un espacio de exterminio en el que la libertad (o simplemente la misericordia) han sido expulsadas» (p. 106). Pido, ante ello, y para concluir, un minuto de silencio. Porque el silencio que la propia Mencía y su marido piden desde la escena es, como dice David Eng, «no lo opuesto del discurso expresado, sino su misma condición de posibilidad, la precondición del saber y el significar» (p. 86). Con ello se pueden restaurar, de la muerte a la vida, a los desaparecidos, los cuales, como bien dice Eng, trascienden la horma de nacionalismos y violencias patrocinadas por el estado como sucediera en la Guerra Sucia de Argentina entre 1976 y 1983, y se encuentran en «los restos de los cuerpos o, para ser más precisos, en la falta de tal evidencia material» que sigue a estas figuras (p. 85). Negar el cadáver de Mencía, y no ver su negociación de (in)visibilidad en la escena de violencia doméstica que enfrenta durante toda su vida dramática es negar su muerte, y también sus restos, lo cual, como bien advierte Eng, «hace el trabajo de procesar el luto uno particularmente difícil, a menudo dejándolo en estado de permanente suspenso y negándole toda posibilidad de cierre (*closure*)», sin el cual no hay catarsis ni sanación (p. 85). Tras este momento de silencio, en el que se pueda reconocer la pérdida de Mencía por la tragedia que en sí es, se abren otras posibilidades de entender y cambiar la trágica escena primaria de la violencia doméstica. En su propio camino hacia la tragedia, Mencía —como la llorosa mujer en la canción de Tracy Chapman, al irse todos luego de así solicitarlo la policía para mantener el orden y la paz cívica— nos pide a los públicos que no nos durmamos en nuestras cómodas butacas del teatro, sin que la sigamos leyendo, a ver si en algún momento esa imagen del cadáver elocuente se sustituye con la imagen de una mujer de carne y hueso con una bella voz y muchas palabras. Mencía, (in)visible.

Bibliografía

Andura Varela, F., «Calderón en la escena española, 1900-2000», en *Calderón en escena: Siglo XX*, ed. J. M. Díez Borque y A. Peláez, Madrid, Consejería de Cultura de la Comunidad de Madrid, 2000, pp. 123-156.

Armendáriz Aramendía, A., ed., *Edición crítica de* El médico de su honra *de Calderón de la Barca y recepción crítica del drama*, Madrid, Iberoamericana/Vervuert, 2007.

Benabu, I., «Who is the Protagonist? Gutierre on the Stand», *Indiana Journal of Hispanic Literatures*, 2, 1994, pp. 13-25.

Bradbury, G., «Tragedy and Tragicomedy in the Theatre of Lope de Vega», *Bulletin of Hispanic Studies*, 58, 1981, pp. 103-111.

Butler, J., *Antigone's Claim. Kinship Between Life and Death*, New York, Columbia University Press, 2000.

Carrión, María M., «The Burden of Evidence: Performances of Marriage, Violence, and the Law in *El médico de su honra*», *Revista Canadiense de Estudios Hispánicos*, 27, 2003, pp. 447-468.

Cascales, F. de, *Tablas poéticas*, ed. A. de Sancha, Madrid, Sancha, 1779.

— *Tablas poéticas*, ed. B. Brancaforte, Madrid, Espasa Calpe, 1975.

Cruickshank, D. W., «Noticia bibliográfica», *El médico de su honra*, Madrid, Castalia, 1989.

De Armas, F., *The Return of Astraea: An Astral-Imperial Myth in Calderón*, Lexington, University Press of Kentucky, 1986.

— *Cervantes, Raphael, and the Classics*, Cambridge, Cambridge University Press, 1998.

— *Writing for the Eyes in the Spanish Golden Age*, Lewisburg, Bucknell University Press, 2004.

— ed., *Ekphrasis in the Age of Cervantes*, Lewisburg, Bucknell University Press, 2005.

De Man, P., *Blindness and Insight. Essays on the Rhetoric of Contemporary Criticism*, New York, Routledge, 1996.

DuBois, P., «Ancient Tragedy and the Metaphor of Katharsis», *Theatre Journal*, 54, 2002, pp. 19-24.

Eagleton, T., *Sweet Violence. The Idea of the Tragic*, London, Blackwell Publishing, 2003.

«*El médico de su honra*. Drama perturbador que denuncia la vanidad del honor mundano», *Noticias del día*, México, Consejo Nacional para la Cultura y las Artes, 19 de junio de 2001.

El Saffar, R., «Anxiety of Identity: Gutierre's Case in *El médico de su honra*», en *Studies in Honor of Bruce W. Wardropper*, ed. D. Fox, H. Sieber y R. Ter Horst, Newark, Delaware, Juan de la Cuesta, 1989, pp. 103-124.

Eng, D., «The Value of Silence», *Theatre Journal*, 54, 2002, pp. 85-94.

ERICKSON, P. y C. HULSE, eds., *Early Modern Visual Culture. Representation, Race, and Empire in Renaissance England*, Philadelphia, The University of Pennsylvania Press, 2000.

FINEMAN, M. A., *The Neutered Mother, the Sexual Family, and Other Twentieth Century Tragedias*, New York, Routledge, 1995.

FISCHER, S., «Historicizing *Painter of Dishonour* on the "Foreign" Stage: A Radical Interrogation of Tragedy», *Bulletin of Hispanic Studies*, 77, 2000, pp. 183-216.

GARCÍA LORENZO, L., «Más allá (y más acá) de la puesta en escena», *Diez años de la Compañía Nacional de Teatro Clásico, Cuadernos de Teatro Clásico*, IX, Madrid, Compañía Nacional de Teatro Clásico, 1996, pp. 55-59.

— y M. MUÑOZ CARABANTES, «El teatro de Calderón en la escena española (1939-1999)», *Bulletin of Hispanic Studies*, 77, 2000, pp. 421-433.

GARCÍA-SANTO TOMÁS, E., «Fortunes of the *Occhiali Politici* in Early Modern Spain: Optics, Vision, Points of View», *Publications of the Modern Language Association*, 124, 1, 2009, en prensa.

GONZÁLEZ DE SALA, José A., *Nueva idea de la tragedia antigua o Ilustración ultima al libro singular de Poetica de Aristóteles Stagirita*, Madrid, Francisco Martínez, 1633.

GREER, M., «Spanish Golden Age Tragedy: From Cervantes to Calderón», en *A Companion to Tragedy*, ed. R. Bushnell, London, Blackwell Publishing, 2005, pp. 351-370.

HERMENEGILDO, A., *La tragedia en el Renacimiento español*, Barcelona, Editorial Planeta, 1973.

HERNÁNDEZ-ARAICO, S., *Ironía y tragedia en Calderón*, Potomac, Maryland, Scripta Humanistica, 1986.

TER HORST, R., «From Comedy to Tragedy: Calderón and the New Tragedy», *Modern Language Notes*, 92, 1977, pp. 181-201.

HUTCHINSON, S., «Affective Dimensions in *Don Quijote*», *Cervantes: Bulletin of the Cervantes Society of America* 24 (2004) 2, pp. 71-91.

LÓPEZ PINCIANO, A., *Philosophia antigua poética*, en *Obras completas*, Alicante, Universidad de Alicante, Fundación José Antonio de Castro, 1998.

MACCURDY, R., «A Critical Review of *El médico de su honra* as Tragedy», *Bulletin of the Comediantes*, 31, 1979, pp. 3-14.

MCKENDRICK, M., «Honour / Vengeance in the Spanish *Comedia*: A Case of Mimetic Transference?», *The Modern Language Review*, 79, 1984, 2, pp. 313-335.

— «Anticipating Brecht: Alienation and Agency in Calderón's Wife-Murder Plays», *Bulletin of Hispanic Studies*, 77, 2000, pp. 217-236.

PARKER, A., «Towards a Definition of Calderonian Tragedy», *Bulletin of Hispanic Studies*, 39, 1962, pp. 222-237.

— «*El médico de su honra* as Tragedy», *Hispanófila Especial*, 2, 1975, pp. 3-23.

Rodríguez Cuadros, E., *Calderón*, Madrid, Editorial Síntesis, 2002.

Román, D., «Introduction: Tragedy», *Theatre Journal,* 54, 2002, pp. 1-18.

Ruano de la Haza, J., «Hacia una nueva definición de la tragedia calderoniana», *Bulletin of the Comediantes,* 35, 1983, pp. 165-180.

— «Más sobre la "tragedia mixta" calderoniana», *Bulletin of the Comediantes,* 37, 1985, pp. 263-266.

Ruiz Ramón, F., *Calderón y la tragedia*, Madrid, Editorial Alambra, 1984.

Varey, J. E. y N. D. Shergold, *Comedias en Madrid: 1603-1709. Repertorio y estudio bibliográfico*, London, Tamesis Books, 1989.

Wardropper, B., «Poetry and Drama in Calderón's *El médico de su honra*», *Romanic Review,* 49, 1958, pp. 3-11.

Williams, R., *Modern Tragedy*, Stanford, Stanford University Press, 1966.